中國社會政治史

薩孟武 著

一

三民書局

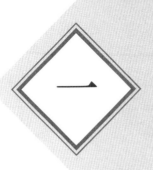

弁言

薩孟武先生所著《中國社會政治史》全書共四冊，縱論中國歷代之興亡得失，除考據政治制度外，更引用社會、經濟、思想等各層面的相關資料，以評析這些層面的變動如何與政治制度相互影響，最終甚至成為朝代更迭的因素。為成此書，薩先生遍覽群書，正史以外，通鑑、奏議、書信等各種史料，多有參考。亦不惜斥資購入數套二十五史以備查核、編輯之用，其準備工作不可不謂詳盡，故自書成以來，已成為研習中國歷朝政治的重要參考書籍，各冊亦承蒙讀者之愛戴，皆告售罄。本局為使讀者閱讀更為舒適，乃將各書重新排版，除了統一加大字體外，也將書中各章的註釋細予查對、重新標號，排成當前通用的當頁註格式，方便讀者檢閱；而針對內容漏誤之處，亦予以考察補正，使本書更加完善，敬請讀者繼續給予支持與指教。

三民書局編輯部　謹識

新版序

本書起草於抗戰前二年，即民國二十四年。第四冊完成於民國五十四年，合計共三十年。中間有八年，將時間花在政治學的著作及修改，實際本書之寫作共花二十二年。

最初一、二兩冊，即由先秦至南北朝，抗戰時，曾摘要編為講義，發給中央政治學校大學部行政系學生。由三十三年至三十五年又著手寫作唐代。

抗戰勝利，我赴中山大學，主持法學院院務。在兩年（三十五年至三十七年）之間，一方編述五代部分，同時著手搜集宋代資料，三十七年我來臺灣，主持法學院院務，開始寫作宋代部分。宋史寫成之後，陸續搜集資料，著手寫元明二代。明代寫完之後，我不敢遽爾出版，又將第一冊及第二冊加以修改又修改。友人林紀東先生諄諄勸我付印，意謂萬一失掉，未免可惜。於是就於五十一年之冬，先出版第一冊及第二冊。

第一冊除三十三年在重慶出版不計外，五十一年十一月初版，五十五年再版，五十八年三版，六十一年四版。第二冊於五十一年十二月初版，五十五年再版，五十九年三版，六十一年四版。第三冊於五十二年十二月初版，五十五年再版，五十七年三版（因多印，故未四版），第四冊於五十四年十一月初版，五十七年再版，六十年三版。六十三年物價忽然大漲，因之各冊雖將售罄，均停止付印。

本人著作之所謂「版」與國內各書之「版」不同，必有修改。其不修改者只稱為「刷」。例如拙著「政治學」，名為四版，其實，初版四刷，再版二刷，三版一刷，四版十五刷，共計二十二刷。未曾修正改版，而稱之為再版，三版……這是各國所沒有的。

我在小學時，除算術、國文外，對於中國歷史極感興趣。後來閱讀資治通鑑，總覺得其對於社會情況，如民風、士氣、經濟、國防、戶口之多寡，土地之分配及生產力，各種階層之分立，以及政治制度等等，寫得太少，而且未曾說明這許多要素對於政治現象有何影響。研究歷史必須闡明歷史發展過程之因果關係，單單記憶事實，尤其用盡腦力，去暗記小事實，不但記得之後，旋即忘記，而且一點用處也沒有。這是我寫本書的動機。

我寫作本書當然是先搜集資料，而要搜集資料，必須腦中已有一種觀念，依此觀念，作成每朝歷史的目錄，而後依此目錄，去搜集所需要之資料。否則一部二十五史看了又看，也必毫無結果。

搜集資料先由正史開始，這一段工作是很煩重的。例如後漢書，我前後看了三遍，一字一字的看下去。第一次覺得毫無資料，第二次略有所得，第三次才有收穫。南北朝歷史分量極多。宋書不錯，魏書固然蕪冗，而資料還不少。南北史只能作補充之用，至於北齊書、南齊書等等只是族譜及陞官圖。沒有什麼好的資料，而又不能不看。正史看完，再看會要（西漢會要根本不必看）或會典，最後才看文集及筆記。文集固然分量甚多，但其中大部分是詩賦記銘。例如王安石乃是宋代政治上的重要人物，若把他的文集翻翻一下，即可知道，值得吾人參考之用的奏議及書信並不甚多。所以文集容易看，也看得很快。筆記固然有很好的文章，然每種筆記之中，合於本書需要的也很有限。至如愧郯錄、夢溪筆談之類，不過五六篇可供參考。又如讀者所熟知的日知錄共有三十二卷之多，其中除八九兩卷之外，其他各卷或二三篇可用，或五六篇可用，或全卷都不可用。這不是說其餘各篇沒有價值，而是說對於研究歷史的人沒有用處。

以上所述只就初版言之。學問本來沒有止境，讀書愈多，資料亦愈多，因之再版，三版，四版付印之時，無不增加字數。字數增加，又須改排。但全書改排，不是個人財力所能負擔。故凡某一頁字數增加在二百字以下者，只改排該頁，而增加其行數。字數增加太多者，則在該頁上，加一、二、三……等。例如第一冊二十七頁，共增加八頁，遂於二十七頁處改為「二七－一」，「二七－二」……「二七－八」。三十四頁亦增加九頁，故改為「三四－一」……「三四－九」。倘若三版或四版時，又增加字數，如在「三四－一」及「三四－二」兩頁，則由十八行改為二十一行。

寫作歷史，不消說舉證極其重要。但既有「全稱」之例，就不必再引特稱之例。萬不得已而須引用特稱之例，亦不可引得太多。太多，讀者必感頭痛，而認為資料的堆集，反將顯明之事變為曖昧。現今學者喜歡引用「實錄」，實錄太過蕪雜，它只能補充正史之不足，正史已經有了，何必引用實錄。何況自史官失去獨立地位之後，實錄未必據實而書，其受當時政治勢力之影響者未必比正史為小。名為實錄，事實上所錄者老早就非「實」了。

我有一種野心，意欲改寫會要，改編會典，不但各種事實，即當時名臣學者之言，亦宜編入。這種工作當然不是個人能力所能做到。

本人著書，喜歡修改，修改到主觀上認為滿意之時，才肯罷休。修改或依自己或依讀者之提議。例如讀者來函，多謂第二冊與其他三冊比較之後，分量稍輕，余亦深有此感。故自六十年始，又開始修改全書，尤其增加第二冊之分量，務使四冊分量大略相等。茲應告知讀者的，本書新版由第一冊至第四冊無不修改，其修改頁數每冊均在一百餘頁以上，各冊增加資料不少，頁數自亦隨之增加。

本人接到讀者來函不少，他們提出兩種希望：一希望改用較大之字排印，縱令「售價提高，讀者不會計較」。二希望「繼續完成清代部分的寫作」。關於第一希望，非本人財力所能負擔，幸三民書局劉振強先生於六十四年之春提議願意承印是書，故自本年始，改由三民書局從新排印。第二希望大約可以實現，因為本書既由三民書局承印，則本人不擬再作修改。而當致力於第五冊之寫作，預定五年內出版。

本書第一冊初版之序，已經提到，當物價低廉之時，著者為節省時間起見，卡片之作成，不用抄寫，而用剪貼。民國三十五年復員時，著者全家坐飛機回到東南，除本書原稿及隨身衣服之外，一切均委託中央政校運送。而政校竟將余之行李放在木船之內，行至三峽，不知因何原因，全部沉入江底，財產損失，固不足惜，所可惜者十數年搜集之資料卡片全部毀沒。

來到臺灣之後，不得不購買藝文社出版之二十五史兩部及各種文集各三部（兩部剪貼，一部保留）再行閱讀一遍。我雖然沒有一目十行的本領，而卻能一字一字的快讀下去。有人問我，二十五史之中，那一史寫得最好。依我管見，漢書最好。漢書列傳不是依官之大小，而是依事之有無，而事又與國家治亂，典章制度，士風民氣有關。李廣不得封侯而有傳，其從弟李蔡做過丞相而無傳。劉屈氂不過平凡之人，漢書所以有傳者，蓋欲借他說明三事。一是漢制，宗室不得典三河，而屈氂乃為丞相。二是漢時郡守多先為三輔，次九卿，次御史大夫，最後才為丞相，而屈氂竟然由涿郡太守一躍而為左丞相（這又暗示武帝要恢復左右丞相之制）。三是戾太子反時，屈氂不敢發兵，武帝曰丞相無周公之風矣，周公不誅管蔡乎。這又可以證明丞相對於緊急事變，有急速處分之責任。司馬相如，揚雄兩傳之賦與歷史雖無關係，而後人觀此亦可知道當時賦之體裁。唐時舉官試「判」，新舊唐書未載「判」之文體。明代舉士用「八股」，明史亦不舉八股之例。這種重要的文章體裁應該舉出一篇，留給讀史者之參考。當然，漢書也有缺點，以桑弘羊那樣重要的財政家，竟不立傳，唯於食貨志中，稍稍提到。如果沒有鹽鐵論一書，吾人將無從知道桑弘羊的思想。從來學者多謂晉書好採詭謬碎事，其實這種詭謬碎事往往可以說明當時社會風氣，而知晉祚之不長。列傳與墓誌銘不同，墓誌銘可寫個人的私事，列傳所寫的，必須該事與整個社會有關，或該事可以說明社會的結構、政治的狀況、經濟的情形、以及士風民氣等等。

研究歷史，尚須知道時代思想。思想不能領導歷史發展，反而是歷史發展的產物。春秋戰國之時何以各種學說雜然並興，這必有其時代原因。秦崇法家，西漢初年盛行道家與法家的思想。元成以後，儒家才見抬頭。王莽變法，完全根據儒家學說。到了東漢，儒家又參以陰陽家的思想。魏晉之世，學者祖述老莊，然而吾人觀當時人士的行動，絕不是道家的思想，而是楊朱的快樂主義。唐宋二代，如韓愈司馬光極力推崇君權，由元至明，四書及朱熹的地位忽然提高，其故何在？明代中期以後又發生了反動思想，如王陽明的學說，尤其李卓吾之反對道學。明末清初之黃梨洲復反對君權，這均有其歷史的原因。本書對此思想均稍加敘述。且進一步，說明某一種思想所以流行於某一個時代的原因。

現今五族共和，歷史學者不宜囿於成見，再用胡虜等各種名稱，自行分裂。今日之漢族已與秦漢時代及秦漢以前的漢族不同，它是融化亞洲許多種族而成的中華民族。余本欲用「種族移動」以代替五胡亂華等等。因文稿已定，更改不易。但我們要知道的每次種族移動之時，中華民族一方同化外來的種族，同時向南發展，而擴大中華的版圖。世界上最堅強的莫如我們中華民族。天降大任於中華民族，我們起碼須向北發展，完成此種使命。

本書關於制度方面，重要的固然詳細說明，不重要的均捨而不談。多談，徒亂人意，反令讀者不能認識一代政制的根本精神。但制度必與時代的政治環境有密切的關係，而制度之良窳對於政治之隆污又可給予以直接或間接的影響。比方祿俸，西漢的官秩是十五級乎，抑是十八級，花了許多時間去考證，著者認為空費精力。本書所注意的是將最低的祿，一與農民收入（百畝農夫，蓋祿所以代耕，因此又須知道當時農業生產力）比較，二與一般工資比較，由此說明祿俸與國家治亂的關係。

社會科學與歷史有密切的關係，研究歷史而不了解社會科學，往往顧到部分，而忘及全體。反之研究社會科學的人常能由全體以觀察部分，再由部分以觀察全體。而全體又放在時間（時代）與空間（環境）之內。一個變化了，其他亦必變化。部分可影響全體，全體又影響部分。時代可改變事物，事物又可以變更時代的精神。環境可改變事物，事物亦可以變更環境的需要。而時代與環境又會互相影響，改變彼此的性質。歐洲社會科學家對於歷史均有深刻的研究，而研究歷史的人對於社會科學亦有深刻的了解，吾人讀各種名著，即可知之。

單單知道歷史，而未讀過社會科學各種書籍的人，往往不識輕重，輕者說得詳之又詳，至於歷史發展的因果關係又捨而不談，如斯著作不過歷史之雜貨攤而已。

本書引文均註明出處，詳載那一書，那一卷，那一篇，所註皆放在引文之下。此不但減少紙張的浪費，且節省讀者的時間，不必去翻數頁或數十頁之後，查看註釋。但所註文字太長，則放在該段原文之後。此與今人著作喜將註釋放在每篇或每節之後者不同。又者本書引文所以詳註那一書那一卷那一篇者，蓋謀讀者的便利。例如新唐書共有二百二十五卷，有些卷復分上中下，每卷之中有許多列傳，如果只寫新唐書楊炎傳，閱者非翻盡新唐書目錄，必難知道其在第一百四十五卷（舊唐書第一百十八卷）。著作人不過多寫幾字，而讀者得到便利不少，我不知國內學者何以吝此數字不寫。至於頁數不必寫出，因為古書版本太多，而各人，各圖書館所藏古書之版本未必相同。

民國六十四年三月一日序於狂狷齋

序

這本書的作者是我的外祖父，我叫他公公。公公要我為這本書寫一篇序，我現在還是國中三年級學生，歷史讀得不多，這本書的價值如何，我沒有資格批評，我也不敢寫。公公一定要我寫，我只有將媽媽告訴我的，及我親眼看到的，寫下作序。

媽媽告訴我，她進小學時，就知道公公已經在寫這本書了。公公喜歡寫作，他寫作前一定先起稿，往往是改了又改，字又寫得太草，草到變成符號，別人看不懂，只有他自己才看得懂，所以無法請人抄正。這本書引用古書很多，凡用古書的地方，都用剪貼的方法，以節省時間。媽媽最初以為寫作不難，只要有一把剪刀，一瓶漿糊就可以了。媽媽又告訴我，公公寫作，不需要環境清靜，在重慶南溫泉時，最初一年半，住在旅館中，吃睡都在同一間房子裡，並且媽媽同兩位舅舅又常在此玩鬧，公公不管如何吵鬧，也不會分心。

我生在臺灣，由小學到國中，公公教我國文，數學，也教我英語。公公教書不用別人寫的課本，而由自己編著。現在這幾種講義還保藏在我的家中。我寒暑假常住在公公家裡，公公修改這本書，似乎花去不少的時間。他對我說：「這是消遣，不是自討苦吃。」我半夜醒來，常常看到公公寫作，我問他為什麼不睡覺？他說：「現在靈感來了，不寫，明天就會忘記，知其應該改，而忘記如何改，這是天下最痛苦的事。所以不能不半夜起來，把應該改的摘要下來。」

這本書每版都有增補修正，而以這一次最多。公公對我說：「這四冊已交付三民書局出版，現在不想再改了。如有時間，當續寫第五冊清代。」公公本來希望我將來代他寫第五冊，合這四冊算作兩人合著。但我的興趣不在這方面，只好辜負公公的好意，不免耿耿於心。公公今年已近八十高齡，我看他凡事樂觀，必能完成這部巨著。

外　孫　謝定國敬序　民國六十四年三月

目次

第四章　東　漢

第一章

先秦

第一節

原始國家的發生及其發展

人類有兩種衝動，即 F. Oppenheimer 所謂「飢與愛」(Hunger und Liebe)❶。告子曾言：「食色性也」(孟子告子上)。孔子亦說：「飲食男女，人之大欲存焉」(禮記卷二十二禮運)。人類由這兩種衝動的作用，便創造了社會，又促成了社會的進化。

人類為解決飢的衝動，必須取得食物。人類取得食物的方法與其他動物不同。其他動物須利用自己身上的器官，而器官的發達又須與身體保持均衡，故由生物學的法則觀之，器官的發達是極慢的，數萬年的光陰並不算長。人類能夠利用器具，將外界的物作為身上的器官。所以不受生物學法則的束縛，而能獨立的變更，迅速的進化。

最初人類取得食物的方法是隨環境而不同。居於山嶽地帶者以獵取野獸為生，居於草原地帶者以採取植物為生。這種生活繼續數千年之久，人類由於愛的衝動，人口漸次增加；人口增加到一定程度，食物開始缺乏，於是人類又由飢的衝動，想出別的方法，以取得食物。居於山嶽地帶者前此單單獵取野獸，現在須將野獸飼養起來，而變為遊牧民。既然變為遊牧民，對於草原地帶，就有占領的慾望。

❶ F. Oppenheimer, *Der Staat*, 3 Aufl. 1929, S. 8.

居於草原地帶者前此單單採食植物，現在須將植物栽培起來，而變為農耕民。遊牧與農耕為人類生活的兩大方式。

其在吾國，代表遊牧民的為太皞伏犧氏，代表農耕民的為炎帝神農氏。伏犧與神農不是人名，而是兩個氏族的名稱。易稱包犧氏「作結繩而為罔罟，以佃以漁」。神農氏「斲木為耜，揉木為耒，耒耨之利，以教天下」（周易繫辭下卷八）。班固說：太昊「作罔罟，以佃漁，取犧牲，故天下號曰炮犧氏」。炎帝「教民耕農，故天下號曰神農氏」（漢書卷二十一下律曆志）。這是可以證明伏犧氏為遊牧民之集團、神農氏為農耕民之集團。據帝王世紀所說，伏犧蛇身人首，神農人身牛首（引自周易繫辭下卷八孔穎達疏），世上當然不會有這樣的人。沒有而記載於歷史之上，必有所本。我們以為蛇身人首乃伏犧氏之圖騰，人身牛首則為神農氏的圖騰。即中國在伏犧神農時代，已經脫離蒙昧階段，而進化為圖騰社會。吾人由這圖騰，更可知道其所代表的氏族的生活狀態。蛇多潛匿於山嶽森林之中，而以獵食禽兔為生。牛則生存於草原之地，而以嚼食芻草為生。由兩個氏族之圖騰，可以推測兩個氏族的生活狀態。

因此，伏犧神農兩個氏族居於何地便成為重要問題。據路史所載，伏犧「生於仇夷，長於起城」。關於仇夷，原注引遁甲開山圖云：「仇夷山四面絕立，太昊之治也，即今仇池」。關於起城，原注云：「今秦治成紀縣，本秦之小山谷名」（路史後紀卷一太昊）。周易繫辭（卷八）孔穎達疏引帝王世紀云，「包犧長於成紀」。仇夷即仇池，屬鞏昌府之成縣，起城即成紀，屬鞏昌府之秦州，兩地山嶽盤紆（讀史方輿紀要卷五十九陝西八鞏昌府）。伏犧生長於山嶽地帶，由此可以證明。路史又謂神農「長於姜水」（路史後紀卷三炎帝），周易繫辭（卷八）孔穎達疏亦引帝王世紀云「神農長於姜水」。姜水何在，史無記載。路史云，「姜，扶風姜陽有姜氏城，南有姜水」（路史國名記甲黃帝後姜姓國姜）。扶風即鳳翔府，據讀史方輿紀要所載，秦為內史地，武帝太初元年改為右扶風，隋大業初，改為扶風郡，唐至德初，改為鳳翔府。宋仍曰鳳翔府，亦曰扶風郡。路史為宋羅泌所著，其男羅苹所注，他們均謂扶風即漢代之扶風，而在陝西。顧祖禹說，「府居四山之中，五水之會」，原注關於四山之中，說道「志云，府境四圍皆有高山，而中實坦平」。關於五水之會，說道「五水，汧渭漆岐雍也。志云：府境自大散關以北，達於岐雍，夾渭川南北岸，沃野千里，所謂秦川也」（讀史方輿紀要卷五十五陝西四鳳翔府）。陝西即雍州，尚書禹貢云：「黑水西河惟雍州……厥土惟黃壤，厥田惟上上」。按是地屬於黃土高原，在洪水未平以前，高原沒有水患。黃土質鬆，在鐵器尚未發明以前，便於耕耘。而土壤肥沃，司馬遷云：「膏壤沃野千里，自虞夏之貢，以為上田」（史記卷一百二十九貨殖傳）。神農生於此，中國農業亦開始於此，乃屬理之當然。由此可知吾國文化由狩獵經濟進化為遊牧經濟及農耕經濟，均在西北。關於神農所居，各書記載不同，甚至同一的書亦前後矛盾。如帝王世紀既云，神農長於姜水，又云本起烈山，或稱烈山氏（引自周易繫辭卷八孔穎達疏）。路史亦謂神農長於姜水，復謂列山亦曰麗山，即厲山，在隨縣之北，神農所生（路史國名記甲黃帝後姜姓國厲），厲山在德安府隨州北四十里（讀史方輿紀要卷七十七湖廣三德安府）。此外又有「炎帝初都陳（今河南開封府陳州），又徙魯（今山東曲阜縣魯城）」之言（史記卷一黃帝紀正義）。此數說者皆因神農後裔以姜為姓，而此數地在春秋時代均有姜姓國家。但是三代之周出自陝西，周自后稷以後，常與姜女結婚，以西北之姬族而與中原之姜族累代通婚，這在原始時代，不是可能的事。所以我們以為各地姜姓國家大率封於周代，或原始國家由於周代的宗法觀念，自稱姜姓，以附於齊姜，免受周之侵略。總之，我們認為神農所居之姜水，應在陝西草原地帶。

兩個生活不同的氏族本來是各在各的地帶過其安靜和平的生活，人口繁殖，最初只與同一地帶的別個氏族接觸。他們住在同一地帶而作同一生活，其風俗習慣相差不遠。他們接觸之後，其初也，由於愛的衝動，便交換了婦女❷，其次由於飢的衝動，又交換貨物。由於婦女的交換，便融和了他們的血統，由於貨物的交換，又使他們在經濟上有互相倚賴的關係，從而氏族之間就發生了親睦感情，而結合為一個部落。例如夏之部落有夏后氏、有扈氏、有男氏、斟尋氏、彤城氏、褒氏、費氏、杞氏、繒氏、辛氏、冥氏、斟戈氏（史記卷二夏本紀太史公曰）。殷之部落有殷氏、來氏、宋氏、空桐氏、稚氏、北殷氏、目夷氏（史記卷三殷本紀太史公曰）。即部落乃以最強的氏族的名稱為名稱。關於夏殷的氏族名稱，史家雖說：「其後分封，以國為姓」（史記卷二夏本紀及卷三殷本紀太史公曰）。唯由吾人觀之，所謂「以國為姓」必是各氏族本來的稱號。而周之部落最少亦必包括周姜兩個氏族。周為后稷之後（史記卷四周本紀），后稷教民稼穡，為農耕種族；姜為炎帝之裔❸，亦係農耕種族，周姜兩氏在原始社會已通婚姻。史記（卷四周本紀）云：「周后稷名棄，其母有邰氏女，曰姜原」。正義云「邰炎帝之後，姜姓，封邰」。邰在什麼地方？路史（國名記甲黃帝後姜姓國駘）云：「駘，后稷母有駘氏……魯東鄙地，今沂之費縣南故駘亭是」。駘即邰，在今日之山東。后稷之後如公劉，如太王，如王季，皆在今日之陝西。以陝西之人乃遠與山東之姜女結婚，這在古代，絕不可能。左傳昭公九年，「王使詹桓伯辭於晉曰，我自夏以后稷，魏駘芮岐畢吾西土也」。東周定都雒邑，駘為西土，當然不在山東。據杜預注，「駘在始平武功縣所治釐城」。詩大雅生民之章述文武之功起於后稷，謂后稷「即有邰家室」，鄭

---

❷ 禮云：「取妻不取同姓，故買妾不知其姓，則卜之」（禮記卷二曲禮上）。此蓋古人由於經驗，知道「男女同姓，其生不蕃」（左傳僖公二十三年）之故。此外，人類於兩性生活，也許自始就有嫌忌近親結婚的性癖，所以同一氏族往往禁止內婚。參閱 H. Cunow, *Die Marxsche Geschichts-, Gesellschafts- und Staatstheorie*, Bd. II, 4 Aufl. 1923, S. 117.

❸ 史記卷一黃帝本紀，正義引帝王世紀云「神農氏姜姓也」。卷三十二齊太公世家，索隱引譙周曰「姓姜名牙，炎帝之裔」。姜姓若非起自陝西，姜牙（呂尚）何能釣於陝西渭水之濱。

玄箋云：「邰姜嫄之國也，堯見天因邰而生后稷，故國后稷於邰」。孔穎達疏云：「邰為后稷之母家，其國當自有君，所以得封后稷者，或時君絕滅，或遷之他所也」。孔穎達之言乃不知當時社會結構。后稷及契未必為帝嚳之子，有娀氏之女簡狄吞玄鳥之卵而生契，有邰氏之女姜嫄踐巨人之跡而生棄（見史記卷三殷本紀，卷四周本紀）。即契及棄均為無父之子，此乃母系氏族的現象。晉郭璞纂山海經圖贊，其「海外南經圖贊」中載有「女子國」，謂「簡狄有吞，姜嫄有履，女子之國，浴於黃水，乃娠乃字，生男則死」。這固然是神話，而「女子之國」四字亦可表示殷在契時，周在后稷時，屬於母系氏族，其後進化，才演變為父系氏族。譙周云：「契生堯代，舜始舉之，必非嚳子」（史記卷三殷本紀索隱）。又謂后稷父微，故不著名（史記卷四周本紀索隱）。關於邰之所在地，孔穎達引杜預之言，「邰始平武功縣所治斄城是也」。按斄城又作漦城，顧祖禹說：「后稷始封於邰，今陝西武功縣西南二十里故漦城是。漦邰同」（讀史方輿紀要卷一歷代州域形勢一唐虞三代）。又說：「武功縣古邰國也，后稷封此。縣西南二十二里有漦城，漦讀曰邰，即后稷所封」（讀史方輿紀要卷五十四陝西三乾州武功縣）。即姜姓亦在陝西。詩（大雅緜）云：「古公亶父，來朝走馬，率西水滸，至於岐下，爰及姜女，聿來胥宇」，即古公也是與姜女結婚。這種周姜通婚，到了春秋時代，還未斷絕。固然歷史未可深信，然而有此紀錄，便足以證明同一生活狀態的人容易結合起來。

生活狀態之不同可以發生各種不同的性格，尤其是言語不同。言語是人類交際的產物，又是人類交際的工具。兩個以上的氏族住在同一土地之內，不斷的往來交際，就發生了同一言語，而住在別個土地的人，尤其是生活於別個地帶的人，又產生了別種言語。言語進步到相當程度，又成為交際的障礙，即言語相同的人固然增加親愛感情，言語不同的人一旦相遇，又因彼此之間感情無法交流，不免發生敵視之念。這個時候某個種族的人要離開自己部落，加入別個部落，絕不可能。部落的封鎖又使他們居住的土地成為封鎖的。換言之，每個種族皆禁止別個種族的人侵入其土地之內。

社會進化的發動力還是兩個衝動。由於愛，人口不斷增加，由於飢，人類開始移動，而在土地封鎖時代，個人移住絕不可能，而且危險。於是凡因領土過狹，而有移動之必要者，他們必舉族遷徙。這樣，遊牧民與農耕民，即伏犧氏與神農氏雙方種族便開始了接觸。

這是歷史上一個大轉變。在他們接觸之時，雙方難免戰爭，誰勝誰負，在原始社會，不是決定於技術，而是決定於生活方式。茲將遊牧民與農耕民的生活方式列表如次。

遊牧民與農耕民生活方式比較表

種族	遊牧民	農耕民
生活方式	(一)結群放牧，容易團結。 (二)逐水草而居，生活是流動的，勝則進攻，敗則逃入山陵之中。 (三)草原地帶可以放牧，勝則占領其地。 (四)茹毛飲血，同肉食獸一樣，養成好戰的精神。	(一)散居各村落之間，彼此孤立，不易團結。 (二)由播種而至收穫，須於一定期間之內，定住於同一土地之上，勝不能進攻，敗又不能遠遁。 (三)山嶽地帶不能耕種，雖勝亦不需要其地。 (四)以五穀為生，同草食獸一樣，愛好和平。

人類的生活方式可使人類的心理發生變化。遊牧民每天宰殺動物，食其肉而衣其皮，寖假他們的心理就發生了好殺的情緒。他們不怕流血，且以流血為自己生存的條件。即他們恰如肉食獸一樣，「殺生」是取得食糧，保障生活的手段，所以遊牧民與農耕民開始戰爭，最後勝利常歸屬於遊牧民。在吾國歷史上，代表這種勝利的遊牧民則為黃帝有熊氏。

然則黃帝有熊氏一族居於何地？史載黃帝生於壽丘（路史後紀卷五黃帝紀），其子（？）少昊金天氏邑於窮桑（路史後紀卷七少昊）。或謂壽丘窮桑均在山東曲阜縣之北，其地有九峰山，峰巒相接（讀史方輿紀要卷三十二山東三兗州府曲阜縣九峰山及少皞陵），即亦居於山嶽地帶。如果此說不錯，則中國文化有東西兩源，其一發源於西方之陝西，其二發源於東方之山東。唯據路史所述，黃帝生於壽丘，壽丘不在曲阜，而在上邽（路史後紀黃帝紀注），今陝西鞏昌府有上邽城，其地與伏犧氏聚居之成紀相近（讀史方輿紀要卷五十九陝西八鞏昌府秦州）。小昊之都乃在小顥（路史後紀卷七小昊），小顥「宜在西方梁雍之域」（路史同上注）。即窮桑亦「宜在梁雍之域，說咸以為魯，蓋以傳謂伯禽之封為少昊之墟，或其後所徙，非始國窮桑也」（路史國名記乙少昊青陽氏後窮桑），即亦均在陝西之內。

黃帝有熊氏，依吾人之意，「熊」乃黃帝氏族的圖騰。據歷史記載，黃帝「與炎帝戰於阪泉之野，三戰然後得其志」（史記卷一黃帝本紀）。「炎黃二帝中間凡八帝，五百餘年」（史記卷一黃帝本紀索隱）。當然不會發生兩帝交戰之事，交戰乃存在於兩個氏族之間。黃帝既與神農氏交戰，其非神農氏同一種族的人，可想而知。而由「熊」之圖騰，似可推測黃帝一族乃居住於山嶽地帶，而屬於遊牧民之一支，即與伏犧氏同一種族。黃帝既為天子（其實只是各部落之霸主）之後，雖「邑於涿鹿之阿」，而「遷徙往來無常處，以師兵為營衛」（史記卷一黃帝本紀），可以證明黃帝一族尚未放棄遊牧生活。黃帝之子少皞金天氏，代黃帝有天下。譙周云：「金天氏能修太皞之法，故曰少皞」（漢書卷二十一下律曆志補注）。黃帝之子而修太皞伏犧氏之法，可知黃帝當為伏犧氏之後裔。換言之，黃帝與炎帝交戰，實即伏犧氏——遊牧民與神農氏——農耕民交戰。黃帝「三戰然後得其志」，而「蚩尤作亂，不用帝命」，於是黃帝又「與蚩尤戰於涿鹿之野，遂擒殺蚩尤」（史記卷一黃帝本紀）。「蚩尤姜姓，炎帝之後也」（路史後紀第四卷蚩尤傳）。龍魚河圖云「蚩尤食沙」（史記卷一黃帝本紀正義）。由人類生理觀之，沙絕對不能供為食品之用。此蓋遊牧民所食者為肉，農耕民所食者為穀。山嶽地帶之遊牧民不識穀為何物，遠望之有似黃沙，於是遂謂蚩尤食沙。這種判斷固然只是吾人意測，然而不作如斯意測，中國遠古歷史只有全部推翻。

阪泉涿鹿據通說，均在上谷（史記卷一黃帝紀集解引皇甫謐曰及張晏曰），上谷在今河北之涿州（讀史方輿紀要卷十一直隸順天府涿州）。由炎帝而至黃帝，中間雖隔五百餘年，而炎帝種族由陝西之鞏昌府繁殖至河北之順天府，是否可能，值得考慮。而起自陝西之黃帝又能越過山西，遠與河北之炎帝子孫交戰，亦有問題。路史說：

> 阪泉氏蚩尤，姜姓，炎帝之後也……帝榆罔立，諸侯攜貳……乃分正二卿，命蚩尤宇於小顥，以臨西方……蚩尤逐帝，而居於濁鹿（路史後紀卷四蚩尤傳）。

即以阪泉為氏族名稱，所以「戰於阪泉之野」，其實就是「戰於涿鹿之野」。小顥為小昊所居，「在西方梁雍之域」（路史後紀卷七小昊注），窮桑亦「宜在梁雍之域」（路史國名記乙少昊青陽氏後窮桑）。濁鹿即涿鹿（路史後紀卷四蚩尤傳注，同卷炎帝榆罔紀，直謂蚩尤逐帝，而居於涿鹿）。涿鹿是在何地？路史云：黃帝「戮蚩尤於中冀」（路史後紀卷五黃帝），又云「執（蚩）尤於中冀而殊（斬）之，爰謂之解（解，剖分之意）」。注云：「今之解州，寰宇記云，蚩尤之封域有鹽池之利，今之解池是也」（路史後紀卷四蚩尤傳）。沈括夢溪筆談（卷三辨證一）說：「解州鹽澤方百二十里。久雨，四山之水悉注其中，未嘗溢，大旱未嘗涸，滷色正赤，在阪泉之下，俚俗謂之蚩尤血」。周代以前，冀州乃包括今日之河北山西。解池在山西解州，所以中冀是指山西。據讀史方輿紀要（卷四十一山西三平陽府解州），解州有鹽池，「其鹽不勞人力，自然凝結，盛於夏秋，殺於冬春」。又有濁澤，「出解縣東北平地，即涿水也」。所以吾人以為涿鹿當指涿水經過之平地，而此涿水非指河北涿州之北之涿水（讀史方輿紀要卷十一直隸二順天府涿州），而是在今日之山西。鹽是人類不可缺的食物。原始時代，人類可於昆蟲或草根之中，食其鹽分。社會進化，進化到火食之時，純粹的鹽甚為必要。炎黃二族戰於涿鹿之野，也許是為爭奪鹽池。

黃帝征服農耕民的神農氏，用 F. Oppenheimer 所作的比喻來說，恰如游動的精蟲探求靜止的卵子，進入其中，而產生一個更高級的有機體，這就是原始國家❹。「孔安國尚書序，皇甫謐帝王世紀，孫氏注世本並以伏犧神農黃帝為三皇」（史記卷一五帝本紀正義），這由社會學的眼光觀之，不失為正確的見解。一方是遊牧民的伏犧，他方是農耕民的神農，兩者結合，便產生了組織原始國家的黃帝。

原始國家的組織是極鬆懈的。黃帝一族征服神農氏之後，最初乃散居於農耕民之間，逍遙各地，而繼續其遊牧生活。史稱「黃帝遷徙往來無常處」即其一證。土地若不適宜於遊牧、或不軌之徒有叛亂之意，自應選擇險阻之地設置營壘或城廓，以作鎮壓的根據地。史稱「黃帝邑於涿鹿之阿」，又云「以師兵為營衛」，即其證據。他們由這營壘或城廓，統治農耕民，而除徵收貢賦之外，其他一切都不過問，放任農耕民管理自己的政事，審判自己的訴訟，信仰自己的神祇，最多不過派遣代表，監視他們，使他們不敢反抗。史稱「黃帝置左右大監，監於萬國」（史記卷一黃帝本紀）。所謂萬國固然形容國家之多，其實不是國家，只可視為部落。

最初移住民（遊牧民）與原住民（農耕民）尚有明顯的區別，而同住於一個地方既久，兩個種族漸次同化，不但用同一的言語，有同一的習慣，奉同一的宗教，又因互通婚姻，而發生共同的血統，生活於同一環境之下，鑄成同一的感情。而且尚謂炎黃一家，如云黃帝為少典之子，少典娶有蟜氏女而生炎帝（史記卷一黃帝本紀及索隱引國語云），如云少典娶有僑氏，生子二人，一為黃帝之先，一為神農，是為炎帝（路史後紀第三卷炎帝）。於是部落偏見漸次消滅，代之而發生者則為較高形式的國家。

❹ F. Oppenheimer, *Der Staat*, 3 Aufl. 1929, S. 40.

雖然它們之間尚有裂痕，而其裂痕已經不是種族上的差別，而是政治上的差別。移住民治人，原住民治於人。治人者食於人，治於人者食人。統治階級解放於勞力之外，於是又發生了兩種結果，第一、遊牧民既有衣食之道，他們無須再遊牧了。遊牧變為田獵，田獵不是職業，而只是統治階級的一種娛樂。社會經濟遂依草原地帶的環境，而以農業為中心。第二、統治階級不必為生活問題，孜孜勤勞，而得將其勞力貢獻於精神活動，而使文化有發展的可能。

文化本是精神活動的產物，人類的精神活動常受環境的影響，自黃帝由山嶽地帶，征服神農氏，而移住於草原地帶之後，整個環境已經變更。由遊牧民觀之，過去居於山嶽之中，現在則居於草原之上，因地的環境之變更，須想出新的方法來對付。由農耕民觀之，過去接觸的均是同種的農耕民，現在加上外來的遊牧民，因人的環境之變更，也須想出方法來對付。兩個種族的環境都已改變，他們心理上發生的反應遂與過去不同。環境愈複雜，對付方法愈增多，人類精神亦愈進步，這樣，就產生了許多文化。而負起創造文化之責任的，大率屬於有閒階級即統治階級。

由黃帝數傳而至堯舜，文化更見發達。當時政治以天事為要務，而表現為天文學的進步。馬端臨說：「太古法制簡略，不可得而詳知，然以經傳所載考之，則自伏犧而至帝堯，其所命之官大率為治曆明時而已」（文獻通考卷四十七官制總序）。帝堯即位命官，以羲和為第一，即命羲和「欽若昊天曆象日月星辰，敬授人時」，「朞三百有六旬有六日，以閏月定四時成歲」（尚書堯典）。蓋在農業社會，何時播種，何時收穫，均與季節有關。而政府為徵收賦稅起見，為徵用傜役而不妨害黎民耕耘起見，「敬授人時」乃是一種極重要的政治。農業由於天文學的發達，日益進步，於是統治階級固不必說，縱是被統治階級亦得將其一部分的勞力，去做別的工作。

恰好這個時期發生了洪水之災，「湯湯洪水方割，蕩蕩懷山襄陵，浩浩滔天，下民其咨」（尚書堯典）。其為禍之烈，可想而知。唯由另一方面言之，洪水卻有助於文化的發達。世上一切發明都是由於迫切的需要，洪水為災，因之有舟楫的發明，因之有橋樑的發明，因之有隄防的發明，因之又有建築物的改良。而最重要的還是國家組織的改觀，一方各部落逃避洪水，遷徙移動，於是過去兩個部落不相聞問者，現在也開始接觸，開始通婚，而融和它們的風俗習慣言語血統，過去尚有國際關係的遺跡，現在完全變為國內關係了。他方治水乃是一種巨大艱難的工作，非有整個計畫，不易成功。「左隄強，則右隄傷，左右俱強，則下方傷」（後漢書卷二明帝紀永平十三年夏四月乙酉詔），所以每個部落單用自己之力，建築隄防，開鑿河渠，往往因為上流氾濫或下流壅塞，徒勞無功。在廣大領域之內，要想治水，須由一個中央機關定下計畫，每個部落均肯犧牲個別利益，而顧全全體利益，而後才會有成。於是部落遂將一部分權力交付中央，中央職權增加，就不能不增設機關以負執行之責。洪水既平，帝舜即位，固然還是「在璿璣玉衡，以齊七政」（尚書舜典），然天事既已解決，所以分命九官皆以治民，禹作司空，平水土；棄作后稷，播五穀；契作司徒，敷五教；皋陶作士，正五刑；垂作共工，利器用；伯益作虞，育草木鳥獸；伯夷作秩宗，典三禮；夔典樂，和神人；龍作納言，出納王命（參閱尚書舜典）。這種政治組織固然未必全部可信，而吾人觀堯典所載，內只有羲和敬授人時，外只有四岳分主部落，而舜典所載，中央官制頗具規模。由此可知中國經洪水之後，國家組織又前進了一步。

到了大禹時代，政治又復改變。中央既有許多機關，當然需要許多賦稅。在堯舜時代，賦稅沒有一定法則，國家依隨時的需要，向各部落徵取。大禹治水，跋涉各地，深知各地物產，所以即位之後，即定土貢之法，使各方進貢該地所產，以供中央經費之用（參閱尚書禹貢）。這種土貢方法對於統治者與被統治者都是有利的。由納稅人觀之，過去中央政府徵收貢賦是依靠於力，沒有法制，有時難免暴虐的行為。現在中央政府徵收貢賦是根據於法，有一定格式，而受法律的限制。由中央政府觀之，中央政府無須再為貢賦而耗費許多不必要的強制執行，而得將其精力去做別一種工作，如建築宮殿，開闢公路等是。

大禹崩殂，子啟嗣位，這又是政治上的一種進步。三代以前，由黃帝而至夏禹，帝位之繼承與都城之所在均有問題。茲試列表如次。

由黃帝至夏禹都城表

帝號	氏族	都城	備考
黃帝	有熊氏	涿鹿之阿	涿鹿見前。
帝摯（小昊）	青陽氏（金天氏）	窮桑	史記卷一黃帝紀，黃帝正妃嫘祖生二子，其後皆有天下，其一曰玄囂，是為青陽。其二曰昌意。司馬貞索隱，「按皇甫謐及宋衷皆云，玄囂青陽即少昊也，今此紀下云，玄囂不得在帝位，則太史公意青陽非小昊明矣。而此又云玄囂是為青陽，當是誤也」。路史後紀卷七小昊，小昊青陽氏，又曰金天氏，名質，是為挈。挈與摯通，其父曰清，黃帝之第五子。即小昊乃黃帝之孫，而青陽則為小昊之父。其母為方儽氏。左傳昭公十七年，郯子曰我高祖少昊摯之立也云云，少昊為帝摯明矣。而史記卷一帝嚳紀，又謂帝嚳崩，子帝摯立，不善崩，而弟放勳立，是為帝堯。如此，帝摯又非小昊了。窮桑見前。
帝顓頊	高陽氏	帝丘	史記卷一帝顓頊紀，黃帝之孫，而昌意之子也。帝丘在河南省歸德府商丘縣。見讀史方輿紀要卷五十河南五歸德府。
帝嚳	高辛氏	亳	史記卷一帝嚳紀，黃帝之曾孫也。父曰蟜極，蟜極父曰玄囂，玄囂父曰黃帝。自玄囂與蟜極皆不得在位。亳在河南省歸德府商丘縣。見讀史方輿紀要卷五十河南五歸德府。
帝堯	陶唐氏	平陽	史記卷一帝嚳紀及帝堯紀。平陽今山西省平陽府臨汾縣。見讀史方輿紀要卷四十一山西三平陽府。

帝舜	有虞氏	蒲阪	史記卷一虞舜紀，父曰瞽叟，瞽叟父曰橋牛，橋牛父曰句望，句望父曰敬康，敬康父曰窮蟬，窮蟬父曰帝顓頊，顓頊父曰昌意，以至舜七世矣。蒲阪今山西省平陽府蒲州。見讀史方輿紀要卷四十一山西三平陽府。
大禹	夏后氏	安邑	史記卷二夏本紀，禹之父曰鯀，鯀之父曰帝顓頊，顓頊之父曰昌意，昌意之父曰黃帝。安邑今山西省平陽府安邑縣。見讀史方輿紀要卷四十一山西三平陽府。

觀上表，可知他們氏族名稱各異，而一帝即位，即徙其都，先在梁雍之地，次徙河南，再入山西。唯在古代，以道路之險阻，交通工具之幼稚，實難倏忽之間，遷都於較遠之地。秦宓「見帝系之文，五帝皆同一族，宓辯其不然之本」（蜀志卷八秦宓傳）。所以他們之間是否真有血統關係，抑或也和炎黃二帝皆為少典之子，同樣的只是無稽之談，吾人不能無疑。不過堯不傳子而傳舜，舜不傳子而傳禹，似為事實。帝位不傳於子，必非創始於堯。蓋在原始社會，誰都不敢破壞傳統。至於帝位應傳誰人，據尚書堯典所載，決定的權似屬於酋長會議。堯之舉舜乃從四岳之言，班固云：「四岳謂四方諸侯」**（漢書卷十九上百官公卿表）**，實即酋長會議。所以當時政體可以說是選舉王政，不過被選舉權限於部落酋長，而選舉權亦只唯部落酋長有之。這是吾國最早歷史上的政制，後儒均深信而不疑。遠古政治多為民主，蓋人類自始就不能單獨生存，而須組織社會。在原始社會，神權觀念極其濃厚，而各人的智力及腕力又相差不遠，故凡發生問題而須解決之時，除依神意，「謀及卜筮」之外，又常「謀及庶人」❺，依多數人之意思決定之。但是「謀及庶人」需要一個條件：當時的人不知「代表」之制，要

❺「謀及卜筮」，「謀及庶人」見尚書洪範。「謀及庶人」，商代雖有其言，而無其事。盤庚將治亳殷，民不欲徙，憂愁怨上，「王命眾悉至於庭」，但非徵求同意，而是責其違抗王命。而且所召集之「眾」不

測定人民意思，須開人民大會，而要開人民大會，又須地狹民寡。地廣民庶而欲集合全國人民開會，勢不可能，這就是歐洲民主政治必開始於古代城市國家而為直接民主制的理由❻。孔子刪書，斷自唐虞，唐虞以前不過傳說，而尚書的堯典舜典亦為後人追述，未必是當時實錄。然而有此歷史，歷史又掩蓋了傳說的真相。人類思想不能從「無」生「有」，歷史與傳說既乏民主的遺跡，後人自難創造民主的思想。兼以唐虞之世，一方洪水為災，不能不加強中央的權力，他方國土擴大，不能集合人民開會，於是後儒遂不能同歐洲文藝復興時代的學者一樣，因探討希臘文化，而發見民主制度的價值。

唐虞之世，王位繼承由部落酋長決定。這大率依傳統的慣例，不是由堯作始。洪水氾濫，人民逃避水患，遷徙移動，日無寧處。環境不斷改變，各方民人須應用新的智慧，以應付新的環境，因之傳統觀念漸次失去權威。而大禹治水又有大功於民人，人類皆有一種心理，敬其父而及其子的心理，所以大禹崩後，諸侯皆朝啟曰吾君帝禹之子也（史記卷二夏本紀）。帝位由選舉變為傳子，於是又開始了

過公卿百官，即如孔穎達之疏，「民不欲徙，由臣不助王勸民，故以下（王命眾悉至於庭，王若曰云云以下）多是責臣之辭」（尚書注疏卷九盤庚上）。周禮述鄉大夫之職，有「大詢於眾庶」之言，鄭玄注，「大詢者詢國危，詢國遷，詢立君。鄭司農云，大詢於眾庶，洪範所謂謀及庶人」（周禮注疏卷十二。案詢國危，詢國遷，詢立君，見卷三十五小司寇之職）。左傳定公八年衛侯欲叛晉，朝國人，使王孫賈問焉。是時衛國領土不小，孔子又稱其民眾之庶（論語子路），何能集合國人於一地。在此四十年以前，即左傳襄公三十一年，鄭人遊於鄉校，以論執政，然明尚請子產毀去鄉校，即反對人民議政。依吾人之意，當時所謂大詢於眾庶，最多不過詢及公卿百官，如後代之廷議者。左傳定公元年，魯子家曰「若立君，則有卿士大夫與守龜在」。稱卿士大夫即「謀及庶人」，稱守龜即「謀及卜筮」。

❻ 參閱拙著政治學第四版二十二刷一六八頁及二〇〇頁。

中國數千年來世襲帝政之制。世襲可使政局安定，凡天子崩殂之時，嗣位者為天子之子，其可弭止部落酋長因爭奪帝位而發動戰爭，自不待言。韓愈有言：「堯舜之傳賢也，欲天下之得其所也，禹之傳子也，憂後世之亂也……傳之人則爭，未前定也；傳之子則不爭，前定也。前定雖不當賢，猶可以守法；不前定而不遇賢，則爭且亂。天之生大聖也不數，其生大惡也亦不數。傳諸人，得大聖，然後人莫敢爭；傳諸子，得大惡，然後人受其亂……與其傳不得聖人，而爭且亂，孰若傳諸子，雖不得賢，猶可守法」（**韓昌黎文集卷一對禹問**）。吾人固然反對韓非「舜偪堯，禹偪舜」（**韓非子第四十四篇說疑**）之說，而傳子在古代社會，可使政局安定，實如韓愈之言。

現在試問禹傳位於子，嗣位之子是否長子？不可得而知。是否適長子？更無法稽考。周代以前，似無嫡媵之別，晉張惲言，「堯典以釐降二女為文，不殊嫡媵，傳記以妃夫人稱之，明不立正后也」（**晉書卷二十禮志中**）。既無嫡媵，其所生之子自無適庶之分❼。分別嫡媵——適庶，似由周始。齊桓公會諸侯於陽穀，曰「無以妾為妻」（**公羊傳僖公三年**），可知周時嫡媵之別甚見嚴格。

然而此時，國家組織還是很鬆懈的。所謂天子與後世的帝王不同，不過最強部落的酋長，力足以壓服其他部落，各部落乃尊之為共主而已。凡權力能夠控制各部落，均是天子，權力不足控制各部落，

---

❼ 五帝紀謂「帝嚳有四妃，元妃有邰氏女，曰姜嫄，生后稷；次妃有娀氏女，曰簡狄，生契；次妃陳豐氏女，曰慶都，生放勳（堯）；次妃娵訾氏女，曰常儀，生帝摯」（不可深信）。又謂「帝摯之母於四人中，班最在下，而摯於兄弟最長，得登帝位」（引自史記卷一五帝本紀正義）。所謂元妃生后稷，此蓋周人追述之辭。周有嫡媵之別，故以其始祖后稷之母為元妃。摯於兄弟中是否最長，亦係後人臆測。何況史記所載五帝未必為同一族的人。然而帝嚳不立后稷，而立帝摯，帝摯又讓位於堯，亦可證明當時必無嫡媵之別，諸子亦無適庶之分。

則各部落獨立，霸權又移歸於別一個部落酋長。吾人觀夏時太康「盤遊無度」，而為有窮氏后羿所篡，后羿不修民事，又為伯明氏寒浞所殺。寒浞無道，少康復即帝位（參閱尚書五子之歌，左傳襄公四年魏絳之言）。由太康至少康，中間尚有兩帝（帝仲康及帝相）嗣位（參閱史記卷二夏本紀）。由此可知所謂太康「失邦」（尚書五子之歌）不過失去霸權，並未失去部落酋長之位。豈但夏代，舜代堯，禹代舜，而「堯子丹朱、舜子商均，皆有疆土」（史記卷一五帝本紀），即堯舜之後仍為部落酋長。

夏亡商興，據歷史所述，商為契之後裔。契興於堯舜大禹之際，以佐禹治水有功，封於商，「皇甫謐曰今上洛商是也」（史紀卷三殷本紀集解）。據顧祖禹研究，商州即晉代的上洛郡，「州東九十里，古商邑，契所封也」（讀史方輿紀要卷五十四陝西三商州）。「契卒，子昭明立。昭明卒，子相土立……主癸卒，子天乙立，是為成湯」（史記卷三殷本紀）。由契至湯，「十四世，凡八徙其都」（史記卷三殷本紀集解孔安國曰）。契孫相土之時，已由陝西，東遷而至商丘（史記卷三殷本紀索隱）。商丘屬河南省歸德府（讀史方輿紀要卷一歷代州縣形勢一唐虞三代，卷五十河南歸德府商丘縣）。湯始治亳，今河南省偃師縣西十四里有亳城，湯自商丘遷焉（讀史方輿紀要卷四十八河南三河南府偃師縣）❽。「自湯至盤庚，凡五遷

---

❽ 商時有三亳，一是南亳，即河南歸德府商丘縣東南四十里之穀熟城。二是北亳，即河南歸德府商丘縣東北四十里之蒙城。三是西亳，即河南河南府偃師縣之亳城（讀史方輿紀要卷五十河南五歸德府商丘縣，參閱卷四十八河南三河南府偃師縣）。但商丘縣西北尚有亳城（讀史方輿紀要卷五十河南五歸德府商丘縣），諸家皆視之為西亳。但盤庚「復居成湯之故居」，而都西亳（史記卷三殷本紀），詩經商頌殷武篇為頌高宗（武丁）之樂歌，中有「陟彼景山」之言，而景山則在偃師縣南二十里（讀史方輿紀要卷四十八河南三河南府偃師縣）。武丁在盤庚之後，武乙之前。武乙才徙朝歌（河南懷慶府淇縣東北有朝歌城，見讀史方輿紀要卷四十九河南四懷慶府淇縣）。故西亳當指偃師縣之亳城。

都」（史記卷三殷本紀集解孔安國曰）。「湯自南亳（商丘）遷西亳（偃師縣）；仲丁遷敖（今河南鄭州滎陽縣，見讀史方輿紀要卷四十五河南二開封府鄭州滎陽縣）；河亶甲居相（今河南彰德府安陽縣西有相城，見讀史方輿紀要卷四十九河南四彰德府）；祖乙居耿（今山西平陽府蒲州河津縣，古耿邑，殷王祖乙嘗都此，見讀史方輿紀要卷四十一山西三平陽府）；盤庚渡河南，居西亳（即湯所居之西亳），是五遷也」（史記卷三殷本紀正義）。西亳別名為殷，尚書盤庚上，有「盤庚五遷，將治亳殷」之句，故商又稱為殷。案殷商由契至湯，凡八遷（史記卷三殷本紀），自湯至盤庚又五遷。此種不斷遷徙可以發生兩種推測：一是殷商本係遊牧種族，故無城廓常處。二是代夏以後，雖由遊牧改為農耕，但當時鐵器尚未發明，在淺耕時代，地力既竭，自當率族移住，改墾新田。由湯而至盤庚，傳祚十七，歷年三百十五，由於草原地帶的環境關係，其放棄遊牧而事農耕，可以說是自然之理。所以商頌殷武頌高宗武丁之樂歌，有「稼穡匪解」（詩經商頌殷武）之言。

湯既代夏而有天下，其王位繼承乃一反夏代之父死子繼，而採兄終弟及之制。按兄終弟及乃發生於母系社會，母系氏族以母為中心，兄弟一家，父子則否，故多行兄弟相及之法。史謂湯為契之後，契為帝嚳次妃有娀氏之女之子。由契至湯皆父死子繼，而湯有天下之後，竟然改為兄終弟及（參閱史記卷三殷本紀）。這個問題值得吾人研究。吾人以為史記所載由契至湯之世系不盡可信，湯未必為契之後，而契未必為帝嚳之子。有娀氏之女行浴，見玄鳥墮其卵取吞之，因孕生契（史記同上）。這是神話，而可表示契乃無父之子。這是母系社會的常有現象。依吾人之意，殷之與夏當係兩個不同的氏族，而殷到了夏代，當未脫掉母系氏族的習慣。湯崩，遂循過去慣例，王位繼承採兄終弟及之制。到了最後四世，即由帝庚丁以後，才確定為父死子繼。在此以前，父死子繼不是絕無，而只是例外（史記同上）。宋為殷商之後，其君位繼承最初還是立弟。禮記，「微子舍其孫腯而立衍」，鄭玄注云：「微子嫡子死，立其弟衍，殷禮也」（禮記注疏卷六檀弓上三），以後就立子而不立弟，嫡子雖死，亦立嫡孫。蓋「廢嫡而更立諸弟子，弟子或爭相代立」（史記殷本紀）之故。

固然，湯雖代夏，而夏之遺民尚復懷念故國，故依國有強敵，宜立長君之意，以防夏民之叛變，也許不失為立弟的一個原因。依歷史所述，湯之伐桀，確實不是容易的事。在其誓師之時，必曰「非台小子敢行稱亂，有夏多罪，天命殛之」，「夏氏有罪，予畏上帝，不敢不正」（尚書湯誓）。在其凱旋之時，必曰「敢用玄牡，敢昭告於上天神后，請罪有夏」（尚書湯誥）。甚至伊尹還政於太甲之時，還要說「夏王弗克庸德，慢神虐民，皇天弗保」（尚書咸有一德）。此蓋夏有天下，四百餘年，大禹治水，有大功於民人，后羿所以敢拒太康於河，實因帝啟嗣位不過數載，就發生了太康盤遊無度之事，王室權威尚未樹立之故。少康復興，傳祚十四，經三百餘年而至於桀，歷時既久，王室遂有權威，復由權威而發生正統觀念。正統觀念乃基於神權思想，在民智幼稚之時，欲推翻神權思想所維護的王朝，必須利用另一個神權觀念，而謂新王朝之建立亦由上帝所命。詩云：

天命玄鳥，降而生商，宅殷土芒芒，古帝命武湯，正域彼四方（詩經商頌玄鳥）。

即湯之祖先——契乃是神祇之子，而湯之有天下亦秉承上帝之命。其所以必將祖先遠溯於契者，蓋據傳說，商祖先之契與夏祖先之禹同是黃帝子孫，本出一源，這是可以緩和夏商兩族的感情。茲據傳說，將夏商周三代世系列表如次：

三代世系表

這個世系當然不足為憑，神權觀念乃一切原始社會所共有，唯在殷代乃特別濃厚。孔子云：「殷人尊神，率民以事神」（禮記卷五十四表記），吾人觀商書之中不斷的有「天命」、「上帝」、「神后」一類之言，就可知道。此蓋原始經濟完全依靠自然，狂風暴雨的侵襲，大旱洪水的毀殘，都可以破壞農作及牧畜，而使人民無法生存。這種風雨水旱都是自然現象，既不是人力所能左右，就不能不推想到人力以外的原因，於是在人類的幼稚心理之中，遂謂冥冥之中必有一個萬能的上帝，主宰一切。卜辭中有「翌乙卯，帝其命雨」，「今二月帝不命雨」，「庚戌貞其降𦰩」，「不雨，帝其𦰩我」（見董作賓著中國古代文化的認識），就是雨旱饑饉均視為出於上帝之意。他們不能利用知識以控制自然，只有依靠祭祀，以求上帝祐福。社會一切現象均認為上帝創造，於是一切問題亦唯神意是視。武王克殷，訪於箕子，箕子作洪範，其中有一段話：

> 汝則有大疑，謀及乃心，謀及卿士，謀及庶人，謀及卜筮。汝則從，龜從，筮從，卿士從，庶民從，是之謂大同，身其康強，子孫其逢吉。汝則從，龜從，筮從，卿士逆，庶民逆，吉。卿士從，龜從，筮從，汝則逆，庶民逆，吉。庶民從，龜從，筮從，汝則逆，卿士逆，吉。汝則從，龜從，筮逆，卿士逆，庶民逆，作內吉，作外凶。龜筮共違於人，用靜吉，用作凶（尚書洪範）。

這是殷之制度，不是箕子個人的意見。龜、筮乃與君、卿士、庶人各為一個單位，共同決定國之大事，而以三單位之同意為之。龜筮有巨大的決定權，於是與龜筮有關的職業，例如巫卜祝等就成為最高尚的職業。帝太戊之時，巫咸輔王室，「殷復興，諸侯歸之，故稱中宗」。帝祖乙立，「殷復興，巫賢任職」，巫賢為巫咸之子（史記卷三殷本紀）。尚書（卷八）咸有一德，「伊涉贊於巫咸」，注引馬融曰「巫男巫也，名咸，殷之巫也」。男巫而為天子之輔佐，可知殷代神權思想之濃厚。而史祝士卜因與神權有關❾，就成為國家的最高職官。禮記（卷四曲禮下第二）云：「天子建天官，先六大，曰大宰大宗大史大祝大士大卜，典司六典」，鄭玄注云「此蓋殷時制也」。「天子之五官曰司徒司馬司空司士司寇，典司五眾」，鄭玄注云「此亦殷時制也」。六大以祭祀之官為主，五官以軍事之官為主，即在殷代，祭祀比之軍事猶為重要。古人云：「國之大事唯祀與戎」（左傳成公十三年），吾人觀殷代官制，即可知之。

第二節 封建國家的成立及其分裂

❾ 大祝大卜與神權有關，固無論矣。至於大史，吾人讀左傳閔公二年「狄人囚史華龍滑與禮孔以逐衛人。二人曰我大史也，實掌其祭」云云，可知當時的史不是後世的史官，而是祭祀之官。正義卷四曲禮云：「大士非司士及士師卿士之等者，以其下別有司士司寇，故知非士師卿士也。與大祝大卜相連，皆主神之士，故知神仕也」。

數千年來，草原地帶不斷的引誘遊牧民，遊牧民入居草原地帶之後，因為環境關係，往往放棄遊牧生活。上層階級耽於享樂，而喪失其勇敢的精神，下層階級改事農耕，而喪失其善戰的勇氣，於是另一個遊牧種族又進來侵略了。殷代傳祚六百餘年而至於紂，周繼之而興。周與殷不同，似為半農耕半遊牧的種族。史記謂，周之祖先為棄，棄為后稷，「播時百穀」。子不窋奔於戎狄之間，二傳至公劉，「復修后稷之業，務耕種，行地宜」。又九傳至古公亶父「復修后稷公劉之業」，「貶戎狄之俗，而營築城郭室屋，而邑別居之」（史記卷四周本紀）。吾人觀公劉「復修」后稷之業，古公亶父「復修」后稷公劉之業，「而營築城郭室屋」，可知古公以前，時而遊牧，時而農耕。詩謂公劉「度其隰原，徹田為糧」（詩經大雅公劉），又謂古公「迺疆迺理，迺宣迺畝」（詩經大雅緜），都可以證明史記所言之不偽。古公以後，才純粹以農耕為業，史記云：「古公卒，季歷立，是為公季，公季修古公遺道。公季卒，子昌立，是為西伯，西伯曰文王，遵后稷公劉之業」（史記卷四周本紀）。這個時候，殷紂失政，西伯之子武王便率師伐紂，代殷而有天下。「公季修古公遺道」，而「文王遵后稷公劉之業」，即周已以農業立國了。

殷有天下六百餘年，孟子云「由湯至於武丁，賢聖之君六七作，天下歸殷久矣，久則難變也。紂之去武丁，未久也，其故家遺俗流風善政猶有存者」（孟子公孫丑上）。在這種情況之下，周欲代殷猶如殷欲代夏，不能不假借神意，既託始於后稷，藉以證明殷周同出一源，又以后稷為神祇之子，使殷祖先之契不能專美於前。詩云：

> 時維后稷……誕寘之隘巷，牛羊腓字之。誕寘之平林，會伐平林。誕寘之寒冰，鳥覆翼之。鳥乃去矣，后稷呱矣（詩經大雅生民）。

但武王伐紂，也和湯之伐桀一樣，以為秉承上帝之命。吾人觀尚書所載，例如「商罪貫盈，天命誅之，予弗順天，厥罪惟鈞」（泰誓上），「惟受（紂名）罪浮於桀，天其以予乂民」（泰誓中），「上帝弗順，祝降時喪，爾其孜孜，奉予一人，恭行天罰」（泰誓下）。「今予發惟恭行天之罰」（牧誓），「予小子敢祇承上帝，以遏亂略」（武成），就可知道。牧野之戰，固然殷師「前徒倒戈攻於後，以敗」，然而還是「血流漂杵」（尚書武成）。流血而可漂杵，可見武王克殷，並非易事，而武王的恐怖政策乃不遜於成吉斯汗。孟子曰，「盡信書則不如無書，吾於武成取二三策而已」（孟子注疏卷十四上盡心下）。因孟子之言，而不信「血流漂杵」之事，亦可因武成所載，而不信孟子之言。何況周既滅殷，經二代而至康王，尚有「毖殷頑民，遷於洛邑，密邇王室，式化厥訓」（尚書畢命）之言，則殷民之欲叛周，周不得不分化其民，徙一部分殷民於雒邑（其餘殷民，分魯公以殷民六族，分康叔以殷民七族，見左傳定公四年），更可證明周之代殷而有天下，不是容易的事⑩。

---

⑩ 神權觀念乃一切民族所共有。在遠古，每個氏族各有自己供奉的神，故曰「民不祀非族」（左傳僖公十年）。兩個以上氏族結合為部落，最強氏族的神常成為部落共同崇奉的神。一個部落征服別一個部落，而組織國家，征服者的神又成為全國共同崇奉的主神；被征服者的神則退處於副神的地位，有時且變為凶神。炎帝神農氏，「炎帝氏以火紀，故為火師而火名」（左傳昭公十七年）。「孟春之月，其帝炎帝，其神祝融」（禮記注疏卷十五月令）。「祝融火神，作配炎帝」（郭璞纂山海經圖贊海外南經圖贊南方祝融）。古有五行（木火金水土）之官，其名皆稱為正，火正曰祝融（左傳昭公二十九年），祝融者炎帝之後（山海經第十八海內經。但許多古書，例如史記卷四十楚世家，以祝融為官名，不為人名。居祝融之職即火正之職者，乃顓頊曾孫重黎，非炎帝後裔。其實都是傳說）。祝融氏「移風易俗，天下大治」（路史前紀第八卷禪通紀三祝誦氏，祝誦氏即祝融氏）。遠古農業乃「火耕而水耨」（水神曰玄冥，情況與祝融相似，茲從略），火與農業有很大的關係，所以炎帝以火紀，而祝融則為火正。祭法，「法施於民則祀之，以死勤事則祀之，以勞定國則祀之，能禦大災則祀之，能捍大患則祀之」

周有天下之後，國家的形態又進步了，即由原始國家，進化為封建國家。周自公劉以後，純粹以農立國。農耕種族不但知土地之有價值，而耕耘土地，又知人力之重要。所以既得天下之後，除分配土地外，又復分配人民。其分配土地之法，尚書武成云：「列爵惟五，分土惟三」。照王制說：

> 爵，公侯伯子男凡五等……天子之田方千里，公侯田方百里，伯七十里，子男五十里，不能五十里者不合於天子，附於諸侯，曰附庸（禮記卷十一王制）。

孟子亦說：

> 天子一位，公一位，侯一位，伯一位，子男各一位，凡五等也……天子之制，地方千里，公侯皆方百里，伯七十里，子男五十里，凡四等。不能五十里，不達於天子，附於諸侯，曰附庸（孟子萬章下）。

孟子所言者為位，至於爵，則為公侯伯子男五等，而這五等之爵分土惟三，即公侯百里，伯七十里，子男五十里，即孟子之言與王制所載者相同。吾人所注意者不是爵是否為五，土是否為三，而是王公卿大夫如何利用其土地。我們知道只有土地，而無耕耘之人，土地沒有價值，於是武王乃分原住民以

（禮記注疏卷四十六祭法）。所以「祝融死為火神」（淮南子卷五時則訓，高誘注），而「祀為貴神」，即如孔穎達所說：「死則為貴神」（左傳注疏昭公二十九年）。到了後來，祝融由貴神降為「祀於灶」，而為灶神（左傳昭公二十六年孔穎達疏）。不但只此而已，東周以後，農具開始用鐵，而又知道灌溉之法。火耕只行於南方草萊初闢之地，所以楚國尚以祝融為其遠祖。夔子（夔與楚同以祝融為遠祖）不祀祝融，楚人讓之，不聽，遂滅夔，以夔子歸（左傳僖公二十六年）。在中原之地，情形與此不同。「祝融亦號赤帝」（路史前紀第八卷禪通紀三祝誦氏注），「赤帝為火災」（路史後紀第四卷炎帝紀下蚩尤傳注），即由造福於民的貴神，一降而為灶神，再變而為降災於民的凶神。

與各國。春秋時，衛祝佗說：

昔武王克商，成王定之，選建明德，以藩屏周……分魯公以……殷民六族：條氏徐氏蕭氏索氏長勺氏尾勺氏……而封於少皞之虛。分康叔以……殷民七族：陶氏施氏繁氏錡氏樊氏饑氏終葵氏……而封於殷虛……分唐叔以……懷姓九宗（杜預注云懷姓唐之餘民，九宗一姓為九族）……而封於夏虛（左傳定公四年）。

原始國家的組織是極鬆懈的。征服種族不過依戰略上之需要，選擇險阻之地，建築城郭，居住其中，以監視四方原住民。而除徵收貢賦之外，其他一切均聽原住民自由處理，原住民得依自己的習慣，管理自己的政事，審判自己的訴訟，並決定自己的經濟生活。換言之，雖有中央政府，而地方制度仍保留其原有的部落組織，吾人觀成王封唐叔於夏墟之時，尚命「啟以夏政」（左傳定公四年），可知夏亡之後，經過六百餘年而至於周，夏之風俗制度尚未改變。武王克殷，「選建明德，以藩屏周」，又將前代遺民分配諸侯，魯封於少皞之墟，分配以殷民六族，衛封於殷墟，分配以殷民七族，晉封於夏墟，分配以懷姓九宗。原始民或離開原住地，而統治階級又屬於別個種族的人，於是部落制度完全破壞，代之成立者則為封建國家。

武王伐紂不是單用自己軍隊，而是聯合許多友邦。其誓師於孟津之時，曾說「嗟我友邦冢君，聽誓」（尚書泰誓上），其誓於牧野之時，又說「嗟我友邦冢君，予其誓」（牧誓）。既然借用友邦之力，便不能不承認友邦既得的權利。所以其封建諸侯，除封同姓兄弟例如伯禽封於魯，異姓功臣例如呂尚封於齊，而友邦冢君仍繼續保有其原有土地。例如薛，「夏所封，在周之前」（左傳隱公十一年），而到了春秋時代還見存在。然則周如何控制這許多諸侯呢？「昔武王克商，光有天下，其兄弟之國者十有五人，姬姓之國者四十人」（左傳昭公二十八年）。這些同姓諸侯形錯異姓諸侯之間，犬牙相臨，如伯禽封於魯，以固東方之防；召公封於燕，以固東北之防；唐叔封於晉，康叔封於衛，以固北方之防；叔度封於蔡，以固南方之防。而對於同姓諸侯，又用宗法觀念，維繫他們。周為大宗，同姓諸侯為小宗；諸侯在其本國又為大宗，而其陪臣則為小宗；陪臣在其采邑又為大宗，除嫡長子外，諸子則為小宗，循此而往，凡是姬姓，莫不以周為大宗。宗周統率姬姓諸侯，姬姓諸侯又統帥姬姓陪臣，姬姓陪臣又統帥其諸子，社會如斯聯繫起來，透過統治階級，成為血統團體。所謂「大宗維翰，宗子維城」（**詩經大雅板**），就是宗法的目的，也就是封建的基礎。

武王崩，太子成王立，成王為武王的嫡長子，於是又奠定了王位的繼承必以嫡長子為嗣之制。周自公劉以後，純粹以農立國，農耕民所重視的乃是土地的耕耘，而耕耘土地需要強壯的勞動力，因此，長子在家族內就有優越的地位。父死，諸弟皆幼，耕耘土地之責必歸屬於長子，所以農耕種族所建設的國家，多採嫡長子繼承之法。其所以長子必限於嫡子者，古代貴族無不多妻，周代有文獻可徵，詩「螽斯」之篇美后妃之不妒忌而子孫眾多。今以春秋時諸侯之例言之，諸侯除夫人外，尚有媵，又各有伴嫁之姪娣。莊公十九年經「秋公子結媵陳人之婦於鄄」，孔穎達疏，「陳取衛女為婦，魯使公子結送媵向衛」。關此，公羊傳（**莊公十九年**）說：「媵者何？諸侯娶一國，則二國往媵之，以姪娣從。姪者何，兄之子也。娣者何，弟也」。由此可知諸侯娶婦，別有二媵與之偕行，而隨婦與媵俱往者又各有姪娣。公羊傳繼著又說：「諸侯一聘九女，諸侯不再娶」，因有九女，故不得再娶，亦不必再娶。所謂九女，即夫人一、媵二，此三者又各以姪一，娣一從，合計九人。公羊傳成公八年「冬衛人來媵，錄伯姬也」，何休解詁，「伯姬以賢聞諸侯，諸侯爭欲媵之，故善而詳錄之」。九年二月「伯姬歸於宋，夏晉人來媵，錄伯姬也」。這是「二國往媵之」之證。十年五月「齊人來媵，錄伯姬也。三國來媵，非禮也」。何休解詁，「唯天子娶十二女」，三國來媵，則諸侯一娶，非九女，而是十二女，故云「非禮」。

晉公子重耳（文公）由楚至秦，「秦伯（穆公）納女五人，懷嬴與焉」（左傳僖公二十三年）。秦在穆公時代，接受中原文化尚淺，故一嫁就是五女，此亦可以證明諸侯所娶不只一女。這樣，諸子繼嗣，不免引起爭端，故又依其母為妻或為妾⑪，而定適庶之別。立子乃以防酋長爭奪帝位，立嫡長子，又以防諸子之爭端。周制，立嗣必是嫡長子，鄭玄說：「周禮，嫡子死，立嫡孫為後」（禮記注疏卷六檀弓上三）。周代妻妾之別甚為嚴格，而妾之中復分貴賤。公羊傳隱公元年，「立適以長不以賢，立子以貴不以長」。何休解詁，「適謂適夫人之子，尊無與敵，故以齒。子謂左右媵及姪娣之子，位有貴賤，又防其同時而生，故以貴也。禮，適夫人無子，立右媵；右媵無子，立左媵；左媵無子，立適姪娣；適姪娣無子，立右媵姪娣；右姪娣無子，立左媵姪娣」。實際制度是否如此，吾人不可得知，而其可防爭亂，則為事實。立嗣以嫡，立嫡以長，不但與母系氏族不同，又與遊牧種族有殊。在遊牧民，諸子之成年者，家長以什物家畜與之，令其離開父母，率家畜就食於別的牧場，只唯少子守父遺產，故遊牧種族多採少子繼承法。然此只就大體言之，固不能視為普遍的原則。楚到了春秋時代，尚有立少子的遺跡。吾人觀楚令尹子上之言：「楚國之舉，多在少者」（左傳文公元年），再觀晉叔向之言「芊氏有亂，必季實立，楚之常也」（左傳昭公十三年），即可知之。

當時土地過剩，只要農民願意開闢草萊，就能夠獲得土地。領主為耕耘土地起見，只有強制留用人民，於是農奴制度便發生了。這種農奴大率屬於原住民，即如上文所述，分魯公以殷民六族，分康

⑪ 晉獻公娶於賈，無子，烝於齊姜（獻公父武公妾），生秦穆夫人及太子申生；又娶二女於戎，大戎狐姬生重耳，小戎子生夷吾。晉伐驪戎，以驪姬歸，生奚齊，其娣生卓子（左傳莊公二十八年）。由這故事，吾人可以發生一種問題，申生乃獻公之私生子，何以立為太子。二戎女與驪姬均不能視為正室，其後獻公立驪姬為夫人（見左傳僖公四年），奚齊當為嫡子。

叔以殷民七族，分唐叔以懷姓九宗等是。人口稀少，土地過剩，政府要徵收賦稅，必須強迫人民耕種，晉的占田，北魏隋唐的均田都是其例。而在古代，且將農民束縛於土地之上。孟子說明井田之制，而謂「死徙無出鄉」（孟子滕文公上），左傳亦有「在禮，民不遷，農不移，工賈不變」（左傳昭公二十六年）之語，這都可以證明農民沒有遷徙的自由。農民固然可以使用土地，而對於土地乃沒有所有權，因之也沒有處分權。王制有「田里不粥」（禮記注疏卷十二王制）之言，即謂農民不得處分土地。一方面農民束縛於土地之上，同時農民不得買賣土地，故其狀況與歐洲中世的農奴相差無幾。

農民不能離開土地，永為農民，而「工賈不變」，也是世守其業，縱是職官亦無例外。公羊傳隱公三年有「世卿非禮也」之言，然此乃儒家的理想，並非周之實際制度。吾人觀周召二公永輔王室之政，國高二氏永為齊之上卿，就可知道。由於職業的世襲，又發生了各種不同的身分。身分與階級不同，階級是經濟上的差別，身分是法律上的制度。身分是固定的，階級尚可以變更。身分的發生最初由種族的不同，即征服民與原住民種族不同，詩云：「凡周之士，不顯亦世」（詩經大雅文王）。又云：「東人之子，職勞不來，西人之子，粲粲衣服」（詩經小雅大東）。西人就是周人，也就是征服民，東人多係原住民，即被征服民。周人是治人的，原住民是治於人的。由於治人與治於人的區別，就發生政治上各種不同的職業。治人者食於人，治於人者食人，由於食於人與食人的區別，又發生了經濟上各種不同的職業。古代各種技能，常由父祖用口傳之法，教其子孫，所以職業常守之以世。周禮述大司徒之職十有二教，其十曰「以世事教能，則民不失職」。鄭玄注，「世事謂士農工商之事，少而習焉，其心安焉，因教以能，不易其業」。賈公彥疏，「父祖所為之業，子孫述而行之，不失本職，故云以世事教能，則民不失職也」（周禮注疏卷十大司徒）。若再用法律、規定「民不遷，農不移，工賈不變」，即如杜預所注，「守常業」（左傳注疏卷五十二昭公二十六年），而成為確定的制度，則「士之子恆為士，工之子恆為工，商之子恆為商，農之子恆為農」（管子第二十篇小匡），於是身分差別就發生了。唐虞之時，似已發生三種身分，尚書堯典云：「克明俊德，以親九族。九族既睦，平章百姓。百姓昭明，協和萬邦，黎民於變時雍」。即當時身分似已分為九族百姓黎民三種。九族即貴族，孔穎達疏云，「九族帝之九族也」。百姓似是自由民而得為各種職官者，孔穎達疏云，「百姓即百官也」。黎民大約是一般人民而隸屬於部落酋長，所以堯典必於「協和萬邦」之後，繼以「黎民於變時雍」之言。由夏而殷，由殷而周，身分差別更臻完成之域，而於政治方面，社會方面，表現為多層的階級組織。下層階級對其直接上層階級有納稅服勞的義務，上層階級對其直接下層階級有保護的義務。這種金字塔的組織是以農奴為最低基礎。農奴須繳納地租，維持上層階級的生活。土地若不直接屬於諸侯或天子，則地租歸於采邑的領主，采邑的領主得到地租之後，對於諸侯或天子亦有納貢的義務。在必要時，尚須提供軍事上的協助。孟子梁惠王上，「百乘之家」，趙岐注云：「百乘之家謂大國之卿食采邑，有兵車百乘之賦者也」。固然公羊傳襄公十五年，「劉者何，邑也，其稱劉何，以邑氏也」。何休注云：「采邑……所謂采者不得有其土地人民，采取其租稅爾」。但是采邑既有兵車百乘，那會同戰國時代的封君一樣，只食其地租稅，而不能有其土地人民。子產謂「孔張子孔之後也，執政之嗣也，有祿於國，有賦於軍」。杜預注有祿於國云：「受祿邑」，注有賦於軍云：「軍出，卿賦百乘」（左傳昭公十六年），此即采邑提供軍事上協助之證。采邑如此，諸侯對於天子亦然。而天子本身又為上帝的臣，代表民人，祭祀上帝，即對上帝亦有納貢的義務。這樣，上自天子，下至農奴，乃編制為一種極精細的階級組織。沒有一尺土，沒有一個人能夠逃出這個組織之外。所謂「率天之下莫非王土，率土之濱莫非王臣」（詩經小雅北山）就是封建社會的法律形式。封建社會的階級編制，據左傳言：

> 天有十日，人有十等，下所以事上，上所以共神也。故王臣公，公臣大夫，大夫臣士，士臣皁，皁

臣輿，輿臣隸，隸臣僚，僚臣僕，僕臣臺（左傳昭公七年）。

而因貴有常尊，賤有常辱，十等的人就不能流動，而停止為各種身分。不過十等之別似以職業為標準，若由階級觀點言之，則王公大夫屬於貴族，士屬於自由民，皁以下則為農奴奴隸之類。貴族是統治階級，農奴奴隸是被統治階級，自由民則介在兩者之間，理論上可以上升為貴族，也可以下沉為農奴奴隸。

西周時代的士與春秋以後的士不同。前者只是自由農民，也要耕耘土地，以維持一家的生計。土地較廣，亦有皁隸助耕。後者則用自己的知識，或開學招生，以得束脩，或往事領主，代其治理政事。最初土地的分配有三種形態，一是貴族的領地，二是自由民的私有地，三是農奴的借用地。自由民的土地大率採諸子均分之制，故隨年代的進展，土地必將二分，四分，八分，大農變為小農。他們漸感土地過狹，不能養其一家。在地廣人稀，人們不甚認識土地之有價值，從而土地尚未開始國有以前，即在「溥天之下莫非王土」的觀念尚未成立以前，一家人口過剩，他們可開墾荒地，以供自己之用。到了領主壟斷土地之後，這種方法不能實行了。固然他們可遷移於蠻方未墾之地，但此方法非有政府協助，集體移住，重者有殺身之禍，輕者亦必被俘為奴。所以他們除勇於冒險的少數人之外，只有停留故鄉，而將土地奉獻領主，再由每個成年男子向領主租用土地，而為其佃農。最初報償也許有限，後來則須接受農奴的全部義務。於是經濟上沒落的自由民就與原有農奴沒有差別。但自由民之中有的自遠祖始，就有較大的土地，只要經營得法，尚得保全其獨立的地位。倘若數代單傳，而又與別一家無子而只有一女者結婚，則兩家土地可合併起來，成為富農，而為農村的殷戶。於是自由民之中就發生了上升與下沉的分化作用。下沉者投靠於領主，變為領主的農奴，或受雇於富農、變為富農的佃戶。上升者成為農村中的殷戶，殷戶自己不須耕作，可將其餘暇時間研究各種學問。他們的地位漸次高升，躋於統治階級，如春秋初期，齊之管仲，魯之曹劌，就是其例。到了戰國，他們便代替了貴族，取得政權。

現在試來研究各種領主如何利用土地。封建國家是以土地所有權為基礎。全國土地名義上屬於天子，詩所謂「率天之下莫非王土」（詩經小雅北山），公羊傳（桓公元年）說：「有天子在，則諸侯不得專地也」，即指此而言。天子除王畿千里之外，將其土地封給諸侯。天子及諸侯除直轄地外，將其土地封給卿大夫，是為采邑。卿大夫又將土地頒給農奴耕種。其最重要的報償則為提供勞務，即共耕公田。蓋領主的經濟乃依靠直轄地的生產，而直轄地的生產又有賴農奴的徭役。詩云：

> 雨我公田，遂及我私（詩經小雅大田）。

這個時期恰恰是農事方忙之時，而農奴也要耕其自己的土地。所幸者公田乃在私田的中央，所以農奴由私宅往耕公田，不必太費時間。孟子說：

> 方里而井，井九百畝，其中為公田，八家皆私百畝，同養公田，公事畢，然後敢治私事（孟子滕文公上）。

所謂「公事畢，然後敢治私事」，就是先耕公田，而後才耕私田之意。吾國度量衡皆古小今大，周一畝之地只有唐代以後的三分之一，若與現代的畝比較，更見其小。故以八家之力共耕百畝之公田，就勞力說，尚不艱苦。井田是否方里而井，成為方形，此與所用之犁有關。犁乃掘土以絕草根，故非深耕不可。古代農器重而且鈍，掘土必須縱橫耕耨，而顧到人之體力，縱耕與橫耕所用人力須能相等。於是劃分土地就以方形最為適當。有些學者反對方形之說，我們以為周代的犁若未發見，不宜對於井田形式，隨便懷疑。玆宜知道的，在人口稀少，土地過剩，而錢幣尚未發生以前，劃分土地，一部分為公田，一部分為私田，強迫人民耕作公田，而將公田的收穫，奉獻領主，以代租稅，似為一種事實，並非古人想像的事。

農奴除提供勞力，共耕公田之外，還須貢獻裳、裘、豜、酒，又須「入執宮功」，公事既畢，而後「始播百穀」。詩云：

七月流火，九月授衣，一之日觱發，二之日栗烈，無衣無褐，何以卒歲，三之日於耜，四之日舉趾，同我婦子，饁彼南畝，田畯至喜。

七月流火，九月授衣，春日載陽，有鳴倉庚，女執懿筐，遵彼微行，爰求柔桑，春日遲遲，采蘩祁祁，女心傷悲，殆及公子同歸。

七月流火，八月萑葦，蠶月條桑，取彼斧斨，以伐遠揚，猗彼女桑，七月鳴鵙，八月載績，載玄載黃，我朱孔陽，為公子裳。

四月秀葽，五月鳴蜩，八月其穫，十月隕蘀，一之日于貉，取彼狐狸，為公子裘，二之日其同，載纘武功，言私其豵，獻豜於公。

五月斯螽動股，六月莎雞振羽，七月在野，八月在宇，九月在戶，十月蟋蟀入我牀下，穹窒熏鼠，塞向墐戶，嗟我婦子，曰為改歲，入此室處。

六月食鬱及薁，七月亨葵及菽，八月剝棗，十月穫稻，為此春酒，以介眉壽，七月食瓜，八月斷壺，九月叔苴，采荼薪樗，食我農夫。

九月築場圃，十月納禾稼，黍稷重穋，禾麻菽麥，嗟我農夫，我稼既同，上入執宮功，晝爾於茅，宵爾索綯，亟其乘屋，其始播百穀。

二之日鑿冰沖沖，三之日納於凌陰，四之日其蚤，獻羔祭韭，九月肅霜，十月滌場，朋酒斯饗，曰殺羔羊，躋彼公堂，稱彼兕觥，萬壽無疆（詩經國風七月）。

農奴受了傜賦的壓迫，而在身分觀念濃厚的時代，他們不但沒有反抗的能力，而且沒有反抗的意志，固然「肅肅宵征，夙夜在公」，亦只有自歎「實命不同」（詩經國風小星）。今再舉詩經中數篇為證：

> 出自北門，憂心殷殷，終窶且貧，莫知我艱，已焉哉，天實為之，謂之何哉。　王事適我，政事一埤益我，我入自外，室人交徧讁我，已焉哉，天實為之，謂之何哉。　王事敦我，政事一埤遺我，我入自外，室人交徧摧我，已焉哉，天實為之，謂之何哉（詩經國風北門）。

貴族階級是治人而食於人的。他們無須為衣食之計，孜孜勤勞。「不稼不穡，胡取禾三百廛兮，不狩不獵，胡瞻爾庭有縣貆兮」。「不稼不穡，胡取禾三百億兮，不狩不獵，胡瞻爾庭有縣特兮」。「不稼不穡，胡取禾三百囷兮，不狩不獵，胡瞻爾庭有縣鶉兮」（詩經國風伐檀）。他們將其餘閒光陰或消遣於田獵，「既張我弓，既挾我矢，發彼小豝，殪此大兕」（詩經小雅吉日），其田獵的豪華，可舉詩為證：

> 我車既攻，我馬既同，四牡龐龐，駕言徂東。　田車既好，四牡孔阜，東有甫草，駕言行狩。　之子于苗，選徒囂囂，建旐設旄，博獸于敖。　駕彼四牡，四牡奕奕，赤芾金舄，會同有繹。　決拾既佽，弓矢既調，射夫既同，助我舉柴。　四黃既駕，兩驂不猗，不失其馳，舍矢如破。　蕭蕭馬鳴，悠悠旆旌，徒御不驚，大庖不盈。　之子于征，有聞無聲，允矣君子，展也大成（詩經小雅車攻）。

或消遣於享宴，「我有嘉賓，鼓瑟鼓琴，鼓瑟鼓琴，和樂且湛，我有旨酒，以燕樂嘉賓之心」（詩經小雅鹿鳴）。其享宴的狂歡有如下詩所示：

> 賓之初筵，溫溫其恭，其未醉止，威儀反反，曰既醉止，威儀幡幡，舍其坐遷，屢舞僊僊，其未醉止，威儀抑抑，曰既醉止，威儀怭怭，是曰既醉，不知其秩。　賓既醉止，載號載呶，亂我籩豆，屢

舞僛僛，是曰既醉，不知其郵，側弁之俄，屢舞傞傞，既醉而出，並受其福，醉而不出，是謂伐德，飲酒孔嘉，維其令儀。　凡此飲酒，或醉或否，既立之監，或佐之史，彼醉不臧，不醉反恥，式勿從謂，無俾大怠，匪言勿言，匪由勿語，由醉之言，俾出童羖，三爵不識，矧敢多又（詩經小雅賓之初筵）。

各種階級生活不同，彼此對比之後，農奴固然自歎「實命不同」，而自由農民難免有反抗之意。在民智比較進步之時，要壓服人民反抗，單單利用神權，未必有功，最需要的還是武力。武力在神權之上，所以周之官制與殷代不同，殷代大史大祝大卜為六大，至周降為下大夫（見周禮注疏卷十七春官宗伯），而殷代五官之司徒司馬司寇司空，周又升之為六卿（見尚書周官）。巫之地位更見低落，周禮載司巫之官，司巫為群巫之長，「若國大旱，則帥巫而舞雩」。鄭玄注，「雩旱祭也，鄭司農云，魯僖公欲焚巫尪（見左傳僖公二十一年），以其舞雩不得雨」（周禮注疏卷二十六司巫）。觀官制之變更，可知時代所尚。周又加重刑罰，宰我曾言，「周人以栗，使人戰栗」（論語八佾）。宰我之言必有根據，周有五刑，本來是「墨罪五百，劓罪五百，宮罪五百，刖罪五百，殺罪五百」（周禮注疏卷三十六司刑）。經過一百餘年之後，天下已定，穆王又命呂侯，依夏代之制，改定刑法，「墨罰之屬千，劓罰之屬千，剕罰之屬五百，宮罰之屬三百，大辟之罰，其屬二百，五刑之屬三千」（尚書呂刑）。關此孔穎達云：「周禮，五刑惟有二千五百。此經（呂刑），五刑之屬三千，案刑數乃多於周禮。周禮……輕刑少而重刑多，此經輕刑多而重刑少。變周用夏，是改重從輕也」（尚書呂刑疏）。賈公彥疏云：「夏刑三千，墨劓俱千，至周，減輕刑入重刑，俱五百，是夏刑輕，周刑重」（周禮注疏卷三十六司刑疏）。班固說：「周秦之敝，罔密文峻」（漢書卷五景帝紀贊曰），其所以如此，蓋欲「使人戰栗」，而不敢反抗。

貴族階級養尊處優，不知稼穡艱難，寖假便輕視勞力，而以勞力為小人之事。所謂「小人農力以事其上」（左傳襄公十三年），乃是當時人們所認為當然的事。貴族人數不多，而乃奴役多數的原住民。詩云：「商之孫子，其麗不億，上帝既命，侯服於周」，固然是「天命靡常」，而濟濟殷士「裸將於京」，棄其原有的神，來周助祭，何能令其始終「侯服於周」（詩經大雅文王）。固然國有法律，而在必要之時，尚須利用武力，以保護自己的特權，他們學射御，他們作田獵，無非鍛鍊身體，而養成冒險勇敢的精神。因之「視死如歸」，他們便認為男兒的最高道德。所謂「赳赳武夫，公侯干城」（詩經國風兔罝），就是這種精神的表現。

此種冒險勇敢的精神常表現於土地與人民的爭奪。封建領土固然需要土地，且亦需要人民。有人民而無土地，徒徒增加農產物的消費，有土地而無人民，土地等於無用的長物。所以封建國家的對外政策不但以土地為目標，國內若有土地尚未開墾，且以虜掠敵國人民為目標，執之以為奴隸。奴隸之制由來已久，夏啟之甘誓，商湯之湯誓均有「予則孥戮汝」之句。甘誓是對自己軍隊而誓，湯誓是對敵人軍隊而誓。關於「孥戮」二字，孔安國孔穎達均有解釋（參閱尚書注疏卷七甘誓卷八湯誓之注疏）。依吾人之意，孥戮二字應分開解釋，孥是以罪人之妻子為奴，戮是殺罪人之身，即「孥」字以孫奭對於孟子「罪人不孥」，而引用「司厲，男子入於罪隸，女子入於舂槀」之言為最妥（參閱孟子注疏卷二上梁惠王下）。鄭司農說：「今之為奴婢，古之罪人也。故書曰予則奴戮汝，論語曰箕子為之奴，罪隸之奴也。故春秋傳曰裴豹隸也，著於丹書，請焚丹書，我殺督戎。恥為奴，欲焚其籍也」（禮記注疏卷三十六司隸注引，裴豹之事見左傳襄公二十三年）。周代奴隸乃與牛馬貨物同視，可以買賣。周禮，「質人掌成市之貨賄人民牛馬兵器珍異，凡賣儥者質劑焉，大市以質，小市以劑」。鄭玄注云，「成平也……主成其平也，人民奴婢也，珍異四時食物」。賈公彥疏云：「此質人若今市平準……古人會聚買賣……質人主為平定之，則有常估，不得妄為貴賤也」。鄭玄又謂「質劑者為之券藏之也。大市人民馬牛之屬，用長券。小市兵器珍異之屬，用短券」（周禮注疏卷十五質人）。奴隸姓名著於丹書，所以文王時代就嚴禁奴隸逃亡，左傳，「周文王之法曰，有亡荒閱」。杜預注云，「荒大也，閱蒐也，有亡人，當大蒐其眾」。所謂亡人，依左傳前後文意，是指奴隸之逃亡者（左傳昭公七年）。奴隸的來源以戰爭俘虜為最多。禮記，「天子……出征，執有罪反……以訊馘告」。孔穎達疏云，「謂出師征伐，執此有罪之人，還反而歸……訊是生者，馘是死而截耳者」。左傳僖公二十八年四月，晉與楚戰於城濮，楚師敗績。五月「晉獻楚俘於王」。秋七月晉師凱旋，「獻俘，授馘」，杜預注云，「授數也」，即數敵人之耳。昭公十年秋七月魯「平子伐莒取郠，獻俘」，十七年八月晉滅陸渾，「獻俘於文宮」。詩也有：

赫赫南仲，薄伐西戎……執訊獲醜，薄言還朝（詩經小雅出車）。

矯矯虎臣，在泮獻馘，淑問如臯陶，在泮獻囚（詩經魯頌泮水）。

出車之章明言為「薄伐西戎」，泮水之章，上文亦有「淮夷攸服」之句。這批捕獲的生口都成為戰勝者的奴隸。周有五隸，何謂隸？鄭玄注云：「隸給勞辱之役者」。五隸，一曰罪隸（鄭玄注，盜賊之家為奴者。賈公彥疏，此中國之隸，言罪隸。古者身有大罪，身既從戮，男女緣坐，男子入於罪隸，女子入於舂藁），二曰蠻隸（鄭玄注，征南夷所獲），三曰閩隸（鄭玄注，閩南蠻之別），四曰夷隸（鄭玄注，征東夷所獲），五曰貉隸（鄭玄注，征東北夷所獲）。鄭玄說：「凡隸眾矣」（見貉隸注），其人數之多，單單每隸之中選取善者以為役員（見罪隸疏），就各有一百二十人（周禮注疏卷三十四秋官司寇）。五隸所擔任的勞役，周禮有詳細記載，茲不具述，總而言之，即如鄭玄所注：「隸給勞辱之役者」，而以牧畜及各種卑賤之雜役為主（參閱周禮注疏卷三十六司隸）。王制言：「東方曰夷，有不火食者矣。南方曰蠻，有不火食者矣。西方曰戎，有不粒食者矣。北方曰狄，有不粒食者矣」。鄭玄注：「不火食，地氣煖，不為病」；「不粒食，地氣寒，少五穀」。孔穎達疏，「有不火食者，以其地氣多煖，雖不火食，不為害也」。「有不粒食者，惟食禽獸，地氣寒，少五穀」（禮記注疏卷十二王制）。其實，不粒食，固如鄭孔二氏之言；不火食，則因南方地廣人寡，而地氣又煖，果實容易成熟，人民不須勞動，飢則採取草木之實而食之。他們生活如此，未必知道耕耘之事，而務農事者又有自由民及農奴。自由民及農奴解放於牧畜及雜役之外，自有餘力開墾新地。當然，積時既久，蠻夷之隸亦會知道耕耘之法，而從事於農。

戰爭需要兵士，不但農奴，就是自由民也有當兵的義務，他們對於戰爭只有損害，而無利益，請看他們的歌謠：

昔我往矣，楊柳依依，今我來思，雨雪霏霏，行道遲遲，載渴載饑，我心傷悲，莫知我哀（詩經小雅采薇）。

昔我往矣，黍稷方華，今我來思，雨雪載塗，王事多難，不遑啟居，豈不懷歸，畏此簡書（詩經小雅出車）。

何況楊柳依依之時出征，雨雪霏霏之時方歸，田園荒蕪，而致人民不能養其父母。詩云：

肅肅鴇羽，集於苞栩，王事靡盬，不能藝稷黍，父母何怙，悠悠蒼天，曷其有所。　肅肅鴇翼，集於苞棘，王室靡盬，不能藝黍稷，父母何食，悠悠蒼天，曷其有極。　肅肅鴇行，集於苞桑，王室靡盬，不能藝稻粱，父母何嘗，悠悠蒼天，曷其有常（詩經國風鴇羽）。

領主卻乘自由民戰死沙場或負債逃亡之際，侵占了土地，而使農奴耕種。領主土地愈廣，地租愈多，地租愈多，領主所能養活的農奴亦愈眾。農奴過多，領主又不能不略取尚未開墾的土地，先向蠻方發展，次向中原諸侯進攻，這便是封建社會戰爭不已的原因。

最初封建諸侯向蠻方擴大領土，對於中央政府是有利的，因為諸侯的領土愈大，其對於中央的土貢亦愈多，所以天子往往放任他們，甚至獎勵他們略取未占領的土地，然其結果乃養成尾大不掉之勢。到了最後，諸侯竟然侵占了中央的權力，公羊傳所謂諸侯不得專地（桓公元年），不得專封（僖公元年），不得專討（宣公十一年）完全破壞。這種運命可以說是一切封建國家所共同的。

何以故呢？國境愈擴大，中央政府對於邊疆諸侯，不能不授以較大的權力，使他們鎮壓叛變或與敵國作戰。成王時，「管蔡作亂，淮夷畔周，乃使召康公命太公曰，東至海，西至河，南至穆陵，北至無棣，五侯九伯實得征之，齊由此得征伐，為大國」（史記卷三十二齊太公世家，參閱左傳僖公四年），其一例也。這樣，邊疆諸侯就取得了最高軍事權與最高行政權。邊疆之地需要多數軍隊，如何供給軍隊的糧餉，全國租稅先集中於中央政府，而後再分配於地方，這惟在貨幣經濟發達的國家才會知道。而在自然經濟之時，既無貨幣，自不能用貨幣徵收租稅，於是中央政府只有放任邊疆諸侯自由處理其所徵收的現物。他們利用這種稅收以作軍餉，訓練一批兵士，最初還是供給中央調遣之用，到了後來，卻用軍隊，占領那未得的土地。他們領土愈大，稅收愈多；稅收愈多，軍隊亦愈多。周制，天子六軍，大國（公）三軍，次國（侯伯）二軍，小國（子男）一軍（周禮卷二十八夏官司馬）。晉是侯國，而文公蒐於被廬，竟作三軍（左傳僖公二十七年）。翌年又作三行以禦狄，蓋避天子六軍之名，而實為六軍（左傳僖公二十八年）。鞌戰之後，遂建六軍之制（左傳成公三年）。兵強馬壯，當然更想向外發展。鄭子產告晉人曰，「且昔天子之地一圻（方千里），列國一同（方百里），自是以衰。今大國多數圻矣，若無侵小，何以至焉」（左傳襄公二十五年）。然而吾人須知發展的機會，邊境比之腹地更見容易。春秋時代，如秦如楚如齊如晉均已開疆闢土。秦並西戎，益國十二（史記卷五秦本紀）。楚併南方夷越，闢地千里（史記卷四十楚世家）。齊則征服淮夷，成為大國（史記卷三十二齊太公世家）。晉在獻公時代，伐驪戎（據史記卷十四十二諸侯年表，在晉獻公五年，即魯莊公二十二年），又伐赤狄（左傳閔公二年，即晉獻公十七年，晉伐東山皋落氏。杜預注，赤狄別種也），其後遂盡取赤狄之地（左傳宣公十五年及十六年）。至於立國於中原的諸侯則因前後左右均是同僚國家，無法擴大領土，因之數傳之後，比之邊疆諸侯不免相形見絀。他們希望國力增強，不受邊疆諸侯的壓迫，遂亦力攻相併，邊疆諸侯既見中原諸侯互相攻戰，於是也向中原發展。楚滅申滅息滅鄧（左傳莊公六年十四年及十六年），其後更向中原進攻。故云：「漢陽諸姬，楚實盡之」（左傳僖公二十四年）。晉亦滅耿滅霍滅魏（左傳閔公元年）滅虞滅虢（僖公五年）。齊則滅紀滅譚滅遂（莊公四年十年及十三年）滅陽（閔公二年，見經）。秦亦滅梁滅滑（僖公十九年及三十三年）滅鄀（文公五年，見經），此不過略舉數例而已。於是王畿千里的周就其兵力言，就其財力言，皆不如強大的諸侯了。

每次中央發生王位繼承而引起政變之時，每次中央遇到夷狄來侵而需要諸侯勤王之時，邊疆諸侯便乘機提出條件，要求許多權力。他們漸漸脫離中央而獨立。其距離首都愈遠者，獨立性亦愈大，國家的主權一一讓給他們。他們已經不是天子的屏藩，反而是天子的敵人。最初表現這種態度者則為南方的楚。楚大率是原住民所組織的部落。周成王時承認其為諸侯，封以子男之地。然既立國南方，所以容易開闢疆土，而於周莊王時代，即於魯桓公時代，楚子熊通自稱為王（是為楚武王，見史記卷四十楚世家），開諸侯稱王之先例。陵遲而至戰國，七雄無不稱王，於是諸侯不但事實上權力在周天子之上，而名號上亦與周天子平等，封建紀律完全破壞，而呈現為列國鬥爭的局面。

茲宜說明者，封建社會的經濟是農業經濟，周代農業頗見進步。詩云：「滮池北流，浸彼稻田」（詩經小雅白華），是則西周末年已經注意稻田的灌溉。西門豹引漳水溉鄴（史記卷二十九河渠書），則人工灌溉又發生了。春秋時代，左傳又有鑄鐵之記載，昭公二十九年冬晉「遂賦晉國一鼓鐵，以鑄刑鼎，著范宣子所為刑書焉」。降至戰國，農具用鐵似已成為普遍的現象，所以孟子有「許子以鐵耕乎」

（孟子滕文公上）之言。農業雖然進步，而農民「春耕夏耘秋穫冬藏，四時之間，亡日休息」（漢書卷二十四上食貨志），即須將全部勞力集中於農事，無遑顧到別的工作，所以農業發達之後，必有分工，而發生許多手工業。吾人只觀孟子與陳相的對話，就可知道。

陳相見孟子，孟子曰許子必種粟而後食乎？曰然。許子必織布而後衣乎？曰否，許子衣褐。許子冠乎？曰冠。曰奚冠？曰冠素。曰自織之與？曰否，以粟易之。曰許子奚為不自織？曰害於耕。曰許子以釜甑爨，以鐵耕乎？曰然。自為之與？曰否，以粟易之（孟子滕文公上）。

分工愈發達，又發生了交換之事。農民以粟易布，織工以布易粟，但是織工不能用他所織的布直接與農民所產的粟交換。因為農民也許不需要布而需要釜甑，於是為交換方便起見，就需要一種中間的人，這個中間的人就是商人。商人最初不過運販遠方貨物，以供領主之用，即專以領主為顧客。領主慾望的滿足有恃於商人的運販，所以領主對於商人往往盡力保護。請看子產述鄭桓公的事。

昔我先君桓公與商人皆出自周（正義云，鄭本在周畿內，桓公東遷，並與商人俱來也）……世有盟誓以相信也。曰爾無我叛，我無強賈，毋或匄奪，爾有利市寶賄，我勿與知，恃此質誓，故能相保以至于今（左傳昭公十六年）。

領主需要商人運販貨物，而商人買賣貨物，尤其在外國買賣貨物，亦需要領主保護，兩者利益一致，所以商人常協助領主，防禦外國的侵略。秦師過周及滑，「鄭商人弦高將市於周，遇之，以乘韋先，牛十二犒師……且使遽告於鄭，則束載厲兵秣馬矣，……孟明（秦將）曰鄭有備矣，不可冀也，攻之不克，圍之不繼，吾其還也」（左傳僖公三十三年），這個歷史可以證明商人乃往來各國，運販遠方貨物；而對其國家，則有愛護的感情。

而自分工發達之後，不但領主，就是農民也需要商人運販的貨物。商業日益發達，商人為交換便利起見，就定期集合於一定場所，而成立了市場。市場既已發生，復為交換便利起見，需要一種中間的物，這個中間的物，就是貨幣。何以故呢？農民運了一車米穀，欲與耕牛交換，幸而發見一位牧人，而這位牧人乃不需要米穀，而需要布匹或鐵器，這個時候要完成交換行為，至少須經過數次的中間交換。倘若發見一種各人共同愛好的物，以作交換的媒介，則許多麻煩可以避免。這個各人共同愛好的物就是貨幣。貨幣發生之後，不論農民，不論牧人，不論織工，不論鐵匠，均得將其產物與商人交換貨幣，有了貨幣，可在任何時期，取出貨幣，而與其他貨物交換。

中國貨幣開始於什麼時代？歷史雖說：「虞夏之幣，金為三品，或黃或白或赤。或錢或布或刀或龜貝」（史記卷三十平準書太史公曰）。但是貨幣的發生須在交換經濟相當進步之後。虞夏之時未必就有貨幣，縱有貨幣，也不過龜貝之類，而必沒有或黃或白或赤的錢幣。史說：

> 周景王二十一年，患錢輕，曾鑄大錢，徑一寸二分，重十二銖，文曰大泉五十，肉好，皆有周郭，以勸農，贍不足（文獻通考卷八歷代錢幣之制）。

周景王二十一年即魯昭公二十八年，時為春秋末季，商業必已相當發達，吾人觀一百又三年以前即魯僖公三十三年鄭商人弦高之事，就可推測其一斑。錢幣鑄造於這個時候，大約可靠。但歷史既云：「患錢輕」，則在景王二十一年以前，當有其他錢幣，唯其鑄造於何時，史無明文記載。據吾人之意，必在春秋時代。不過春秋時代還是以物物交換為主。吾人觀孔子餽贈門人均用貨物，就可知道。例如：

> 子華使於齊，冉子為其母請粟，子曰與之釜，請益，曰與之庾，冉子與之粟五秉（論語雍也）。

到了戰國時代，錢幣似已通行，所以孟子周遊列國，國君均用黃金餽贈。

> 陳臻問曰前日於齊，王餽兼金一百而不受，於魏餽七十鎰而受，於薛餽五十鎰而受（孟子公孫丑下）。

錢幣發生之後，商業更見隆盛，於是市場又進化為都市。都市的繁榮，可以齊之臨淄為例。蘇秦說：

> 臨菑之中七萬戶……臨菑甚富而實……臨菑之塗，車轂擊，人肩摩，連衽成帷，舉袂成幕，揮汗成雨，家殷人足，志高氣揚（史記卷六十九蘇秦傳）。

五霸七雄都是建都於最繁盛的都市，而使首都成為經濟的中心，次再用經濟之力控制周圍各地，而成為政治的中心。茲將七雄的都市列表如次。

七雄都市表⑫

國名		都市
秦		秦文孝繆居雍隙，隴蜀之貨物而多賈，獻孝公徙櫟邑，櫟邑北卻戎翟，東通三晉，亦多大賈。武昭治咸陽，四方輻湊並至而會。
三晉	魏	溫軹西賈上黨，北賈趙中山。
	趙	邯鄲亦漳河之間一都會也。北通燕涿，南有鄭衛。
	韓	宛亦一都會也。
燕		燕（漢書卷二十八下二地理志，作薊，師古曰薊縣燕之所都也）亦勃碣之間一都會也，南通齊趙，東北邊胡，有魚鹽棗栗之饒，北鄰烏桓夫餘，東綰穢貉朝鮮真番之利。
齊		齊帶山海，膏壤千里，宜桑麻，人民多文綵布帛魚鹽，臨菑亦海岱之間一都會也。
楚	西楚	江陵故郢都，西通巫巴，東有雲夢之饒。
	東楚	吳東有海鹽之饒，章山之銅，三江五湖之利，亦江東一都會也。
	南楚	壽春亦一都會也，而合肥受南北潮，皮革鮑木輸會也。

⑫ 本表據史記卷一百二十九貨殖傳。

這個時候人民的經濟生活也開始轉變了，在封建社會，農民雖然由領主那裡受了土地的分配，然乃束縛於土地之上，一夫受田百畝。照孟子說：

一夫百畝，百畝之糞，上農夫食九人，上次食八人，中次食六人，下食五人（孟子萬章下）。

而據李悝計算，百畝之田不能養活五人。他說：

今一夫挾五口，治田百晦，歲收晦一石半，為粟百五十石。除十一之稅十五石，餘百三十五石。食人月一石半，五人終歲為粟九十石，餘有四十五石。石三十，為錢千三百五十。除社閭嘗新春秋之祠用錢三百，餘千五十。衣人率用錢三百，五人終歲用千五百，不足四百五十。不幸疾病死喪之費及上賦斂，又未與此。此農夫所以常困，有不勸耕之心，而令糴至於甚貴者也（漢書卷二十四上食貨志）。

農民本來貧窮，而自商業發達之後，土地也變成商品，而有商品價值。比方園囿與山陵最初乃開放給農民採樵放牧之用。孟子說：

文王之囿方七十里，芻蕘者往焉，雉兔者往焉，與民同之（孟子梁惠王下）。

到了園囿和山陵也有商品價值的時候，領主就禁止農民利用。魯莊公二十八年冬築微，穀梁傳云：「山林藪澤之利所以與民共也，虞之非正也」。魯成公十八年築鹿囿，穀梁傳又云：「山林藪澤之利所以與民共也，虞之非正也」。豈但虞之而已，並且「殺其麋鹿者，如殺人之罪」（孟子梁惠王下）。但是園囿和山陵對於農民乃有很大的用處。農民家畜的食料既然取給於園囿，而其所用的木柴和枯草又須取給於山陵，所以園囿和山陵一旦變為領主的私有財產，不許農民利用，農民便愈益貧窮。農民終歲勞動，而收穫乃不足維持一家生計，當然有「不勸耕之心」，於是農業日見荒廢，農村日益破產，而貴族經濟上和財政上都減少了勢力。

這個時候農業也受了商品生產的影響，變成商品生產。領主要將生產物運到市場販賣，便於贏虧計算之下，減少農奴人數，使剩餘農產物能夠增加起來，於是前此領主不許農民移住，現在則願意解放農奴，而採用傭農或佃農制度。而諸侯亦廢除公田之制，改為稅畝，左傳魯宣公十四年初稅畝，即其一例。何況土地既有商品價值，土地本身也可以買賣，沒落的貴族可將土地賣給別人。那些購買土地的人或為都市的商人，或為農村的殷戶（自由農民之富有者）。他們不必自己耕作，也不必監督耕作。他們可將土地租給佃農，按期收租。這樣一來，不但土地開始私有，勞動形式由農奴變為傭農或佃農，而在農村之中，新興的地主又代替了領主的地位，而使貴族政治失去經濟上的基礎。

同時奴隸也開始逃亡。奴隸逃亡，在文王時代已經有了，前已舉過「周文王之法曰，有亡荒閱」之事（左傳昭公七年）。左傳襄公十年，鄭尉止作亂，「臣妾多逃」。臣妾二字應依鄭玄對於尚書費誓「臣妾逋逃」所作的解釋，即「役人賤者，男曰臣，女曰妾」，所以「臣妾多逃」就是奴隸多逃。這批逃亡的奴隸逃到那裡呢？他們離開貴族的壓制剝削，國君則收編之以為職業的軍隊。戰國時，魏有「廝徒十萬」，司馬貞索隱云：「廝，養馬之賤者，今起之為卒」（史記卷六十九蘇秦傳）。周時，養馬之事是由奴隸為之（見周禮注疏卷三十六蠻隸及夷隸）。奴隸離開貴族的賤役，投靠於國君而為軍隊，貴族的勢力因之減少，國君的權力隨之增加，所以國君願意收納亡人（見左傳昭公七年楚芋尹無宇之事）。這也是封土授民的采邑之制，到了戰國，變為分戶受租的封君之制的原因。

在這經濟轉變期間，封建國家的基礎也動搖起來了。都市的勃興可以證明商業的發達，而商業的發達又引起地域的分工，使各地在經濟上有互相依賴的關係。司馬遷說：

> 夫山西饒材竹穀纑旄玉石，山東多魚鹽漆絲聲色，江南出柟梓薑桂金錫連丹沙犀瑇瑁珠璣齒革，龍門碣石北多馬牛羊旃裘筋角銅鐵，則千里往往山出棊置，此其大較也，皆中國人民所喜好謠俗被服飲食奉生送死之具也。故待農而食之，虞而出之，工而成之，商而通之，此寧有政教發徵期會哉（史記

卷一百二十九貨殖傳）。

這種經濟聯繫就是國家統一的基礎。換言之，列國人民已經沒有狹隘的鄉土觀念。吾人觀各國遊士，甚至封君，往往朝秦暮楚，孟嘗君田文乃齊之宗室，而曾做過秦相，又曾做過魏相，即其最顯著的例。經濟上固然需要統一，而政治上還是七雄割據。各國都有關市之征，倘令各國均提高外國商品的入口稅，而又增加本國特產的出口稅，則各國便不能在外國市場，自由販賣本國的商品；也不能用低廉的價格，大量採購外國的特產。於是列國為開闢市場與取得原料，就不能不用戰爭的方法，侵略別國的土地。戰爭一旦開始，為調遣軍隊與運輸軍糧，道路的開闢又甚重要。比方秦始皇二十六年併天下，二十七年治馳道，二十八年東行郡縣（史記卷六秦始皇本紀），其間相隔不過一年，倘令戰國時代未曾修築道路，始皇不過對於原有道路加以整理，那裡能夠這樣迅速成功。何況馳道又甚壯麗，「道廣五十步，三丈而樹，厚築其外，隱以金椎，樹以青松」（漢書卷五十一賈山傳）呢？戰國時代，道路已經開闢，所以車隊進退，一旦可以百里。張儀說：

從鄭至梁不過百里，從陳至梁二百餘里，馬馳人趨，不待倦而至（戰國策卷二十二魏策一）。

交通便利可使列國風俗漸次同化，而由於往來交際，又統一了他們的言語，互通婚姻，復融和了他們的血統，於是種族偏見漸次消滅，代之而發生的則為同胞觀念。這種同胞觀念乃發生於貴族與士人之間，貴族常隨國君參加列國的會盟，而有接觸的機會，士人則周遊列國，不斷的往來交際。反之農民只跼蹐於一地之內，他們只能與近鄰的人結婚，又只能與近鄰的人交際。他們在小地區內，常保存其特殊的習慣與風俗，不易與外界的人同化。由於貴族與士人鄉土觀念的淡薄，又影響於國際關係。楚在長江南北，春秋時代尚視為蠻夷之國，楚武王說：「我蠻夷也」（史記卷四十楚世家）。秦在函谷以西，孝公初年各國尚以「夷翟遇之」（史記卷五秦本紀）。到了後來，秦楚兩國常參加中國諸侯的會盟，文化上中原各國亦不視之為蠻戎。降至戰國，貴族與士人的鄉土觀念更見薄弱，秦誘三晉的人來耕秦地，而使秦人應敵於外，而發明這種政策者便是三晉之人的商鞅。當時知識階級往往離開鄉井，周遊列國，不問用我者是那一國，只問那一國能夠用我。助孝公變法圖強者是魏人的商鞅，助惠王散六國之合從者是魏人的張儀，助昭王東益地，弱諸侯者是楚人的魏冉與魏人的范雎，助始皇脅韓弱魏，破燕趙，夷齊楚，卒兼六國者是楚人的李斯。知識階級沒有鄉土觀念，他們所有的是統一觀念。

封建國家開始瓦解，整個社會都動搖了，而表現為過渡期的形態。農奴制度快消滅了，貴族政治快沒落了，宗法觀念快破壞了，一方舊制度舊習慣舊思想失去權威，他方新制度新習慣新思想尚未確立，人們解放於傳統之外，個性遂有自由發展的機會，而得自由思考，自由立論，從而各種學說便在這個時期出現，這是文化轉變期的普遍現象，不獨吾國為然。但是任何學說都不能離開現實，換言之，任何學說都是對於現實問題，講求解決之法。各國日尋干戈，爭地以戰，殺人盈城，爭城以戰，殺人盈野，和平乃是時代所要求。太史公說明先秦思想，特舉六家，即陰陽、儒、墨、名、法、道德（**史記卷一百三十太史公自序**）。陰陽家依陰陽四時五行之理，天垂妖象，地見災符，所以譴告人主，責躬修德，愛撫黎元，為人君者能夠愛其臣民，社會自無叛變之事，而可以得到和平（**參閱春秋繁露有關各篇**）。儒家如何呢？孔子著春秋，明一統之義（**公羊傳隱公元年**）。一統之法固然注重德教，而亦不忘軍事，故說：「有文事者必有武備，有武事者必有文備」。「冉有為季氏將師與齊戰於郎，克之。季康子日子之於軍旅，學之乎，性之乎。冉有日學之於孔子」（**史記卷四十七孔子世家**）。孔子那會空談仁政，而鄙棄軍事。孔子歿後，儒家分為許多派別，其中最有名的，則為孟軻與荀況。孟軻主張仁義，希望人君「發政施仁」（**孟子梁惠王上**），使「天下之民皆悅，而願為之氓」（**孟子公孫丑上**），以便實現天下「定於一」的理想。荀況主張禮義，而尤強調「禮」字。古人之所謂「禮」，「法」常包括在內。他知道在列國割據之時，要謀國家的統一，軍事是必要的。荀子書中，有「議兵」一篇，他說：「彼仁者愛人，愛人故惡人之害之也。義者循理，循理故惡人之亂之也……彼兵者所以禁暴除害也，非爭奪也……是以堯伐驩兜，舜伐有苗，禹伐共工，湯伐有夏，文王伐崇，武王伐紂，此四帝兩王皆以仁義之兵行於天下也」（荀子第十五篇議兵）。天下既定於一，和平便可實現。墨家主張兼愛，墨子說：「亂何自起，起不相愛……大夫各愛其家，不愛異家，故亂異家以利其家。諸侯各愛其國，不愛異國，故攻異國以利其國。若使天下兼相愛……視人之室若其室，誰竊？視人身若其身，誰賊。故盜賊亡有，猶有大夫之相亂家，諸侯之相攻國者乎。視人家若其家，誰亂？視人國若其國，誰攻……國與國不相攻，家與家不相亂，盜賊無有……若此則天下治」（墨子第十四篇兼愛上）。名家主張正名定分，尸子說：「天下之可治，分成也。是非之可辨，名定也」（尸子卷上發蒙）。尹文子亦說：「定此名分，則萬事不亂也」（尹文子大道上）。蓋「名定則物不競，分明則私不行。物不競，非無心，由名定，故無所措其心。私不行，非無欲，由分明，故無所措其欲」（尹文子大道上）。此即孔子所謂「必也正名乎」（論語子路），「君君，臣臣，父父，子子」（論語顏淵）之意。法家主張富國強兵，用信賞必罰之法，使人民居則盡力於農，出則勇於作戰。這種思想商鞅說得最見明顯。他說：「民生則計利，死則慮名，名利之所出，不可不審也。利出於地，則民盡力，名出於戰，則民致死。入使民盡力，則草不荒；出使民致死，則勝敵。勝敵而草不荒，富強之功可坐而致也」（商君書第六篇算地）。一國既臻富強之境，自可力征而滅諸侯，使割據變成統一，紊亂變成和平。道家主張清靜無為，歸於太古生活，「使人復結繩而用之，甘其食，美其服，安其居，樂其俗，鄰國相望，雞犬之聲相聞，民至老死，不相往來」（老子第八十章，莊子第十篇胠篋）。這樣，社會當然和平，而無攘奪之爭。由此可知當時學者均知和平之重要，而如何得到和平，除道家主張歸於太古社會之外，其他各家大率寄望於人主。自古以來，人主如桀紂者寡，如堯舜者亦寡，大多數均是中庸之君。希望中庸之君負起責任，將紛亂改造為和平，絕難實現。這是吾國政治思想的缺點。而且和平與統一不能分開，統一才有和平，不但吾國如此，就是外國也是一樣。而能知道和平須以統一為基礎者，只有儒法兩家。不過如何實現統一，兩家思想未必相同。儒家以為「天無二日，土無二王」（禮記卷五十一孔子閒居），其最注意的為德教，使「近者悅，遠者來」（論語子路），由此以達到統一的目的。法家則用刑賞，鼓勵人民勤於農戰，用武力統一全國。儒家迂而難行，法家的富強思想正是列國君主所希望的。所以百家之中最初躍上政治舞臺者，乃是法家。至於儒家，荀派學者亦為列國君主所歡迎。

和平是時代所要求，統一亦為時代所要求，而且吾國北方又有黃河之患。河流延長數千百里，非有統一的政府，施行統一的政策，則列國棊峙，或以鄰國為壑，或又獨占水利，齊桓公會諸侯於陽穀，以「無障谷」為盟約之一。所謂無障谷是謂「無障斷川谷，專水利也」（公羊傳僖公三年）。故為農業經濟的水利著想，統一也極必要。在全國需要統一之時，塞外蠻族復乘中原擾亂之際，南下牧馬。案「平王之末，周室陵遲，戎逼諸夏，自隴山以東及乎伊洛往往有戎，當春秋時，間在中國」（後漢書卷一百十七西羌傳）。「諸戎飲食衣服不與華同，贄幣不通，言語不達」（左傳襄公十四年）。但在另一方面，統治階級卻常與戎女結婚。晉獻公娶二女於戎，大戎狐姬生重耳，小戎子生夷吾。又伐驪戎，以驪姬歸，生奚齊，其娣生卓子（左傳莊公二十八年）。此四公子均曾即位，而重耳就是五霸之一的晉文公。不但諸侯，就是天子，例如周襄王以狄女隗氏為后（左傳僖公二十四年）。所以到了戰國中葉，這些小股戎狄均已同化於中原民族，然而漠北又來了另一個蠻族，這個蠻族就是匈奴。

一個民族對內不能自覺為同一民族，對外也不會發生民族意識。春秋時蠻夷猾夏，大率都是統治階級引其入寇。申侯引犬戎攻殺幽王（史記卷四周本紀），頹叔奉子帶以狄師伐周（左傳僖公二十四年）

均其例也。但是一個民族精神上若已統一，則凡遇到外族壓迫，民族意識必將油然而生。春秋「內諸夏而外夷狄」（公羊傳成公十五年），戰國時代，各國雖然攻戰不已，而卻很少求助於戎狄，且在兵馬倥傯之際，如燕如趙如秦又能建築長城，以防胡馬（參閱史記卷一百十匈奴傳），可知漢人到了此時，民族觀念已經代替了種族偏見。

民族觀念既已發生，塞外蠻族又來壓迫，其結果當然要求民族統一，以挽救民族的危機。統一的方法為何？周自平王東遷以後，王畿狹隘，周在武力上與經濟上都已喪失優越的地位，不但不能視為諸侯之中最大的諸侯，而且只可視為諸侯之中最弱的諸侯。王室式微，不能控制諸侯，內則列國攻戰，外則蠻夷猾夏。莊王以後，人心已經希望實力較大的諸侯出來領導，只因王室的尊嚴尚在，任誰都不敢公然推翻，於是人們便退一步，要求強有力的諸侯「興利除害，誅暴禁邪，匡正海內，以尊天子」（漢書卷六十四下嚴安傳）。這樣，便發生了霸的觀念。霸有兩個條件，一是尊王，二是攘夷。五霸齊桓晉文為盛，齊桓之霸，以其伐戎救燕（左傳莊公三十年），伐狄救衛（左傳僖公二年），伐楚責苞茅不入貢於周（左傳閔公四年）。晉文之霸，以其伐戎救周，迎納襄王（左傳僖公二十五年），伐楚救宋，而獻楚俘於周（左傳僖公二十八年）。霸須尊崇王室，而又不兼併諸侯，所以只可視為割據與統一的過渡辦法。但是列國爭霸又不是只求虛名而已。「晉主夏盟……范宣子為政，諸侯之幣重，鄭人病之」（左傳襄公二十四年），到了「趙文子為政，令薄諸侯之幣，而重其禮」（左傳襄公二十五年）。又晉與諸侯同盟於平丘之時，子產爭承（杜預注云承貢賦之次）曰，「鄭伯男也，而使從公侯之貢，懼弗給也」（左傳昭公十三年）。由此可知稱霸固有實利。戰國以後，強陵弱，眾暴寡，諸侯存者不過十餘，而強大者只有七國。當時周室式微已久，天子的尊嚴掃地無存，於是霸的觀念又轉變為「王」的觀念。霸是尊崇周室，王欲推翻周室。霸是利用周室，維持苟安的局面，王欲打垮周室，建設統一的帝國。荀子說：

「王奪之人，霸奪之與（與謂與國也），奪之人者臣諸侯，奪之與者友諸侯……臣諸侯者王，友諸侯者霸」（荀子第九篇王制）。總而言之，封建國家已經分裂，而人心又希望統一，統一之法在春秋時代為霸天下，在戰國時代為王天下。

第二章

秦

第一節

統一國家的誕生

春秋時代的霸，到了戰國，代之以王。何謂王？我很贊成宋代李覯之言，即「王，天子號也，以安天下為務。霸，諸侯號也，以尊京師為務」(李直講文集卷三十四常語下)。總而言之，目的皆希望天下統於一尊，而以儒法兩家之思想最為明瞭。儒家之中，孟子主張仁義。荀子主張禮義，而又不忘兵力。禮(樂記上)云：「樂自中出，禮自外作」，「仁近於樂，義近於禮」，即仁固然在內，而禮乃在於外。他們兩人均曾分別王霸，孟子說：「以力假仁者霸，霸必有大國。以德行仁者王，王不待大……以力服人者非心服也，力不贍也。以德服人者，中心悅而誠服也」(孟子公孫丑上)。因為人君如肯「發政施仁，使天下仕者皆欲立於王之朝，耕者皆欲耕於王之野，商賈皆欲藏於王之市，行旅者皆欲出於王之塗，天下之欲疾其君者皆欲赴愬於王。其若是，孰能禦之」(孟子梁惠王上)。荀子說：「禮者法之大分」(荀子第一篇勸學)，「夫義者所以限禁人之為惡與姦者」(荀子第十六篇強國)。但荀子所注意的非仁義，而是禮義。故云：「隆禮貴義者其國治，簡禮賤義者其國亂，治者強，亂者弱，是強弱之本也」(荀子第十五篇議兵)。古人之所謂禮，法常包括在內，法行之得宜，則謂之義。所以荀子又說：「義立而王……主之所極，然帥群臣而首鄉之者，則舉義志也。如是，則下仰上以義矣，是綦定也。綦定而國定，國定而天下定，天下為一，諸侯為臣，通達之屬莫不從服，無它故焉，以濟義矣，是所謂義立而王也」（荀子第十一篇王霸）。反之，「用強者，人之城守，人之出戰，而我以力勝之也，則傷人之民必甚矣。傷人之民甚，則人之民惡我必甚矣。人之民惡我甚，則日欲與我鬪。人之城守，人之出戰，而我以力勝之，則傷吾民必甚矣。傷吾民甚，則吾民之惡我必甚矣，吾民之惡我甚，則日不欲為我鬪。人之民日欲與我鬪，吾民日不欲為我鬪，是強者之所以反弱也」（荀子第九篇王制）。孟荀二人雖然均不承認武力為統一的最良辦法。但是吾人研究中外歷史，則知統一需要兩個條件，一是中心政權，二是強大武力。德國之統一以普魯士為中心，意大利之統一以沙丁尼亞 (Sardinia) 為中心。這個中心政權要推翻割據的局面，非有武力不可。湯以百里王，文王以七十里興，何曾放棄武力。五霸齊桓晉文為盛，春秋時代齊晉最強，然其最強期間並不甚長。齊自桓公死後，內亂時起，晉自文公歿後，政局亦不安定。而且它們兩國又墨守封建時代的傳統制度，不知選賢與能，以適應時代的需要。何況齊在海岱之間，春秋時代，東濱海，北接燕國，西界魯衛，南與莒國為鄰。此數者皆是小國。齊桓時代，周室尚有尊嚴，故以管仲之才，亦不敢因利乘便，征服近鄰之姬姓諸侯，如魯、如衛、如燕；只能誅暴禁邪，以尊天子。其後田氏代齊，不能於縱橫之日，發憤為雄，而燕齊交戰，又復自耗國力。五國既滅，齊遂東手而臣妾於秦。晉據并州之地，其東則太行為之屏障，其西有黃河為之襟帶，於北則大漠陰山為之外蔽，於南則首陽底柱諸山濱河而錯峙，又南則孟津潼關皆其門戶。且越臨晉，泝龍門，則涇渭之間可折箠而下。出天井，下壺關，邯鄲井陘而東，亦可惟吾所向。晉文復國不久，就能稱霸諸侯，固有恃於地理形勢。可惜晉文而後，內亂時起。到了三家分晉，而晉之國力遂因分而日弱。陵遲而至戰國，七雄除秦之外，楚最強大。而論其地勢，楚不能入武關以攻秦，亦不能泝漢水而至漢中。反之，秦之對楚，則如蘇代之言，「蜀地之甲乘船浮於汶，乘夏水而下江，五日而至郢。漢中之甲乘船出於巴，乘夏水而下漢，四日而至五渚。寡人（指秦王）積甲宛，東下隨，智者不及謀，勇士不及怒，寡人如射隼矣」（史記卷六十九蘇秦傳）。形勢如斯，楚亦不能與秦抗衡。按在割據時代，那一個國家可以成為中心政權，而有王天下的資格，要看該國的政治如何，經濟如何，而地勢如何，亦不失為一個重要條件。秦在關中，四塞以為固，利則出攻，不利則入守。蘇秦說：

秦四塞之國，被山帶渭，東有關河，西有漢中，南有巴蜀，北有代馬，此天府也（史記卷六十九蘇秦傳）。

范睢亦說：

大王之國，四塞以為固，北有甘泉谷口，南帶涇渭，右隴蜀，左關阪……利則出攻，不利則入守，此王者之地也（史記卷七十九范睢傳）。

關中之地膏壤沃野千里，古代有陸海之稱。司馬遷說：

關中自汧雍以東至河華，膏壤沃野千里，自虞夏之貢，以為上田……故關中之地於天下三分之一，而人眾不過什三，然量其富什居其六（史記卷一百二十九貨殖傳）。

班固亦說：

秦地號稱陸海，為九州膏腴，始皇之初，鄭國穿渠，引涇水溉田，沃野千里，民以富饒……故秦地天下三分之一，而人眾不過什三，然量其富，居什六（漢書卷二十八下二地理志）。

自平王東遷雒邑以後，「周室微，諸侯力政，爭相併，秦僻在雍州，不與中國諸侯之會盟」，盡力向西發展，穆公時代，「益國十二，開地千里，遂霸西戎」（史記卷五秦本紀）。到了戰國，孝公任用商鞅，實行變法，自是而後，秦益富強。在吾國歷史上，變法成功者為數甚少，王莽王安石均告失敗。商鞅變法所以成功，乃有三種原因。

㈠商鞅有一貫的思想，即法家思想　法家思想均由人情出發。管子說：「夫凡人之情，見利莫能勿就，見害莫能勿避」（管子第五十三篇禁藏）。商鞅亦說：「羞辱勞苦者民之所惡也，顯榮佚樂者民之所務也」（商君書第六篇算地）。人情既有所好，又有所惡，為政之道必須因人之情。人情認為羞辱而最欲避免者，莫如刑罰。人情所認為顯榮而最欲取得者，莫如爵祿。所以政府必須懸爵祿以獎有功，設刑罰以戒有罪。管子說：「明主之治也，懸爵祿以勸其民，民有利於上，故主有以使之。立刑罰以威其下，下有畏於上，故主有以牧之。故無爵祿，則主無以勸民；無刑罰，則主無以威民。故人臣之行理奉命者，非以愛主也，且以就利而避害也。百官之奉法無姦者，非以愛主也，欲以愛爵祿而避罰也」（管子第六十七篇明法解）。商鞅亦說：「好惡者賞罰之本也，夫人情好爵祿而惡刑罰，人君設二者以御民之志，而立所欲焉」（商君書第九篇錯法）。「秦國之俗貪狼強力，寡義而趨利，可威以刑而不可化以善，可勸以賞而不可勵以名」（淮南子卷二十一要略）。這種人情，儒家也許視為亡國的現象，而由法家觀之，卻認為最可藉以成事。商鞅變法就是順乎秦民之情，用嚴刑以嚇之，立重賞以勸之。他說：「民勇則賞之以其所欲，民怯則殺之以其所惡，故怯民使之以刑則勇，勇民使之以賞則死。怯民勇，勇民死，國無敵者必王」（商君書第五篇說民）。而其行使刑賞又有一定法則，不但「賞隨功，罰隨罪」（商君書第二十四篇禁使），「有功於前，有敗於後，不為損刑。有善於前，有過於後，不為虧法」（商君書第十四篇賞刑）。而且刑自大官始，而賞則自細民始。吾人觀商鞅刑太子師傅，而賞徙木的人，即可知之。因為刑自大官始，人們必注意其刑；賞自細民始，人們必注意其賞。刑一人，可使千萬人增加畏刑的情緒；賞一人，可使千萬人增加求賞的情緒，用刑賞以推行政令，這是商鞅變法能夠成功的第一理由。

㈡**商鞅變法乃有一貫的觀念**　各種政策均以這個觀念為中軸，所以政策之間不會彼此矛盾。孝公時代正是列國開始爭王的時代，王是推翻周室，而建設統一的國家。統一與革命不同，革命是推翻腐化的政權，統一是推翻割據的政權。推翻腐化的政權，武力固然必要，而不必利用武力的亦有其例。推翻割據的政權，武力則為萬不可缺的工具。因為割據是依靠武力的，打倒武力，只有利用武力。既然利用武力以打倒武力，則勝敗之數必取決於武力之大小。在這個觀念之下，富國強兵當然必要。商鞅變法就是依這需要，而定下農戰政策。所謂農戰是謂民居則盡力於農，出則勇於作戰。但是人情既有所愛，又有所惡，「農，民之所苦；而戰，民之所危也」（商君書第六篇算地），如何使民甘其所苦，而不避其所危。商鞅以為「非劫以刑，而毆以賞莫可」（商君書第二十五篇慎法），即「利出於地，則民盡力，名出於戰，則民致死。入使民盡力，則草不荒；出使民致死，則勝敵。勝敵而草不荒，富強之功可坐而致也」（商君書第六篇算地），他說：「民之外事莫難於戰……故欲戰其民者……賞則必多，威則必嚴……民見戰賞之多，則忘死；見不戰之辱，則苦生。賞使之忘死，而威使之苦生……以此遇敵，是以百石之弩射飄葉也，何不陷之有哉。民之內事莫苦於農……故曰欲農富其國者，境內之食必貴，而不農之徵必多，市利之租必重，則民不得無田，無田不得不易其食。食貴則田者利，田者利則事者眾。食貴，糴食不利，而又加重徵，則民不得無去其商賈技巧，而事地利矣。故為國者，邊利盡歸於兵，市利盡歸於農。邊利歸於兵者強，市利歸於農者富。故出戰而強，入休而富者，王也」（商君書第二十二篇外內）。他又說：「故吾教令，民之欲利者，非耕不得，避害者非戰不免。境內之民莫不先務耕戰，而後得其所樂，故地少粟多，民少兵強，能行二者於境內，則霸王之道畢矣」（商君書第二十五篇慎法）。

㈢**商鞅變法，法令至為簡單**　管子說：「君有三欲於民，三欲不節，則上位危。三欲者何也，一曰求，二曰禁，三曰令。求必欲得，禁必欲止，令必欲行。求多者其得寡，禁多者其止寡，令多者其行寡。求而不得，則威日損。禁而不止，則刑罰侮。令而不行，則下凌上。故未有能多求而多得者也，未有能多禁而多止者也，未有能多令而多行者也，故曰上苛則下不聽」（管子第十六篇法法）。商鞅亦說：「聖人明君者非能盡萬物也，知萬物之要也，故其治國也，察要而已矣」（商君書第三篇農戰）。商鞅變法一本察要的精神，其所改革之事不過數種，而又分為兩次進行。第一次在孝公三年。

令民為什伍，而相收司連坐，不告姦者腰斬，告姦者與斬敵首同賞，匿姦者與降敵同罰。民有二男以上不分異者，倍其賦。有軍功者各以率受上爵，為私鬬者各以輕重被刑。大小僇力本業耕織，致粟帛多者，復其身。事末利及怠而貧者，舉以為收孥。宗室非有軍功論不得為屬籍。明尊卑爵秩等級各以差次，名田宅臣妾衣服以家次，有功者顯榮，無功者雖富無所芬華（史記卷六十八商君傳，年代依卷五秦本紀）。

第二次在孝公十二年。

令民父子兄弟同室內息者為禁。而集小都鄉邑聚為縣，置令丞，凡三十一縣。為田開阡陌封疆，而賦稅平。平斗桶權衡丈尺（史記卷六十八商君傳，年代依卷五秦本紀）。

商鞅變法果然成功，自是而後，秦在政治上經濟上和軍事上，比之六國均站在優越的地位。茲試分別述之。

一、政　治

一個國家要向外發展，必須政局安定，而政局能夠安定，又須國家能夠統一。周代封建諸侯，以作屏藩，而諸侯之內又有采邑。諸侯分天子之土，受天子之民而治，采邑又分諸侯之土，受諸侯之民而治。到了末世，諸侯獨立，成為一個國家，反抗天子；采邑也強大起來，成為一個國家，反抗諸侯。春秋以後，「諸侯僭於天子，大夫僭於諸侯」（公羊傳昭公二十五年），到了末世，竟然發生「陽虎專季氏，季氏專魯國」（公羊傳定公八年）的現象。在這種局勢之下，國基何能鞏固，政局何能安定。孔子為魯司寇，必欲毀三桓之城（史記卷三十三魯世家，卷四十七孔子世家）。商鞅變法，也改采邑為縣，每縣置令一人，有丞佐之，以代替分土授民之制。

集小都鄉邑聚為縣，置令丞，凡三十一縣（史記卷六十八商君傳）。

這是要集權於中央，而謀國基鞏固，政局安定，以便向外發展。但是縣之基層組織若不健全，則地方行政不能收到預期的效果，所以商鞅又施行什伍之制。

令民為什伍，而相收司連坐，不告姦者腰斬，告姦者與斬敵首同賞，匿姦者與降敵同罰（史記卷六十八商君傳）。

據司馬貞解釋，所謂「什伍」是謂「五家為保、十家相連」，所謂「收司連坐」是謂「一家有罪，而九家連舉發，若不糾舉，則什家連坐」。所謂「告姦者與斬敵首同賞」是謂「告姦一人，則得爵一級」。所謂「匿姦者與降敵同罰」，蓋「律，降敵者誅其身，沒其家，今匿姦者，言當與之同罰也」（史記卷六十八商君傳索隱）。商鞅曾言「夫刑者所以禁邪也，而賞者所以助禁也」（商君書第六篇算地）。又說：「王者刑用於將過，則大邪不生；賞施於告姦，則細過不失。治民能使大邪不生，細過不失，則國治，國治必強」（商君書第七篇開塞）。這就是什伍之制的目的，而在作戰之時，效用尤大。什伍之制乃創始於管仲，即：

管仲於是制國，五家為軌，軌為之長。十軌為里，里有司。四里為連，連為之長。十連為鄉，鄉有良人焉。以為軍令：五家為軌，故五人為伍，軌長帥之。十軌為里，故五十人為小戎，里有司帥之。四里為連，故二百人為卒，連長帥之。十連為鄉，故二千人為旅，鄉良人帥之。五鄉一帥，故萬人為一軍，五鄉之帥帥之……伍之人祭祀同福，死喪同恤，禍災共之。人與人相疇，家與家相疇，世同居，少同遊，故夜戰聲相聞，足以不乖，晝戰目相見，足以相識。其歡欣足以相死，居同樂，行同和，死同哀，是故守則同固，戰則同強（國語卷六齊語）。

是則什伍亦有助於士兵的作戰。秦制：「降敵者，戮其身，沒其家」（史記卷六十八商君傳索隱），秦用農兵制度，兵是農民，均有家人生產，他們愛惜妻子，已經不敢降敵，若再五家相連，則同伍之人必能互相監察，使人人不敢逃亡，而勇於作戰。

二、經　濟

秦立國於關中之地，膏壤沃野千里，古代有陸海之稱，商鞅在這種環境之下，便定下重農輕商的政策。

大小僇力本業耕織，致粟帛多者復其身，事末利及怠而貧者，舉以為收孥（史記卷六十八商君傳）。

國家的經濟政策必須適合於國家的經濟環境，齊在海濱，故管仲設輕重魚鹽之利；關中號稱陸海，為九州膏腴，故商鞅定下以農立國的政策。固然農業生產物必須待商而通之，但是賤買貴賣乃是商人儲財的方法，其初也，買於物賤之處，而賣於物貴之處；其次也，買於物賤之時，而賣於物貴之時；其終也，屯積居奇，造成昂貴的市價，而後發售。所以農業固然有靠於商業，而商業發展之後，又復有害於農業，這就是重農之後，必繼之以賤商的原因。但是要發展農業，又須農民有勤耕之心。在井田制度之下，土地屬於領主，農民不得買賣，就是農民對於土地沒有處分權，也就是沒有所有權。既然沒有所有權，就有不愛惜土地之心，濫用地力，而致生產力日益降低。何況井田之制不宜於人眾之時，田廣人寡，苟為可也。戶口增加，土地不夠分配，得田者未必勤，無田者未必惰，勤者欲耕而無田，惰者有田而不勤於稼穡，生產日益減少，社會日益貧窮，故為增加國富起見，不能不從速破壞井田制度。

為田開阡陌封疆（史記卷六十八商君傳）。

何謂為田開阡陌封疆，或以「開」為創置建立之意，即秦廢井田而置阡陌；或以「開」為破壞剗削之意，即除阡陌而廢井田，使耕者不以百畝為畔（參閱大學衍義補卷十四制民之產引朱熹曰）。不問如何解釋，總與井田制度之破壞有關。董仲舒說：

> 秦用商鞅之法，改帝王之制，除井田，民得賣買，富者田連阡陌，貧者無立錐之地（漢書卷二十四上食貨志）。

其實，春秋時代已有豪強兼併之事。左傳襄公十年「初子駟為田洫，司氏堵氏侯氏子師氏皆喪田焉」。杜預注云：

> 洫田畔溝也，子駟為田洫，以正封疆，而侵四族田。

孔穎達疏云：

> 此四族皆是富家，占田過制，子駟為此田洫，正其封疆，於分有剩，則減給他人，故正封疆而侵四族田也。

四族占田過制，子駟正其封疆，而引起他們作亂，井田制度早已破壞，商鞅不過承認既成的事實，利用權力，促成其破壞而已。

田制既然變更，田賦自應改定，周之田賦，據孟子說：

> 夏后氏五十而貢，殷人七十而助，周人百畝而徹，徹者徹也，助者藉也……詩云，雨我公田，遂及我私。惟助為有公田，由此觀之，雖周亦助也……方里而井，井九百畝，其中為公田。八家皆私百畝，同養公田，公事畢，然後敢治私事（孟子滕文公上）。

這種稅制只能實行於戶口稀少，土地國有之時。戶口增加，井田破壞，每家不能各受私田百畝，當然不能以共耕公田之法代替納稅。而在農業生產變為商品生產之時，農民對於公田的收穫，既不能收為己有，將其運到市場販賣，遂亦不肯努力耕種。魯宣公十五年「初稅畝」，公羊傳，何休注云：「民不肯盡力於公田，故履踐案行，擇其善畝，穀最好者稅取之」。左傳，杜預注云：「公田之法，十取其一，今又履其餘畝，復十收其一，故哀公曰二吾猶不足」。合這兩注觀之，大率魯在宣公時代，公田制度尚未完全破壞，人民既耕公田，又稅私田，即須納什二之稅。哀公十二年「用田賦」，大約此時豪強兼併，人民失去私田者甚多，而又不肯盡力於公田，遂改用賦法，而廢除助耕之制。魯民稠土狹，井田破壞較早，秦民寡土廣，故遲至商鞅變法之時，尚未完全破壞。而商鞅破壞井田之後，也用田賦以代助耕。

> 而賦稅平（史記卷六十八商君傳）。

商君傳，此句乃續在「為田開阡陌封疆」之後，但據史記（卷五）秦本紀，孝公十二年「為田開阡陌」，十四年「初為賦」，是則「為田開阡陌封疆」與「賦稅平」乃是兩種獨立的變法。秦之田賦多少，歷史已無可考。商君既然重農，以為「利出於地，則民盡力」（商君書第六篇算地），又謂「不農之徵必多，市利之稅必重」（商君書第二十二篇外內），則不但理論上不能重賦農民，而國家既有不農之稅，又有經商之賦，則在財政上亦無重賦農民的必要。

井田制度破壞之後，土地可以買賣，土地的生產物也可以買賣，田大小如何，穀輕重如何，苟令度量衡不能統一，則豪強可以上下其手，剝削平民。春秋時代，往往一國之內，度量衡不能統一。例如：

> 齊舊四量，豆區釜鍾，四升為豆，各自以四，以登於釜，釜十則鍾。陳氏三量皆登一焉，鍾乃大矣。以家量貸，而以公量收之（左傳昭公三年）。

陳氏利用大斗小秤收買人心，當然有人利用大斗小秤盤刮百姓，所以商鞅變法，又設法統一度量衡。

平斗桶權衡丈尺（史記卷六十八商君傳）。

封建制度在觀念上是以宗法為基礎的。在宗法觀念之下，個人屬於家族，而個人生產之所得亦屬於家族共有。禮（禮記卷一曲禮上）云：「父母在，不有私財」。儀禮（卷三十喪服三）云：「異居而同財，有餘則歸之宗，不足則資之宗」，如是一家之內難免沒有仰食別人之徒。商鞅為增加生產起見，使人人均須自食其力，遂破壞大家族制度，強迫人民分家。

民有二男以上不分家者，倍其賦（史記卷六十八商君傳）。

最初不過兄弟分家，次又強迫成年的男子與其父母分家。

令民父子兄弟同室內息者為禁（史記卷六十八商君傳）。

學者均謂商鞅禁民父子兄弟同室內息，目的在使男女有別。商鞅曾言：「始秦戎翟之教，父子無別，同室而居，今我更制其教，而為其男女之別」（史記卷六十八商君傳）。其實，商鞅此言乃用禮教以文飾其破壞家族之暴政。禁民父子兄弟同室內息必與分家有關。分家是使人人對其自己生活負責，即使人人都肯耕耘，以維持自己的生活。秦自商鞅變法之後，家族主義變為個人主義，縱以父子之親，其經濟也是獨立的。賈誼說：

秦人家富子壯則出分，家貧子壯則出贅，借父耰鉏，慮有德色，母取箕箒，立而誶語（漢書卷四十八賈誼傳）。

更進一步觀之，封建社會是宗法社會，國家的構成分子不是個人，而是家族。國家的命令不能直接達於個人，只能透過家族，間接達於個人。家族團結的強弱又與國家團結的強弱成為反比例。質言之，家族的團結愈堅固，國家的團結常隨之而鬆懈。春秋時代，強宗大族對於國家常成為反抗的勢力。上述鄭國四族反對子駟為田洫，聚眾作亂，「攻執政於西宮之朝，殺子駟（時當國，攝君事）子周（時為司馬）子耳（時為司空），劫鄭伯以如北宮」（左傳襄公十年），即其例也。強宗大族的勢力是以土地為基礎，若能粉碎集中的土地所有權，而改造為分散的土地所有權，而後強幹弱枝的目的方能達到。商鞅分家就是要剷除封建勢力，而使權力集中於政府。

三、軍　事

商鞅曾言：「戰、民之所危也」（商君書第二十三篇君臣），倘能懸爵祿以誘之，則民不以戰為危，且將以戰為利。商鞅依此人情，就定了軍功之法。爵級之頒給以軍功為標準，田宅奴婢之分配以爵級為標準，人民非戰，無由取得爵級，沒有爵級，便不能取得田宅奴婢。縱是宗室，也不例外。

有軍功者各以率受上爵……宗室非有軍功，論不得為屬籍。明尊卑爵秩等級，各以差次，名田宅臣妾衣服以家次。有功者顯榮，無功者雖富，無所芬華（史記卷六十八商君傳）。

軍功之爵分為二十級：

爵，一級曰公士，二上造，三簪裊，四不更，五大夫，六官大夫，七公大夫，八公乘，九五大夫，十左庶長，十一右庶長，十二左更，十三中更，十四右更，十五少上造，十六大上造，十七駟車庶長，十八大庶長，十九關內侯，二十徹侯，皆秦制，以賞功勞（漢書卷十九上百官公卿表）。

斬一首者賜爵一級：

商君為法於秦，戰斬一首，賜爵一級（史記卷五秦本紀集解）。

而賞爵一級者，田宅亦隨之增加。

賞爵一級，益田一頃，益宅九畝（商君書第十九篇境內）。

斬五首者可以隸役五家。

五甲首而隸五家，注引服虔曰，能得著甲者五人首，使得隸五家也（漢書卷二十三刑法志）。

爵至五大夫，可以免除傜役❶。

五大夫爵之第九級也，至此以上始免傜役（漢書卷二十四下食貨志顏師古注曰）。

爵至公大夫，令丞與亢禮。

秦民，爵公大夫以上，令丞與亢禮。注引應劭曰亢禮者長揖不拜。師古曰亢者當也，言高下相當，無所卑屈，不獨謂揖拜也（漢書卷一下高帝紀五年）。

秦民欲得田宅奴婢，須先得爵；而欲得爵，須有軍功；欲得軍功，須有對外戰爭。商鞅說：「民之欲富貴也，共闔棺而後止，而富貴之門必出於兵，是故民聞戰而相賀也」（商君書第十七篇賞刑）。此即商鞅所謂「壹賞，利祿官爵專出於兵，無有異施也」（商君書同上）。「民之所欲萬，而利之所出一，民非一則無以致欲……啟一門以致其欲」（商君書第五篇說民），人民聞戰相賀，可以說是理之必然。

但是秦既以農立國，又採農兵制度，務外戰則農事廢，勤耕耘又無遑向外發展。然則如何調和農與戰呢？於是商鞅就引誘三晉的人來耕秦地，而使秦民應敵於外。即如杜佑所說：「鞅以三晉地狹人眾，秦地廣人寡，故草不盡墾，地利不盡出，於是誘三晉之人，利其田宅，復三代，無知兵事，而務本於內，而使秦人應敵於外」（通典卷一田制上）。商鞅說：「秦之所與鄰者三晉也，所欲用兵者韓魏也，彼土狹而民眾……此其土之不足以生其民也，似有過秦民之不足以實其土也。意民之情，其所欲者田宅也，而晉之無有也，信秦之有餘也。必如此，而民不西者，秦士戚而民苦也……今利其田宅，而復之三世，此必與其所欲，而不使行其所惡也，然則山東之民無不西者矣……夫秦之所患者，興兵

❶ 漢書卷十九上百官公卿表，四不更，顏師古注曰「言不豫更卒之事也」。師古之說前後不同，故補注引沈欽韓曰「爵五大夫以上方不豫更傜，顏說非」。但爵名不更，似與更傜有關。

而伐，則國家貧；安居而農，則敵得休息，此王所不能兩成也……今以故秦事敵，而使新民作本，兵雖百宿於外，境內不失須臾之時，此富強兩成之效也」（商君書第十五篇徠民）。但是三晉的人既有田宅，而又三代蠲免兵役，秦人那裡願意呢？前曾說過，軍功之法「五甲首而隸五家」，秦人出戰，能得著甲者五人之首，便能隸役五家。此五家當係三晉的人。秦人為武士階級，晉人則為佃戶，秦人解放於農耕之外，其地位在晉人之上。晉人解放於兵役之外，其安全在秦人之上。雙方都有所利，所以秦國採用這個政策之後，「數年之間，國富兵強，天下無敵」（通典卷一田制上）。

商鞅變法之後，秦之國力遂駕在六國之上。秦最有統一天下的資格，所以各國遊士無不入秦，教秦成就帝業。蘇秦得周書陰符，伏讀期年，遊說諸侯，最先所至者便是秦，教以「吞天下，稱帝而治」之道。到了惠王不用其言，才往說六國，合從拒秦（參閱史記卷六十九蘇秦傳）。現在試來觀察七國之國力如何？茲據蘇秦張儀之言，列表比較如次。

秦及六國之國力比較表（蘇秦張儀時代）

國名	領土	軍隊	戰車	戰馬	軍糧	備考
秦	秦地半天下	虎賁之士百餘萬	車千乘	騎萬匹	積粟如丘山	史記張儀傳，范雎傳說：「奮擊百萬戰車千乘」。
魏	地方千里	武士二十萬 蒼頭二十萬 奮擊二十萬 廝徒十萬	車六百乘	騎五千匹		史記蘇秦傳，據張儀傳，卒不過三十萬。
韓	地方九百餘里	帶甲數十萬				史記蘇秦傳，據張儀傳，地不過九百里，卒不過三十萬。

趙	地方二千餘里	帶甲數十萬	車千乘	騎萬匹	粟支數年	史記蘇秦傳。
楚	地方五千餘里	帶甲數十萬	車千乘	騎萬匹	粟支十年	史記蘇秦傳。
燕	地方二千餘里	帶甲數十萬	車六百乘	騎六千匹	粟支數年	史記蘇秦傳。
齊	地方二千餘里	帶甲數十萬			粟如丘山	史記蘇秦傳。

由此可知秦的國力固然大過六國，但是這句話不是說，一秦之力能夠同時打倒六國，而是說一秦之力能夠打倒六國中任何一國。換句話說，秦與六國任何一國作戰，秦是必勝的，倘令六國聯合起來，秦又是必敗的。惠文王時代蘇秦曾遊說六國合從拒秦，其策略如次。

> 秦攻楚，齊魏各出銳師以佐之，韓絕其糧道，趙涉河漳，燕守常山之北。秦攻韓魏，則楚絕其後，齊出銳師而佐之，趙涉河漳，燕守雲中。秦攻齊，則楚絕其後，韓守成皋，魏塞其道，趙涉河博關，燕出銳師以佐之。秦攻燕，則趙守常山，楚軍武關，齊涉勃海，韓魏皆出銳師以佐之。秦攻趙，則韓軍宜陽，楚軍武關，魏軍河外，齊涉清河，燕出銳師以佐之（史記卷六十九蘇秦傳）。

但是秦乃四塞之國，利則出攻，不利則入守，秦可以攻六國，六國不能攻秦，所以合從只是消極的防禦同盟，不是積極的攻戰同盟。換句話說，合從的目的只是維持現狀而已。一方「親昆弟，同父母，尚有爭錢財」（史記卷七十張儀傳），他方六國均感覺維持軍備的艱難，而思有所發展，誰願長養軍隊，只待秦之來攻。六國的利害不同，因之六國的合從不易，何況「齊楚自恃其強，有並包燕趙韓魏之志，而緩秦之禍。燕趙韓魏自懲其弱，有疑惡齊楚之心，而脅秦之威」（讀史方輿紀要卷一歷代州域形勢一戰國，引林氏曰），所以張儀一旦相秦，用連橫以破合從，六國便不能拒秦，且復爭相事秦。

秦有兼併六國之勢，秦要兼併六國，應先從那一國下手呢？秦地東接魏國，南連楚境，而直接塞秦之路，使其不能東向逐鹿中原者，最初乃是魏國，商鞅說：

秦之與魏，譬若人之有腹心疾，非魏並秦，秦即並魏。何者，魏居嶺阨之西，都安邑，與秦界河，而獨擅山東之利，利則西侵秦，病則東收地……魏往年大破於齊，諸侯畔之，可因此時伐魏，魏不支秦，必東徙。東徙，秦據河山之固，東鄉以制諸侯，此帝王之業也（史記卷六十八商君傳）。

故由孝公至惠文君（即惠王），均注其全力，侵略魏地。魏的西境固然與秦為界，而自鄭以北，直至上郡，皆築長城，以防秦軍❷。秦欲伐魏，只有向其南部進攻，以迫魏之首都安邑。唯因史記各卷所載不同，吾人實難知道秦最初略取的是那一個地。

秦侵略魏地表

地名	秦本紀	六國表	魏世家	商君傳
安邑	孝公十年，衛鞅為大良造，圍魏安邑降之。但下文又云，昭襄王（即昭王）二十一年司馬錯攻魏河內，魏獻安邑。	孝公十年衛公孫鞅為大良造，伐安邑降之。但下文又云，昭王二十一年魏納安邑及河內。	魏惠王三十一年即秦孝公二十二年，秦用商君，東地至河，安邑近秦，於是徙治大梁。	孝公十年以衛鞅為大良造，將兵圍魏安邑降之。但下文又云，魏惠王使使割河西之地，獻於秦以和，而魏遂去安邑，徙都大梁。
河東	惠文君九年，渡河取汾陰皮氏。集解，裴駰案地理志云，二縣屬河東。	惠文君九年渡河取汾陰皮氏，圍焦降之。昭王十七年魏盡入河東	魏襄王六年即秦惠文君九年，秦取我汾陰、皮氏、焦。	

❷史記卷五秦本紀，「孝公元年，河山以東強國六，楚魏與秦接界，魏築長城，自鄭濱洛以北有上郡」，正義云，魏西界與秦相接，南自華州鄭縣，西北過渭水，濱洛水東岸，向北有上郡鄜州之地，皆築長城，以界秦境。洛即漆沮水也。

		四百里。	
陰晉	惠文君六年，魏納陰晉，陰晉更名寧晉。	惠文君六年魏以陰晉為和，命曰寧晉。	
河西	惠文君八年魏納河西。	惠文君八年魏入小梁河西地於秦。	魏襄王五年即秦惠文君八年予秦河西之地。
上郡	惠文君十年魏納上郡十五縣於秦。	惠文君十年圍蒲陽降之，魏納上郡。	魏襄王七年即秦惠文君十年魏盡入上郡於秦。

由於上表，吾人可知魏去安邑，徙都大梁，當在秦孝公時代。魏的首都既然東遷，西部各地不免空虛，所以到了秦惠文君時代，就略取魏之河西河東，而與韓趙接壤。前此韓趙以魏為蔽，現在魏反以韓趙為蔽了。這個時候秦固不能深入大梁以滅魏，因為韓若出兵成皋，趙若下兵上黨，則秦兵之在魏者將受包圍。形勢如次，韓便為秦的第二目標，即如范雎所言。

秦韓之地形相錯如繡，秦之有韓也，譬如木之有蠹也，人之有心腹之病也。天下無變則已，天下有變，其為秦患者孰大於韓乎（史記卷七十九范雎傳）。

當時與秦交界者尚有楚，戰國之初，楚地西以漢中與秦為界，漢中北瞰關中，楚可以利用漢中，進窺秦國。楚衰，漢中又屬於秦。漢中之南有巴蜀，「巴蜀亦沃野」（史記卷一百二十九貨殖傳）。考之吾國歷史，凡取得關中，而不能兼併巴蜀，往往不能統一全國。所以伐蜀滅韓就成為朝臣討論的問題。惠文君時代由於張儀與司馬錯的辯論，卒從司馬錯之言，定下滅蜀之策，「蜀既屬秦，秦以益強，富厚輕諸侯」（史記卷七十張儀傳）。

苴蜀相攻擊，各來告急於秦。秦惠王欲發兵以伐蜀，以為道險狹難至，而韓又來侵秦。秦惠王欲先伐韓，後伐蜀，恐不利；欲先伐蜀，恐韓襲秦之敝，猶豫未能決。司馬錯與張儀爭論於惠王之前，司馬錯欲伐蜀，張儀曰不如伐韓。王曰請聞其說。儀曰親魏善楚，下兵三川，塞斜谷之口，當屯留之道，魏絕南陽，楚臨南鄭，秦攻新城宜陽，以臨二周之郊，誅周王之罪，侵楚魏之地，周自知不能救，九鼎寶器必出。據九鼎，案圖籍，挾天子以令於天下，天下莫敢不聽，此王業也。今夫蜀西僻之國，而戎翟之倫也。敝兵勞眾不足以成名，得其地不足以為利。臣聞爭名者於朝，爭利者於市，今三川周室天下之朝市也，而王不爭焉，顧爭於戎翟，去王業遠矣。司馬錯曰不然，臣聞之，欲富國者務廣其地，欲強兵者務富其民，欲王者務博其德，三資者備，而王隨之矣。今王地小民貧，故臣願先從事於易。夫蜀西僻之國也，而戎翟之長也。有桀紂之亂，以秦攻之，譬如使豺狼逐群羊，得其地足以廣國，取其財足以富民，繕兵不傷眾，而彼已服焉。拔一國而天下不以為暴，利盡西海而天下不以為貪，是我一舉而名實附也，而又有禁暴止亂之名。今攻韓、劫天子惡名也，而未必利也，又有不義之名，而攻天下所不欲，危矣。臣請論其故，周天下之宗室也，齊韓之與國也，周自知失九鼎，韓自知亡三川，將二國並力合謀，以因乎齊趙而求解乎楚魏，以鼎與楚，以地與魏，王弗能止也，此臣之所謂危也，不如伐蜀完。惠王曰善，寡人請聽子，卒起兵伐蜀，十月（六國年表在惠王二十二年十月）取之，遂定蜀……蜀既屬秦，秦以益強，富厚輕諸侯（史記卷七十張儀傳）。

到了昭襄王之世，范雎為相，復用遠交近攻之計。近攻的第一目標則為韓，范雎說：

王不如遠交而近攻，得寸則王之寸也，得尺亦王之尺也……今夫韓魏中國之處，而天下之樞也。王其欲霸，必親中國以為天下樞，以威楚趙。楚強則附趙，趙強則附楚，楚趙皆附，齊必懼矣。齊懼，必卑辭重幣以事秦。齊附，而韓魏因可虜也（史記卷七十九范雎傳）。

茲將秦如何略取韓地列表如次：

秦侵略韓地表（據史記卷五秦本紀）

時代	侵地	備考
武王四年	右丞相甘茂拔宜陽。	此韓之大郡，伐取之，三川路乃通也，史記秦本紀正義。
昭襄王四十四年 四十八年	武安君白起攻韓南郡取之。 司馬梗北定太原，盡有韓上黨。	
莊襄王元年	蒙驁伐韓，韓獻成皋鞏。	六國表作成皋滎陽。據漢書卷二十八上一，成牢故虎牢，或曰制。左傳隱公元年，鄭莊公曰制巖邑也，虢叔死焉，即不欲以險要之制封其弟叔段。鞏在軍事上亦甚重要，史記卷七項羽本紀，楚遂拔成皋，欲西，漢使兵距之鞏，令其不得西。

秦經數世的經營，始皇即位，秦地已甚廣大。

莊襄王死，政（秦始皇名）代立為秦王。當是之時，秦地已並巴蜀漢中，越宛有郢，置南郡矣。北收上郡以東，有河東太原上黨郡，東至滎陽，滅二周，置三川郡（史記卷六秦始皇本紀）。

始皇又於關中開鑿河渠，使關中無凶年之患。

韓聞秦之好興事，欲罷之，毋令東伐，乃使水工鄭國間說秦，令鑿涇水，自中山西邸瓠口為渠，並北山東注洛，三百餘里，欲以溉田中。作而覺，秦欲殺鄭國。鄭國曰始臣為間，然渠成，亦秦之利也。秦以為然，卒使就渠。渠就，用注填閼之水，溉澤鹵之地四萬餘頃，收皆畝一鍾。於是關中為沃野，無凶年，秦以富強，卒並諸侯，因命曰鄭國渠（史記卷二十九河渠書）。

於是滅韓、滅趙、滅魏、滅楚、滅燕、滅齊，而秦遂統一了六國。

秦滅六國表❸

國名	滅亡時期	備考
韓	始皇十七年	內史騰攻韓，得魏王安，盡納其地。
趙	始皇十九年	王翦大破趙軍，虜趙王遷，盡取趙地，趙公子嘉奔代，自立為代王。二十五年王賁滅燕，還攻代，虜代王嘉。
魏	始皇二十二年	王賁攻魏，魏王假降，盡取其地。
楚	始皇二十四年	王翦伐楚，虜楚王負芻，楚亡。
燕	始皇二十五年	王賁攻燕，得燕王喜，燕亡。
齊	始皇二十六年	王賁攻齊，虜齊王建，齊亡。

始皇統一六國之後，懲艾戰國，削罷諸侯，分天下為三十六郡❹。

秦初並天下……丞相綰等言，諸侯初破，燕齊荊地遠，不為置王，毋以填之，請立諸子，唯上幸許。始皇下其議於群臣，群臣皆以為便。廷尉李斯議曰，周文武所封子弟同姓甚眾，然後屬疏遠，相攻擊如仇讎，諸侯更相誅伐，周天子弗能禁止。今海內賴陛下神靈，一統皆為郡縣，諸子功臣以公賦稅重賞賜之，甚足易制，天下無異意，則安寧之術也，置諸侯不便。始皇曰天下共苦戰鬬不休，以有侯王，賴宗廟，天下初定，又復立國，是樹兵也，而求其寧息，豈不難哉，廷尉議是。分天下以為三十六郡，郡置守、尉、監（史記卷六秦始皇本紀二十六年）。

---

❸ 本表據史記卷六秦始皇本紀、卷十五六國表。

❹ 其後又平百越，置閩中南海桂林象郡，全國凡四十郡。

於是中國就由封建國家進化為統一國家了。秦於統一的目標之下，又於軍事、經濟、文化各方面，實行許多統一的政策。

一、軍事

秦併六國之後，偃干戈，毀甲兵，示天下不復用。

> 二十六年秦初並天下，收天下兵聚之咸陽，銷以為鍾鐻金人十二，重各千石，置宮廷中（史記卷六秦始皇本紀）。

講武之禮罷為角觝。

> 秦始皇既並天下，分為三十六郡，郡置材官……講武之禮罷為角觝（文獻通考卷一百四十九兵制）。

始皇這種政策是錯誤的。統治龐大的國家，在交通不發達、民智未進步的時代，必須依靠兵力，派遣軍隊，駐防各地。固然駐防既久，防地往往變為封地，而發生割據的局面。但是中央政府若能時時調動駐防的軍隊及其將領，則防軍與防地不會發生密切關係，割據局面亦無從成立。現在始皇只知討匈奴，平百越，國內各地連兵器也不儲備，所以陳勝一旦起事，斬木為兵，揭竿為旂，秦就無法抵抗，只有解放罪犯與奴隸，組織軍隊，以與討秦軍相周旋❺。

---

❺「收天下兵」是收官家兵器，民間私有的兵器似未曾收；否則韓信何能「好帶刀劍」（史記卷九十二淮陰侯傳）。陳勝吳廣率九百人往戍漁陽，失期而作亂，賈誼謂其「斬木為兵」（賈子新書卷一過秦上），而史記（陳涉世家）漢書（陳勝傳）均無「斬木為兵」之語。這樣，不但民間，就是內地軍隊也有兵器，即秦所收者只限於六國兵器。漢書（卷六十四下）嚴安傳言秦「壞諸侯之城，銷其兵，鑄以為鍾虡，示不復用」，所謂「銷其兵」，即銷六國的兵器。賈誼之言如其可信，則秦大約為了預防兵卒叛變，凡未到戍所以前，不以兵器授之。

二、經　濟

秦為統一國家起見，其所採用的經濟政策有下列三種。

㈠度量衡的統一　度量衡的統一乃開始於商鞅時代，但商鞅所統一的不過秦國的度量衡。始皇既併六國，又統一全國的度量衡。

二十六年秦初並天下，一法度衡石丈尺（史記卷六秦始皇本紀）。

㈡貨幣的統一　錢幣於周景王二十一年開始盛行，而秦採用錢幣，則在一百八十餘年之後，即在周顯王三十三年，秦惠文君二年。

惠文王二年初行錢（史記卷十五六國表）。

惠文君以前不是沒有貨幣，而是沒有錢幣，因為黃金為幣，商鞅變法以前已經有了。吾人觀商鞅募民徙木，而予以五十金，即可知之。

衛鞅卒定變法之令……令既具，未布，恐民之不信己，乃立三丈之木於國都市南門，募民有能徙置北門者，予十金。民怪之，莫敢徙。復曰能徙者予五十金，有一人徙之，輒予五十金，以明不欺（史記卷六十八商君傳）。

惠文君二年才採用錢幣，這種錢幣大約一直行到始皇時代。因為始皇九年尚有錢幣。

九年長信侯嫪毐作亂……敗走，即令國中有生得毐，賜錢百萬，殺之，五十萬（史記卷六秦始皇本紀）。

但是歷史又說：

三十七年復行錢（史記卷十五六國表）。

以此推之，大約始皇兼併六國之後，為要統一全國的錢幣，不能不著手改鑄新幣，而在新幣尚未鑄出以前，又不停止舊幣的使用。三十七年新幣鑄造成功，於是錢幣復行於世。秦之貨幣分為二等，司馬遷說：

及至秦中，一國之幣為二等，黃金以鎰名，為上幣。銅錢識曰半兩，重如其文，為下幣。而珠玉龜貝銀錫之屬為器飾寶藏，不為幣（史記卷三十平準書太史公曰）。

這個銅錢，形式和周錢相似。周景王二十一年所鑄的錢，徑一寸二分，重十二銖，文曰大泉五十（文獻通考卷八歷代錢幣之制）。秦始皇所鑄的錢也是徑一寸二分，重十二銖，文曰半兩（史記卷三十平準書索隱），即秦錢與周錢形式相同，所不同者文字而已。

㈢財富的集中　即將財富集中於首都：

二十六年秦初併天下，徙天下豪富於咸陽十二萬戶（史記卷六秦始皇本紀）。

在國基未固之時，中央政府經濟上須有控制地方之力，而後國家統一才得維持。陸贄曾說：「豪勇之在關中者，與籍於營衛不殊，車乘之在關中者，與列於廐牧不殊，財用之在關中者，與貯於帑臧不殊，有急而後一朝可聚」（陸宣公集卷十一論關中事宜狀）。但是行之太過，又可使國內發生頭重腳輕之弊。政局的安定需要社會的安定，而社會的安定又以中產階級為基礎。十二萬戶的豪富徙於咸陽，其遺留於各地的將盡是貧窮之家。地方空虛，很容易引起地方的棼亂。始皇死後，一夫夜呼，亂者四應，甕牖繩樞之子、甿隸之人、遷徙之徒並起而亡秦族。固然民怨虐政，而地方空虛不能不視為原因之一。

三、文　化

統一的國家需要人民於精神上能夠統一，秦為統一人民的精神起見，又採用下列兩種政策。

㈠文字的統一　統一的國家須有統一的國語，吾國地大民庶，方言極多，要統一地方方言，不甚容易，所以始皇先從文字的統一著手。

二十六年秦初並天下，書同文字（史記卷六秦始皇本紀）。

戰國時代，言語異聲，文字異形，始皇統一天下，李斯乃奏同之。

七國田疇異畝，車塗異軌，律令異法，衣冠異制，言語異聲，文字異形。秦始皇初兼天下，丞相李斯乃奏同之，罷其不與秦文合者。斯作倉頡篇，中車府令趙高作爰歷篇，太史令胡毋敬作博學篇，皆取史籀大篆，或頗省改，所謂小篆者也（許慎說文敘）。

秦始皇二十七年統一天下，三十七年崩於沙丘，天下隨之大亂，其間相去，十一年而已。許慎說：「丞相李斯乃奏同之」，案始皇二十八年丞相乃是隗狀王綰，即李斯為丞相，最早當在二十九年以後。漢興，關於文字方面，未聞有何設施，而文字異形之弊就已消滅。始皇如何勵行文字的統一，由此可以知道。這是吾國人民能夠自覺為一個民族的基礎原因。

㈡**私塾的禁止**　統一的國家需要統一的思想，荀子曾謂「今諸侯異政，百家異說，則必或是或非，或治或亂」（荀子第二十一篇解蔽）。韓非亦說：「海內之士，言無定術，行無常議。夫冰炭不同器而久，寒暑不兼時而至，雜反之學不兩立而治。今兼聽雜學，謬行同異之辭，安得無亂乎」（韓非子第五十篇顯學）。始皇基於這個觀念，就從李斯之言，禁止民間設置私塾。

丞相李斯曰，五帝不相復，三代不相襲，各以治，非其相反，時變異也……古者天下散亂，莫之能一，是以諸侯並作，語皆道古以害今，飾虛言以亂實，人善其所私學，以非上之所建立。今皇帝並有天下，別黑白而定一尊，私學而相與非法教人，聞令下，則各以其學議之，入則心非，出則巷議，夸主以為名，異取以為高，率群下以造謗，如此弗禁，則主勢降乎上，黨與成乎下，禁之便。臣請史官非秦紀皆燒之。非博士官所職，天下敢有藏詩、書、百家語者，悉詣守尉雜燒之。有敢偶語詩書棄市，以古非今者族，吏有知不舉者與同罪，令下三十日不燒，黥為城旦，所不去者醫藥卜筮種樹之書，若有欲學法令（徐廣曰一無法令二字），以吏為師，制曰可（史記卷六秦始皇本紀三十年，參閱卷八十七李斯傳）。

由始皇本紀觀之，甚似只許人民學習法令。但是徐廣既云：「一無法令二字」，而吾人觀李斯傳，亦無法令二字，則人民所得學者必不限於法令。換言之，秦不是只許人民學習法令，而是禁止人民設立私塾。戰國時代百家雜興，各以自己的學說，批評政府的施設，即如李斯所言，「聞令下，則各以其學議之」，思想不統一，始則「異取以為高」，終則「黨與成乎下」，這在國基未固之時，當然有很大的害處。這就是始皇禁私塾的原因，不是單單要愚黔首而已。

第二節　官僚政治的萌芽

周代政治為貴族政治，天子分諸侯以地，授諸侯以民；諸侯又分陪臣以地，授陪臣以民。在領土遼廣，而貨幣尚未通行以前，地方的賦稅既不能換為貨幣，送到中央；中央也不易運輸穀帛，以濟地方之用，所以只有封茅列土，使受封的人就地徵稅，以充種種需用。諸侯在其領土之內，陪臣在其采邑之內，政治上是君長，經濟上是領主。

最初是諸侯欺陵天子，平王東遷之時，晉鄭兩國夾輔王室。周桓公說：

我周之東遷，晉鄭焉依。杜預注云：幽王為犬戎所殺，平王東徙，晉文侯鄭武公左右王室，故曰晉鄭焉依（左傳隱公六年）。

而鄭則為王之卿士，秉周之政。

> 鄭武公莊公為平王卿士。杜預注云，卿士王卿之執政者，言父子秉周之政（左傳隱公三年）。

以一國之諸侯，而秉天子之政，權重力大，天子與諸侯之間遂發生了鬥爭。

> 鄭武公莊公為平王卿士，王貳於虢（杜預注云，虢西虢公，亦仕王朝，王欲分政於虢，不復專任鄭伯）。鄭伯怨王，王曰無之，故周鄭交質，王子狐為質於鄭，鄭公子忽為質於周。王崩，周人將畀虢公政，四月鄭祭足帥師取溫（河內溫縣），秋又取成周（洛陽縣）之禾，周鄭交惡（左傳隱公三年）。

諸侯竟與天子交質，又敢出兵芟踐天子之麥禾，諸侯欺陵天子，觀此可以知道。到了後來，陪臣又強大起來，而欲欺陵諸侯。魯在宣公時代，已經「欲去三桓，以張公室」（左傳宣公十八年），昭公時代，「政在季氏三世矣，魯公喪政四公矣」（左傳昭公二十五年），昭公固曾討伐季氏（左傳昭公二十五年），而竟為三桓所敗，出奔於齊，而死於異國（左傳昭公三十二年）。到了哀公時代，「公患三桓之侈也，欲以諸侯去之，三桓亦患公之妄也，故君臣多間……公欲以越伐魯，而去三桓」（左傳哀公二十七年），三桓攻公，公奔越，不得復歸，國人立其子悼公（左傳哀公二十七年杜預注，孔穎達疏），此不過舉魯為例而已。此外如三家分晉，田氏篡齊，貴族階級已經成為國君的敵人。所以戰國時代，國君往往引用庶民，以抵抗貴族。楚悼王以吳起為相，起「廢公族疏遠者，以撫養戰鬥之士」，「楚貴戚盡欲害吳起。及悼王死，宗室大臣作亂，而攻吳起」，射殺之（史記卷六十五吳起傳）。秦孝公以商鞅為相，商鞅變法，令「宗室非有軍功，論不得為屬籍」，「宗室貴戚多怨望者」（史記卷六十八商君傳）。在這國君壓制貴族之際，社會上乃產生了一種士人階級。前曾說過，春秋末季井田制度漸次破壞，土地成為商品，可以自由買賣，那些購買土地的人或為農村的殷戶，或為都市的商人。他們是將土地租給佃農，按期收租，自己則攜帶田租換來的貨幣，離開農村，遨遊都市。他們的生活已經解決，他們便致力於學術的研究。同時，交通的頻繁、人口的移動，一方打破了傳統制度，使傳統思想失去勢力，他方發生了各種社會問題，使人們不能不設法解決。其結果，有識之士遂改變研究的對象。過去研究自然現象，而以天文學為主，現在則研究社會現象，尤其政治現象。因為人們都想利用國家權力，以解決社會問題之故。於是在春秋末葉而至戰國時代，便發生了許多學派。孔門四科，受業身通者七十七人（史記卷六十七仲尼弟子傳），鬼谷門下有蘇秦和張儀（史記卷六十九蘇秦傳，卷七十張儀傳），荀卿門下有韓非和李斯（史記卷六十三韓非傳，卷八十七李斯傳）。他們或為商人的子弟，或係地主的家族。孔子門人有子貢，善貨殖，家累千金；有樊須，請學稼，又請學圃；有子華，適齊之時，乘肥馬，衣輕裘（史記卷六十七仲尼弟子傳）。其出身於沒落的貴族的亦有之，「欒郤胥原狐續慶伯降在皁隸」。杜預注云，「八姓晉舊臣之族也，皁隸賤官」（左傳昭公三年）。這些沒落的貴族也常致力於學術的研究。例如孔子為孔父嘉之後（史記卷四十七孔子世家索隱），孔父嘉則為宋之司馬（左傳桓公二年）。一方貴族下沉，他方平民上升，兩者相向而走，中途相會，終則融和起來，而成為一種新的士人階級。這個時候，商人操縱城市的經濟，地主操縱農村的經濟，而貴族仍舊把持政權。士人階級雖然滿腹經綸，而乃沒有脫穎而出的機會。他們主張「賢者在位，能者在職」，而要求人君「尊賢使能」，這種口號很快的傳布天下，而動搖了貴族政治——門閥政治的基礎。

在士人階級漸次抬頭之時，政治亦隨社會的進化，複雜起來。貴族養尊處優，大部分的光陰乃消耗於田獵與宴會，無遑研究治術，以應付複雜的政治。而諸侯兼併，軍旅之事未曾一刻停止，戰術由車戰進化為馬隊與步兵之戰。車之進退不如馬隊與步兵之敏捷。「北戎侵鄭，鄭伯禦之，患戎師，曰彼徒我車，懼其侵軼我也」（左傳隱公九年）。晉與群狄戰於大原之時，魏絳曰「彼徒我車，所遇又阨，請皆卒，自我始，乃毀車以為行」，卒大敗之（左傳昭公元年）。觀此兩事，可知車戰乃日在淘汰之中。貴族平時皆高車駟馬，令其乘馬作戰，他們已覺困難，再令其步行作戰，他們更不能堪。於是貴族在軍隊中乃漸被淘汰，列國君主遂趁這個機會，擢用士人，藉以剝奪貴族的權力，而建設中央集權的國家，即如范雎所說：「擅國之謂王，能利害之謂王，制殺生之威之謂王」，「善治國者乃內固其威，而外重其權」（史記卷七十九范雎傳）。魏文侯以卜子夏田子方為師，每過段子木之閭必軾，四方賢士多歸之。吳起守西河，西門豹守鄴，樂羊伐中山（史記卷四十四魏世家）。燕昭王卑身厚幣以招賢者，樂毅自魏往，鄒衍自齊往，劇辛自趙往（史記卷三十四燕世家）。他們或徒步而為相，或白身而為將。蘇秦家無負郭田二頃，而佩六國相印（史記卷六十九蘇秦傳）。范雎家貧無以自資，秦王乃拜之為相（史記卷七十九范雎傳）。此外尚有許多的例，不勝枚舉。總之，戰國時代乃是一個內政外交極複雜的時代，內政如何改革，外交如何運用，貴族未必知道。軍隊如何訓練，作戰如何計畫，貴族也一概不知，前者須依靠新興的官僚，後者須依靠新興的軍人，而供給這兩種人物的則為士人。士人能夠打倒貴族政治，而建設官僚政治，不是沒有原因的。

這種官僚政治固然開始於戰國時代，而其完成則在於秦。秦本西北方的遊牧民族。史記雖說，秦為帝顓頊之苗裔（史記卷五秦本紀），但是秦嬴姓，與其同姓者有郯國，郯國為小皞之後，「少皞之立也，鳳鳥適至，故紀於鳥，為鳥師而鳥名」（左傳昭公十七年），秦之祖先在舜時有大費者，「佐舜調馴鳥獸，鳥獸多馴服」。此後子孫「或在中國，或在夷狄」。商時，大費子孫有孟戲中衍者，「鳥身人言」，這當然只是圖騰，而其與鳥獸有關，則甚顯明。周孝王時，孟戲中衍之子孫名非子者，「好馬及畜，善養息之，孝王召使[2]主馬於汧渭之間，馬大蕃息」，乃賜之秦谷之地，而為附庸。及至犬戎伐周，殺幽王，周避犬戎之難，東遷雒邑，「秦襄公以兵送平王，平王封襄公為諸侯，賜之岐以西之地，襄公於是始國，與諸侯通使聘享之禮」（史記卷五秦本紀）。由此可知秦的祖先在周孝王時代還是以畜牧為業，而其成立國家，乃在周平王東遷之後。建國既晚，文化又低，而建國之時又適在諸侯開始兼併之際，秦為應付國際環境，常常利用客卿管理政事。李斯說：

> 昔繆公求士，西取由余於戎，東得百里奚於宛，迎蹇叔於宋，求丕豹公孫支於晉，此五子者不產於秦，而繆公用之，並國二十，遂霸西戎。孝公用商鞅之法，移風易俗，民以殷盛，國以富強，百姓樂用，諸侯親服，獲楚魏之師，舉地千里，至今治強。惠王用張儀之計，拔三川之地，西並巴蜀，北收上郡，南取漢中，包九夷，制鄢郢，東據成皋之險，割膏腴之壤，遂散六國之從，使之西面事秦，功施到今。昭王得范雎，廢穰侯，逐華陽，強公室，杜私門，蠶食諸侯，使秦成帝業。此四君者皆以客之功，由此觀之，客何負於秦哉（史記卷八十七李斯傳）。

秦既任用客卿，所以注重人才，不尚門第，其大臣出身可列表如次。

秦大臣出身表（據史記各本傳）

姓名	國籍	出身
商鞅	魏人	衛之諸庶孽公子。
張儀	魏人	與蘇秦俱事鬼谷先生學術，貧無行。
甘茂	楚人	事下蔡史舉先生，學百家之說。
魏冉	楚人	秦昭王母宣太后弟。
范雎	魏人	家貧無以自資。
蔡澤	燕人	游學干諸侯，小大甚眾，不遇。
呂不韋	韓人	大賈人，往來販賤賣貴，家累千金。
李斯	楚人	年少時為郡小吏，從荀卿學帝王之術。

秦既任用客卿，不尚門第，所以自始貴族政治的色彩就不如中原諸國濃厚。而自商鞅變法之後，開阡陌，壞井田，貴族政治的基礎完全破壞。商鞅又定軍功之法，宗室非有軍功，論不得為屬籍，有功者顯榮，無功者雖富，無所芬華。這種改革，一方可以提高平民的地位，他方可以剝奪貴族的特權，使政治上的門閥觀念因之消滅。而范睢為相，又廢穰侯（外戚），逐華陽（宗室），強公室，杜私門，澈底的掃除了外戚和宗室的勢力。案軍功之爵與公侯伯子男五等之爵不同，五等之爵必有封土，因有封土，就成為世官世祿之制。反之，軍功之爵分二十級，其實十八級頗似官階，只唯徹侯關內侯才屬於爵。

鄭樵通志曰秦爵二十等，最高徹侯乃得食縣，其次關內侯食租稅於關內，餘十八等，大庶長以下則如吏職焉。馬端臨文獻通考說亦相同。大旨悉本之劉劭，蓋其時爵與階不分，故共為二十等，今則徹侯關內侯當屬於爵，而十八級當屬於階（歷代職官表卷六十五世爵世職）。

關內侯雖有侯號，而居京畿，無國邑，徹侯雖有封邑，亦只得食其租稅，如呂不韋為文信侯，食河內洛陽十萬戶是也（參閱漢書卷十九上百官公卿表關內侯徹侯之注及補注）。馬端臨說：

秦爵二十等起於孝公之時，商鞅立此法以賞戰功。按古之所謂爵者皆與之以土地，如公侯伯子男以至附庸及孤卿大夫亦俱有世食祿邑。若秦法，則惟徹侯有地，關內侯則虛名而已，庶長以下不論也。始皇遣王翦擊楚，翦請美田宅甚眾，曰為大王將，有功終不得封侯。然則秦雖有徹侯之爵，而受封者蓋少。考之於史，惟商鞅封於商，魏冉封穰侯，范睢封應侯，呂不韋封文信侯，嫪毐封長信侯。及始皇既稱皇帝，東游海上，至瑯琊，群臣議頌功德，惟列侯武城侯王離、列侯通武侯王賁、倫侯建成侯趙亥、倫侯昌武侯成、倫侯武信侯馮毋擇，如是者數人而已。然鞅冉不韋毐皆身坐誅廢，睢雖善終，而亦未聞傳世，王離以下俱無聞焉。蓋秦之法未嘗以土地予人，不待李斯建議，而始罷封侯也（文獻通考卷二百六十五封建考）。

到了始皇統一天下，又採李斯之言，絕不以土地封人。

> 廷尉李斯議曰，……今海內賴陛下神靈，一統皆為郡縣，諸子功臣以公賦稅重賞賜之，甚足為制，天下無異意，則安寧之術也，置諸侯不便。始皇曰天下共苦戰鬪不休，以有侯王，賴宗廟，天下初定，又復立國，是樹兵也，而求其寧息，豈不難哉，廷尉議是（史記卷六秦始皇本紀二十六年）。

自是而後，封土制度便消滅了，代之而成立者則為官僚政治。官僚政治乃所以代替封茅列土之制，而其成功卻需要兩種條件，一是交通發達，戰國時各國由於軍事上的需要，往往建築公路，以便行軍。秦惠文君滅蜀之後，「棧道千里，通於蜀漢」（史記卷七十九蔡澤傳）。當時人君如何注意交通，觀此可以知道。到了始皇統一天下，又於全國修築馳道。

> 秦為馳道於天下，東窮燕晉，南極吳楚，江湖之上，瀕海之觀畢至，道廣五十步，三丈而樹，厚築其外，隱以金椎，樹以青松，為馳道之麗至於此（漢書卷五十一賈山傳）。

交通便利，可以縮小國家的幅員，不必封茅列土，使諸侯統治列國，陪臣統治采邑。郡縣守令雖為地方長官，但是他們隨時可以罷免。尺土一民莫非天子所有，既無土地，又無臣民，陵犯之釁不易發生。不過單單交通便利，官僚政治尚難成立，錢幣通行尤為必要。因為有了錢幣，中央政府可用金錢雇用官僚，不必再以土地和人民為官吏服勞的代價。戰國以來，國君為集中政權，常將采邑改為封君，孟嘗君相齊，封萬戶於薛（史記卷七十五孟嘗君傳），即其例也。封君不是分土授民，而是分戶收租，即只能取得該地的租稅，不能統治該地的人民，所以封君可以視為采邑與祿俸的過渡形態。春秋之末已有祿俸之制，「衛靈公問孔子居魯得祿幾何，對曰奉粟六萬，衛人亦致粟六萬」（史記卷四十七孔子世家）。到了戰國，各國官階往往以石為名。例如燕王子噲屬國於子之，「收印自三百石吏已上，而效之子之」（史記卷三十四燕世家）。秦之官階也以石為名，例如：

> 十二年文信侯呂不韋死，竊葬，其舍人臨者，晉人也，逐出之。秦人六百石以上，奪爵，遷。五百石以下，不臨，遷，勿奪爵（史記卷六秦始皇本紀）。

石是權衡之名，而用以權穀之輕重者，以穀為祿，可以視為封君制度進一步的發展。秦之採用錢幣，開始於惠文君二年。嫪毐作亂，始皇懸賞立功之士，不是封土，也不是用穀，而是用錢。

> 九年長信侯嫪毐作亂……王知之……發卒攻毐……毐等敗走，即令國中有生得毐，賜錢百萬，殺之，五十萬，盡得毐等，皆梟首（史記卷六秦始皇本紀）。

是則始皇時代錢幣必已通行，一方交通發達，同時錢幣通行，這就是始皇兼併六國之後，能夠不以尺土封人的原因。

官僚政治與世官之制不同，世官之制，公門有公，卿門有卿，賤有常辱，貴有常榮，其擢用職官是父終子繼，或兄終弟及，其程序極為簡單。反之，官僚政治則須選賢使能，於是如何培養賢能，如何任用賢能，如何考核賢能，就成為問題。

一、就培養賢能觀之

官僚政治採任免之制，官吏須不斷的補充，因之人才就須不斷的培養。始皇三十四年焚書。

> 丞相李斯曰，臣請史官非秦紀皆燒之。非博士官所職，天下敢有藏詩、書、百家語者，悉詣守尉雜燒之。……令下三十日不燒，黥為城旦，所不去者醫藥卜筮種樹之書，若有欲學法令（集解，徐廣曰一無法令二字。卷八十七李斯傳，「若有欲學者，以吏為師」，亦無法令二字），以吏為師，制曰可（史記卷六秦始皇本紀）。

然其所焚者不過民間之書。康有為說：

按焚書之令但燒民間之書，若博士所職，則詩書百家自存。夫政斯焚書之意但欲愚民而自智，非欲自愚。若並秘府所藏，博士所職，而盡焚之，而僅存醫藥卜筮種樹之書，是秦並自愚也，何以為國。史記別白而言之曰，非博士所職，藏者悉燒，則博士所職，保守珍重，未嘗焚燒，文至明也。又云若有欲學，以吏為師，吏即博士也。然則欲學詩書六藝者，詣博士受業則可矣。實欲重京師而抑郡國，強幹弱支之計耳（康有為偽經考卷一秦焚六經未嘗亡缺考）。

三十五年阬儒。

侯生盧生相與謀曰，始皇為人天性剛戾自用……上樂以刑殺為威，天下畏罪持祿，莫敢盡忠。上不聞過而日驕，下懾伏謾欺以取容……於是乃亡去。始皇聞亡，乃大怒曰……盧生等吾尊賜之甚厚，今乃誹謗我，以重吾不德也。諸生在咸陽者，吾使人廉問，或為訞言以亂黔首。於是使御史悉案問諸生，諸生傳相告引，乃自除犯禁者四百六十餘人，皆阬之咸陽（史記卷六秦始皇本紀）。

然其所阬者咸陽諸生四百六十餘人而已。康有為說：

按秦雖不尚儒術，然博士之員尚七十人，可謂多矣。且召文學甚眾，盧生等尊賜甚厚，不為薄也。阬僅咸陽諸生四百六十餘人，誣為妖言，傳相告引，且多方士，非盡儒者……伏生叔孫通即秦時博士，張蒼即秦時御史，自兩生外，魯諸生隨叔孫通議禮者三十餘人，皆秦諸生，皆未嘗被阬者。其人皆懷蘊六藝，學通詩書，逮漢猶存者也。然則以阬儒為絕儒術者，亦妄言也（康有為偽經考卷一秦焚六經未嘗亡缺考）。

而除四百六十餘人之外，縱在咸陽，亦尚有其他儒生存在。「陳勝起山東，使者以聞，二世召博士諸儒生問曰，陳戍卒攻蘄入陳，於公如何」（史記卷九十九叔孫通傳）。倘咸陽儒生盡阬，何能尚有此「諸儒生」。唯經此次焚阬之後，學者自招門徒之事就禁止了，即始皇只禁私塾，至於官學仍然存在，故云

「以吏為師」。既有官學培養人才，官吏自可源源補充，而使官僚政治能夠永久維持下去。

二、就任用賢能觀之

秦代舉官之法約有三種：

㈠**特徵** 凡士負有盛名者，朝廷可徵而用之，例如叔孫通薛人也，秦時以文學徵，待詔博士（史記卷九十九叔孫通傳）。

㈡**辟除** 秦制，內而公卿，外而守令，其掾屬皆自辟除，積資察遷，常至顯宦，呂不韋辟李斯為舍人，又任以為郎，李斯位至丞相（史記卷八十七李斯傳），即其例也。

㈢**薦舉** 如穰侯魏冉舉任鄙以為漢中守（史記卷七十三白起傳），范雎任鄭安平為將（史記卷八十七范雎傳）即其例也。薦舉有兩種限制，一是被薦舉人的資格，凡無資產、又無操行者，不得薦舉之，吾人觀「韓信貧無行，不得推擇為吏」（史記卷九十二淮陰侯傳），即可知之。二是薦舉人的責任，凡舉人而其人不善者，薦舉人與其同罪。例如：

范雎為相……號為應侯……應侯任鄭安平，使將擊趙。鄭安平為趙所圍，急，以兵二萬人降趙。應侯席藁請罪。秦之法，任人而所任不善者，各以其罪罪之。於是應侯罪當收三族。秦昭王恐傷應侯之意，乃下令國中有敢言鄭安平事者，以其罪罪之，而加賜相國應侯食物日益厚，以順適其意（史記卷七十九范雎傳）。

三、就考核賢能觀之

秦有考課之法，以定百官功績，例如：

蕭何乃給泗水卒史，事第一（索隱，謂課最居第一），秦御史欲入言徵何，何固請，得毋行（史記卷五十三蕭相國世家）。

秦代的課考制度，其詳已不可知。吾人所能知的，秦時已有上計制度，史記（卷七十九）范睢傳，「昭王召王稽拜為河東守，三年不上計」。所謂上計是謂郡守每歲年終之時，條上郡內眾事，作成計簿，而報告於中央，中央則根據計簿，對於守令，課其殿最，而行賞罰。王稽薦范睢於昭王，昭王嘉其功，故特許三年不上計。其實上計制度不獨秦國有之，韓非子有「西門豹為鄴令，居期年，上計」（第三十三篇外儲說左下），又有「李克治中山，苦陘令上計，而入多」（第三十七篇難二）之言，則魏在文侯時代，即在秦昭王一百餘年以前，已有上計制度了。郡守所作計簿須有真實資料，如墾田多少，戶口多少，稅收多少，不得徒託空言。這種計簿須具兩份，一份保存於御史府，「張蒼秦時為御史，主柱下方書」，索隱云：「方書者主四方文書也，姚氏以為主郡上計」，故下文又云：「張蒼乃自秦時為柱下史，明習天下圖書計籍」（史記卷九十六張丞相傳）。另一份則保存於丞相府，沛公至咸陽，「何獨先入收秦丞相御史律令圖書藏之……漢王所以具知天下阸塞，戶口多少強弱之處，民所疾苦者，以何具得秦圖書也」（史記卷五十三蕭相國世家）。上計乃所以確定地方官的功績，秦有上計制度，而蕭何為泗水卒史，「事第一」，索隱「謂課最居第一」，秦有考課制度是很顯明的。

官僚政治的目的在使「賢者在位，能者在職」。如何培養賢能，於是有官學，如何任用賢能，於是有徵辟薦舉，如何鼓勵賢能，於是有考課。這三者乃是官僚政治的基本制度，秦開其端，漢發揚之。秦雖二世而亡，其律令制度乃保存於丞相御史兩府，劉邦入關，蕭何盡收之以為建設的參考。漢能發揚光大官僚政治，其有恃於秦者甚多。

但是秦的官僚政治尚未達到理想之域。唐虞之世，天子之位不傳子而傳賢。至周，上而天子，下而百官，皆不傳賢而傳子，秦代，天子之位固然傳子，而自宰相以下無不傳賢。天子之子不皆賢，可賴宰相傳賢以補之；宰相之位不安定，可賴天子傳子以補之。即官僚政治是於政府之內，分別兩種機關：其一傳子，其一傳賢。傳子者地位安定，傳賢者隨時更換。政府既能新陳代謝，而中樞又不至發生動搖。這是官僚政治的理想。

官僚政治的理想能夠實現，又須有一個前提，即天子高拱於上，事事聽受宰相的主張。管子說：「有道之君……不言智能聰明，智能聰明者下之職也，所以用智能聰明者，上之道也」（管子第三十篇君臣上）。慎子說：「君臣之道，臣事事而君無事，君逸樂而臣任勞。臣盡智力以善其事，而君無與焉，仰成而已。故事無不治」（慎子民雜篇）。韓非亦說：「明君之道，使智者盡其慮，而君因以斷事，故君不窮於智；賢者效其材，君因而任之，故君不窮於能。有功則君有其賢，有過則臣任其罪，故君不窮於名。是故不賢而為賢者師，不智而為智者正。臣有其勞，君有其成功，此之謂賢主之經也」（韓非子第五篇主道）。即他們三人均主張人主不自操事，不自計慮，一切用人行政委於宰相可矣。

但是宰相賢不賢又由誰決定呢？今日英王不自操事，不自計慮，一切用人行政均由內閣總理負責，而誰為內閣總理則以眾議院多數議員之意見為標準。秦無議會之制，選任宰相的權乃屬於天子。天子之子不皆賢，則儲君即位之後，往往「不知選賢」，而「只選其心之所謂賢」，「燕子噲賢子之而非孫卿，故身死為僇，夫差智太宰嚭而愚子胥，故滅於越」（韓非子第三十八篇難三）。這樣，官僚政治理想的基礎便動搖了。固然秦有兩種職官以救其弊，一是御史，史記（卷六秦始皇本紀三十五年），始皇以盧生等誹謗，欲阬儒生之時，曾「使御史悉案問諸生」，可知御史是彈擊官邪的。二是博士，史記（卷六秦始皇本紀二十六年），始皇令丞相御史大夫議帝號之時，他們須與博士商談，可知博士是批評政治得失的。不過秦雖置丞相，而在始皇時代，「丞相諸大臣皆受成事，倚辦於上」，「博士雖七十人，特備員弗用」（史記卷六秦始皇本紀三十五年），這樣，天子賢明，何必置丞相以輔之，天子愚頑，丞相亦不能匡救天子之失，其甚者，大權且落入丞相之手，二世時代的趙高即是其例。所以秦代官僚政治只做到不世官不封土，至於宰相傳賢而不傳子的目的不但秦代，即秦以後，均未達到。其所以不能達到者，乃是因為天子不皆賢，而決定宰相賢不賢之權又屬於天子之故。

第三節 社會經濟的破壞與秦的滅亡

商鞅變法，重農抑商，始皇兼併天下，循而未改，其東行郡縣，而至琅邪，曾刻石云：

皇帝之功，勤勞本事，上農除末，黔首是富（史記卷六秦始皇本紀二十八年）。

其對商人，常視為囚徒，令其謫戍邊疆。

始皇既並天下，北築長城，南戍五嶺，又有驪山阿房之役。兵不足用，乃至發謫，先發弛刑之類，次發西賈人之類，次發治獄不直者之類，次以隱宮刑徒者，次以嘗有市籍者，又其次則大父母父母嘗有市籍者（文獻通考卷一百四十九兵制引山齋易氏曰）。

但是農而食之，虞而出之，工而成之，商而通之，乃是自然的分工，農業的進步可以引起商業的發達，政府經濟上沒有對策，而只從政治上賤商，效果是很少的。固然始皇對於其他企業，不但未曾壓迫，而且還加獎勵。例如：

烏氏倮畜牧，及眾斥賣，求奇繒物，間獻遺戎王，戎王什倍其償，與之畜，畜至用谷量馬牛。秦始皇帝令倮比封君，以時與列臣朝請。而巴蜀寡婦清，其先得丹穴，而擅其利數世，家亦不訾。清寡婦也，能守其業，用財自衛，不見侵犯。秦皇帝以為貞婦而客之，為築女懷清臺。夫倮鄙人牧長，清窮鄉寡婦，禮抗萬乘，名顯天下，豈非以富邪（史記卷一百二十九貨殖傳）。

唯在吾國古代，人們均欲取得土地，而如司馬遷所說：「以末得之，以本守之」（史記卷一百二十九貨殖傳），這樣，農村之中就發生了兼併的現象。崔寔說：

秦隳壞法度，制人之財既無綱紀，而乃尊獎并兼之人，烏氏以牧豎致財，寵比諸侯，寡婦清以攻丹殖業，禮以國賓。於是巧猾之萌遂肆其意，上家累巨億之資，斥地侔封君之土……故下戶踦軀，無所跱足，乃父子低首，奴事富人，躬率妻孥，為之服役。故富者席餘而日熾，貧者躡短而歲踧，歷代為虜，猶不贍於衣食，生有終身之勤，死有暴骨之憂。歲小不登，流離溝壑，嫁妻賣子，其所以傷心腐臟，失生人之業者，蓋不可勝陳（全後漢文卷四十六崔實政論）。

農民失去土地，生活已經困難，董仲舒說：

秦……用商鞅之法，改帝王之制，除井田，民得賣買，富者田連仟佰，貧者無立錐之地……小民……或耕豪民之田，見稅什五，故貧民常衣牛馬之衣，而食犬彘之食（漢書卷二十四上食貨志）。

秦乃毫不顧慮，仍將人力和財力浪費於武功與土木工程。就武功說，秦既北伐匈奴，又南平百越，復西逐諸羌。

秦始皇武功表

種類	史略	結果
伐匈奴	三十二年燕人盧生使入海還，以鬼神事，因奏錄圖書曰，亡秦者胡也。始皇乃使將軍蒙恬發兵三十萬人北擊胡，略取河南地。史記卷六秦始皇本	秦皇帝使蒙恬將兵而攻胡，卻地千里，以河為境，地固澤鹵，不生五穀。然後發天下丁男以守北河，暴兵露師十有餘年，死者不可勝數，終不能踰河

	平百越	逐諸羌
紀。三十三年西北斥逐匈奴，自榆中並河以東，屬之陰山，以為三十四縣，城河上為塞。史記卷六秦始皇本紀。	三十三年發諸嘗逋亡人贅壻賈人略取陸梁地，為桂林象郡南海，以適遣戍。集解引徐廣曰五十萬人守五嶺。史記卷六秦始皇本紀。閩粵王無諸及越東海王搖者，其先皆越王句踐之後也，姓騶氏。秦已並天下，皆廢為君長，以其地為閩中郡。史記卷一百十四東越傳。	三十三年使蒙恬渡河取高闕，陶山北假中，築亭障以逐戎人，徙謫實之初縣。史記秦始皇本紀。
而北……又使天下飛芻輓粟，起於黃腄琅邪負海之郡，轉輸北河，率三十鍾致一石。男子疾耕不足於糧餉，女子紡績不足於帷幕，百姓靡敝，孤寡老弱不能相養，道死者相望，蓋天下始叛也。漢書卷六十四上主父偃傳。	秦之時，嘗使尉屠睢擊越，又使監祿鑿渠通道，越人逃入深山林叢，不可得攻，留軍屯守空地，曠日持久，士卒勞倦，越乃出擊之，秦兵大破，乃發適戍以備之。當此之時，外內騷動，百姓靡敝，行者不還，往者莫反，皆不聊生，亡逃相從，群為盜賊，於是山東之難始興。漢書卷六十四上嚴助傳。	

人民受征戰之苦，有如晁錯所說：

夫胡貉之地，積陰之處也。木皮三寸，冰厚六尺，食肉而飲酪，其人密理，鳥獸毳毛，其性能寒。楊粵之地，少陰多陽，其人疏理，鳥獸希毛，其性能暑。秦之戍卒不耐其水土，戍者死於邊，輸者僨於道。秦民見行，如往棄市，因以讁發之，名曰讁戍。先發吏有讁及贅壻賈人，後以嘗有市籍者，又後以大父母父母嘗有市籍者，後入閭取其左，發之不順，行者深怨，有背畔之心（漢書卷四十九晁錯傳）。

又如嚴安所說：

秦禍北構於胡，南挂於越，宿兵於無用之地，進而不得退，行十餘年，丁男被甲，丁女轉輸，苦不聊生，自經於道樹，死者相望（漢書卷六十四下嚴安傳）。

就土木工程說，秦既治馳道，又築長城，復建宮殿。

秦土木工程表

種類	事略
治馳道	二十七年治馳道，集解引漢書賈山傳曰，秦為馳道於天下，東窮燕齊，南極吳楚，江湖之上，濱海之觀畢至，道廣五十步，三丈而樹，厚築其外，隱以金椎，樹以青松。史記卷六秦始皇本紀。
築長城	三十四年適治獄吏不直者築長城及南越地。史記卷六秦始皇本紀。
建宮殿	三十五年始皇以為咸陽人多，先王之宮廷小，乃營作朝宮渭南上林苑中。先作前殿阿房，東西五十步，南北五十丈，上可以坐萬人，下可以建五丈旗。周馳為閣道，自殿下直抵南山表，南山之顛以為闕，為復道。自阿房渡渭，屬之咸陽，以象天極閣，道絕漢抵營室也。阿房宮未成，成欲更擇令名名之，作宮阿房，故天下謂之阿房宮，隱宮徒刑者七十餘萬人，乃分為阿房宮或作麗山。史記卷六秦始皇本紀。

天下初定，理應予民休息，固然許多力役均由刑徒負擔，其建築阿房宮之時，乃用隱宮徒刑者七十餘萬人。但是伐匈奴、平百越、逐諸羌，治馳道、築長城、建阿房，這種巨大的武功與土木工程，一方人力不能單單依靠於刑徒，他方財力又須取給於租稅。秦代租稅，其詳已不可考，吾人所能知道的只有田租口賦與鹽鐵專賣。董仲舒說：

> 至秦……田租口賦鹽鐵之利二十倍於古。注引如淳曰秦賣鹽鐵貴，故下民受其困也。師古曰既收田租，又出口賦，而官更奪鹽鐵之利，率計今人一歲之中，失其資產，二十倍多於古也（漢書卷二十四上食貨志）。

田租稅地，口賦稅人，二者均有一種假定，假定人民有資產。豪強兼併，小民失去土地，無田而擔稅者必有其人，所以始皇三十一年舉行土地呈報。

始皇三十一年使黔首自實田（文獻通考卷一歷代田賦之制）。

但是貪暴之吏可以上下其手，貧者受魚肉而呑聲，富者務兼併而逋稅，所以土地呈報往往有利於豪強而不利於細民。何況口賦稅人，有身者就有稅，細民貧無立錐之地，而口賦尚須負擔。他們因逋稅而逃亡，乃是勢之必然。於是一切租稅遂盡舉而轉嫁於農民。農民受了租稅的壓迫，經濟已經破產，而如太史公所說：「海內之士，力耕不足糧饟，女子紡織不足衣服」（史記卷三十平準書太史公曰），而又加之以兵役，農村勞動力減少，農業生產力降低，海內愁怨，理之當然。陳涉起事之時，武臣曾說：

秦為亂政虐刑，以殘賊天下，數十年矣。北有長城之役，南有五嶺之戍，外內騷動，百姓罷敝，頭會箕斂，以供軍費，財匱力盡，民不聊生，重之以苛法峻刑，使天下父子不相安（史記卷八十九陳餘傳）。

農民破產，豪強又乘農民的困窮，兼併了許多土地，致令社會上只有兩個階級，一是極富，二是極貧，沒有中產階級。董仲舒說：

至秦……富者田連仟佰，貧者亡立錐之地（漢書卷二十四上食貨志）。

但是中產階級由社會治安觀之，甚為重要。管子說，「甚富不可使，甚貧不知恥」（管子第三十五篇侈靡）。董仲舒說：「大富則驕，大貧則憂，憂則為盜，驕則為暴」（春秋繁露第二十七篇度制）。秦無中產階級，社會安得不亂。這個時候，政治若能清明，尚可相安無事。漢武帝唐太宗戎軍屢動，民亦勞止，而社會不至紛亂者，實因政治清明。秦呢？秦用法家之說，而又不肯忠實遵從法家的主張。法家反對人主察察為明，管子曾謂「侵主……從狙而好小察」（管子第五十二篇七臣七主）。商鞅以為聖人明君之「治國也，察要而已矣」（商君書第三篇農戰）。韓非亦說：「明君不躬小事」（韓非子第三十五篇右儲說右下）。始皇「躬操文墨，晝斷獄，夜理書」（漢書卷二十三刑法志），「至以衡石量書，日夜有呈，不中呈，不得休息」（史記卷六秦始皇本紀三十六年）。這種察察為明似是考覈名實，其實有背於君人之道。韓非云：「人主之道，靜退以為寶，不自操事，而知拙與巧；不自計慮，而知福與咎」（韓非子第五篇主道）。又說：「下君盡己之能，中君盡人之力，上君盡人之智」（韓非子第四十八篇八經）。盡己之能者，自己操事；盡人之力者，自己計慮；盡人之智者，不自操事，不自計慮。蓋如慎子所說：「君之智未必最賢於眾也，以未最賢而欲以善盡被下，則不贍矣。若使君之智最賢，以一君而盡贍下，則勞；勞則有倦；倦則衰，衰則復返於不贍之道也。是以人君自任而躬事，則臣不事事，是君臣易位也，謂之倒逆，則亂矣。人君苟任臣而勿自躬，則臣皆事事矣，是君臣之順，治亂之分，不可不察也」（慎子民雜篇）。始皇不明此理，而禁嚴網密，尤有背於法家思想。法家固然主張明罰飭法，但是同時又復主張「有道之君貴虛靜而重變法」（韓非子第二十篇解老）。而秦乃網密文峻，「連相坐之法，造參夷之誅，增加肉刑大辟，有鑿顛抽脅鑊亨之刑」（漢書卷二十三刑法志）。此種作風乃原於商鞅思想。商鞅固然主張「賞隨功，罰隨罪」（商君書第二十四篇禁使），然賞之目的乃以濟刑罰之窮。他說：「夫刑者所以禁邪也，而賞者所以助禁也」（商君書第六篇算地），即賞不是用以獎勵有功，而是用以獎勵告姦（參閱史記卷六十八商君傳）。他說：「故善治者，刑不善而不賞善……賞善之不可也，猶賞不盜」（商君書第十八篇畫策）。商君重刑而輕賞，所以他說：「王者刑九賞一，強國刑七賞三，削國刑五賞五」（商君書第四篇去彊）。又說：「治國刑多而賞少（亂國賞多而刑少），故王者刑九而賞一，削國賞九而刑一。刑用於將過，則大邪不生。賞施於告姦，則細過不失。治民能使大邪不生，細過不失，則國治，國治必強」（商君書第七篇開塞）。由此可知商鞅思想與其說是法治，不如說是刑治。秦自孝公以後，歷代君主深受商鞅思想的影響，始皇也不例外。所以王翦才說：「為大王將，有功終不得封侯」（史記卷七十三王翦傳）。而侯生盧生亦說：「始皇為人，天性剛戾自用，樂以刑殺為威」（史記卷六秦始皇本紀三十五年）。這種刑治思想乃基於觀念的錯誤。李斯說：「商君之法，刑棄灰於道者。夫棄灰薄罪也，而被刑重罰也。彼唯明主為能深督輕罪，夫罪輕且督深，而況有重罪乎，故民不敢犯也」（史記卷八十七李斯傳）。尹文子說：「老子曰民不畏死，如何以死懼之。人民之不畏死，由刑罰過。刑罰過，則民不賴其生。生無所賴，視君之威末如也。刑罰中，則民畏死；畏死，由生之可樂也。知生之可樂，故可以死懼之，此人君之所宜執，臣下之所宜慎」（尹文子大道下），何況輕罪而受重刑，則民若因一時過失而犯法禁，勢必不顧生死，鋌而走險。「麗山之徒數十萬人」（史記卷九十一黥布傳），「高祖以亭長為縣送徒酈山，徒多道亡」（史記卷八高祖本紀）。秦代囚犯之多，而囚犯冒險逃亡，觀此二事，略可知道。

上好刑殺，吏就因刑殺以為姦，秦代吏祿甚薄。

夫薄吏祿以豐軍用，緣於秦征諸侯，續以四夷（後漢書卷七十九仲長統傳損益篇）。

他們受了生活的壓迫，只有侵漁百姓，百姓受了虐政的壓迫，往往離開本土，逃亡四方。例如：蕭何曹參對沛公說：「願君召諸亡在外者，可得數百人」。顏師古注云：

時苦秦虐政，賦役繁多，故有逃亡避吏（漢書卷一上高帝紀秦二世元年）。

固然「勞罷者不得休息，饑寒者不得衣食，亡罪而死刑者無所告訴，人與之為怨，家與之為讎」（漢書卷五十一賈山傳），然而人民卻不能革命。革命是一種巨大艱難的工作。革命群眾須有相當的組織，又須有相當的餘暇和能力，以致力於革命運動。中國人民以農民為最多，而受虐政壓迫最甚的又是農民。但農民散居各地，不能團結起來，而每天又從事於過勞的工作，既無餘暇以修養自己的能力，又無餘暇以致力於革命運動。他們無法推翻現在的社會，他們只想脫離現在的社會，投身於罪犯之中，不斷的增加罪犯的人數。

姦邪並生，赭衣塞路，囹圄成市，天下愁怨，潰而叛之（漢書卷二十三刑法志）。

民愁無聊，亡逃山林，轉為盜賊，赭衣半道，斷獄歲以千萬數（漢書卷二十四上食貨志）。

農村之內，一半勞動力徵發從軍，一半勞動力淪為囚徒，結果就影響到社會的生產力，而使米價日漸高漲。

三十一年米石千六百（史記卷六秦始皇本紀）。

最受米價壓迫的則為遊士和流民。他們不是生產階級，經濟上沒有作用。但是他們人數若增加到一定程度，對於社會的治亂又有很大的關係。國家對於他們，必須設法救濟。怎樣救濟？吾國古代有兩種制度：一是官僚制度，以收羅遊士，二是軍隊制度，以收羅流民。這兩種政策若不採用，或用之不得其法，勢必引起社會的擾亂。秦兼併六國之後，焚書阬儒，已經引起儒生的反感，又復墮名城，殺豪傑，士之秀異者散而歸田畝，試問他們那肯槁項黃馘，老死於布褐，於是遊士便為反秦的一個勢力。同時秦應付流民的方法也不適當。自井田破壞之後，農民失去土地者為數不少，他們不能依耕種以謀生，而城市之內又沒有工廠收容他們。這個時候，苟肯採用募兵制度，他們尚可投身於軍隊之中，維持生計。但秦乃採用農兵之制，社會上充斥著許多流民，秦不設法救濟，而乃徵發農民從軍。農民出征，田園荒蕪，幸而及瓜而代，而田園已經不能耕耘，而只有淪為流民。流民人數日益增加，便成為反秦的另一個勢力。

遊士和流民受了米價的壓迫，而貧窮又是社會的普遍現象，人心思亂，理之當然。但是始皇雖為暴君，而仍不失為一位英主，其專制魔力確能壓服了民眾的靈魂，使他們不敢反抗。人民悲觀之極，竟然失去膽量，失去自信力，自視為軟弱無能的動物。他們只希望有個萬能的神出來拯救他們。而拯救的方法則為秦亡或始皇死。所以始皇末年社會上乃傳播秦亡或始皇死的圖讖。此蓋人心思亂，故乃假託神怪，以惑亂人心。

三十二年燕人盧生使入海還，以鬼神事，因奏錄圖書曰亡秦者胡也（史記卷六秦始皇本紀）。

三十六年有墜星下東郡，至地為石，黔首或刻其石曰始皇帝死而地分（同上）。

三十六年使者從關東夜過華陰平舒道，有人持璧遮使者曰，為吾遺滈池君，因言曰今年祖龍死。使者問其故，因忽不見，置其璧去。使者奉璧具以聞，……始皇使御府視璧，乃二十八年行渡江所沈璧也（同上）。

三十七年七月秦始皇果然死於沙丘了。這是多麼歡愉的消息。而繼統的二世又復庸懦，庸懦的人終日都在恐怖之中。他要避免恐怖，每欲示強，不願見弱於人，由是就做出種種不正當的行為。

二世與趙高謀曰，朕年少，初即位，黔首未集附。先帝巡行郡縣以示強，威服海內，今晏然不巡行，即見弱，毋以臣畜天下。春，二世東行郡縣……四月二世還至咸陽……復作阿房宮，外撫四夷，如始皇計（史記卷六秦始皇本紀二世元年）。

懦君很容易變成暴主，凡怕別人殺我，我必先殺別人，以殺止殺，造成恐怖的空氣，使人不敢反抗。怕一人，殺一人；怕萬人，殺萬人；怕天下，殺天下，這是懦君的策略，二世並不例外。最初所殺的是大臣與宗室。

二世乃陰與趙高謀曰，大臣不服，官吏尚強，及諸公子必與我爭，為之奈何……乃行誅大臣及諸公子（史記卷六秦始皇本紀二世元年）。

其次所殺的則為無辜的人民。

胡亥立為二世皇帝……法令誅罰，日益刻深，群臣人人自危，欲畔者眾……刑者相半於道，而死人日成積於市，殺人衆者為忠臣（史記卷八十七李斯傳）。

這樣，人民又失望了。前已引過尹文子之言：「老子曰民不畏死，如何以死懼之。凡民之不畏死，由刑罰過。刑罰過，則民不賴其生。生無所賴，視君之威末如也。刑罰中，則民畏死；畏死，由生之可樂也。知生之可樂，故可以死懼之，此人君之所宜執，臣下之所宜慎」（尹文子大道下）。二世不知此理，奇蹟已成泡影，只有革命方能脫離現世的苦痛。然而革命民衆須有相當的組織，而在秦代，有組織的民衆只唯戍卒。他們是罪犯，均有反秦之心，他們是兵士，受過軍事訓練，所以最初揭竿而起的，不是豪族，也不是平民，而是戍卒陳勝與吳廣。

二世元年七月戍卒陳勝等反故荊地（史記卷六秦始皇本紀）。

人類均有服從權威的習慣，社會秩序能夠維持，完全依靠於人類服從權威的習慣。革命是以破壞舊的社會秩序而建設新的社會秩序為目的。但是要破壞舊的社會秩序，須先推翻舊的權威。怎樣推翻，揭其陰私是一個方法，這樣，陳勝就宣傳二世少子，不當繼統了。拉攏名流也足以張大聲勢，這樣，陳勝又詐稱公子扶蘇與世世為楚將的項燕了。不過這個方法只能推翻舊的權威，要建立新的權威，在民智幼稚的時代，尚須利用神權，說明新權威的建立乃是出於天意。這樣，陳勝又利用罩魚狐鳴了。

陳勝者陽城人也，字涉。吳廣者陽夏人也，字叔。陳勝少時，嘗與人傭耕……二世元年七月發閭左適戍漁陽，九百人屯大澤鄉，陳勝吳廣皆次當行，為屯長。會天大雨，道不通，度已失期，失期法皆斬。陳勝吳廣乃謀曰今亡亦死，舉大計亦死，等死，死國可乎。陳勝曰天下苦秦久矣，吾聞二世少子也，不當立，當立者乃公子扶蘇。扶蘇以數諫，故上使外將兵，今或聞無罪，二世殺之，百姓多聞其賢，未知其死也。項燕為楚將，數有功，愛士卒，楚人憐之，或以為死，或以為亡，今誠以吾衆詐自稱公子扶蘇項燕，為天下唱，宜多應者。吳廣以為然，乃行卜。卜者知其指意，曰足下事皆成有功，然足下卜之鬼乎。陳勝吳廣喜，念鬼，曰此教我先威眾耳。乃丹書帛曰陳勝王，置人所罾魚腹中。卒買魚亨食，得魚腹中書，固以怪之矣。又間令吳廣之次近所旁叢祠中，夜篝火，狐鳴呼曰，大楚興，陳勝王，卒皆夜驚恐。旦日卒中往往語，皆指目陳勝……陳勝……乃詐稱公子扶蘇項燕，從民欲也（史記卷四十八陳涉世家）。

專制君主所恃以統治人民者乃是恐怖。由恐怖建立權威，用權威維持政權。陳勝發難之後，社會秩序動搖了，人民恐怖減少了，皇帝權威掃地了，於是天下雲集響應，各地人民均起來作倒秦運動。

山東郡縣少年苦秦吏，皆殺其守尉令丞反，以應陳涉，相立為侯王，合從西鄉，名為伐秦，不可勝數也（史記卷六秦始皇本紀二世元年）。

當此時，諸郡縣苦秦吏者，皆刑其長吏殺之，以應陳涉（史記卷四十八陳涉世家）。

此際最感覺痛快者當係儒生。司馬遷說：

陳涉之王也，而魯諸儒持孔子之禮器，往歸陳王，於是孔甲為陳王博士，卒與涉俱死。陳涉起匹夫，驅瓦合適戍，旬月以王楚，不滿半歲竟滅亡。其事至微賤，然而搢紳先生之徒負孔子禮器，往委質為臣者，何也？以秦焚其業，積怨而發憤於陳王也（史記卷一百二十一儒林傳）。

始皇二十六年兼併六國，三十七年死於沙丘，翌年陳勝起事於大澤，天下莫不響應。「家自為怒，人自為鬪，各報其怨，而攻其讎，縣殺其令丞，郡殺其守尉」（史記卷八十九陳餘傳）。計秦統一天下，不及一十五載，天下大亂，六國後裔無不乘機而起，自立為王。而平民之起事者亦用六國國號，或引兵隸屬於六國之下，於是中國的統一又暫時變為分裂。

秦末豪傑起事表

稱號	姓名	起事年月	史略
張楚王	陳勝	二世元年七月	二世元年七月發閭左適戍漁陽，九百人屯大澤鄉，陳勝吳廣皆次當行，為屯長。會天大雨，道不通，度已失期，失期法當斬。陳勝吳廣乃召令徒屬曰，公等遇雨，皆已失期，失期當斬，藉第令毋斬，而戍死者固十六七。且壯士不死則已，死即舉大名耳，王侯將相寧有種乎。徒屬皆曰敬受命，乃詐稱公子扶蘇項燕，從民欲也。袒右，稱大楚，行收兵，北至陳，乃入據陳。陳涉自立為王，號為張楚，以廣為假王，監諸將，以西擊滎陽，吳廣圍滎陽，弗能下。秦少府章邯免酈山徒人奴產子，悉發以擊楚大軍，盡敗之。將軍田臧等謀曰，我圍滎陽城，弗能下，秦軍至，必大敗，不如少遺兵，足以守滎陽，悉精兵迎秦軍，今假王驕，不知兵權，不可與計，非誅之，事恐敗，因相與矯王令，以誅吳廣，獻其首於陳王，自以精兵西迎秦軍於敖倉，與戰，田臧死，軍破。章邯進兵擊楚軍，盡破之。二世二年十二月陳王之汝陰，還至下城父，其御莊賈殺以降秦。陳勝雖已死，其所置遣侯王將相竟亡秦，由涉首事也。史記卷四十八陳涉世家。
武信君	項梁	二世元年九月	項籍者下相人也，字羽，其季父梁，梁父即楚將項燕。項氏世世為楚將，封於項，故姓項氏。秦二世元年七月陳勝等起大澤中，其九月項梁殺會稽守，遂舉吳中兵，使人收下縣，得精兵八千人。二世二年端月，廣陵人召平為陳王徇廣陵，未能下，聞陳王敗走，秦兵又且至，乃渡江矯陳王命，拜梁為楚王上柱國。曰江東已定，急引兵西擊秦，項梁乃以八千人渡江而西。六月項梁聞陳王已死，乃求楚懷王孫心民間，為人牧羊，立以為楚懷王，都盱台。項梁自號武信君，引兵攻亢父，大敗秦於東阿，遂追秦軍，至定陶。九月秦悉起兵益章邯，擊楚軍，大破之定陶，項梁死，懷王恐，從盱台之彭城。史記卷七項羽本紀。
沛公	劉邦	二世元年九月	高祖沛豐邑中陽里人，為泗水亭長。秦二世元年七月陳勝等起大澤中，

	楚王			趙王
	襄彊	景駒	楚懷王孫心	武臣
	二世元年八月	二世二年端月	二世二年六月	二世元年八月
九月沛父老率子弟共殺沛令，迎劉邦，立為沛公。二年四月沛公聞項梁在薛，從騎百餘往見之，項梁益沛公卒五千人。項梁死，章邯渡河，北擊趙，圍鉅鹿城，楚懷王乃以宋義為上將軍，項羽為次將，范增為末將，北救趙，令沛公西略地入關。與諸侯約，先入定關中者王之。沛公引兵西，三年八月襲攻武關破之，遂先諸侯至霸上，秦王子嬰降，沛公遂西入咸陽，與父老約法三章，餘悉除去秦法，諸吏人皆案堵如故。秦人大喜，唯恐沛公不為秦王。史記卷八高祖本紀。	陳勝初起時，令符離人葛嬰將兵徇蘄以東，八月葛嬰至東城，立襄彊為楚王。九月嬰聞陳勝已立為王，因殺襄彊，還報至陳，陳王誅殺葛嬰。史記卷四十八陳涉世家。	陳王初立時，廣陵人秦嘉將兵圍東海。二世二年端月秦嘉聞陳王軍破出走，乃立景駒為楚王，軍彭城東，欲距項梁。四月梁進兵擊秦嘉，並其軍，景駒走死梁地。史記卷七項羽本紀，卷四十八陳涉世家。	項梁既並秦嘉軍，引兵入薛，聞陳王已死，召諸將會薛計事。居鄛人范增往說項梁立楚之後。二世二年六月項梁求楚懷王孫心民間，為人牧羊，立以為楚懷王，都盱台。九月章邯破殺項梁於定陶，以為楚地兵不足憂，乃渡河擊趙，大破之，圍鉅鹿，懷王恐，徙都彭城，以宋義為上將軍，項羽為次將，范增為末將，救趙。二世三年十一月項羽殺宋義，自立為上將軍。十二月大破秦軍於鉅鹿。八月沛公攻破武關，十月西入咸陽。漢元年十二月項羽攻破函谷關，引兵西屠咸陽，殺秦王子嬰，乃尊懷王為義帝，分天下，立諸侯為侯王。漢之元年四月，諸侯各就國，項羽使人徙義帝長沙郴縣。漢二年十月項羽陰令衡山王臨江王擊殺義帝於江中。史記卷七項羽本紀。	二世元年七月陳勝起大澤中，自立為王，號張楚，以其所善陳人武臣為將軍，張耳陳餘為左右校尉，北略趙地。張耳者大梁人也，少時為魏公子無忌客。陳餘者亦大梁人也，好儒術，父事張耳，兩人相與為

			刎頸交。秦滅魏，聞此兩人魏之名士也，購求有得張耳千金，陳餘五百金。張耳陳餘乃變姓名，俱之陳，為里監門以自食。二世元年八月武臣至邯鄲，自立為趙王，以陳餘為大將軍，張耳為丞相，使韓廣略燕，李良略常山，張黶略上黨。二世二年十一月李良既定常山，趙王復使良略太原，道逢趙王姊，過之不禮，良怒，遣人殺王姊，將兵擊邯鄲，殺武臣，進兵擊陳餘，陳餘敗李良，李良走歸章邯。史記卷八十九張耳陳餘傳。
魏王	魏咎	二世元年九月	魏咎魏時封寧陵君。秦滅魏，為庶人，陳勝之王也，咎往從之。二世元年九月立為魏王，在陳，不得歸國。陳王使魏人周市徇魏地，魏地已下，欲立周市為魏王，市辭不受，迎魏咎於陳。二世二年十一月陳王乃遣咎歸國。章邯已破陳王，乃進兵擊魏王於臨濟，六月破殺周市，咎自燒死。史記卷九十魏豹傳。
齊王	田儋	二世元年九月	田儋者狄人也，故齊王田氏族也。儋從弟田榮，榮弟田橫，皆豪，宗強，能得人。二世元年九月陳王使周市略定魏地，北至狄，田儋殺狄令，自立為齊王，發兵以擊周市，周市軍還去，田儋因率兵東略定齊地。秦將章邯圍魏王咎於臨濟，魏王請救於齊，齊王田儋將兵救魏。二世二年六月章邯大破魏軍，殺田儋於臨濟下。儋弟田榮收儋餘兵，走東阿。七月齊人聞王田儋死，乃立故齊王建之弟田假為齊王。田榮之走東阿，章邯追圍之。八月項梁聞田榮之急，乃引兵擊破章邯軍東阿下，章邯走而西，項梁因追之。而田榮怒齊之立假，乃引兵歸，逐齊王假，立田儋子市為齊王，榮相之，田橫為將，平齊地。史記卷九十四田儋傳。
燕王	韓廣	二世元年九月	二世元年八月武臣自立為趙王，遣故上谷卒史韓廣將兵北徇燕地。燕故貴人豪傑謂韓廣曰，楚已立王，趙又已立王，燕雖小，亦萬乘之國也，願將軍立為燕王。九月韓廣乃自立為燕王。史記卷四十八陳涉世家。

韓王	韓公子成	二世二年六月	項梁之立楚懷王也，燕齊趙魏皆已前王，唯韓無有後，張良乃說項梁曰，君已立楚後，而韓諸公子橫陽君成賢，可立為王，益樹黨。項梁使人求韓成，立以為韓王。史記卷五十五留侯世家，卷九十三韓王信傳。

在群雄蠭起之時，二世的生活如何呢？常居禁中，公卿希得朝見，事皆決於趙高。

> 趙高說二世曰，先帝臨制天下久，故群臣不敢為非，進邪說。今陛下富於春秋，初即位，奈何與公卿廷決事，事即有誤，示群臣短也。天子稱朕，固不聞聲。於是二世常居禁中，與高決諸事。其後公卿希得朝見（史記卷六秦始皇本紀二世二年）❻。

最初，四方叛亂，不過人民苦於賦役而已。

> 右丞相去疾左丞相斯將軍馮劫進諫曰，關東群盜並起，秦發兵誅擊，所殺亡甚眾，然猶不止，盜多，皆以戍漕轉作事苦。賦稅大也，請且止阿房宮作者，減省四邊戍轉（史記卷六秦始皇本紀二世二年）。

而二世乃欲「肆意極欲」（史記卷六秦始皇本紀二世二年），而又厭聞寇盜之事。

> 謁者使東方來，以反者聞二世。二世怒，下吏。後使者至，上問，對曰群盜郡守尉方逐捕，今盡得，不足憂，上悅（史記卷六秦始皇本紀二世元年）。

於是叛亂蔓延，不可收拾。而秦在始皇時代，又已銷毀甲兵，示天下不復用，郡縣無備，天下遂以大亂。到了亂事擴大，秦欲下動員之令，已經晚了，只有解放囚犯，令其出征。

❻ 史記卷八十七李斯傳，趙高乃說二世曰云云，二世「乃不坐朝廷，見大臣，居禁中。趙高常侍中用事，事皆決於趙高」。

陳涉所遣周章等將西至戲，兵數十萬。二世大驚，與群臣謀曰奈何？少府章邯曰盜已至，眾強，今發近縣不及矣，酈山徒多，請赦之，授兵以擊之。二世乃大赦天下（史記卷六秦始皇本紀二世二年）。

亂事日熾，秦又發關中之卒以擊之。

盜賊益多，而關中卒發東擊盜者毋已（史記卷六秦始皇本紀二世二年）。

關中空虛，於是反秦軍隊遂定應敵之策，分兩路進軍，一路救趙，以掣關外秦軍，一路入關，以搗秦的根據地。

章邯已破項梁軍……乃渡河，北擊趙，大破之……圍鉅鹿城……楚懷王乃以宋義為上將軍，項羽為次將，范增為末將，北救趙；令沛公西略地入關（史記卷八高祖本紀）。

項羽救趙，大破秦軍於鉅鹿，消滅了秦的主力軍。

懷王召宋義……以為上將軍，項羽為……次將，范增為末將，救趙，諸別將皆屬宋義，號為卿子冠軍。行至安陽，留四十六日不進……項羽晨朝上將宋義，即其帳中斬宋義頭……懷王因使項羽為上將軍……項羽已殺卿子冠軍，威震楚國，名聞諸侯，乃遣當陽君蒲將軍將卒二萬渡河，救鉅鹿，戰少利。陳餘復請兵，項羽乃悉引兵渡河，皆沈船，破釜甑，燒廬舍，持三日糧，以示士卒必死，無一還心。於是至則圍王離，與秦軍遇，九戰，絕其甬道，大破之，殺蘇角，虜王離，涉間不降楚，自燒殺。當是時楚兵冠諸侯，諸侯軍救鉅鹿下者十餘壁，莫敢縱兵。及楚擊秦，諸將皆從壁上觀。楚戰士無不一以當十，楚兵呼聲動天，諸侯軍無不人人惴恐，於是已破秦軍，項羽召見諸侯將，諸侯將入轅門，無不膝行而前，莫敢仰視。項羽由是始為諸侯上將軍，諸侯皆屬焉（史記卷七項羽本紀）❼。

❼ 據史記卷六秦始皇本紀二世三年，「章邯等將其卒圍鉅鹿，楚上將軍項羽將楚卒往救鉅鹿。章邯等戰

而守關的軍隊，紀律又甚廢弛，劉邦遂得入關，於是秦祚因之而亡。

沛公乃用張良計，使酈生陸賈說秦將，啗以利，因襲攻武關破之（史記卷八高祖本紀）。

沛公將數萬人已屠武關……趙高恐二世怒，誅及其身，乃……誅二世……立二世之兄子公子嬰為秦王……子嬰遂刺殺高……子嬰為秦王四十六日，楚將沛公破秦軍，入武關，遂至霸上，使人約子嬰降。子嬰即係頸以組，白馬素車，奉天子璽符，降軹道旁，沛公遂入咸陽，封宮室府庫，還軍霸上。居月餘，諸侯兵至，項籍為從長，殺子嬰及秦諸公子宗族，遂屠咸陽，燒其宮室，虜其子女，收其珍寶貨財，諸侯共分之……秦竟滅矣（史記卷六秦始皇本紀二世三年）。

數卻，二世使人讓邯，邯恐，使長史欣（司馬欣）請事，趙高弗見，又弗信。欣恐，亡去。高使人捕追，不及。欣見邯曰趙高用事於中，將軍有功亦誅，無功亦誅，項羽急擊秦軍，虜王離，邯等遂以兵降諸侯。

第四節

秦的政治制度

第一項　中央官制

周之官制，內而中央，外而地方，均採世官之制，而以貴族任之。這些貴族或為外戚，或為宗室，除國內發生政變之外，他們不會失掉政權。秦先排除宗室的勢力，商鞅設軍功之法，「宗室非有軍功，論不得為屬籍」（史記卷六十八商君傳）；次又排除外戚的勢力，范睢為相，「廢穰侯（外戚），逐華陽（宗室），強公室，杜私門」（史記卷八十七李斯傳），而使人主「內固其威，而外重其權」（史記卷七十九范睢傳）。自是而後，國家權力遂集中於君主，而如范睢所說：

> 夫擅國之謂王，能利害之謂王，制殺生之威之謂王（史記卷七十九范睢傳）。

到了始皇統一天下，定都咸陽，遂於這個觀念之下，「建皇帝之號，立百官之職」（漢書卷十九上百官公卿表）。中央用官僚以代替貴族，地方用郡縣以代替封建。

現在先從皇帝說起。秦以前，元首或稱皇，或稱帝，或稱王。周天子稱王，諸侯僭號亦稱王。戰國時代諸侯已不滿意王號，周赧王二十七年，秦昭王稱西帝，齊湣王稱東帝（史記卷十五六國表），月餘齊秦各復歸帝為王（史記卷五秦本紀，卷四十六田敬仲完世家）。始皇統一天下，亦以王號不能表示天子之尊，乃建皇帝之號，合皇與帝而為一。

二十六年秦初並天下。令丞相御史曰，寡人以眇眇之身，興兵誅暴亂，賴宗廟之靈，六王咸伏其辜，天下大定，今名號不更，無以稱成功，傳後世，其議帝號。丞相綰（王綰）御史大夫劫（馮劫）廷尉斯（李斯）等皆曰，昔者五帝地方千里，其外侯服夷服，諸侯或朝或否，天子不能制。今陛下興義兵，誅殘賊，平定天下，海內為郡縣，法令由一統，自上古以來未嘗有，五帝所不及。臣等謹與博士議曰，古有天皇，有地皇，有泰皇，泰皇最貴，臣等昧死上尊號，王為泰皇，命為制，令為詔，天子自稱曰朕。王曰去泰著皇，采上古位號，號曰皇帝，他如議。制曰可（史記卷六秦始皇本紀）。

這個皇帝稱號有三種意義，一是至尊之意，蔡邕說：「皇帝至尊之稱」（獨斷上）。至尊就是最高，既云最高，一國之內宜只有一位皇帝。用現代話來說，皇帝乃是最高主權者，所謂「天無二日，土無二王」（史記卷八高祖本紀六年），就是表示這個意義，這是國家統一的基礎觀念。二是集權之意，皇帝既是最高主權者，皇帝自有決定一切國務的權，范雎說：「善治國者乃內固其威，而外重其權」（史記卷七十九范雎傳）。李斯亦說：「主獨制於天下而無所制也」（史記卷八十七李斯傳）。這就是中國二千年來專制政治的基礎觀念。三是盛德之慈，蔡邕說：「皇者煌也，盛德煌煌，無所不照。帝者諦也，能行天道，事天審諦，故稱皇帝」（獨斷上）。天道溫慈惠和，皇帝「父天母地」（獨斷上），理應體天之德，愛其子民，不然，天命不祐，皇帝將失其位，這就是後世仁政的基礎觀念。自秦始皇改稱皇帝之後，二千年來，不問統一或偏安，人主必稱為皇帝。只唯南北朝時代，周孝閔帝奪取西魏的帝位之時，改稱天王（周書卷三孝閔帝紀）。但是明帝繼統之後，又於武成元年八月改天王稱皇帝（周書卷四明帝紀）。除此之外，歷代君主未有不稱皇帝的。

一切權力集中於皇帝，皇帝不能以一人之力治理萬機，於是又建百官之職。秦之官制，其詳已不可考，漢襲秦制，漢官而為秦官，舉其要者可列表如次。

秦中央官制表❽

官名	職業	重要的屬官
相國 丞相	掌丞天子，助理萬機	通典（卷二十一侍中）云：侍中本丞相史也，使五人，往來殿內東廂奏事，故謂之侍中。
太尉	掌武事	
御史大夫	掌副丞相	晉書（卷二十四）職官志云，「御史中丞本秦官也」，通典（卷二十四侍御史）云：「侍御史於周為柱下史，老聃嘗為之。秦時張倉為御史，主柱下方書，亦其任也」。即秦於御史大夫之下，亦置御史中丞及侍御史。漢書（卷十九上）百官公卿表云：「監御史秦官，掌監郡」。通典（卷二十四監察侍御史）則謂「初秦以御史監理諸郡，謂之監察史」。
前後左右將軍	皆掌兵及四夷	
奉常	掌宗廟禮儀	博士掌通古今，員多至數十人。
郎中令	掌宮殿掖門戶	唐六典（卷八諫議大夫）云：秦諫大夫屬郎中令，無常員，多至數十人，掌論議。秦亦有郎。史記卷八十七李斯傳，李斯為呂不韋舍人，不韋賢之，任以為郎，是其例也。漢制，郎掌守門戶，出充車騎，無常員，多至千人，而屬於光祿勳，即郎中令。秦制大約亦然。
衛尉	掌宮門衛屯兵	
太僕	掌輿馬	

❽ 本表除已註明出處外，均根據漢書卷十九上百官公卿表。

廷尉	掌刑辟	
典客	掌諸歸義蠻夷	
宗正	掌親屬	
治粟內史	掌穀貨	
少府	掌山海池澤之稅，以給共養	通典（卷二十二尚書省）云：「秦少府遣吏四人，在殿中主發書，謂之尚書，尚主也」。
中尉	掌徼循京師	
將作少府	掌治宮室	
典屬國	掌蠻夷降者	
主爵中尉	掌列侯	

吾國中央官制，秦漢以後，無時不在變化之中，而其變化的特質則為天子的近臣（漢時稱之為內朝官或中朝官）轉變為國家的大臣（漢時稱之為外朝官）。天子畏帝權傍落，懼大臣竊命，欲收其權為己有，常用近臣以壓制大臣。歷時既久，近臣便奪取了大臣的職權，因之人臣乃退處於備員的地位，而近臣卻漸次變為大臣。近臣一旦演變為大臣，天子又欲剝奪其權，而更信任其他近臣。這樣，由近臣而大臣，演變不已，而吾國中央官制遂日益複雜起來。

周制，天子六卿，諸侯三卿，皆以貴族任之。除國內發生政變之外，貴族可以安流平進，坐至公卿。固然公羊傳說，「世卿非禮也」（隱公三年及宣公十年），然宋的魚氏乃世為左師以聽政（左傳僖公九年），齊的國高亦世為上卿（左傳僖公十二年杜預注）。此外如魯的三桓、晉的六卿、鄭的七穆，無不世襲其官。他們不屑竭智盡力，以邀恩寵，而又專利害，制殺生，而擅國權。春秋時代人主為了抵抗貴族，已經信任寒人，寄以腹心之任。但是門第之見尚存，寒人不能一躍而登公卿之位，因之人主只能任用他們為侍衛左右的近臣，管理機要，參斷帷幄。積時既久，國家權力便漸次歸於他們之手，而近臣就代替公卿的地位。秦制，中央職官最高者有丞相太尉及御史大夫，三者最初都是人主的近臣。

就丞相說，相乃諸侯朝聘會盟之時輔導行禮的官。左傳定公十年，公會齊侯於夾谷，孔丘相。杜預注云：「相會儀也」。即如章太炎所說：「相者賓贊之官，故在人主左右」（檢論七官統上）。春秋時代朝聘會盟甚為重要，禮儀周到可以促進兩國的親善。「齊國莊子來聘，自郊勞至贈賄，禮成而加之以敏。臧文仲言於公曰，國子為政，齊猶有禮，君其朝焉。臣聞之，服於有禮，社稷之衛也」（左傳僖公三十三年）。反之，禮儀錯誤，又常引起糾紛，甚且化玉帛為干戈。「邾文公之卒也，公使弔焉，不敬，邾人來討，伐我南鄙」（左傳文公十四年）。而朝聘之時，雙方往往賦詩以言志，此際若不明詩之意義，便無從作答。晉公子重耳（文公）返國，由楚之秦，秦穆公享之。「子犯曰吾不如衰（趙衰）之文也，請使衰從。公子賦河水，公賦六月。趙衰曰重耳拜賜，公子降拜稽首，公降一級而辭焉。衰曰君稱所以佐天子者命重耳，重耳敢不拜」（左傳僖公二十三年）。更不知何者可以接受，何者應該拒絕。穆叔如晉，報知武子之聘也。晉侯享之，金奏肆夏之三，不拜；工歌文王之三，又不拜；歌鹿鳴之三，三拜。韓獻子使行人子員問之，對曰三夏天子所以享元侯也，使臣弗敢與聞。文王兩君相見之樂也，臣不敢及。鹿鳴君所以享寡君也，敢不拜嘉。四牡君所以勞使臣也，敢不重拜。皇皇者華，臣獲五善，敢不重拜」（左傳襄公四年）。而會盟之時，言辭尤為重要。鄭子產就是以善於辭令而見稱於列國的。叔向曾說：「辭之不可以已也如是夫，子產有辭，諸侯賴之，若之何其釋辭也」（左傳襄公三十一年）。晉會諸侯於平丘，「子產子大叔相鄭伯以會，及盟，子產爭承，曰鄭伯男也，而使從公侯之貢，懼弗給也，敢以為請。自日中以爭，至於昏，晉人許之。既盟，子大叔咎之曰，諸侯若討，其可瀆乎。子產曰晉政多門，貳偷之不暇，何暇討。國不競亦陵，何國之為」（左傳昭公十三年）。是則言辭之外，尚須知道列國的國情，而後才敢堅決提出自己的主張。所以當時國君常以習禮儀、善辭令、長交際、有學識的人為相。而相既在人主左右，輔導行禮，故凡遇有重大問題發生之時，人主不免與其商量，令其貢獻意見。這樣，相就由輔導行禮之官，參知政事，漸變而總理國政了。然其地位尚非百官之長。齊桓公以管仲為相，管仲固然總理齊之國政，而其官品只是下卿，齊之上卿仍是國高二氏。「齊侯使管仲平戎於王，使隰朋平戎於晉，王以上卿之禮享管仲。管仲辭曰臣賤有司也，有天子之二守國高在。管仲受下卿之禮而還」。杜預注云：「國子高子皆上卿也」（左傳僖公十二年）。固然春秋時代總百揆者多稱為相，其實乃如顧炎武所說：「三代之時，言相者皆非官名。原注云，荀子言孫叔敖相楚，傳止言為令尹。淮南子言子產為鄭國相，傳止言執政。惟襄公二十五年崔杼立景公而相之，慶封為左相，則似真以相名官者」（日知錄卷二十四相，參閱左傳襄公二十五年）。唯自慶封誅崔氏而當國（左傳襄公二十七年），高鮑之徒又攻逐慶封（左傳襄公二十八年）之後，又恢復舊制。所以景公疾，欲立少子荼為太子，仍授命於國惠子與高昭子（左傳哀公五年），即齊之上卿在春秋末期還是國高二氏。到了戰國，君權日益增大，貴族日益沒落，人主常任用士人，以抑制貴族，於是相之地位漸次提高，不但實質上，而且名義上均是一國最高行政長官。其正式以丞相名官者，似以秦為首。「武王二年初置丞相，摴里疾甘茂為左右丞相」（史記卷五秦本紀）。此外，趙魏似亦有丞相之官。趙策（戰國策卷二十趙策三），「建信君曰文信侯（呂不韋）之於僕也，甚無禮。僕官之丞相（使為丞相官屬），爵五大夫，文信侯之於僕也，甚矣其無禮也」。魏策（戰國策卷二十三魏策二），蘇代曰「莫如太子之自相。是三人（張儀、薛公、犀首）皆以太子為非固相也，皆將務以其國事魏，而欲丞相之璽」。由此可知丞相之制固然創始於秦，而在戰國時代，置丞相的又不以秦為限。

就太尉說，何謂尉？應劭說：「自上安下為尉，武官悉以為稱」（漢書卷十九上百官公卿表注）。周制「王六軍，大國三軍，次國二軍，小國一軍，軍將皆命卿」（周禮卷二十八夏官司馬）。古代軍事與政事沒有截然劃分。天子寄軍政於六卿，諸侯亦然。那個時候貴族平時為卿而主政，戰時為將而主軍。晉國之例甚為顯明。晉文公蒐於被廬，而作三軍；郤縠將中軍，郤溱佐之；狐毛將上軍，狐偃佐之；欒枝將下軍，先軫佐之（左傳僖公二十七年），「晉以中軍為尊」（左傳僖公二十七年孔穎達疏），而將中軍者則為正卿而主政，例如晉蒐於董之時，趙盾將中軍，傳云「宣子（宣趙盾諡）於是乎始為國政」（左傳文公六年）。郤缺言於趙宣子曰，「子為正卿，以主諸侯，而不務德，將若之何」（左傳文公七年）。此皆可以證明在晉國，凡將中軍的，平時皆主政而為正卿。齊之上卿為國高二氏，吳伐齊，戰於艾陵，齊國書將中軍，高無平將上軍，宗樓將下軍（左傳哀公十一年），也是以卿為將。他們出身於貴族，養尊處優，社會幼稚，固然能夠居則主政，出則主軍。社會進步，他們便不能應付複雜的戰術。莊公時代，魯與齊戰於長勺，曹劌曾說：「肉食者鄙，未能遠謀」，莊公用曹劌之計，卒敗齊師（左傳莊公十年）。到了戰國，車戰又進步為馬隊與步兵之戰，於是貴族在軍事上更被淘汰，代之出來領率軍隊的則為平民出身的武官，如孫武吳起等是。他們最初不過人主的軍事參謀，居則侍衛左右，出則從征作戰。當時武官均稱為尉，一方人主要抑制貴族，他方貴族又耽於享樂，不能為國干城，於是討伐征戰之事遂委託於尉，而尉就由侍從的武官變為國家的軍官，其地位最高的稱為國尉，至漢改稱為太尉。王先謙說：

> 始皇紀，十年以尉繚為秦國尉。正義，若漢太尉之比，然則大尉秦稱國尉歟。白起傳，起為國尉（漢書卷十九上百官公卿表補注）。

就御史大夫說，御史掌記事文書。趙王與秦王會於澠池，藺相如從，「秦王飲酒酣曰，寡人竊聞趙王好音，請奏瑟，趙王鼓瑟，奏御史前書日某年月日秦王與趙王會飲，令趙王鼓瑟。藺相如前曰，趙王竊聞秦王善為秦聲，請奉盆缻秦王，以相娛樂。秦王怒，不許，相如曰五步之內，相如請得以頸血濺大王矣。於是秦王不懌，為一擊缻。相如顧召趙御史書曰某年月日秦王為趙王擊缻」（史記卷八十一藺相如傳）。由這故事，可知御史乃記事之官，而又侍從人主左右，所以兩君相會，均得臨時各命御史書其事。御史既掌記事，而有似於史官，孔子曰「董狐古之良史也，書法不隱」（左傳宣公二年）。書法不隱，可使亂臣賊子懼，而有肅正綱紀之效。所以淳于髡雖然能飲一石，而御史在前，則「恐懼俯伏，而飲不過一斗徑醉矣」（史記卷一百二十六淳于髡傳）。御史既在人主左右，記載百官言動，由其書法，而致監察之意，於是人主遂寄以耳目之任，令其監察內官。「張丞相蒼者，秦時為御史，主柱下方書」，索隱云：「方書者方板，謂小事書於板也。或曰主四方文書也。姚氏以為下云明習天下圖書計籍，主郡上計，則方書為四方文書者是也」（史記卷九十六張丞相傳）。御史既主四方文書，自能知道四方政情，因之人主又令其監察外官。御史既為人主的耳目，監察內外群官，遂漸次變為彈擊官邪的司憲之官。至秦，置大夫以為御史之率。始皇稱帝以前，已有御史大夫馮劫（史記卷六秦始皇本紀二十六年）。到了秦併天下，釐定官制，御史大夫遂與丞相太尉成為中央最高職官。

據漢書（卷十九上）百官公卿表所載。

> 相國丞相皆秦官，金印紫綬，掌丞天子，助理萬機。秦有左右。
>
> 太尉秦官，金印紫綬，掌武事。
>
> 御史大夫秦官，位上卿，銀印青綬，掌副丞相。

世人多謂丞相掌政事，太尉掌軍事，御史大夫掌監察，即採用三權分立之制。固然分權制度可以實行於民主國，也可以實行於專制國。民主國的分權乃預防政府的專制，而保護人民的自由；專制國的分權則預防大臣的跋扈，而維護君主的權威。但是吾國古代分權乃與今日分權不同，今日分權是將同一事項的管轄權分為數種：例如租稅，制定租稅法者為立法機關；徵收租稅者為行政機關；而審判有關租稅事項之案件者則為司法機關。反之，吾國古代的分權不是權力的分立，而是事項的分配，猶如今日行政權分為內政外交財務國防等等。何況吾人讀史記一書，太尉之官似不常設，秦昭王時，白起為國尉，正義，「言太尉」（史記卷七十三白起傳）。始皇十年以尉繚為秦國尉，正義，「若漢太尉之比」（史記卷六秦始皇本紀）。除此兩人之外，國尉之官固未嘗見。始皇「盡并天下，王氏蒙氏功為大」（史記卷七十三王翦傳），而王氏父子（王翦王賁）蒙氏祖孫（蒙驁蒙恬）均未曾做過國尉。始皇統一天下之後，更未見國尉之官，是則國尉是否常設，頗有問題。至於御史大夫，漢書百官公卿表既云「掌副丞相」，而國家大事例如議帝號之類，御史大夫又得與議（參閱史記卷六秦始皇本紀二十六年），則御史大夫固不能視為純粹的監察官，縱有糾舉非法之權，亦不過掌副丞相，彈擊官邪，而維持官紀而已。準此而觀，丞相一職固是助理萬機。李斯說：

> 臣為丞相，治民三十餘年矣。逮秦地之狹隘，先王之時，秦地不過千里，兵數十萬。臣盡薄材，謹奉法令，陰行謀臣，資之金玉，使游說諸侯。陰修甲兵，飾政教，官鬬士，尊功臣，盛其爵祿。故終以脅韓、弱魏、破燕趙、夷齊楚，卒兼六國，虜其王，立秦為天子，罪一矣。地非不廣，又北逐胡貉，南定百越，以見秦之強，罪二矣。尊大臣，盛其爵位，以固其親，罪三矣。立社稷，修宗廟，以明主之賢，罪四矣。更剋畫平斗斛度量文章，布之天下，以樹秦之名，罪五矣。治馳道，興游觀，以見主之得意，罪六矣。緩刑罰，薄賦斂，以遂主得眾之心，萬民戴主，死而不忘，罪七矣（史記卷八十七李斯傳）。

李斯此言固然是自吹其功，其為丞相並沒有三十年之久。大約他在未為丞相以前，最初以客卿資格，其次以九卿（廷尉）資格，說服丞相而決定政策。然而吾人由此亦可推測萬般政策固由丞相決定。

這種制度乃出於法家思想。商鞅說：「故聖人明君者非能盡萬物也，知萬物之要也。故其治國也，察要而已矣」（商君書第三篇農戰）。李斯之師荀況之言更為明顯，他說：「主好要則百事詳，主好詳則百事荒。君者論一相……相者論列百官之長，要百事之聽，以飾朝廷臣下百吏之分，度其功勞，論其慶賞，歲終，奉其成功，以效於君，當則可，不當則廢。故君人勞於人，而休於使之」（荀子第十一篇王霸）。荀況之門人韓非，即李斯之同學，亦說：「明君之道，使智者盡其慮，而君因以斷事，故君不窮於智。賢者敕其材，君因而任之，故君不窮於能」。「人主之道，靜退以為寶，不自操事，而知拙與巧，不自計慮，而知福與咎……故群臣陳其言，君以其言授其事，事以責其功。功當其事，事當其言，則賞。功不當其事，事不當其言，則誅」（韓非子第五篇主道）。復說：「下君盡己之能，中君盡人之力，上君盡人之智」（韓非子第四十八篇八經）。盡己之能者自己操事，盡人之力者自己計慮，盡人之智者不自操事，不自計慮，即不表示自己的才智。這就是慎子所說：「君臣之道，臣事事而君無事，君逸樂而臣任勞。臣盡智力以善其事，而君無與焉，仰成而已。故事無不治」（慎子民雜篇）。但丞相是否有此大權，乃以天子之性格為標準，孝公時代的商鞅已經是言無不從，計無不聽了。昭王時代的范雎，二世時代的趙高固有很大的權限。

范雎既相秦，天下之事皆決於相君（史記卷七十九范雎傳）。

李斯已死，二世拜趙高為中丞相，事無大小，輒決於高（史記卷八十七李斯傳）。

始皇時代事事均由皇帝決定，丞相只受成事。

侯生盧生相與謀曰，始皇為人天性剛戾自用……丞相諸大臣皆受成事，倚辦於上（史記卷六秦始皇本紀三十五年）。

事實固然如斯，而在法律上，丞相固是佐天子、理萬機之官。因之，天子昏庸，難免太阿倒持，而發生權臣專擅之事，二世時代的趙高就是其例。所以秦初置丞相之時，乃設左右二相，使其互相牽制。

> 秦武王二年初置丞相，以摢里疾甘茂為左右丞相（史記卷五秦本紀）。

此後左右丞相見於史上者只在始皇兼併六國之後，最初是隗狀王綰（史記卷六秦始皇本紀二十八年），其次是李斯馮去疾（史記卷六秦始皇本紀三十七年）。秦以左為尊，所以左丞相乃位在右丞相之上。其只置一相者，有時尚有尊崇宰臣起見，特稱丞相為相國，其見於歷史者有魏冉（史記卷七十二穰侯傳）范睢（史記卷七十九范睢傳）呂不韋（史記卷八十五呂不韋傳）三人。呂不韋之例最可證明相國乃比丞相為尊。

> 莊襄王元年以呂不韋為丞相……莊襄王即位三年薨。太子政立為王，尊呂不韋為相國（史記卷八十五呂不韋傳）。

然所尊者不過名號而已。至於權限，相國與丞相並無軒輊。丞相若以宦者任之，則稱為中丞相。秦漢兩代閹人稱為中人，故凡某種職官任用宦者之時，多於該官名之上加一「中」字。「李斯已死，二世拜趙高為中丞相，事無大小，輒決於高」（史記卷八十七李斯傳），即其例也。

丞相總百揆，而分治天下之事者則為群卿，如奉常、郎中令等是。呂氏春秋（卷十九離俗覽之八舉難）說：「相也者百官之長也」。因為丞相為百官之長，不以一職為官名，所以不貴察察為明。呂氏春秋說「夫相大官也，處大官者不欲小察，不欲小慧」（卷一孟春紀之四貴公）。他只可「總綱紀」，使「卿大夫各得任其職」（漢書卷四十王陵傳）。但是丞相雖總紀綱，而秦尚有博採眾議之事。國家大事常令群臣討論，始皇二十六年丞相王綰等請立諸子為王，三十四年博士淳于越又以為請，始皇均下其議於群臣，此際除公卿外，常令博士參加。「博士秦官，掌通古今」（漢書卷十九上百官公卿表）。始皇時代博士有七十人之多（史記卷六秦始皇本紀三十四年）。秦初併天下，令丞相御史議帝號，他們討論之後，丞相綰御史大夫刼廷尉斯等上奏始皇，必謂「臣等謹與博士議曰云云」（史記卷六秦始皇本紀二十六年）。陳勝起山東，使者以聞，二世亦召博士諸儒生議其如何（史記卷九十九叔孫通傳）。唯在專制時代，凡事合於天子之意者，縱令多數人反對，亦常為天子所採納，即最後決定權屬於天子，不是屬於會議。

第二項　地方官制

秦的地方官制在吾國歷史上不失為一個偉大的改革。周代封建諸侯，以作屏藩。秦既兼併天下，就廢諸侯，置郡縣，以加強國家的統一。

秦並兼四海，以為周制微弱，終為諸侯所喪，故不立尺土之封，分天下為郡縣（漢書卷二十八上一地理志）。

其實，郡縣制度乃開始於春秋時代，其來源可分兩種：一是滅別國以為縣，如楚子伐陳，遂入陳，因縣陳（左傳宣公十一年）。二是分采邑以為縣，如晉分祁氏田為七縣，羊舌氏田為三縣（左傳昭公二十八年），即其目的均在於破壞封土制度，而謀建設中央集權的國家。但是春秋時代縣大而郡小，故趙簡子說「克敵者，上大夫受縣，下大夫受郡」（左傳哀公二年）。戰國時代郡大而縣小，故甘茂說：「宜陽大縣也，名曰縣，其實郡也」（史記卷七十一甘茂傳）。由此可知郡縣之制不是創始於始皇，更不是始皇兼併六國之後，一舉而將封建改造為郡縣。顧炎武說：

漢書地理志言，秦並兼四海，以為周制微弱，終為諸侯所喪，故不立尺土之封，分天下為郡縣，盪滅前聖之苗裔，靡有孑遺。後之文人祖述其說，以為廢封建，立郡縣，皆始皇之所為也。以余觀之殆不然。左傳僖公三十三年，晉襄公以再命，命先茅之縣賞胥臣。宣公十一年楚子縣陳。十二年鄭伯逆楚子之辭曰使改事君，夷於九縣。十五年晉侯賞士伯以瓜衍之縣。成公六年韓獻子曰，成師以出，而敗楚之二縣。襄公二十六年蔡聲子曰，晉人將與之縣，以比叔向。三十年絳縣人或年長矣。昭公三年二宣子曰，晉之別縣不惟州。五年薳啟疆曰韓賦七邑，皆成縣也。又曰因其十家九縣，其餘四十縣。十年叔向曰陳人聽命而遂縣之。二十八年晉分祁氏之田以為七縣，分羊舌氏之田以為三縣。哀公十七年子穀曰彭仲爽申俘也，文王以為令尹，實縣申息。晏子春秋，昔我先君桓公予管仲狐與穀，其縣十七。說苑，景公令吏致千家之縣一於晏子。戰國策，智過言於智伯曰，破趙則封二子者各萬家之縣一。史記秦本紀，武公十年伐邽冀戎，初縣之。十一年初縣杜鄭。吳世家，王餘祭三年予慶封朱方之縣，則當春秋之世，滅人之國者固已為縣矣。史記，吳王發九郡兵伐齊，范蜎對楚王曰，楚南塞厲門而郡江東。甘茂對秦王曰，宜陽大縣，名曰縣，其實郡也。春申君言於楚王曰，淮北地邊齊，其事急，請以為郡便。匈奴傳言，趙武靈王置雲中雁門代郡，燕置上谷漁陽右北平遼西遼東郡以拒胡。又言魏有河西上郡，以與戎界邊，則當七國之世，而固已有郡矣。吳起為西河守，馮亭為上黨守，李伯為代郡守，西門豹為鄴令，荀況為蘭陵令，城渾說楚新城令，衛有蒲守，韓有南陽假守，魏有安邑令。蘇代曰請以三萬戶之都封太守，千戶封縣令。而齊威王朝諸縣令長七十二人，則六國之未入於秦，而固已先為守令長矣。故史言樂毅下齊七十餘城，皆為郡縣。而齊湣王遺楚懷王書曰，四國爭事秦，則楚為郡縣矣。張儀說燕昭王曰，今時趙之於秦猶郡縣也。安得謂至始皇而始罷侯置守邪。傳稱禹會諸侯，執玉帛者萬國，至周武王，僅千八百國。春秋時見於經傳者百四十餘國，又並而為十二諸侯，又並而為七國。此固其勢之所必至，秦雖欲復古之制，一一而封之，亦有所不能，而謂罷侯置守之始於秦，則儒生不通古今之見也（日知錄卷二十二郡縣）。

然據趙翼研究，郡縣之制固然不是由秦始皇創始，而卻是由秦創始。他說：

> 史記，秦武公十年伐邽冀戎，初縣之，十一年初縣杜鄭。按秦武公十年乃周莊王九年魯莊公六年……則列國之置縣莫先於此……惟國語管仲對齊桓有十鄉為縣之說，齊桓與秦武同時，則齊與秦之置縣，未知孰先孰後。然考之管子書，但有軌里連鄉邑率之類，無所謂縣者，則國語所云十鄉為縣之說，或後人追記之訛，而齊桓時尚無縣制，則置縣之自秦武始，更不待辯也。國語，晉惠公許賂秦穆以河外列城五，曰君實有郡縣，其時列國俱未有此名，而秦先有之，尤為明證。自後列國之有縣，蓋皆因秦制而仿之。秦楚相近，故楚之設縣亦最早。莊王伐鄭，鄭伯肉袒牽羊以迎，有夷於九縣之語。又莊王滅陳，殺夏徵舒，因縣陳，則秦武公置縣後，不久楚亦設縣也。秦晉相近，故晉之設縣亦較先，如分祁氏羊舌氏之田為縣是也。然皆在秦武後，則不得謂設縣不自秦始也。惟設郡之始，秦不經見，惠文君十三年秦取漢中地，始置漢中郡，而惠文十年魏已納上郡，是魏有郡在前，秦有郡在後。故吳師道謂或者山東諸侯先變古制，而秦效之。然據晉惠公所云君自有郡縣之語，在魯僖九年，則有郡亦莫先於秦，不得謂設郡不自秦始也（陔餘叢考卷十六郡縣）。

戰國時代雖有郡縣之制，同時又保有封建制度。其廢除封建，而將全國改造為郡縣，乃開始於商鞅。當時秦在關中，領土不大，無庸採用二級制度，所以商鞅置縣而不設郡。到了始皇兼併天下，又從李斯之言，分天下為三十六郡。

> 二十六年秦初並天下……丞相綰等言，諸侯初破，燕齊荊地遠，不為置王，毋以填之，請立諸子，唯上幸許。始皇下其議於群臣，群臣皆以為便。廷尉李斯議曰，周文武所封子弟同姓甚眾，然後屬疏遠，相攻擊如仇讎，諸侯更相誅伐，周天子弗能禁止。今海內賴陛下神靈，一統皆為郡縣，諸子功臣以公賦稅重賞賜之，甚足易制，天下無異意，則安寧之術也，置諸侯不便。始皇曰天下共苦戰鬬不

休，以有侯王，賴宗廟，天下初定，又復立國，是樹兵也，而求其寧息，豈不難哉，廷尉議是。分天下以為三十六郡（史記卷六秦始皇本紀）。

次平百越，復置四郡。

> 始皇初並天下，懲戈戰國，削罷諸侯，分天下為三十六郡，於是興師踰江，平取百越，又置閩中南海桂林象郡，凡四十郡（晉書卷十四地理志）。

郡均隸之以縣，即採郡縣二級制度。郡置守尉監。

> 二十六年，秦初並天下……分天下以為三十六郡，郡置守尉監（史記卷六秦始皇本紀）。

即如王鳴盛所說，每郡置一監一守一尉。

> 秦變封建為郡縣，恐其權重，故每郡但置一監一守一尉，此上別無統治之者（漢書卷十九上百官公卿表補注）。

京師之地不置守，而置內史以治之。

> 內史周官，秦因之，掌治京師（漢書卷十九上百官公卿表）。

所謂京師不是單指咸陽，漢分內史之地為三輔，可知幅員甚大。秦始皇帝十七年內史騰攻韓滅之（史記卷六秦始皇本紀）。六國之中，韓最先亡，是則秦置內史，乃在兼併六國以前。內史之地有否尉監，史無明文。漢三輔皆有都尉（參閱漢書卷十九上百官公卿表主爵中尉補注引錢大昭曰），而在設置刺史以前，惠帝三年遣御史出監，最初是監三輔（見漢官解詁）。以此推之，內史之地大率也同各郡一樣，置有尉監。

守尉監之職掌為何？漢書（卷十九上）百官公卿表云：

> 監御史秦官，掌監郡。

郡守秦官，掌治其郡，秩二千石。有丞……秩六百石。

郡尉秦官，掌佐守，典武職甲卒，秩比二千石，有丞，秩亦六百石。

關於郡之官制應討論者有二，一是守與尉之關係如何？馬端臨說：

按自秦置三十六郡，而郡官有守有尉有丞。然考之西漢百官表，稱郡守掌治郡，秩二千石，有丞，秩六百石。郡尉掌佐守典武職，秩比二千石，有丞，秩亦六百石，是守尉皆二千石，而俱有丞以佐之。尉之尊蓋與守等，非丞掾以下可擬也（文獻通考卷六十三郡尉）。

守二千石，尉比二千石，就官秩說，尉固降守一級，不宜視為「尉之尊蓋與守等」。尉之尊果與守等，則守尉應該各得獨立行使職權。換言之，守治民，尉主兵，秦之制度應是軍民分治。然而漢書既云：「郡尉……掌佐守」，則郡尉主兵，不過輔佐郡守管理兵事而已。何況秦既每郡均置守尉，倘若軍民分治，則郡守不宜有將兵之事。而據歷史所載，不但守可將兵，而監在必要時亦得將兵。例如：

沛公還守豐……秦泗川監平（文穎曰秦時御史監郡，平名也）將兵圍豐，二日出與戰破之。命雍齒守豐，引兵之薛，泗州守壯（如淳曰壯名也）敗於薛，走至戚，沛公左司馬得泗川守壯殺之（史記卷八高祖本紀）。

在泗川郡之內有守有監，守監均曾將兵，而尉卻不之見，這值得吾人注意。「秦始皇既並天下，分為三十六郡，郡置材官，聚天下兵器於咸陽，鑄為鍾鐻，講武之禮罷為角觝」（文獻通考卷一百四十九兵制），則尉之職掌為何，頗有問題。南海有尉任囂，吾人觀其病且死，召龍川令趙佗，告以南海東西數千里，可以立國，而使佗行南海尉事，權力之大，似南海有尉而無守。索隱引十三州記云：「大郡曰守，小郡曰尉」（史記卷一百十三南越尉佗傳）。當時郡之大小乃以戶口為標準，南海幅員雖廣，而戶口甚稀。泗川郡主兵者不見尉，南海郡主政者不見守，十三州記所言似有根據。

二宜討論者則為監，蘇林說：「秦時無刺史，以御史監郡」（史記卷五十三蕭相國世家集解引蘇林曰），所以監又稱監御史。漢書（卷十九上百官公卿表）云：「監御史秦官，掌監郡」，即其證也。但通典（卷二十四監察侍御史）則說：「初秦以御史監理諸郡，謂之監察史」，是則監御史又稱為「監察史」。御史乃御史大夫的屬官，其派至各郡監察者，乃遙隸於御史府。秦制，每郡固然均置一監，而監卻不是長在該郡，而是每歲還京奏事一次。漢書（卷三十九）蕭何傳：

> 蕭何為沛主吏掾，秦御史監郡者與從事辨之，何迺給泗水卒史，事第一。秦御史欲入言徵何，何固請，得毋行。補注引沈欽韓曰漢刺史歲一奏事京師，秦法當然。

由這故事，可知監御史因為監郡，當其還京奏事之時，對於郡內胥吏，有推薦於朝廷的權。不過監御史的職權又似不以監察為限。例如：

> 秦之時嘗使尉屠睢（郡尉姓屠名睢）擊越，又使監祿（監御史名祿）鑿渠通道（漢書卷六十四上嚴助傳）。

鑿渠通道乃行政的事，而秦乃令監御史為之，可知監御史的職掌固然以監郡為主，而在必要之時，尚可依天子的命令，兼管行政。這與西漢刺史只以六條問事，不預郡縣事者似不相同。

縣置令長，萬戶以上為令，不及萬戶為長，皆於郡守的指揮監督之下，掌治其縣。縣之下為鄉亭，鄉置三老有秩嗇夫游徼，亭置亭長。

> 縣令長皆秦官，掌治其縣，萬戶以上為令……減萬長為長……大率十里一亭，亭有長（補注，王先謙曰續志亭有亭長，以禁盜賊）。十亭一鄉，鄉有三老、有秩、嗇夫、游徼。三老掌教化。嗇夫職聽訟，收賦稅（補注，錢大昭曰時鄉戶不滿五千者不置有秩，但以嗇夫一人總理之，表不言有秩所掌，與嗇夫同）。游徼徼循禁賊盜。縣大率方百里，其民稠則減，稀則曠，鄉亭亦如之，皆秦制也（漢書

卷十九上百官公卿表）。

即鄉尚有行政區之性質，亭有亭長，以禁盜賊，則亭當為警察區。鄉亭以下有否組織，漢書百官公卿表未曾說到。商鞅變法，令民為什伍，五家為保，十家相連，一家有罪，而九家連舉發，若不糾舉，則十家連坐（史記卷六十八商君傳）。始皇兼併六國，什伍之制有否推行於天下，史無明文。茲宜注意者，什伍之制只能實行於農業社會，農民安土重遷，左右鄰舍均所熟悉，令其互相糾察，行之匪難；又只能用以檢舉罪犯，倘若賦以行政上的職權，勢不能不增設許多機關，機關林立，經費增加，而又無法精選人才，結果必定失敗。隋文帝時，「蘇威奏請五百家置鄉正，使治民，簡辭訟」（資治通鑑卷一百七十七隋文帝開皇九年）。李德林以為「天下不過數百縣，於六七百萬戶內，銓選數百縣令，猶不能稱其職，乃欲於一鄉之中，選一人能治五百家者，必恐難得」。文帝不從李德林之言，竟置鄉正。翌年（開皇十年）果然發見鄉正「黨與愛憎，公行貨賄」，文帝乃令廢之（隋書卷四十二李德林傳）。觀此故事，可知秦制，亭只是警察區，鄉雖為行政區，而鄉戶乃在五千上下，比之隋代五百戶置一鄉正，掌治民者，高明多了。

第三章

西漢

第一節

劉項之爭與統一國家的再建

秦雖統一六國，始皇一死，豪傑又復群起亡秦。秦亡之後，項羽最強，乃剖裂天下，以王諸侯，自立為西楚霸王，王九郡，都彭城。

項羽已破秦軍……由是始為諸侯上將軍，諸侯皆屬焉……行略定秦地，函谷關有兵守關，不得入，又聞沛公已破咸陽，項羽大怒，使當陽君等擊關，項羽遂入，至於戲西……項羽引兵西屠咸陽，殺秦降王子嬰，燒秦宮室，火三月不滅，收其貨寶婦女而東……乃尊懷王為義帝……分天下，立諸將為侯王……自立為西楚霸王，王九郡，都彭城。漢之元年四月諸侯罷戲下，各就國。項羽出之國，使人徙義帝……長沙郴縣……陰令衡山臨江王擊殺之江中（史記卷七項羽本紀）。

項羽分王十八王表

舊地	王號	姓名	轄地	都邑	備考
秦地	漢王	劉邦	漢中巴蜀	南鄭	懷王與諸將約，先入定關中者王之，沛公先破秦，入咸陽，當王。項羽范增疑沛公之有天下，又惡負約，恐諸侯叛之，乃立沛公為漢王。而三分關中，王秦降將，以距塞漢王。參閱史記卷七項羽本紀，卷八高祖本紀。

	雍王	章邯	咸陽以西	廢邱	陳涉起事，二世令章邯免驪山徒人奴產子，悉發以擊楚軍，大敗之。二世益遣長史司馬欣都尉董翳佐章邯擊盜，殺陳涉於城父，破項梁於定陶，滅魏咎於臨濟。章邯乃北渡河，圍趙王歇於鉅鹿，項羽將兵救趙，章邯等戰數卻。二世使人讓邯，司馬欣見邯曰，趙高用事於中，將軍有功亦誅，無功亦誅，章邯遂以兵降。項羽入關，立章邯為雍王，漢元年八月漢王引兵襲雍，章邯走廢邱，遂定雍地，置河上（左馮翊）渭南（京兆）中地（右扶風）隴西北地五郡。二年六月漢引水灌廢邱，廢邱降，章邯自殺。參閱史記卷六秦始皇本紀，卷七項羽本紀，卷八高祖本紀。
	塞王	司馬欣	咸陽以西	櫟陽	長史司馬欣曾為櫟陽獄掾，項梁嘗坐事，繫櫟陽獄，乃向蘄獄掾賈咎取書與司馬欣，以故得赦。項羽以其有德於項梁，故立欣為塞王。漢元年八月欣降漢，置河南郡。參閱史記卷七項羽本紀，卷八高祖本紀，漢書卷一高帝紀上。
	翟王	董翳	上郡	高奴	都尉董翳勸章邯降楚，故項羽立之為翟王，漢元年八月翳降漢，置上郡。參閱史記卷七項羽本紀，漢書卷一高帝紀上。
魏地	西魏王	魏豹	河東	平陽	魏豹兄咎，故魏時封為寧陵君，陳勝之起王也，咎往從之。魏地已下，陳王立咎為魏王。章邯已破陳王，乃進兵擊殺魏咎於臨濟。豹亡走楚，楚懷王予豹數千人，復徇魏地，下魏二十餘城，立為魏王。項羽封諸侯，欲有梁地，乃徙豹於河東，為西魏王。漢二年漢王定三秦，渡臨晉，豹以國屬焉，遂從擊楚於彭城。漢王敗，豹又畔漢。八月漢王遣韓信擊魏，九月虜之，定魏地，置河東太原上黨三郡。參閱史記卷九十魏豹傳，卷七項羽本紀。
魏地	殷王	司馬卬	河內	朝歌	趙將司馬卬定河內，數有功，故項羽立之為殷王。漢二年三月漢王將兵下河內，虜殷王卬，置河內郡。參閱史記卷七項羽本

	韓地		趙地		楚地
	韓王	河南王	代王	常山王	九江王
	韓公子成（鄭昌）	申陽	趙歇	張耳	英布
	故韓地	河南	代	趙地	
	陽翟	洛陽		襄國	六
紀，卷八高祖本紀。	項梁立韓公子橫陽君成為韓王，項梁敗死，成奔懷王。項羽封諸王，以韓王成無功，不遣就國，更以為列侯。及聞漢欲略韓地，乃令鄭昌為韓王，以距漢。漢二年十月漢王使韓襄王孽孫信擊韓，鄭昌降，漢乃立信為韓王。史記卷九十三韓王信傳，卷七項羽本紀。	瑕丘申陽者張耳嬖臣也，先下河南郡，迎楚河上，故項羽立申陽為河南王，漢二年十月申陽降漢，置河南郡。參閱史記卷七項羽本紀，卷八高祖本紀。	陳涉以其故所善陳人武臣為將軍，張耳陳餘為左右校尉，北略趙地，武臣自立為趙王。武臣既死，張耳陳餘求得趙歇，立為趙王。章邯引兵圍鉅鹿，陳餘領兵在外，張耳數使人召餘，餘自度兵少，不敢前，耳大怒。項羽破章邯軍，趙王歇張耳得出鉅鹿，與餘相見，責讓餘，由是有隙。項羽立諸侯，以張耳素賢，又從入關，乃分趙，立耳為常山王，而徙趙王歇王代。漢二年十月陳餘引兵襲常山王耳，耳敗走，降漢，漢王厚遇之。陳餘迎趙王歇還趙，復為趙王。趙王德餘，立以為代王。漢三年十月漢王遣韓信張耳擊趙，斬陳餘，殺趙王歇。四年十一月漢立張耳為趙王。史記卷八十九張耳陳餘傳，卷七項羽本紀。		英布秦時為布衣，坐法黥，論輸麗山，率其曹偶亡之江中，為群盜。陳涉之起也，布往見番陽令吳芮，與其眾叛秦，吳芮以女妻之。布聞項梁定會稽，西渡淮，乃以兵屬梁。梁西擊景駒秦嘉軍，布常冠軍。項梁敗死，項羽破秦軍，降章邯，楚軍常勝，功冠諸侯，以布數以少敗眾也。項羽封諸將，立布為九江王。齊王田榮叛楚，項羽往擊齊，徵兵九江，布稱病不往。漢之敗楚彭城，布又稱病不佐楚，項王由是怨布，數使使者誚讓

					召布，布愈恐，不敢往。漢三年漢王使隨何說布畔楚歸漢。項羽攻破布軍，收九江兵，盡殺布妻子。四年七月漢王立布為淮南王。史記卷九十一黥布傳。
	衡山王	吳芮		邾	吳芮秦時番陽令也。天下之初叛秦也，芮亦舉兵以應諸侯，及項羽相王，以芮率百越佐諸侯，從入關，故立芮為衡山王。史記卷七項羽本紀。
	臨江王	共敖		江陵	義帝柱國共敖將軍擊南郡，功多，故項羽立敖為臨江王。漢三年七月敖薨，子尉嗣立為王。五年十二月漢遣盧綰劉賈擊虜尉，置南郡。史記卷七項羽本紀，卷八高祖本紀。
燕地	遼東王	韓廣	遼東	無終	武臣既立為趙王，使韓廣略燕，韓廣至燕，燕人因立廣為燕王。章邯圍趙王歇於鉅鹿，燕王韓廣使其將臧荼救趙，因從入關，項羽乃分燕為二國，臧荼為燕王，徙韓廣為遼東王。韓廣不肯徙，漢元年八月臧荼殺韓廣，並其地。史記卷八十九張耳陳餘傳，卷七項羽本紀，卷八高祖本紀。
	燕王	臧荼	燕地	薊	
齊地	膠東王	田市		即墨	田儋者故齊王田氏族也。儋從弟田榮，榮弟田橫皆豪宗強能得人。陳涉之初起王楚也，田儋遂自立為齊王，章邯圍魏王咎於臨濟，齊王田儋將兵救魏，章邯大破魏軍，殺田儋。齊人聞儋死，乃立故齊王建之弟田假為齊王。田榮怒齊之立假，乃引兵歸擊，逐齊王假，立田儋子市為齊王。章邯兵益盛，項梁使人趣齊兵共擊章邯，田榮不肯出兵，章邯果敗殺項梁，項羽由是怨榮。羽既降章邯，西滅秦，立諸侯王，乃徙田市為膠東王。齊將田都從共救趙，因入關，故立都為齊王。故齊王建孫田安，項羽方渡河救趙，安下齊北數城，引兵降項羽，羽立安為濟北王。榮以負項梁，不肯助楚攻秦，故不得王。漢元年五月田榮發兵拒擊田都，都亡走楚。六月田榮殺田市，又攻殺田安，自立為齊王，盡並三齊之地。二年正月項羽北伐齊，田榮
	齊王	田都		臨淄	
	濟北王	田安		博陽	

敗走平原，平原民殺之。四月榮弟橫收齊散兵，得數萬人，立榮子廣為王。是時劉項相拒於滎陽，田橫乘間收齊城邑。四年十一月韓信引兵襲齊，虜齊王廣。田橫聞廣死，自立為王，灌嬰又擊敗之，遂平齊地。漢滅項羽，田橫與其徒屬五百餘人亡入海上，漢祖遣使召橫，橫詣雒陽，未及三十里，自殺。五百人聞橫死，亦皆自殺。史記卷九十四田儋傳，卷七項羽本紀。

諸侯互相攻戰，最後分為兩個集團，一是項羽集團，二是劉邦集團。在陳勝發難之時，曾利用兩種觀念以收攬人心：一是罩魚狐鳴，即利用神權觀念；二是詐稱公子扶蘇項燕，即利用門第觀念。由陳勝之假借項燕名義，可知項氏一家固為當時民望所懸。所以陳勝一死，項梁即為討秦軍的領袖。及至項梁戰死於定陶之後，項羽由於鉅鹿一戰，又執諸侯的牛耳。即項羽能夠領袖群雄，一半由於善戰，一半由於門第。劉邦與項羽不同，他不過泗水一位亭長。秦末，他知天下將亂，常常假託神怪，以提高自己的身價。例如：

> 高祖隱於芒碭山澤巖石之間，呂后與人俱求，常得之。高祖怪問之，呂后曰季所居，上常有雲氣，故從往，常得季。高祖心喜，沛中子弟或聞之，多欲附者矣（史記卷八高祖本紀）。

高祖所居，上有雲氣，只唯呂后見之。呂后說了之後，沛中子弟多欲附者矣。國家將亂，利用神權，以取得人民擁護，在民智幼稚之時，常有極大的效用。所以陳勝起義之後，沛縣父老殺了沛令，「皆曰平生所聞劉季諸珍怪當貴，乃立季為沛公」（史記卷八高祖本紀），這是劉邦發跡之由。最初劉邦似是依附項梁，其能脫穎而出，成為一方領袖，乃在於義帝遣其入關。

> 懷王與諸將約，先入定關中者王之……項羽……願與沛公西入關。懷王諸老將皆曰，項羽為人僄悍

猾賊……諸所過無不殘滅……不如更遣長者，扶義而西，告諭秦父兄，秦父兄苦其主久矣。今誠得長者往，毋侵暴，宜可下。今項羽僄悍（今）不可遣，獨沛公素寬大長者，可遣。卒不許項羽，而遣沛公（史記卷八高祖本紀）。

劉項二人出身不同。「項氏世世為楚將，封於項，故姓項氏」（史記卷七項羽本紀），即屬於貴族階級。劉邦乃沛縣平民，「及壯，試為吏，為泗水亭長」（史記卷八高祖本紀）。觀其平生行動，有似於流氓，而為縉紳之士所不齒。在吾國歷史上，凡爭天下者或為貴族，如楊堅李世民等是；或為流氓，如劉裕朱元璋等是。貴族有所憑藉，便於取得權力。流氓無所顧忌，勇於冒險。至於士大夫們只能攀龍附鳳，因人成事。蓋知識愈高，顧慮愈多，而喪失冒險的精神。我們只看蕭何曹參，就可知道。

沛父老乃率子弟共殺沛令，開城門，迎劉季，欲以為沛令。劉季曰……此大事，願更相推擇可者。蕭（何）曹（參）等皆文吏，自愛，恐事不就，後秦種族其家，盡讓劉季。諸父老皆曰平生所聞劉季諸珍怪當貴……乃立季為沛公（史記卷八高祖本紀）。

劉項兩人的性格亦異❶。

高祖寬仁而愛人，喜施，意豁如也，常有大度，不事家人生產作業（史記卷八高祖本紀）。

項王為人恭謹，言語姁姁，人有疾病，涕泣分食飲，至使人有功，當封爵，刻印刓忍不能予（漢書卷三十四韓信傳）。

這兩種不同的性格便決定了劉項勝敗的運命。在兩雄角逐之際，勢力的大小乃以遊士肯否歸附為

❶ 史記卷九十二淮陰侯傳，「項王為人恭敬慈愛，言語嘔嘔……」，項羽所過殘虐，謂其慈愛，未必適當，故不引史記，而引漢書。

標準。劉邦豪爽，豪爽的人必不惜高位重金以寵人。試看王陵酈食其之言。

> 王陵對曰，陛下使人攻城略地，所降下者因以予之，與天下同利也（史記卷八高祖本紀五年五月）。
>
> 酈生曰，漢王降城，即以侯其將，得賂即以分其士，與天下同其利，豪英賢才皆樂為之用（史記卷九十七酈生傳）。

始皇既並天下，墮名城，殺豪傑，民之秀異者散而歸田畝，劉邦盡網羅之以為己用。其謀臣戰將除張良五世相韓，張蒼為秦御史之外，盡是甕牖繩樞之子，甿隸之人，而遷徙之徒。試看下列的表。

高祖功臣出身表

姓名	出身
韓信	家貧無行，不得推擇為吏，又不能治生為商賈，常從人寄食。漢書卷三十四韓信傳。
彭越	常漁鉅野澤中為盜。漢書卷三十四彭越傳。
英布	坐法黥，論輸驪山，乃率其曹耦，亡之江中為群盜。漢書卷三十四英布傳。
蕭何	以文無害，為沛主吏掾。秦御史監郡者與從事辨之，何乃給泗水卒史。漢書卷三十九蕭何傳。
曹參	秦時為獄掾。漢書卷三十九曹參傳。
張良	大父相韓昭侯宣惠王襄哀王，父相釐王悼惠王，五世相韓。漢書卷四十張良傳。
陳平	少時家貧，邑中有大喪，平家貧侍喪，以先往後罷為助。漢書卷四十陳平傳。
王陵	為縣豪。漢書卷四十王陵傳。
周勃	以織薄曲為生，常以吹簫給喪事。漢書卷四十周勃傳。
樊噲	以屠狗為事。漢書卷四十一樊噲傳。
夏侯嬰	為沛廄司御。漢書卷四十一夏侯嬰傳。
灌嬰	睢陽販繒者也。漢書卷四十一灌嬰傳。

張　蒼	秦時為御史，主柱下方書。漢書卷四十二張蒼傳。
酈食其	家貧落魄，無衣食業，為里監門。漢書卷四十三酈食其傳。
叔孫通	秦時以文學徵，待詔博士。漢書卷四十三叔孫通傳。

項羽如何呢？項羽恭謹。恭謹的人往往不易信人。且看王陵酈食其之言。

> 王陵對曰，項羽妬賢嫉能，有功者害之，賢者疑之。戰勝而不予人功，得地而不予人利，此所以失天下也（史記卷八高祖本紀五年五月）。

> 酈生曰，項王於人之功無所記，於人之罪無所忘。戰勝而不得其賞，拔城而不得其封，非項氏莫得用事。為人刻印，刓而不能授，攻城得賂，積而不能賞。天下畔之，賢才怨之，而莫為之用（史記卷九十七酈生傳）。

既然不易信人，勢只有任用家人親戚，寄以腹心之任。酈食其已經謂其「非項氏莫得用事」。陳平亦說：

> 項王不能信人，其所任愛，非諸項，即妻之昆弟，雖有奇士不能用（史記卷五十六陳丞相世家）。

勢力的大小以遊士肯否歸附為標準，而最後勝負又取決於民眾的向背。義帝與諸將約，先入關者王之，而又不遣項羽，而遣劉邦，即因項羽殘暴，劉邦寬大（史記卷八高祖本紀）。劉邦入關之時，除秦苛法，與父老約法三章。

> 漢元年十月沛公兵遂先諸侯至霸上……召諸縣父老豪傑曰，父老苦秦苛法久矣，誹謗者族。吾與諸侯約，先入關者王之，吾當王關中，與父老約法三章耳，殺人者死，傷人及盜抵罪，餘悉除去秦法，諸吏人皆案堵如故。凡吾所以來，為父老除害，非有所侵暴，無恐……乃使人與秦吏行縣鄉邑告諭

> 之，秦民大喜，爭執牛羊酒食獻饗軍士。沛公又讓不受曰，倉粟多，非乏，不欲費人，人又益喜，唯恐沛公不為秦王（史記卷八高祖本紀）。

而蕭何又收秦的律令圖書，劉邦能夠知道何地應攻，何地應守，何者應興，何者應革，就是因為蕭何得到檔案，足供參考。

> 沛公至咸陽……蕭何獨先入收秦丞相御史律令圖書藏之……漢王所以具知天下阨塞，戶口多少強弱之處，民所疾苦者，以何具得秦圖書也（史記卷五十三蕭相國世家）。

項羽呢？韓信曾謂：「項王所過無不殘滅者，天下多怨，百姓不親附，特劫於威強耳，名雖為霸，實失天下心」（史記卷九十二淮陰侯傳）。其入關中，竟然屠燒咸陽，收其貨寶婦女而東。

> 項羽……聞沛公已破咸陽……使當陽君等擊關，項羽遂入……引兵西屠咸陽，殺秦降王子嬰，燒秦宮室，火三月不滅，收其貨寶婦女而東（史記卷七項羽本紀）。

遊士離開項羽，民眾離開項羽，項羽失敗已經決定了。而項羽又有三種失策，促其滅亡。第一、項羽擊破秦軍之後，剖裂天下，封諸將為侯王。計其所封的人，不是秦的降將，便是戰國的封建貴族，其由遊士出身者寥寥無幾。始皇既並天下，墮名城，殺豪傑，士之秀異者散而歸田畝。天下一亂，遊士乘勢奮起，他們的目的在於瓜分賦稅。天下未定，而即剖裂疆土，以封諸人，遊士毫無所得，豈肯甘心，勢將如張良所說：

> 且天下游士離其親戚，棄墳墓，去故舊，從陛下游者徒欲日夜望咫尺之地。今復六國，立韓魏燕趙齊楚之後，天下游士各歸事其主，從其親戚，反其故舊墳墓，陛下與誰取天下乎（史記卷五十五留侯世家）。

何況受封的又因封地善醜不同，憤憤然有不平之心。陳餘曾說：

項羽為天下宰不平，今盡王故王於醜地，而王其群臣諸將善地（史記卷七項羽本紀，卷八十九陳餘傳）。

結果，有功未得封與受封不滿意的果然互相攻殺，霸王之威掃地無存。封建不能作為屏藩，反而引起內鬨，項羽疲於奔命，給予劉邦以可乘的機會，這是項羽最大的失策。

第二、關中帶河阻山，土地肥沃，進可以攻，退可以守，所謂金城千里，天府之國。韓生曾勸項羽定都關中。

人（漢書卷三十一項籍傳，為韓生）或說項王曰，關中阻山河四塞，地肥饒，可都以霸。項王見秦宮室皆已燒殘破，又心懷思欲東歸，曰富貴不歸故鄉，如衣繡夜行，誰知之者（史記卷七項羽本紀）。

項羽不居關中，而都彭城，三分關中，王秦降將，付託失人，何能「距塞漢王」（史記卷七項羽本紀）。且看韓信之言。

且三秦王為秦將，將秦子弟數歲矣，所殺亡不可勝計，又欺其眾，降諸侯，至新安，項王詐坑秦降卒二十餘萬，唯獨邯欣翳得脫。秦父兄怨此三人，痛入骨髓。今楚強以威王此三人，秦民莫愛也（史記卷九十二淮陰侯傳）。

同時又立劉邦為漢王。最初項羽只將巴蜀給與劉邦，其後又聽項伯之言，給以漢中之地。

漢元年正月沛公為漢王，王巴蜀……漢王亦因令良厚遺項伯，使請漢中地，項王乃許之，遂得漢中地（史記卷五十五留侯世家）。

漢中北瞰關中，南蔽巴蜀。三國時，劉備得漢中，說道：「曹公雖來，無能為也」（蜀志卷二先主傳建安二十四年）。黃權亦說：「若失漢中，則三巴不振」（蜀志卷十三黃權傳）。由此可知欲保巴蜀，須守漢中，既守漢中，又得進窺秦隴。劉邦入關之際，秋毫無所犯，秦民唯恐劉邦不為秦王，劉邦自可因利乘便，傳檄而定三秦。

> 韓信曰，大王之入武關，秋毫無所害，除秦苛法，與秦民約法三章耳。秦民無不欲得大王王秦者……大王失職入漢中，秦民無不恨者。今大王舉而東，三秦可傳檄而定也。於是漢王……遂聽信計……舉兵東出陳倉，定三秦（史記卷九十二淮陰侯傳）。

秦形勝之國，可以高屋建瓴之勢，控制關東（參閱史記卷八高祖本紀六年田肯之言）。而建國於中原，與秦地接壤者又是魏豹（西魏王）司馬卬（殷王）鄭昌（韓王）申陽（河南王）碌碌無能之輩，何能距塞漢王，阻其出關。何況項羽本人又立國於西楚之地，鞭長莫及。自難進兵魏地，守武關，杜函谷，塞臨晉，而防夏陽。項羽以第一防線託之秦民共怨的降將，以第二防線託之碌碌無能的諸侯，項羽的戰略已經失敗。所以劉邦一旦出關，便勢如破竹，取河南，略韓魏，降趙代，定燕齊，而與楚軍相距於滎陽成皋之間。

第三、兩軍相戰，進至相持不決之際，最重要者乃是軍糧。楚漢相距於滎陽成皋之間約有三年之久。這個時候蕭何留守關中，不斷的轉漕給軍。

> 蕭何守關中，……計戶口。轉漕給軍，漢王數失軍遁去，何常興關中卒，輒補缺……漢與楚相守滎陽數年，軍無見糧，蕭何轉漕關中，給食不乏（史記卷五十三蕭相國世家）。

而巴蜀更是沃野，可以供給軍糧。

> 巴蜀……給軍食（史記卷五十三蕭相國世家）。

此後「蜀漢之粟方船而下」（史記卷九十七酈生傳），接濟劉邦軍糧，劉邦以逸待勞，這是項羽在戰略上不如劉邦之處。何況秦始皇兼併六國，各地均置倉庾，其中貯糧最多者乃是滎陽鄰近的敖倉。滎陽春秋時為鄭之制邑，地勢險要，鄭莊公不欲以封共叔段，曰「制巖邑也，虢叔死焉」（左傳隱公元年）。

吳楚反時，大將軍竇嬰屯滎陽，周亞夫曰：「吾據滎陽，滎陽以東無足憂者」（漢書卷三十五吳王濞傳），可知該地之重要。而敖倉之粟到了漢代，尚為兵家必爭之物。英布反時，薛公曾謂：「據敖倉之粟，塞成皋之口，勝敗之數未可知也」（史記卷九十一黥布傳）。七國作亂，桓將軍亦勸吳王，「疾西，據雒陽武庫，食敖倉粟，阻山河之險，以令諸侯，雖無入關，天下固已定矣」（漢書卷三十五吳王濞傳）。項羽拔滎陽，既不能堅守敖倉，又不能焚毀敖倉，而乃拱手以讓劉邦。劉邦得到敖倉，既可以解決軍糧問題，又可以減少關中人民的負擔，劉邦經濟上已經得到勝利。試看酈食其之言。

漢王數困滎陽成皋，計欲捐成皋以東，屯鞏洛以拒楚。酈生因曰……王者以民人為天，而民人以食為天。夫敖倉天下轉輸久矣，臣聞其下乃有藏粟甚多。楚人拔滎陽，不堅守敖倉，乃引而東，令適卒分守成皋，此乃天所以資漢也，……願足下急復進兵，收取滎陽，據敖倉之粟，塞成皋之險，杜大行之道，距蜚狐之口，守白馬之津，以示諸侯，効實形制之勢，則天下知所歸矣……上曰善，乃從其畫，復守敖倉（史記卷九十七酈生傳）。

劉邦堅守滎陽成皋，一方用游擊戰術，斷絕項羽的糧道❷。

當此時彭越將兵居梁地，往來苦楚兵，絕其糧食（史記卷八高祖本紀四年）。

漢王三年彭越常往來為漢游兵擊楚，絕其後糧於梁地（史記卷九十彭越傳）。

同時深溝固壁，以待楚兵之憊，即如隨何所說：

漢王守滎陽成皋，下蜀漢之粟，深溝壁壘，分卒守徼乘塞，楚人還兵，間以梁地，深入敵國八九百里，欲戰則不得，攻城則力不能，老弱轉糧千里之外。楚兵至滎陽成皋，漢堅守而不動，進則不得

❷ 據漢書卷三十四韓信傳，「信使人請漢王，南絕楚之糧道」。

攻，退則不能解，故曰楚兵不足恃也（史記卷九十一黥布傳）。問題果然嚴重，勝算在握，項羽不能不委曲媾和，予劉邦以休息的機會，戰事方酣，項羽不能持久作戰，予劉邦以致命的打擊。反之，劉邦因有謀臣策士，深知用兵之法。六韜（第二十六篇軍勢）云：「無恐懼，無猶豫。用兵之害，猶豫最大，三軍之災，莫過狐疑。善戰者見利不失，遇時不疑。失利後時，反受其殃」。項羽有許多機會，均因猶豫狐疑，而致失去良機。孫子（第七篇軍爭）云：「善用兵者避其銳氣，擊其惰歸……以佚待勞，以飽待飢」。劉邦當項羽兵力方盛之時，常堅壁不戰，而避其銳氣。一旦看到項羽兵罷食絕，引兵東歸，就擊其惰歸，急起進攻。垓下一戰，項羽全軍覆沒，使劉邦成就了帝業。

項王與漢俱臨廣武而軍……是時漢兵盛食多，項王兵罷食絕……項王乃與漢約，中分天下，割鴻溝以西者為漢，鴻溝而東者為楚……項王已約，乃引兵解而東歸。漢欲西歸，張良陳平說曰……楚兵罷食盡，此天亡楚之時也，不如因其機而遂取之……漢王聽之……乃追項王……項王軍壁垓下，兵少食盡，漢軍及諸侯圍之數重……項王自度不能脫……乃自刎而死（史記卷七項羽本紀）。

在劉項角逐之際，劉邦稱王，韓信彭越英布等亦稱王，即名義上劉邦與諸侯無所區別。項羽既死，劉邦就由諸侯推戴而即皇帝之位。

五年正月諸侯及將相相與共請尊漢王為皇帝。漢王曰吾聞帝賢者有也，空言虛語非所守也，吾不敢當帝位。群臣皆曰，大王起微細，誅暴逆，平定四海，有功者輒裂地而封為王侯，大王不尊號，皆疑不信臣等，以死守之。漢王三讓，不得已曰諸君必以為便，便國家。甲午乃即皇帝位汜水之陽（史記卷八高祖本紀）。

蔡邕云：「皇帝至尊之稱」（獨斷上）。至尊就是最高，既云最高，一國之內當然只有一位皇帝。

於是秦亡之後，混亂的局面恢復為統一的國家。

最初高祖定都洛陽，後從劉敬張良之說，遷都咸陽，更名咸陽為長安❸。

劉敬曰成周洛邑……天下之中也……有德則易以王，無德則易以亡……且夫秦地被山帶河，四塞以為固，卒然有急，百萬之眾可具也。因秦之故資，甚美膏腴之地，此所謂天府者也。陛下入關而都之，山東雖亂，秦之故地可全而有也。夫與人鬭，不搤其肮，拊其背，未能全其勝也。今陛下入關而都，案秦之故地，此亦搤天下之肮而拊其背也。高帝問群臣，群臣皆山東人，爭言……不如都周（成周洛邑），上疑未決。及留侯明言入關，便即日車駕西都關中（史記卷九十九劉敬傳）。

劉敬說高帝曰都關中，上疑之，左右大臣皆山東人，多勸上都雒陽。雒陽東有城皐，西有殽黽，倍河向伊雒，其固亦足恃。留侯曰雒陽雖有此固，其中小，不過數百里，田地薄，四面受敵，此非用武之國也。夫關中左殽函，右隴蜀，沃野千里，南有巴蜀之饒，北有胡苑之利，阻三面而守，獨以一面專制諸侯，諸侯安定，河渭漕輓天下，西給京師。諸侯有變，順流而下，足以委輸，此所謂金城千里、天府之國也。劉敬說是也。於是高帝即日駕西都關中（史記卷五十五留侯世家）。

洛陽處天下之中，為四戰之地，古來欲取天下者，洛陽在所必爭；欲守天下者，洛陽也宜控制。周定都鎬京，而經營洛邑，鎬京洛邑同為王畿之地。漢雖定都長安，而以三河為司隸，洛陽亦受中央的直接統治。南北朝時王懿曾言：「洛陽既陷，則虎牢不能獨全，勢使然也」（宋書卷四十六王懿傳）。虎牢就是滎陽（左傳隱公元年杜注）。周亞夫說：「吾據滎陽，滎陽以東無足憂者」（漢書卷三十五吳王濞傳）。漢由關中控制三河，再由洛陽控制洛陽以東，漢家基礎穩定，不能不歸功於劉敬的建議。

❸ 據史記卷二十二漢興以來將相名臣年表，五年入都關中，六年更名咸陽曰長安。

第二節 王國勢力的摧毀與中央集權的完成

楚漢分爭之際，高祖要收羅人才，常以城邑封其功臣。天下既定，又由功臣擁戴，而即皇帝之位。天下是功臣打得的，帝號是功臣勸進的，所以高祖不能不承認既成的事實，對其功臣，大者封王，小者封侯。

漢興，序二等。韋昭曰漢封功臣，大者王，小者侯也（史記卷十七漢興以來諸侯年表）。

即漢代初年雖置郡縣，而郡縣之外又有藩國。藩國分為兩種。一是王國，二是侯國。王國分土授民，侯國封戶受租。王國無異於周代的諸侯，侯國則等於戰國的封君。茲將漢代初年異姓諸侯王列表如次。

漢初異姓諸侯王表

國號	姓名	封地	都邑	備考
楚	韓信	淮北	下邳	韓信始為布衣時，貧無行，不得推擇為吏，又不得治生商賈，常從人寄食飲，人多厭之者。及項梁渡淮，信仗劍從之。項梁敗，又屬項羽，羽以為郎中。漢王入蜀，信亡楚歸漢，拜為治粟都尉。信度上不我用，即亡，蕭何追還之，因薦於漢王，拜為大將軍，問以計策。信陳項羽可圖，三秦易併之計。漢王大悅，遂聽信策，舉兵東出陳倉，平定三秦。二年出關，滅河南

	韓	燕	梁
	韓王信	臧荼 盧綰	彭越
	太原郡三十一縣	燕故地又併有遼東	魏故地
	馬邑	薊	定陶
而併韓地，令信擊魏，降魏豹，伐殷，虜司馬卬。三年進擊趙代，斬陳餘，獲趙王歇。四年降燕，引兵擊齊，虜齊王廣，漢因立信為齊王。五年項羽死，高祖徙信為楚王，王淮北，都下邳。六年有人告信謀反，上用陳平計，偽遊雲夢，信迎謁，因執之，至雒陽，赦為淮陰侯，分楚地為二國，劉交為楚王，劉賈為荊王。十一年代相陳豨反，高祖自將往征，信在長安，欲發兵襲宮，呂后使武士縛信，斬之。漢書卷三十四韓信傳。	漢二年，漢立韓襄王之孫信為韓王，王韓故地，都陽翟，竟從破項羽，六年以太原郡三十一縣為韓國，治馬邑。是年匈奴入寇，圍信，信以馬邑降匈奴。七年上自往擊信，信亡走匈奴，高祖乘勝追北，至平城，上白登，為匈奴所圍七日，用陳平秘計得出。自是信常為匈奴將兵，往來擊邊。十一年信復與匈奴入寇，漢使柴將軍擊斬信。漢書卷三十三韓王信傳。	臧荼故封燕王，又併有遼東地，都薊。漢二年韓信欲東擊齊，遣使於燕，燕遂以國屬漢。五年七月臧荼反，高祖自將征之，九月虜荼，立盧綰為燕王，仍都薊。盧綰者豐人也，與高祖同里，生同月，壯又相愛。高祖已定天下，欲王盧綰，及臧荼滅，遂立綰為燕王。十一年陳豨反代地，高祖自將往征。十二年陳豨降將言豨反時，盧綰使人之豨所陰謀。高祖使使召綰，綰稱病不行。會高祖疾甚，乃令樊噲擊綰，綰與數千人居塞下候伺，幸上疾愈，自入謝。高祖崩，綰亡入匈奴。漢立高祖子建為燕王。綰居胡中歲餘死。漢書卷三十四盧綰傳。	彭越常漁鉅野澤中為盜，陳勝起，澤間少年相聚百餘人，往從越，乃行略地，收諸侯散卒，得千餘人。項羽入關，王諸侯，還歸。彭越眾萬餘人，無所屬，漢乃使人賜彭越將軍印，使下濟陰以擊楚，大破楚軍。漢二年漢王東擊楚，彭越將其兵三萬

國	王	地	都	事略
				餘人歸漢外黃。漢王乃拜越為魏相國（時魏豹以國屬漢），擅將兵，略定梁地。越居梁地，常往來苦楚兵，絕其糧食。五年項羽死，高祖以越數破楚軍，乃以魏故地封之，號曰梁王，都定陶。十一年陳豨反，高祖自往擊之，徵兵於梁，梁王稱病，使使將兵詣邯鄲，高祖怒，會有人告越謀反，高祖掩捕梁王，赦以為庶人，立子恢為梁王，徙越於蜀之青衣，西至鄭，逢呂后，越泣涕言亡罪。呂后與俱至雒陽，令其舍人告越復謀反，遂夷越宗族。漢書卷三十四彭越傳。
趙	張耳	趙故地	襄國	漢四年，漢立張耳為趙王，王趙地，都襄國，五年薨，子敖嗣。敖尚高祖長女魯元公主為王后。七年高祖從平城過趙，不禮趙王。八年趙相貫高等恥上不禮其王，陰謀弒上。九年貫高謀逆發覺，上逮捕高，並捕趙王下獄，以趙王不知其謀，廢為宣平侯，立子如意為趙王。漢書卷三十二張耳傳。
淮南	英布	故九江王地	六	英布故封九江王，漢四年，漢因其故封，改為淮南王，仍都六。五年布舉兵與漢共擊楚，破之垓下，項王死。十一年高后誅韓信，又誅彭越，布大恐，陰令人部聚兵候伺，旁郡警急，其臣賁赫乘傳詣長安，言布謀反有端。布族赫家，舉兵反。十二年高祖自將擊布，破之，即立子長為淮南王。布走江南，至番陽，為番陽人所殺。漢書卷三十四英布傳。
長沙	吳芮		臨湘	吳芮故封衡山王，項羽侵奪其地，謂之番君。漢滅羽，更封芮為長沙王，都臨湘。五年七月薨，子臣嗣立為王，傳四世，至差，無子，國除。漢書卷三十四吳芮傳。

異姓諸王割據各地，足為漢家之患。高祖恐其生變，次第撲滅之，以其土地分封子弟。末年又刑馬為盟，非劉不王，自是而後，封王者限於同姓，無功者異姓也不得封侯❹。

高祖末年，非劉氏而王者，若無功、上所不置而侯者，天下共誅之（史記卷十七漢興以來諸侯年表）。

最初同姓為王者共有九國❺。

高祖子弟同姓為王者九國，唯獨長沙異姓……為燕代國……為齊趙國……為梁楚吳淮南長沙國（史記卷十七漢興以來諸侯年表）。

漢初同姓諸侯王表❻

國名	王名	親屬	轄地	都邑	始封	七國亂前之變遷
齊	肥	高祖子	七十三縣	臨淄	高祖六年從田肯言，立子肥為齊王。	惠帝二年齊悼惠王肥獻城陽郡，以為魯元公主湯沐邑。高后元年（時悼惠王已薨，子哀王襄嗣位）割齊之濟南郡，立兄子呂台為呂王。六年割齊之琅琊郡，立營陵侯劉澤（高祖從祖昆弟）為琅琊王。文帝元年盡以城陽濟南琅琊還齊，徙琅琊王澤為燕王。二

❹ 漢書卷十八外戚恩澤侯表：「誓曰，非劉氏不王，若有亡劫、非上所置而侯者，天下共誅之」。所以「呂后欲立諸呂為王，問右丞相王陵，陵曰高皇帝刑白馬而盟曰，非劉氏而王者，天下共擊之。今王諸呂，非約也」（漢書卷四十王陵傳）。景帝欲侯王信，丞相周亞夫曰，「高帝約，非劉氏不得王；非有功，不得侯，不如約，天下共擊之。今信雖皇后兄，無功侯之，非約也」（漢書卷四十周亞夫傳）。

❺ 長沙王吳芮四傳至吳差，文帝後七年差薨，無子，國除。故漢書卷十三異姓諸侯王表云：「訖於孝文，異姓盡矣」。

❻ 本表根據漢書各本傳及有關各表。

燕	建	高祖子	燕王盧綰地	薊	燕王盧綰亡	高后七年燕靈王建薨，高后使人鴆殺
淮南	長	高祖少子	淮南王英布地	壽春	高祖十一年淮南王英布反，布亡，即立子長為淮南王。	文帝六年淮南厲王長無道，廢死，淮南為郡。十二年徙城陽王喜（城陽景王章子）為淮南王。十六年復以喜為城陽王，分淮南為淮南衡山廬江三國，盡立淮南厲王子三人為王。
荊（吳）	賈	高祖從父兄	淮東五十三縣	吳（廣陵）	高祖六年楚王韓信廢為淮陰侯，分其地為荊楚兩國，立從父兄賈為荊王。	高祖十一年淮南王英布反，東擊荊，賈與戰，為布軍所殺。上患吳會稽輕悍，無壯王以填之。諸子幼，乃立兄喜子濞為吳王，王故荊地，景帝三年反。
楚	交	高祖同父弟	淮西三十六縣		高祖六年楚王韓信廢為淮陰侯，分其地為荊楚二國，立弟交為楚王。	高后元年分楚地，立張偃為魯王。偃高后外孫，故趙王傲子。文帝元年廢除。楚元王交再傳至孫戊，於景帝三年反。
						年（時齊哀王薨，子文王則嗣）割齊之城陽郡，而立朱虛侯劉章（齊悼惠王子）為城陽王，又割齊之濟北郡，立東牟侯劉興居（齊悼惠王子）為濟北王（三年反，兵敗自殺，國除）。十五年齊文王薨，無子，文帝分齊為齊濟北濟南淄川膠西膠東六國，盡立齊悼惠王子六人為王。景帝三年濟南淄川膠西膠東四國，同吳楚反。

					後，十二年立子建為燕王。	其子，而立呂通為燕王。文帝元年徙琅琊王澤為燕王。
趙	如意	高祖子	趙王張敖地	邯鄲	高祖九年趙王張敖廢為宣平侯，徙代王如意為趙王。	惠帝元年呂太后鴆殺趙隱王如意，徙淮陽王友王趙，是為趙幽王。高后元年分趙地，置常山國，立惠帝後宮子為王。七年徵趙幽王友至長安，幽死之，徙梁王恢為趙王，是為趙共王。共王自殺，高后立兄子呂祿為趙王。文帝元年常山歸趙，立幽王友子遂為趙王，而取趙之河間，立遂弟辟彊為河間王。景帝三年趙王遂同吳楚反。
代	喜	高祖兄	五十三縣	代	高祖六年立。	高祖七年匈奴攻代，代王棄國，立子如意為代王，九年如意徙為趙王，十年陳豨反，十一年討平之，立子恆（文帝）為代王。文帝入即位，二年分代地，立子武為代王，參為太原王。四年徙代王武為淮陽王，參為代王盡得故地。
梁	恢	高祖子	分梁王彭越地，又益以東郡	睢陽	高祖十一年梁王彭越誅，分梁地，立子恢為梁王。	高后七年趙幽王友死，徙梁王恢王趙，恢自殺，高后立兄子呂產為梁王，而割梁濟川郡，立惠帝後宮子為濟川王。文帝二年立少子楫為梁王，是為梁懷王。十一年薨，無後，徙淮陽王武王梁，是為梁孝王。
淮陽	友	高祖子	分梁王彭越地，又益以潁	陳	高祖十一年梁王彭越誅，分	惠帝元年趙隱王如意死，徙淮陽王友王趙，淮陽為郡。高后元年立惠帝後

		川郡		梁地，立子友為淮陽王。	宮子為淮陽王。文帝即位，淮陽為郡。四年復置淮陽國，徙代王武王淮陽，十一年又徙為梁王，淮陽為郡，景帝二年又置淮陽國，立子餘為淮陽王。

王國之地甚大。

> 藩國大者夸州兼郡，連城數十（漢書卷十四諸侯王表）。

諸侯王在其領土之內有許多權限，第一為行政權。

> 藩國宮室百官，同制京師（漢書卷十四諸侯王表）。

> 諸侯王高祖初置，金璽盭綬，掌治其國。有太傅輔王，內史治國民，中尉掌武職，丞相統百官，群卿大夫都官如漢朝。補注，王先謙曰漢初立諸王，因項羽所立諸王之制，其官職，傅為太傅，相為丞相，又有御史大夫及諸卿，皆秩二千石，百官皆如朝廷（漢書卷十九百官公卿表上）。

除丞相外，群卿眾官皆由諸侯王自除❼。

> 諸侯得自除御史大夫群卿以下，眾官如漢朝，漢獨為置丞相（漢書卷三十八高五王傳贊曰）。

群卿眾官既由諸侯王自除，漢所置者只有丞相，何能依丞相以控制百官，由百官之控制，而控制藩國的政治。所以不久之後，跋扈的諸侯王便逐漢所置丞相，而自除之❽。

---

❼ 即如王先謙所云：「國家唯為置丞相，其御史大夫以下，皆自置之」（漢書卷十九百官公卿表上補注）。

❽ 由薄昭之書固然可以知道文帝屈法，許屬王自除丞相。而依漢法，二千石缺，似亦由皇帝補之。漢書卷三十八齊悼惠王傳云：「始悼惠王得自置二千石」，此固可以反證二千石本來是由皇帝任命的。這

薄昭予厲王書，諫數之曰：漢法，二千石缺，輒言漢補，大王逐漢所置，而請自置相二千石，皇帝骫天下正法，而許大王甚厚（漢書卷四十四淮南厲王長傳）。

諸侯王「掌治其國」，而群卿眾官又由諸侯王自置，所以漢初王國的行政權屬於諸侯王。

漢興，諸侯王皆自治民聘賢（漢書卷五十一鄒陽傳）。

往者，諸侯王斷獄治政（漢書卷八十六何武傳）。

第二為財政權。諸侯王在其領土之內，得徵收賦稅。

十二年三月詔曰，吾立為天子，帝有天下，十二年於今矣……其有功者，上致之王，次為列侯，下乃食邑，而重臣之親或為列侯，皆令自置吏，得賦歛（漢書卷一高帝紀下）。

一切賦稅均歸諸侯王所有，未曾繳入中央的倉廩府庫。中央每年漕運關東之粟以濟朝廷之用，不過數十萬石。

漢興，山川園池市肆租稅之入，自天子以至封君湯沐邑，皆各為私奉養，不領於天子之經費（師古曰言各收其所賦稅以自供，不入國朝之倉廩府庫也），漕轉關東粟以給中都官，歲不過數十萬石（漢書卷二十四食貨志上）。

到了後來，野心的諸侯王且得鑄錢煮鹽，收其利以供國用，同時又市惠於民，免其賦稅。

吳王濞盜鑄錢，東煮海水為鹽，以故無賦，國用饒足……其居國，以銅鹽故，百姓無賦，卒踐更輒予平賈（漢書卷三十五吳王濞傳）。

第三為軍事權。郡國的兵本來屬於中央。

與上述高五王傳贊所謂「漢獨為置丞相」，似有矛盾。其應如何解釋，當考。

> 郡國之兵，其制則一，有列郡，有王國，有侯國。郡有守，有都尉，都尉佐太守典武。其在王國，則相比郡守，中尉比都尉。侯國有相，秩比天子令長。每歲郡守尉教兵，則侯國之相與焉。侯國之兵既屬之郡，而王國之兵亦天子所有，防微杜漸，皆所以尊京師也（文獻通考卷一百五十兵制引易氏曰）。

非有天子的虎符，不得調發。

> 郡國之兵，必有虎符，而後可發（文獻通考卷一百五十六郡國兵）。

諸呂作亂，齊王與中尉魏勃陰謀發兵，魏勃紿齊相召平曰，「王欲發兵，非有漢虎符驗也」（漢書卷三十八齊悼惠王傳）。武帝建元三年，閩越舉兵圍東甌，東甌告急於漢，上曰「吾新即位，不欲出虎符發兵郡國，乃遣助（嚴助）以節發兵會稽」（漢書卷六十四上嚴助傳），即其例也。所謂虎符，據沈欽韓說：

> 以銅為符，鑄虎為飾，中分之，須其右，而藏其左，起軍旅時，則出以合中外之契（漢書卷六十四上嚴助傳補注）。

固然史記（卷十文帝紀）漢書（卷四文帝紀）均云：文帝二年九月初與郡國守相（漢書作郡守）為銅虎符。關此胡三省說：

> 既有初字，則前此未有銅虎符也。召平魏勃事在前，何緣有銅虎符（漢書卷三十八齊悼惠王傳補注）。

但是戰國時代信陵君曾竊得虎符，而發晉鄙之軍。

> 侯嬴曰，嬴聞晉鄙之兵符常在王臥內，而如姬最幸，出入王臥內，力能竊之……公子試一開口請如姬，如姬必許諾，則得虎符，奪晉鄙軍，北救趙，而西卻秦，此五霸之伐也（史記卷七十七信陵君傳）。

可知虎符之制由來已久，並不是始自漢文帝二年。史記漢書所以有「初」字者，大率因為文帝二年才以銅為之。魏勃只云虎符，不云銅虎符，胡三省未曾注意銅字，故有「召平魏勃事在前，何緣有銅虎符」之言。

漢代初年雖然利用虎符，使諸侯王不得擅自調動軍隊。但諸侯王在其領土之內，既有其土地，又有其人民，又有其財賦，中央鞭長莫及。而掌武事的中尉又由諸侯王自置，諸侯王當然可以利用行政權和財政權，控制軍隊，使其變為藩國的私兵。一旦發生變亂，不但能夠調動軍隊，且又能夠組織軍隊，而作叛上的事。例如：

> 七國之發也，吳王悉其士卒，下令國中曰，寡人年六十二，身自將，少子年十四，亦為士卒先，諸年上與寡人同，下與少子等，皆發，（發）二十餘萬人（漢書卷三十五吳王濞傳）。

第四為紀年權。統一的國家須有統一的紀年。換言之，中央須有頒正朔的權。漢初，王國各自紀年，不用天子的年號，顧炎武說：

> 漢時諸侯王得自稱元年，漢書諸侯表，楚王戊二十一年孝景三年，楚王延壽三十二年地節元年之類是也。又考漢時不獨王也，即列侯於其國中亦得自稱元年。史記高祖功臣侯年表，高祖六年平陽懿侯曹參元年，孝惠六年靖侯窋元年，孝文後四年簡侯奇元年是也（日知錄卷二十年號當從實書）。

趙翼亦說：

> 三代諸侯各自紀年……至漢猶然。史記諸侯王世家，紀年不用帝號，而仍以諸侯王之年紀事。如楚元王傳，元王子戊二十一年景帝之三年也。又梁孝王傳，十四年入朝，二十二年孝文帝崩，二十四年入朝，二十五年復朝，最後云梁共王三年景帝崩，是轉以侯國歲年，記天子之事矣（廿二史劄記卷二漢時諸王國各自紀年）。

諸侯王有此四種權限，所以西漢初年王國的地位無異於周的諸侯。在惠帝呂后之時，諸侯王因「呂后為人剛毅，佐高祖定天下，所誅大臣多呂后力」（史記卷九呂后本紀），當然不敢有所動作，而戶口減耗，財政困難，亦不能有所動作。楚漢分爭之際，丁壯苦軍旅，老弱罷轉饟，項羽既亡，天下戶口比之秦時減耗不少。例如：

高祖南過曲逆，上其城，望室屋甚大，曰壯哉縣，吾行天下，獨見雒陽與是耳。顧問御史，曲逆戶口幾何。將曰始秦時三萬餘戶，間者兵數起，多亡匿，今見五千餘戶（漢書卷四十陳平傳）。

古者國之強弱貧富乃以戶口多寡為標準，多則田墾而稅增，丁多而役眾。戶口銳減，中央與地方均感覺財政困難。

漢興，接秦之弊，諸侯並起，民失作業，而大饑饉。凡米石五千，人相食，死者過半……天下既定，民亡蓋臧，自天子不能具騂駟，而將相或乘牛車（漢書卷二十四食貨志上）。

因之，不問中央或地方無不設法增加戶口，並培養人民的擔稅能力。其法則為與民休息，為政多尚無為。在中國，最能了解黃老主義，而又能應用於政治之上者莫如西漢初年的君臣。老子云：「道常無為，而無不為，侯王若能守之，萬物將自化」（老子第三十七章），史記正義云：「無為者清淨也，無不為者生育萬物也」（史記卷一百三十太史公自序）。侯王能夠清靜無為，社會自會進步，而如老子所云：「為無為，則無不治」（老子第三章）。「周秦之敝，罔密文峻，而姦軌不勝」（漢書卷五景帝紀贊曰），而六國兼併，繼以劉項之爭，大亂之後，人民均欲休息乎無為。即在西漢初年，人民所希望於政府者不是積極的建設，而是消極的休息。因為建設太多，法令必因之煩碎，賦稅必因之加重。老子云：「法令滋章，盜賊多有」（老子第五十七章），又云：「民之饑，以其上食稅之多，是以饑」（老子第七十五章）。法令簡單，賦稅減省，則「民樂其業」，而「畜積歲增，戶口寖息」（漢書卷二十三刑法志）

了。所以老子又說：「我無為而民自化，我好靜而民自正，我無事而民自富，我無欲而民自樸」（老子第五十七章）。黃老主義用於大亂之後，功效甚大，其宗旨與歐洲十八世紀之自由放任思想有些相似，並不是說全國上下嬉嬉遨遊，無所事事。

西漢初年藩國諸侯無不拊循其民。

> 孝惠呂后時，天下初定，郡國諸侯各務自拊循其民（漢書卷三十五吳王濞傳）。

拊循方法則依黃老主義。例如：

> 孝惠元年以曹參為齊丞相。……天下初定，悼惠王富於春秋。參盡召長老諸先生，問所以安集百姓。而齊故諸儒以百數，言人人殊，參未知所定。聞膠西有蓋公，善治黃老言，使人厚幣請之。既見蓋公，蓋公為言治道貴清靜，而民自定，推此類具言之。參於是避正堂舍蓋公焉。其治要用黃老術，故相齊九年，齊國安集，大稱賢相（漢書卷三十九曹參傳）。

中央亦然。

> 孝惠高后之時，海內得離戰國之苦，君臣俱欲無為，故惠帝拱己，高后女主制政不出房闥，而天下晏然，刑罰罕用，民務稼穡，衣食滋殖（漢書卷三呂后紀贊曰）。

> 當孝惠呂后時，百姓新免毒蠚，人欲長幼養老，蕭曹為相，填以無為，從民之欲，而不擾亂，是以衣食滋殖，刑罰用稀。及孝文即位，躬修玄默，勸趣農桑，減省租稅。而將相皆舊功臣，少文多質，懲惡亡秦之政，論議務在寬厚……吏安其官，民樂其業，畜積歲增，戶口寖息（漢書卷二十三刑法志）。

武帝初年，黃老之言還有勢力。

> 竇太后好黃老之言，而魏其（竇嬰，時為丞相）武安（田蚡，時為太尉）趙綰（時為御史大夫）王

臧（時為郎中令）等務隆推儒術，貶道家言，是以竇太后滋不悅魏其等。及建元二年……竇太后……罷逐趙綰王臧等，而免丞相太尉（史記卷一百七田蚡傳）。

在黃老主義之下，一方勸課農桑，而尤注意田租之減少，藉以培養稅源。

漢興，天下既定，高祖約法省禁，輕田租，五十而稅一，量吏祿，度官用，以賦於民（漢書卷二十四上食貨志）。

文帝十二年賜農民今年租稅之半（漢書卷四文帝紀）。

文帝十三年除民之田租（漢書卷四文帝紀）。

景帝二年令民半出田租，三十而稅一（漢書卷二十四上食貨志）。

同時講求生殖政策，以謀戶口的蕃息，就是一方對於產子者免其傜役。

高帝七年十二月詔民產子，復勿事二歲（漢書卷一下高祖紀）。

他方對於不嫁者增其口稅。

惠帝六年冬十月令……女子年十五以上至三十不嫁，五算。注引應劭曰，欲人民繁息也，漢律，人出一算，算百二十錢（漢書卷二惠帝紀）。

數十年休養生聚，國民經濟漸次復興，而王國也日益富裕起來，例如侯國，初封之時，「大侯不過萬家，小者五六百戶」，景帝時代，「列侯大者至三四萬戶，小國自倍，富厚如之」（漢書卷十六高惠高后孝文功臣表）。列侯如斯，王國也是一樣，例如：

齊臨菑十萬戶，市租千金，人眾殷富，鉅於長安（漢書卷三十八齊悼惠王傳）。

諸侯王富厚之後，「小者淫荒越法，大者睽孤橫逆」（漢書卷十四諸侯王表），而如賈誼所說：

諸王雖名為臣……慮亡不帝制而天子自為者，擅爵人，赦死罪，甚者或戴黃屋，漢法令非行也（漢書卷四十八賈誼傳）。

於是中央與王國就發生了衝突。其衝突除政治原因之外，尚有經濟原因。王國羨慕中央的財富，要開拓疆土，占領中央的府庫，中央渴想王國的財產，要統一海宇，沒收王國的蓄藏。各種危機就由此發生。文帝時代賈誼已經提議分封。賈誼說：

> 欲天下之治安，莫若眾建諸侯而少其力。力少則易使以義，國小則無邪心。令海內之勢如身之使臂，臂之使指，莫不制從。諸侯之君不敢有異心，輻湊並至，而歸命天子，雖在細民，且知其安……割地定制，令齊趙楚各為若干國，使悼惠王幽王元王之子孫畢以次各受祖之分地，地盡而止，及燕梁它國皆然……一寸之地，一人之眾，天子亡所利焉……地制一定，宗室子孫莫慮不王，下無倍畔之心，上無誅伐之志……臥赤子天下之上而安，植遺腹，朝委裘，而天下不亂……陛下誰憚，而久不為此（漢書卷四十八賈誼傳）。

只因文帝是由功臣迎立，功臣勢力甚大，文帝不能不倚仗同姓諸侯，牽制功臣，所以未曾施行賈誼之計。後來功臣死亡將盡，遂依賈誼之策，分齊為六，淮南為三⑨。

> 齊文王薨，亡子，文帝思賈誼之言，乃分齊為六國，盡立悼惠王子六人為王，又……分淮南為三國，盡立厲王三子以王之（漢書卷四十八賈誼傳）。

景帝時代，晁錯又建削地之義。晁錯說：

> 昔高帝初定天下，昆弟少，諸子弱，大封同姓……齊七十二城……楚四十城……吳五十餘城。封三

⑨ 分齊為六者，謂分為齊濟北濟南淄川膠西膠東也，城陽早已分封，故只言六國。分淮南為三者，謂分為淮南衡山盧江也。二者均在文帝十六年。

> 庶孽，分天下半……今削之亦反，不削亦反。削之其反亟禍小，不削之，其反遲禍大（漢書卷三十五吳王濞傳）。

景帝從錯之計，實行削地，而引起七國（吳、楚、濟南、淄川、膠西、膠東、趙）之反。七國除趙之外，均在東方，西有梁及淮南淮陽阻其進攻漢郡。當時淮南分為三國，無不附漢。

> 吳楚七國反，吳使者至淮南，王欲發兵應之。其相曰，王必欲應吳，臣願為將，王乃屬之。相已將兵，因城守，不聽王而為漢……吳使者至廬江，廬江王不應……至衡山，衡山王堅守無二心（漢書卷四十四淮南厲王長傳）。

而淮陽王餘又為景帝之子，梁王武復為景帝之同母弟，兩人均不願叛漢而附吳楚，這是七國叛變不能成功的原因。賈誼說過，「梁足以扞齊趙，淮陽足以禁吳楚」（漢書卷四十八賈誼傳），就當時的形勢說，七國欲逐鹿中原，不是由梁進兵，便須由趙進攻。但是梁王堅守睢陽，使吳楚的兵不敢西向。

> 吳楚七國反，先擊梁，殺數萬人。梁王城守睢陽，而使韓安國張羽等為將軍，以距吳楚。吳楚以梁為限，不敢過而西（漢書卷四十七梁孝王武傳）。

趙為七國之一，其他與王畿相接。吳楚之兵若能越齊至趙，疾趨河內，則進可以據雒陽，而窺關中；退可以守滎陽，而食敖倉之粟。但是七國戰術與此不同，吳楚忙於攻梁，梁既堅守睢陽；濟南淄川膠西膠東四國忙於攻齊，而漢又遣欒布救齊，故均不能發兵助趙。趙王欲待吳楚俱進，而酈寄之兵已至邯鄲城下。

> 吳楚反，趙王遂與合謀起兵……發兵住其西界，欲待吳楚俱進……漢使曲周侯酈寄擊之，趙王城守邯鄲相距（漢書卷三十八趙幽王友傳）。

這個時候，漢又遣竇嬰屯滎陽，監齊趙兵，而命周亞夫擊吳楚。亞夫出武關，抵雒陽，過滎陽，至昌邑，堅壁不戰，而使輕騎偷襲吳楚後路，絕其糧道，於是吳楚敗散，七國之亂遂平。

亂事既平，景帝又實行下列各種政策，以削弱諸侯王的權力。

一是剝奪諸侯王的行政權。景帝中五年，令諸侯王不得復治國，天子為置吏（漢書卷十九上百官公卿表）。王國官吏本來除丞相外，均由諸侯王自除。吳楚亂後，先剝奪其置二千石的權，漢書（卷五十二）韓安國傳，梁王以至親，故得自置相二千石，可知二千石應由中央任命。次又只許諸侯王自置吏四百石以下。漢書（卷四十四）衡山王賜傳注引漢儀注，「吏四百石已下，自除國中」，即其證也。而諸侯王之不奉法者，吏二百石以上，亦由中央任命。例如衡山王賜傳，內史言王不直，有司請逮治衡山王，上不許，為置吏二百石以上，注引如淳曰，「以王之惡，天子皆為置」。

二是減黜諸侯王的官吏。漢初，藩國百官同制京師（漢書卷十四諸侯王表）。景帝中五年，改丞相曰相，省御史大夫廷尉少府宗正博士官，大夫謁者郎諸官長丞皆損其員（漢書卷十九上百官公卿表）。

三是分封諸侯王的土地。趙分為六，即分為趙及河間廣川中山常山清河六國。梁分為五，即分為梁及濟陰濟川濟東山陽五國❿。

但是諸侯王擁地尚廣，例如吳楚亂平之後，梁孝王武尚有四十餘城，多大縣（漢書卷四十七梁孝王武傳），因之他的生活亦不免於僭越。

> 梁孝王武得賜天子旌旂，從千乘萬騎，出稱警，入言趩，儗於天子，招延四方豪桀，自山東游士莫不至（漢書卷四十七梁孝王武傳）。

---

❿ 見史記卷十七漢興以來諸侯年表，集解引徐廣曰。漢書卷十四諸侯王表，亦有趙分為六，梁分為五之言。但師古之注誤以武帝時所封之國名為景帝時分封之國名。趙分為六完成於景帝中四年，梁分為五乃景帝中六年之事。

所以武帝時代，主父偃又提議推恩分封。主父偃說：

古者諸侯地不過百里，強弱之形易制。今諸侯或連城數十，地方千里，緩則驕奢，易為淫亂，急則阻其彊而合從，以逆京師。今以法割削，則逆節萌起，前日晁錯是也。今諸侯子弟或十數，而適嗣代立，餘雖骨肉，無尺地之封，則仁孝之道不宣。願陛下令諸侯得推恩，分子弟，以地侯之。彼人人喜得所願，上以德施，實分其國，必稍自銷弱矣（漢書卷六十四上主父偃傳）。

主父偃之說即賈誼眾建諸侯之意。然眾建是由上令而行之，推恩則本下情而行之，所以一經武帝採用，諸侯王的子弟無不人人自喜，嫡嗣雖欲反對，勢有所不能。於是前之夸州兼郡，連城數十者，現在大國不過十餘城，小侯不過數十里，諸侯王的勢力完全摧毀。

天子……使諸侯得推恩，分子弟國邑……諸侯稍微，大國不過十餘城，小侯不過數十里，上足以奉貢職，供養祭祀，以蕃衛京師，而漢郡八九十，形錯諸侯間，犬牙相臨，秉其阨塞地利，強本幹、弱枝葉之勢也（史記卷十七漢興以來諸侯年表）。

王國已經削弱，而朝廷又定了許多制度，壓迫王國。例如：

宗室不宜典三河（漢書卷三十六劉歆傳）。

初漢制，王國人不得仕京師（漢書卷七十一彭宣傳）。

諸侯國人不得宿衛（漢書卷七十一彭宣傳）。

此皆出於防微杜漸之意。自是而後，諸王便和列侯一樣，唯得衣食租稅，不與政事，而貧者且乘牛車。

諸侯唯得衣食租稅，不與政事。至於哀平之際，皆繼體苗裔，親屬疏遠，生於帷牆之內，不為士民所尊，勢與富室無異（漢書卷十四諸侯王表）。

自吳楚誅後，稍奪諸侯權……其後諸侯唯得衣食租稅，貧者或乘牛車（漢書卷三十八高五王傳贊曰）。

王國地位降與郡同，中央集權遂告成功。

第三節 列侯的沒落與官僚政治的成立

漢承秦制，固然「尊君抑臣」（史記卷二十三禮書）。但是高祖起自匹夫，其登帝位是由功臣擁戴，功臣宿將心常鞅鞅。呂后說：

> 諸將故與帝為編戶民，北面為臣，心常鞅鞅（漢書卷一下高祖紀）。

高祖為了安慰他們，不能不割裂疆土，封為列侯。列侯是爵之最高者，表云：「爵一級曰公士……十九關內侯，二十徹侯，避武帝諱，曰通侯，或曰列侯」。顏師古注關內侯曰，「言有侯號，而居京畿，無國邑」（漢書卷十九上百官公卿表）。如淳謂「列侯出關就國，關內侯但爵耳」（漢書卷三高后紀八年）。高祖十二年詔言列侯「自置吏，得賦稅」（漢書卷一下高帝紀）。可知當初列侯不但食戶稅，且得治其吏民。文帝二年「令列侯之國」，其目的乃在於外放丞相周勃（漢書卷四文帝紀二年及三年）。而到了武帝初年，列侯還是「皆不欲就國」（漢書卷五十二田蚡傳）。此蓋「列侯所食縣曰國」（漢書卷十九上百官公卿表），「就國」不過為百里之宰，且須受郡守的監督，所以列侯事實上均在京師，而與藩國不同。藩國封土授民，列侯分戶受租。諸王在外，列侯在內，乃以收牽制之效。列侯在朝廷內頗有勢力。呂后崩殂，諸呂猶豫不敢發亂，即因畏懼列侯。

當是時，諸呂用事擅權，畏高帝故大臣絳灌等，未敢發（史記卷九呂后本紀）。

諸呂既誅，同姓之中朱虛侯劉章之功最偉，其兄齊王襄不得入承大統，為天子的乃是代王恆（文帝），也是由於列侯決定。

呂祿呂產欲作亂……朱虛侯首先斬呂產，於是太尉勃（周勃）等乃得盡誅諸呂……大臣議欲立齊王，皆曰母家駟鈞（齊王舅）惡戾，虎而冠者也。訪以呂氏，故幾亂天下，今又立齊王，是欲復為呂氏也。代王母家薄氏君子長者，且代王高帝子，於今見在最為長，以子則順，以善人則大臣安，於是大臣乃謀迎代王（漢書卷三十八齊悼惠王傳）。

最初代王不敢入京，到了馮翊之後，還令人先至長安觀變，既知大臣之有誠意，然後入京師就位。

丞相陳平太尉周勃等使人迎代王。郎中令張武等議，皆曰漢大臣皆故高帝時將，習兵事，多謀詐，其屬意非止此也，特畏高帝呂太后威耳。今已誅諸呂，新喋血京師，以迎大王為名，實不可信，願稱疾無往，以觀其變。中尉宋昌進曰……方今高帝子獨淮南王與大王，大王又長，賢聖仁孝聞於天下，故大臣因天下之心而欲迎立大王，大王勿疑也。代王……計猶豫未定……乃遣太后弟薄昭見太尉勃，勃等具言所以迎立王者。昭還報曰信矣，無可疑者。代王……乘六乘傳，詣長安，至高陵止，而使宋昌先之長安觀變。昌至渭橋，丞相以下皆迎。昌還報代王，乃進至渭橋，群臣拜謁稱臣……遂即天子位（漢書卷四文帝紀）。

觀此故事，可知列侯勢力之大。漢在武帝以前，丞相必以列侯任之。

先是漢常以列侯為丞相（漢書卷五十八公孫弘傳）。

丞相代表列侯，統宰百揆，藉以牽制天子的專擅，所以西漢雖是君主政治，而在武帝以前，卻不是君主專制，而是天子與列侯的共和政治。

高惠呂后文景時代丞相表⑪

時代	姓名	侯號	
高祖	蕭何	酇侯	佐高祖平定天下，功第一，高祖六年封侯。
惠帝	蕭何		
	曹參	平陽侯	以軍功，高祖六年封侯。
	王陵	安國侯	以軍功，高祖六年封侯。
	陳平	曲逆侯	出奇計，定天下，高祖六年封侯。
呂后	陳平		
	審食其	辟陽侯	侍呂后孝惠入楚，高祖六年封侯。
文帝	周勃	絳侯	以軍功，高祖六年封侯。
	陳平		
	灌嬰	潁陰侯	以軍功，高祖六年封侯。
	張蒼	北平侯	為郡國守相有功，高祖六年封侯。
	申屠嘉	故安侯	從高祖擊項羽，文帝元年封關內侯，及為丞相，因故邑，封為故安侯。
景帝	申屠嘉		
	陶青	開封侯	父陶舍以軍功，高祖十一年封開封侯，十二年舍薨，青嗣。
	周亞夫	條侯	周勃子，文帝十一年勃薨，子勝之嗣，十六年坐殺人死，國除。文帝後二年乃擇勃子亞夫，封為條侯。
	劉舍	桃侯	父劉襄本項氏，項羽死，賜姓劉氏，高祖十一年封侯，文帝十年襄薨，舍嗣。
	衛綰	建陵侯	以擊吳楚軍，景帝六年封侯。

⑪ 本表見漢書各本傳及有關各表。

武帝		
竇嬰	魏其侯	以扞破吳楚七國功，景帝三年封侯。
許昌	柏至侯	祖許盎以軍功，高祖七年封侯，文帝元年盎薨，祿嗣，十五年祿薨，昌嗣。
田蚡	武安侯	以皇太后同母弟，景帝後三年封侯。
薛澤	平棘侯	祖薛歐以軍功，高祖六年封廣平侯，高后元年歐薨，山嗣，文帝後三年山薨，澤嗣。景帝中三年有罪免，中五年澤復封為平棘侯。
公孫弘	平津侯	據漢書卷十八外戚恩澤侯表，元朔三年弘封為平津侯。據漢書卷十九百官公卿表，元朔五年弘為丞相。是則封侯在先，為相在後也。此與公孫弘傳所言者殊。大率外戚恩澤侯表所載之元朔三年乃元朔五年之誤。

列侯衣租食稅，固然與諸侯王不同，不能成為反抗中央的勢力，而其勢卻可以迫主。列侯所食的租稅以戶稅為主，每戶一歲二百⑫。

> 秦漢之制，列侯封君食租稅，歲率戶二百。千戶之君則二十萬，朝覲聘享出其中（漢書卷九十一貨殖傳）。

最初大侯不過萬家，小侯五六百戶。文景之世，流民既歸，戶口亦息，列侯大者有三四萬戶，小者亦增加一倍。

> 漢興，八載而天下乃平，始論功而定封……時大城名都，民人散亡，戶口可得而數，裁什二三。是以大侯不過萬家，小者五六百戶……逮文景四五世間，流民既歸，戶口亦息，列侯大者至三四萬戶，小國自倍，富厚如之（漢書卷十六高惠高后孝文功臣表）。

⑫ 據錢大昕研究，「列侯封戶雖有定數，要以封界之廣狹，定租入之多寡，不專以戶數為定也」。見漢書卷八十一匡衡傳補注。

他們生活無需依靠國家的祿俸，因之他們無需仰承朝廷的鼻息，儼然成為一個勢力，足以對抗天子。文帝即位之初，即設法減少列侯迫主之勢。例如：

二年冬十月詔曰，今列侯多居長安，邑遠，吏卒給輸費苦，而列侯亦無由教訓其民，其令列侯之國，為吏及詔所止者，遣太子（漢書卷四文帝紀）。

三年十一月詔曰，前日詔遣列侯之國，辭未行。丞相朕之所重，其為遂（朕）率列侯之國，遂免丞相勃，遣就國（漢書卷四文帝紀）。

但是物盛必衰，一方列侯數傳之後，不知祖先立業之艱難，難免驕奢淫逸。

子孫驕逸，忘其先祖之艱難（漢書卷十六高惠高后孝文功臣表）。

宗室有土，公卿大夫以下爭於奢侈，室廬車服僭上亡限（漢書卷二十四上食貨志）。

同時農村之中，發生兼併的現象，土地漸次集中起來。

於是罔疏而民富，役財驕溢，或至兼併，豪黨之徒以武斷於鄉曲（漢書卷二十四上食貨志）。

土地兼併，農民流亡，稅戶因之減少，列侯的戶稅自亦隨之減少。列侯入不敷出，只有借債。但是借債只能挽救一時之急，接著而來的則為更甚的貧窮。這個時候又有吳楚之亂，中央政府為了討伐吳楚，乃使列侯從軍，令其齎糧而出，列侯貧窮，又須借債，其息十倍。

吳楚兵之起，長安中列侯封君行從軍旅，齎貣子錢家。子錢家以為關東成敗未決，莫肯予。唯毋鹽氏出捐千金貣，其息十之。三月吳楚平，一歲之中則毋鹽氏息十倍，用此富關中（漢書卷九十一貨殖傳）。

亂事平定之後，不但藩國失去勢力，便是列侯也更貧窮。列侯經濟上既然破產，便不能不依靠朝廷的祿俸和賞賜，以維持一家的生活。生活既然依靠朝廷，於是政治上又須忍受皇帝的壓迫。武帝時侯常假酎金之名，褫奪列侯的爵。

> 元鼎五年列侯坐獻黃金酎祭宗廟不如法，奪爵者百六人，注引如淳曰，漢儀注，諸侯王歲以戶口酎黃金於漢廟，皇帝臨受獻金。金少不如斤兩，色惡，王削縣，侯免國（漢書卷六武帝紀）。

或委以太常之職，而乘機以罪廢之。

> 漢自武帝以後，丞相無爵者乃封侯，其次雖御史大夫亦不以爵封焉。惟太常一卿必以見侯居之，而職典宗廟園陵，動輒得咎。由元狩以降，以罪廢斥者二十人，意或帝陰欲損侯國，故使居是官以困之爾（容齋隨筆卷七漢晉太常）。

計武帝之世，或因樹功異域，或因推恩分封，封侯者固然不少，而皆不旋踵就被褫爵奪地。

> 孝武之世，侯者雖眾，率是不旋踵而褫爵奪地。方其外事四夷，則上尊高帝非功不侯之制，於是以有功侯者七十五人，然終帝之世失侯者已六十八人，其能保者七人而已。及其外削諸侯，則採賈誼各受其祖之分封之說，於是以王子侯者一百七十五人，然終帝之世失侯者已一百一十三人，其能保者五十七人而已。外戚恩澤侯者九人，然終帝之世失侯者已六人，其能保者三人而已（文獻通考卷二百六十七西漢功臣侯）。

列侯失去勢力，於是政治上又發生了一個變化，前此有功者方得封侯，封侯者方得為相。現在任誰都可以為相，而為相之後，任誰都得封侯了。即前此須有功而後封侯，封侯而後得為相，現在可以先為相而後封侯。丞相一職解放於列侯之外，政治更脫掉了貴族的色彩。

> 至乎孝武，元功宿將略盡……公孫弘自海瀕而登宰相，於是寵以列侯之爵……自是之後，宰相畢侯矣（漢書卷十八外戚恩澤侯表）。
>
> 公孫弘……元朔中……為丞相。先是漢常以列侯為丞相，唯弘無爵，上於是……封丞相弘為平津

侯，其後以為故事，至丞相封侯，自弘始也（漢書卷五十八公孫弘傳）。

列侯沒落，趁此機會攫取官位的則為士人。當春秋戰國貴族政治開始崩潰之時，社會上產生了一種人，稱為士。他們利用知識以維持自己的生活，又利用知識以取得社會上和政治上的勢力，而與土地貴族利用地租以維持自己的生活，又依靠門閥以取得社會上和政治上的勢力者，當然不同。他們產生於春秋末季，派別甚多，而其思想均欲治國平天下。治國平天下是政治家的任務，而在古代，人們要用自己的才幹，實行治國平天下的抱負，必須取得政權。孔席不暇暖，墨突不得黔，他們如何努力取得政權，觀此可以知道。不過春秋時代，士之人數尚少，他們出仕容易，所以在論語之中，孔子門人未曾以仕為問題，只唯子張一人才學干祿（論語為政）。到了戰國時代，士之人數漸多，由是就發生了生存競爭，而令他們注意到仕的問題，所以在孟子之中，孟子門人喜歡問仕，而孟子且以仕為君子的職業。

周霄問曰古之君子仕乎？孟子曰仕，傳曰孔子三月無君，則皇皇如也，出疆必載質，公明儀曰古之人三月無君則弔。三月無君則弔，不亦急乎？曰士之失位也，猶諸侯之失國家也……亦不足弔乎。出疆必載質，何也？曰士之仕也，猶農夫之耕也，農夫豈為出疆，舍其耒耜哉（孟子滕文公下）。

孟子豈但以仕為君子的職業，且又以仕為君子解決生活的方法。

孟子曰仕非為貧也，而有時乎為貧（孟子萬章下）。

士之中有一派稱為儒生，他們最初不甚得意，仲尼菜色陳蔡，孟軻困於齊梁，比之蘇秦張儀范雎李斯徒步而為相，孫臏吳起樂毅廉頗白身而為將，當然不可同時而語。秦雖破壞貴族政治，而代以官僚政治，但始皇所任用者均是刑名之徒，儒生常受壓迫。儒生要分享政權，勢非推翻秦室不可。所以陳勝以戍卒發難，儒生即屬望甚殷。

陳涉之王也，魯諸儒持孔子禮器往歸之，於是孔甲為涉博士，卒與俱死。陳涉起匹夫，驅適戍以立號，不滿歲而滅亡，其事至微淺，然而縉紳先生負禮器往，委質為臣者，何也？以秦禁其業，積怨而發憤於陳王也（漢書卷八十八儒林傳序）。

漢興，高祖奮身於隴畝之中，本來不知庠序之教，而攻城爭地，需要斬將搴旂之士，儒生沒有用處，所以高祖輕視儒生。

例如：

沛公不喜儒，諸客冠儒冠來者，沛公輒解其冠，溺其中（漢書卷四十三酈食其傳）。

酈生踵軍門上謁……使者入通，沛公方洗，問使者曰何如人也。使者對曰狀貌類大儒，衣儒衣，冠側注。沛公曰為我謝之，言我方以天下為事，未暇見儒生也（史記卷九十七朱建傳）。

叔孫通降漢王，通儒服，漢王憎之，乃變其服，服短衣楚製，漢王喜（漢書卷四十三叔孫通傳）。

天下既定，雖然下詔求賢，並謂「賢士大夫有肯從我游者，吾能尊顯之」（漢書卷一下高祖紀十一年二月詔）。然而高祖所要求的大率是權術之徒，對於儒生不甚歡迎。

陸賈時時前說稱詩書，高帝罵之曰乃公居馬上得之，安事詩書。賈曰馬上得之，寧可以馬上治乎……高帝不懌，有慙色（漢書卷四十三陸賈傳）。

到了群臣飲酒爭功，拔劍擊柱，高祖知儒者難與進取，可與守成，遂願借重儒生，而令叔孫通及其弟子制定朝儀（漢書卷四十三叔孫通傳）。朝儀制定之後，高祖遂能賞識儒生，復因賞識儒生，而願崇拜孔子，這個過程是必然的。

十二年十一月過魯，以太牢祠孔子（漢書卷一下高祖紀）。

但是天下初定，「尚有干戈，平定四海，亦未皇庠序之事也」（漢書卷八十八儒林傳序）。所以儒生在政治上尚無勢力，叔孫通雖為九卿之一（奉常即太常），而其弟子不過為郎。孝惠呂后之時，公卿盡是武將功臣。

孝惠高后時，公卿皆武力功臣（漢書卷八十八儒林傳）。

文帝時代，公卿還是軍吏。

漢興二十餘年，天下初定，公卿皆軍吏（漢書卷四十二任敖傳）。

而文帝又好刑名之言。

孝文本好刑名之言（漢書卷八十八儒林傳序）。

景帝之世，功臣死亡殆盡。但是景帝本來不好儒生，其所引進者大率是申韓之徒，或是黃老之流。

及至孝景不任儒，竇太后又好黃老術，故諸博士具官待問，未有進者（漢書卷八十八儒林傳序）。

吾人觀漢書所載，文帝時有賈誼，景帝時有晁錯。他們兩人最肯發表政見，誼雖遠謫，錯雖被誅，而兩人政見大率為文景二帝所採擇施行。賈誼曾在河南守吳公門下，吳公故與李斯同邑，而嘗學事焉（漢書卷四十八賈誼傳）。晁錯學申商刑名於軹張恢生所（漢書卷四十九晁錯傳），所以班固說：「賈誼晁錯明申韓」（漢書卷六十二司馬遷傳）。此皆可以證明文景時代，朝廷所歡迎的乃是法家學說。

到了武帝時代，中央政府一方削弱藩國而完成國家的統一，他方壓迫列侯而提高天子的權力。在這時期，又想討伐四夷，使國家不受外敵的壓迫，於是遂需要一種學說，來證明新政治之合理。而最合時代之需要者則為儒家的學說。秦是變法時代，因為儒生不師今而學古，恐其惑亂黔首，故凡有偶語詩書棄市，以古非今者族（史記卷六秦始皇本紀三十四年）。但自叔孫通制定朝儀之後，漢家天子已經知道儒家之不足畏，而且可以利用。武帝要完成偉大的事業，就想利用儒家學說。孔子著春秋，尊王攘夷，尊王是謀國家的統一，攘夷是謀國家的獨立。孔子說：「微管子，余其披髮左衽矣」。管仲相桓公，霸諸侯，平戎定襄王之位，伐楚責包茅不入貢於周，即實行尊王攘夷的政策，所以孔子稱之。孟子說：「定於一」。這個「一」字可以解釋為一人，一人就是天子。儒家學說既是這樣，所以漢時學者常常利用春秋一書，以說明天子的威權。春秋隱公元年有「元年春王正月」之言，公羊傳說：「何言乎王正月，大一統也」（公羊傳隱公元年）。何謂一統？春秋繁露說：「一統乎天子」（第十六篇符瑞）。一統乎天子就是集權於天子之意。儒家學說一經解釋，既然適合於當時政治環境的需要，其受武帝歡迎，理之當然。這樣，儒家便打倒了百家。請看董仲舒的對策⑬。

春秋大一統者，天地之常經，古今之通誼也。今師異道，人異論，百家殊方，指意不同，是以上無以持一統，法制數變，下不知所守。臣愚以為諸不在六藝之科，孔子之術者，皆絕其道，勿使併進。邪辟之說滅息，然後統紀可一，而法度可明，民知所從矣（漢書卷五十六董仲舒傳）。

武帝「卓然罷黜百家，表章六經」（漢書卷六武帝紀贊曰），經學獨占了學術的市場，跟著儒生就漸漸躍上政治舞臺了。

---

⑬ 董仲舒對策之年，漢書卷六武帝紀，建元元年「冬十月詔丞相御史列侯中二千石二千石諸侯相，舉賢良方正直言極諫之士」，未提到對策。元光元年五月詔賢良曰，「朕聞云云，賢良明於古今王事之體，受策察問，咸以書對，著之於篇，朕親覽焉，於是董仲舒公孫弘等出焉」。司馬光著資治通鑑將董仲舒對策之事載在建元元年。後代學者疑而未定——可參閱漢書卷六武帝紀元光元年補注及卷五十六董仲舒傳補注——其所以引起學者爭論，蓋與董仲舒傳所說：「仲舒對策，推明孔氏，抑黜百家，立學校之官，州郡舉茂材孝廉，皆自仲舒發之」數語有關。案建元五年置五經博士，元光元年冬十一月初令郡國舉孝廉各一人，此皆在元光元年五月董仲舒對策之前。漢在武帝太初元年始用夏正，以春正月為歲首，在此以前，以冬十月為歲首，故元光元年十一月乃在同年五月之前。

竇太后崩，武安君田蚡為丞相，黜黃老刑名百家之言，延文學儒者以百數，而公孫弘以治春秋為丞相封侯，天下學士靡然鄉風矣……自此以來，公卿大夫士吏彬彬多文學之士矣（漢書卷八十八儒林傳序）。

統一的政治常常要求思想的統一，韓非云：「夫冰炭不同器而久，寒暑不兼時而至，雜反之學不兩立而治。今兼聽雜學，謬行同異之辭，安得無亂乎」（韓非子第五十篇顯學）。秦始皇禁私學，「無先王之語，以吏為師」（韓非子第四十九篇五蠹，史記卷六秦始皇本紀三十四年），目的就是要統一思想。但是始皇只要求思想的統一，而又不能拿出一個中心思想，以作思想的準繩，所以我們在歷史上只看見始皇摧殘思想，未曾看見始皇指導思想。武帝的目的是和始皇一樣，而其方法卻比始皇高明，用儒家以罷黜百家，就是用仁義以推翻縱橫權詐之說，試問誰能反對。其實武帝何曾實行孔孟主義，更何曾重視儒生。案漢儒與宋儒不同，宋儒注重正心誠意，而主張為政之道以「格君心」為本。程頤說：「治道從本而言，惟是格君心之非，正心以正朝廷，正朝廷以正百官」（引自近思錄卷八治國平天下之道）。漢儒注重治國平天下之術，對於人主私人生活不甚苛求。賈誼說：「人主之行，異布衣。布衣者飾小行，競小廉，以自託於鄉黨邑里。人主者唯天下安，社稷固不耳」（新書卷一益壤），「故大人者不怵小廉，不牽小行，故立大便，以成大功」（新書同上）。而且當時四夷未賓，制度多闕，上方欲用文武，求之如弗及。故曾下詔徵求跅弛之士，待以不次之位。

元封五年詔曰，蓋有非常之功，必待非常之人，故馬或奔踶而致千里，士或有負俗之累而立功名。夫泛駕之馬，跅弛之士亦在御之而已。其令州郡察吏民有茂材異等，可為將相及使絕國者（漢書卷六武帝紀）。

儒生不過董仲舒（治春秋，位至國相）公孫弘（治春秋雜說，位至丞相）兒寬（治尚書，位至御史大夫）三人，而三人又皆「明習文法，以經術潤飾吏治」（漢書卷八十九循吏傳序）。按君主所恃以治天下者為刑賞，而如梅福所說：「爵祿束帛者天下之底石，高祖所以厲世摩鈍也」（漢書卷六十七梅福傳）。刑賞可以應用，而不可公開主張。口談仁義，而行用刑賞，所以漢家制度是雜用王霸的。宣帝說：

> 漢家自有制度，本以霸王道雜之，奈何純任德教，用周政乎（漢書卷九元帝紀）。

儒生雖然有參加政治的機會，而西漢初年得官的須有一種資格，即資產十萬以上。景帝末年改為四萬。

> 景帝後二年五月詔曰，今訾算十以上乃得宦，廉士算不必眾，有市籍不得宦，無訾又不得宦，朕甚愍之。訾算四得宦，亡令廉士久失職，貪夫長利（漢書卷五景帝紀）。

按漢代租稅有一種稱為訾算。服虔云：

> 訾萬錢，算百二十七也（漢書卷五景帝紀後二年注引服虔曰）。

十算就是十萬。應劭云：

> 十算十萬也（漢書卷五景帝紀後二年注引應劭曰）。

何以漢代規定資產十萬以上方得為宦，漢文帝曾言：

> 百金中人十家之產也（漢書卷四文帝紀贊曰）。

所謂百金乃黃金百斤。

> 秦以一鎰為一金，漢以一斤為一金（史記卷三十平準書注引臣瓚曰）。

漢書云：

> 黃金重一斤，值錢萬（漢書卷二十四下食貨志）。

所以十金——十萬便是中產之家，中產之人方得為宦，蓋如應劭所云：

古者疾吏之貪，衣食足、知榮辱，限訾十萬乃得為吏，十算十萬也（漢書卷五景帝紀後二年注引應劭曰）。

然而因此，出身貧窮之家的士就沒有為宦的資格了。據姚鼐說：

此所云宦謂郎也。漢初，郎須有衣馬之飾，乃得侍上，故以訾算。張釋之云：久宦減仲之產。衛將軍青令舍人具鞍馬絳衣玉具劍是也。漢之仕進大抵郎侍及仕州郡及卿府辟召三途，郎乃宦於皇帝者也。無訾不得宦於皇帝，自可仕郡縣及卿府也……應劭謂限訾十算乃得為吏，不悟此制不通行於凡吏也（漢書卷五景帝紀後二年補注）。

但據何焯之言，郎官所以須有訾產，乃因：

郎官宿衛親近，欲其有所顧忌，重於犯法（漢書卷五十七上司馬相如傳補注）。

自武帝擢用儒生，「開東閣，延賢人與謀議」（漢書卷六十四上嚴助傳）之後，大率景帝所定「訾算四得官」之限制也已撤銷。朱買臣家貧，常艾薪樵，賣以給食，詣闕上書，武帝即拜為中大夫（漢書卷六十四上朱買臣傳）。主父偃家貧，假貸無所得，上書闕下，朝奏，暮召入見，而為侍中（漢書卷六十四上主父偃傳）。此尚就一般官吏言之，至於郎，固然有訾者得拜為郎⑭。

司馬相如以訾為郎，師古曰以家財多，得拜為郎也（漢書卷五十七上司馬相如傳）。

而為郎者卻不需要有訾。例如：

翟方進家世微賤……至京師受經，母織屨以給，以射策甲科為郎（漢書卷八十四翟方進傳）。

⑭ 文帝時，張釋之以訾為騎郎，如淳曰漢法，訾五百萬，得為常侍郎，見漢書卷五十張釋之傳。

所以姚鼐又云：

至武帝建學校，舉孝廉後，則郎不必訾算而後登（漢書卷五景帝紀後二年補注）。

列侯沒落，而為宦者又不需要資產資格，宦路公開，儒生有出身的機會。宣帝「雖不甚用儒，然於通經者未嘗不加勸誘，亦武帝家法也」（漢書卷八宣帝紀元康元年補注引何焯曰）。元帝「少而好儒，及即位，徵用儒生，委之以政」（漢書卷九元帝紀贊曰）。自是而後，儒生遂成為政治上的唯一候選人，利祿之徒欲進身於政界，亦唯從事讀經。班固云：

自武帝立五經博士，開弟子員，設科射策，勸以官祿，訖於元始，百有餘年，傳業者寖盛，支葉蕃滋，一經說至百餘萬言，大師眾至千餘人，蓋祿利之路然也（漢書卷八十八儒林傳贊曰）。

政治離開了列侯，離開了資產，固然選才之法未必盡美盡善，而官僚政治卻因之完成。

第四節 民族的發展

自周平王東遷之後，中華民族常受漠北蠻族的壓迫。這不是因為中華民族文弱，而是因為中華文化進步。何以說呢？中華民族到了周代，完全進化為農耕民族，而漠北民族還是遊牧民族。農耕民族與遊牧民族接壤比鄰，農耕民族常是保守的，而遊牧民族則傾向於侵略。因為由農耕民族觀之，在農事方忙之時，當然不願放棄耕地，而去奪取荒地。文物制度既然進步，則蠻荒貨物必不會引起他們的興趣，而一旦發生戰爭，耕稼之人，犧牲甚大，農耕民族愛好和平，是理之當然的。反之，遊牧民族則逐水草而居，他們沒有城廓，為了防禦別個民族的襲擊，常常練習攻戰，生活已經養成好戰的性癖，而文化又甚幼稚，看到近鄰的農耕民族財物豐富，當然發生羡慕的情緒，他們喜歡侵略，可以說是一種天性。

由三代而至秦漢，為吾國北方大患者都是匈奴。所謂山戎，獫狁，葷粥都是匈奴的別稱。匈奴所以能夠欺陵中國，據史記所載，一是性格上的原因，即漢族以農耕為業，希望和平，匈奴從事遊牧，不畏攻戰。

匈奴隨畜牧而轉移……逐水草遷徙……無城廓常處耕田之業……其俗，寬則隨畜，因射獵禽獸為生業，急則人習戰攻以侵犯，其天性也（史記卷一百十匈奴傳）。

中國力耕桑以求衣食，築城郭以自備，故其民急則不習戰功，緩則罷於作業（同上）。

二是經濟上的原因，即中國以匈奴之地為無用，而匈奴則愛好中國之財物。

匈奴地澤鹵，非可居也（同上）。

匈奴嗜漢財物（同上）。

兩種民族生活不同，因之發生戰爭之際，在漢族方面，戰敗不能遠遁，戰勝不敢深入。在匈奴方面，戰勝可驅其牧畜，入食中原美草，戰敗則如鳥獸之散，使中國難於追擊。秦時李斯已經說過：

秦始皇欲攻匈奴，李斯諫曰不可，夫匈奴無城廓之居，委積之守，遷徙鳥舉，難得而制。輕兵深入，糧食必絕，運糧以行，重不及事，得其地不足以為利，得其民不可調而守也（漢書卷六十四上主父偃傳）。

文帝時晁錯亦說：

胡人衣食之業不著於地，其勢易以擾邊境。何以明之，胡人食肉飲酪，衣皮毛，非有城郭田宅之歸。居如飛鳥走獸於廣野，美草甘水則止，草盡水竭則移。以是觀之，往來轉徙，時至時去，此胡人之生業，而中國之所以離南晦也（漢書卷四十九晁錯傳）。

唯在武力上匈奴並不比中國為強，晁錯以為匈奴有三長技，中國有五長技。晁錯此言不過欲破除華人畏懼匈奴的心理而已。三略（中略）云：「無使辯士談說敵美，為其惑眾」。蓋如尉繚子（第五篇攻權）所說：「夫民無兩畏也，畏我侮敵，畏敵侮我。見侮者敗，立威者勝」。中華自戰國以後，歷受匈奴侵略。秦始皇只能築萬里長城，以防胡騎南下。漢高祖往擊匈奴，而竟受圍於白登，有七日之久。故為振作民氣起見，不能不高唱胡不如我。晁錯之言如次：

今匈奴地形技藝與中國異，上下山阪，出入溪澗，中國之馬弗與也。險道傾仄，且馳且射，中國之騎弗與也。風雨罷勞，飢渴不困，中國之人弗與也。此匈奴之長技也。若夫平原易地，輕車突騎，則匈奴之眾易撓亂也。勁弩長戟，射疏及遠，則匈奴之弓弗能格也。堅甲利刃，長短相雜，遊弩往來，什伍俱前，則匈奴之兵弗能當也。材官騶發，矢道同的，則匈奴之革笥木薦弗能支也。下馬地鬥，劍戟相接，去就相薄，則匈奴之足弗能給也。此中國之長技也。以此觀之，匈奴之長技三，中國之長技五（漢書卷四十九晁錯傳）。

中國所以還受匈奴侵略者，實因國力消耗於內戰。春秋戰國時代正是中國內亂最劇烈的時代。中國疲於內戰，無遑顧到邊疆問題，所以戎狄乘間而入。但是始皇統一天下之後，中國不但不受匈奴之壓迫，反而能夠壓迫匈奴。只因始皇討伐匈奴，其動機在恐「亡秦者胡也」，所以對付匈奴的政策乃是消極的防禦，不是積極的進攻。換言之，始皇將匈奴驅逐出一定境界之後，就停止進攻，唯築萬里長城，防其來寇，並沒有犁庭掃穴，一舉而剿滅之。所以始皇死後，天下分崩，匈奴又乘隙而入。

> 秦滅六國，而始皇帝使蒙恬將十萬之眾北擊胡，悉收河南地，因河為塞，築四十四縣城臨河，徙適戍以充之……匈奴單于曰頭曼，不勝秦，北徙。十餘年而蒙恬死，諸侯畔秦，中國擾亂，諸秦所徙適戍邊者皆復去。於是匈奴得寬，復稍度河南，與中國界於故塞……冒頓立為單于……滅東胡王……西擊走月氏，南併樓煩白羊河南王，侵燕代，悉復收秦所使蒙恬所奪匈奴地者……是時漢兵與項羽相距，中國罷於兵革，以故冒頓得自強，控弦之士三十餘萬（史記卷一百十匈奴傳）。

漢興，接秦之敝，經濟崩潰，財政窮困，當然沒有能力對付匈奴。而匈奴既奪取河南之地，遂由河南地，進窺關中。此際漢的政策，一是徙民關中，以鞏固關中的國防。這是劉敬建議的。

> 高祖罷平城歸……使劉敬往結和親約，敬從匈奴來，因言匈奴河南白羊樓煩王，去長安近者七百里，輕騎一日一夕可至。秦中新破，少民，地肥饒，可益實。夫諸侯初起時，非齊諸田、楚昭屈景莫與。今陛下雖都關中，實少人，北近胡寇，東有六國強族，一日有變，陛下亦未得安枕而臥也。臣願陛下徙齊諸田，楚昭屈景，燕魏韓趙後，及豪傑名家，且實關中。無事可以備胡，諸侯有變，亦足率以東伐，此強本弱末之術也。上曰善，乃使劉敬徙所言關中十餘萬口（漢書卷四十三劉敬傳）。

即徙民以實關中，不但要強幹弱支，且欲以備胡騎來侵。二是募民實邊。桑弘羊說：「緣邊之民處寒苦之地，距強胡之難，烽燧一動，有沒身之累，故邊民百戰，而中國恬臥者，以邊郡為蔽扞也……邊境強，則中國安，（中）國安，則晏然無事，何求而不默（得）也」（鹽鐵論第十六篇地廣）。欲求邊境之強，必須繁殖邊境的戶口，邊境戶口稀少，則草不盡墾，地利不盡出，一旦外寇來侵，容易給敵人略取。漢時人民均有當兵的義務，邊疆戶口增加，就是邊疆軍隊增加，所以移民實邊，在經濟上與國防上均有極大的利益。這種政策是晁錯向文帝建議的。

> 錯復言曰，今使胡人數處轉牧，行獵於塞下，或當燕代，或當上郡北地隴西，以候備塞之卒。卒少

則入，陛下不救，則邊民絕望，而有降敵之心。救之少發則不足；多發，遠縣才至，則胡又已去；聚而不罷，為費甚大；罷之則胡復入，如此連年，則中國貧苦而民不安矣。陛下幸憂邊境，遣將吏發卒以治塞，甚大惠也。然令遠方之卒守塞一歲而更，不知胡人之能，不如選常居者，家室田作，且以備之。以便為之高城深塹，具藺石，布渠答。復為一城，其內城閒百五十步。要害之處，通山之道，調立城邑毋下千家，為中周虎落，先為室屋，具田器，乃募罪人及免徒復作令居之。不足，募以丁奴婢贖罪及輸奴婢欲以拜爵者。不足，乃募民之欲往者，皆賜高爵，復其家，予冬夏衣廩食，能自給而止。郡縣之民得買其爵，以自增至卿。其亡夫若妻者，縣官買予之。人情非有匹敵，不能久安其處。塞下之民，祿利不厚，不可使久居危難之地。胡人入驅，而能止其所驅者，以其半予之，縣官為贖其民，如是，則邑里相救助，赴敵不避死，非以德上也，欲全親戚，而利其財也。此與東方之戍卒不習地勢，而心畏胡者，功相萬也。以陛下之時，徙民實邊，使遠方無屯戍之事，塞下之民，父子相保，亡係虜之患，利施後世，名稱聖明，其與秦之行怨民相去遠矣。上從其言，募民徙塞下（漢書卷四十九晁錯傳）。

兩種政策只是鞏固國防而已，並不能夠與匈奴以積極的打擊，所以自高祖而至景帝，七十餘年之中，匈奴之禍不絕於史。

武帝以前匈奴為患中國表⑮

時代	事略
高祖時	是時漢初定，徙韓王信於代都馬邑。匈奴大攻圍馬邑，韓王信降匈奴，匈奴得信，因引兵南

⑮ 本表依漢書卷九十四上匈奴傳。

	踰句注，攻太原，至晉陽下。高祖自將兵往擊之，至平城，冒頓縱精兵三十餘萬騎，圍高帝於白登七日。高祖乃使使間厚遺閼氏，閼氏乃謂冒頓曰，兩主不相困，今得漢地，單于終非能居之。冒頓乃開圍一角，於是高皇帝從解角直出，得與大軍合，而冒頓遂引兵去，漢亦引兵罷。
孝惠呂后時	孝惠呂后時，冒頓寖驕，乃為書使使遺高后曰，孤僨之君生於沮澤之中，長於平野牛馬之域，數至邊境，願遊中國。陛下獨立，孤僨獨居，兩主不樂，無以自娛，願以所有，易其所無。高后報書曰，單于不忘敝邑，賜之以書，敝邑恐懼，退日自圖，年老氣衰，髮齒墮落，行步失度，單于過聽，不足以自汙，敝邑無罪，宜在見赦。竊有御車二乘，馬二駟，以奉常駕。
文帝時	孝文即位，三年夏匈奴右賢王入居河南地為寇，文帝遣丞相擊右賢王，右賢王走出塞。六年冒頓死，子老上單于立，十四年匈奴單于十四萬騎入朝那蕭關，殺北地都尉卬，虜人民畜產甚多，文帝大發車騎往擊胡，單于留塞內月餘，漢逐出塞，即還，不能有所殺。匈奴日以驕，歲入邊，殺略人民甚眾，雲中遼東最甚，郡萬餘人，漢甚患之。後四年老上單于死，子軍臣單于立，歲餘，匈奴大入上郡雲中，所殺略甚眾。
景帝時	終景帝世，時時小入寇邊，無大寇。

此際中國幾乎束手無策，只能利用和親政策，討好匈奴。和親政策也是劉敬建議的。

> 高帝罷平城歸……當是時冒頓單于兵強，控弦四十萬騎，數苦北邊。上患之，問敬，敬曰天下初定，士卒罷於兵革，未可以武服也……陛下誠能以嫡長公主妻單于，厚奉遺之，彼知漢女送厚，蠻夷必慕以為閼氏，生子必為太子……冒頓在，固為子壻；死，外孫為單于，豈曾聞外孫敢與大父亢禮哉，可無戰以漸臣也……高帝曰善……取家人子為公主，妻單于，使敬往結和親約（漢書卷四十三劉敬傳）。

這種政策由現代人觀之，固然認為幼稚，而自高祖以後，武帝以前，漢家天子確是不斷的利用和親政策，以救邊境的危急。

惠帝三年以宗室女為公主，嫁匈奴單于（漢書卷二惠帝紀）。

老上單于初立，文帝復遣宗人女翁主為單于閼氏（漢書卷九十四上匈奴傳）。

景帝五年遣公主嫁匈奴單于（漢書卷五景帝紀）。

早在文帝初年，賈誼就依春秋大義，謂「匈奴侵甚侮甚，遇天子至不敬也。為天子患，至無已也。以漢而歲致金絮繒綵，是入貢職於蠻夷也。顧戎人諸侯也，勢既卑辱，而禍且不息，長此何窮。陛下胡忍以帝皇之號特居此。實竊料匈奴之眾，不過漢一千石大縣，以天下之大，而困於一縣之小，甚竊為執事羞之」（新書卷四勢卑）。但在文帝時代，王國將次叛亂，漢固不能用其全力對付匈奴，所以只得用和親政策，暫時以救邊疆之急。然而和親政策未必就有效果。匈奴固然貪漢的嫁粧，而出塞公主未必就為閼氏，其所生的子做了單于之後，又未必不敢與大父抗禮，所以由高祖而至景帝，中國不斷的和親，匈奴不斷的寇邊。班固曾言：

和親之論發於劉敬，是時天下初定，新遭平城之難，故從其言，約結和親，賂遺單于，冀以救安邊境。孝惠高后時，遵而不違，匈奴寇盜不為衰止，而單于反益加驕倨。逮至孝文，與通關市，妻以漢女，增厚其賂，歲以千金，而匈奴數背束約，邊境屢被其害……此則和親無益，已然之明效也（漢書卷九十四下匈奴傳贊曰）。

和親不能解決問題，結果只有訴於武力。司馬法（第一篇仁本）云：「殺人安人，殺之可也。以戰去戰，雖戰可也」。漢代人士崇法家學說，以為政治尤其國際政治是以力為基礎的。「力多則人朝，力寡則朝於人」（韓非子第五十篇顯學）。桑弘羊說：「漢之有匈奴，譬若木之有蠹，如人有疾，不治則寖以深」，「匈奴貪狠，因時而動，乘可而發，飈舉電至，而欲以誠信之心，金帛之寶，而信無義之詐，是猶親蹠蹻而扶猛虎也」（鹽鐵論第四十七篇世務）。何況「匈奴不當漢家之巨郡」（鹽鐵論第五十二篇論功），中國若肯舉兵討伐，必易成功，這是他要增加中國的自信力，與晁錯所說「匈奴有三長技，中國有五長技」，完全相同。但是偉大的軍事行動須有充足的財政準備，而充足的財政準備又須有健全的經濟基礎。武帝時代，承數世的休養生聚，國民經濟已經復興，而國家財政亦甚豐裕。

> 至武帝之初，七十年間國家無事，非遇水旱，則民人給家足。都鄙廩庾盡滿，而府庫餘財，京師之錢累百鉅萬，貫朽而不可校。太倉之粟陳陳相因，充溢露積於外，腐敗不可食（漢書卷二十四上食貨志）。

兵力如何呢？

> 漢初，兵民不甚分，如馮唐謂吏卒皆家人子弟，起田中從軍。而後漢書禮儀志謂罷遣衛士，必勸以農桑。由此觀之，兵農尚未分（文獻通考卷一百五十兵制引章氏曰）。

民多則兵多，民少則兵寡。漢興，接秦之敝，戶口銳減，當然不能抵抗控弦之士三十餘萬的匈奴。孝惠文景休養生聚，流民既歸，戶口亦增，計其增加之數約三四倍，那末，軍隊之額當然加多，而足與匈奴相見於疆場之上。何況漢採農兵之制，民年二十三至五十六為正卒，一歲赴京師為南北軍之兵，一歲在郡國為材官騎士樓船。其餘歸住田舍，以待番上調發。到了年達五十六，才得免為庶人。

> 民年二十三為正，一歲以為衛士，一歲為材官騎士，習射御騎馳戰陣……水處為樓船，亦習戰射行船……年五十六，老衰，乃得免為民就田（漢官儀卷上）。

又隨地土之宜，加以訓練。

> 高祖命天下郡國選能引關蹶張材力武猛者，以為輕車騎士樓船，常以立秋後講肄課試，各有員數，平地用車騎，山阻用材官，水泉用樓船（漢官儀卷上）。

每歲九月講武，稱為都試。

以九月都試日，補注，齊召南曰，案都試日即講武日也……漢制常以秋行都試，韓延壽傳最詳（漢書卷八十四翟方進傳）。

所以就戰鬥力說，漢兵一人可敵胡兵五人，最少也能以一敵三。陳湯說：

胡兵五當漢兵一。何者，兵刃朴鈍，弓弩不利，今聞頗得漢巧，然猶三而當一（漢書卷七十陳湯傳）。

於是從前只求和親，冀以救安邊境者，現在則和戰成為朝臣討論的問題了。大抵文臣主和，武將主戰。班固說：

縉紳之士則守和親，介胄之士則言征伐（漢書卷九十四下匈奴傳贊曰）。

非常之事本來不能決定於廟堂之上，而如陳湯所言：「國家與公卿議大策，非凡所見，事必不從」（漢書卷七十陳湯傳）。最後於王恢與韓安國一場辯論（參閱漢書卷五十二韓安國傳）之後，就由武帝決定討伐，以報昔日之恥。馬邑開釁，戰事發生。

武帝即位……漢使馬邑人聶翁壹，閒闌出物，與匈奴交易，陽為賣馬邑城以誘單于。單于信之，而貪馬邑財物，乃以十萬騎入武州塞，漢伏兵三十餘萬馬邑旁……單于既入漢塞，未至馬邑百餘里，見畜布野而無人牧者，怪之……時雁門尉史……知漢謀……具告單于。單于大驚曰吾固疑之，乃引兵還……自是後，匈奴絕和親……往往入盜於邊，不可勝數（漢書卷九十四上匈奴傳）。

於是怎樣討伐匈奴，又成為重要問題。按匈奴所恃以侵陵中國者，實因地方荒涼。地方荒涼，一方胡兵出沒無常。韓安國（漢書卷五十二韓安國傳）說：

匈奴輕疾悍亟之兵也，至如猋風，去如收電，畜牧為業，弧弓射獵，逐獸隨草，居處無常，難得而制。

他方漢兵運糧不易。王莽時嚴尤說：

邊既空虛，不能奉軍糧……計一人三百日食，用糧十八斛，非牛力不能勝。牛又當自齎食，加二十斛，重矣。胡地沙鹵，多乏水草，以往事揆之，軍出未滿百日，牛必物故且盡，餘糧尚多，人不能負……輜重自隨，則輕銳者少，不得疾行。虜徐遁逃，勢不能及；幸而逢虜，又累輜重，如遇險阻，銜尾相隨，虜要遮前後，危殆不測（漢書卷九十四下匈奴傳）。

所以討伐匈奴，行必為戰備，止必堅營壘，而最重要者則為占領匈奴的根據地，使匈奴無所憑依。匈奴之地東接朝鮮，西連西域，其所憑依之地與漢相接而最重要者，乃是河南地。河南地肥饒，匈奴以之為牧場，可以供給糧食。戰事開始，漢遣大將軍衛青七出塞，經數次苦戰之後，奪取了河南地。

元朔二年春正月，遣將軍衛青李息出雲中，至高闕（師古曰在朔方之北），遂西至符雄（師古曰幕北塞名也），獲首虜數千級，收河南地（漢書卷六武帝紀）。

並依主父偃之建議，改置朔方郡，徙民以實之。

主父偃盛言，朔方地肥饒，外阻河，蒙恬築城以逐匈奴，內省轉輸戍漕，廣中國滅胡之本也……遂置朔方，本偃計也（漢書卷六十四上主父偃傳）。

元朔二年春正月，收河南地，置朔方五原郡……夏募民徙朔方五萬口（漢書卷六武帝紀）。

匈奴退出河南地之後，漢又更進一步，自雲中定襄，向北進兵，奪取陰山。陰山在戰略上極其重要，草木茂盛，匈奴依阻其中，既有隱蔽，又能治作弓矢，來出作寇。而為漢略取之後，漢軍登高一望，胡騎出沒，蹤跡皆見。於是匈奴只有踰大磧而居其北。匈奴失去陰山之後，每過陰山，未嘗不痛哭流涕，可知陰山的價值。侯應說：

臣聞北邊塞至遼東外有陰山——補注，沈欽韓曰自陰山而北，皆大磧，磧東西數千里，南北亦數千里，無水草，不可駐牧。中國得陰山，乘高一望，寇出沒蹤跡皆見，必踰大磧，而居其北，去中國益遠，故陰山為禦邊要地。陰山以南即為漠南，彼若得陰山，則易以飽其力而內犯，此秦漢唐都關中，必逾河而北守陰山也——東西千餘里，草木茂盛，多禽獸，本冒頓單于依阻其中，治作弓矢，來出為寇，是其苑囿也。至孝武世，出師征伐，斥奪此地，攘之於幕北，建塞徼，起亭隧，築外城，設屯戍以守之，然後邊境得用少安。幕北地平，少草木，多大沙，匈奴來寇，少所蔽隱，從塞以南，徑深山谷，往來差難。邊長老言，匈奴失陰山之後，過之，未嘗不哭也（漢書卷九十四下匈奴傳）。

復由隴西北地向西進兵，過焉支，逾祁連，而達河西。焉支祁連美水草，宜牧畜，匈奴失去兩山，也至為惋惜。

山在張掖酒泉二界上，東西二百餘里，北百里，有松柏五木，美水草，冬溫夏涼，宜畜牧養。匈奴失二山，乃歌曰失我祁連山，使我六畜不蓄息，失我焉支山，使我嫁婦無顏色（史記卷一百十匈奴傳注引西河舊事）。

重要的根據地均已占領，於是遂用屯田政策，以便長期抗戰。蓋如孫子（第二篇作戰）所說：「因糧於敵，故軍食可得而足也。國之貧於師者遠輸，遠輸則百姓貧」。屯田即因糧於敵，而免遠輸之害⑯。

漢令大將軍衛青票騎將軍霍去病……擊匈奴……匈奴遠遁，而幕南無王庭。漢度河，自朔方以西至

⑯ 據資治通鑑，此係元狩四年之事。此後，朔方以東如上郡西河，令居以西，由敦煌至鹽澤，皆有屯田。漢書卷二十四下食貨志，「而上郡朔方西河河西開田官，斥塞卒六十萬人戍田之」。卷九十六上西域傳，「於是自敦煌西至鹽澤，往往起亭，而輪臺渠犂皆有田卒數百人，置使者校尉領護，以給使外國者。」

令居，往往通渠，置田官吏卒五六萬人，稍蠶食，地接匈奴以北（漢書卷九十四上匈奴傳）。

屯田乃對付蠻族的最好政策。武帝用兵閩越之時，淮南王安曾言：

> 今以兵入其地……必雉兔逃入山林險阻，背而去之，則復相群聚，留而守之，歷歲經年，則士卒罷倦，食糧乏絕，男子不得耕稼種樹，婦人不得紡績織紝。丁壯從軍，老弱轉餉，居者無食，行者無糧，民苦兵事，逃亡者必眾，隨而誅之，不可勝盡，盜賊必起（漢書卷六十四上嚴助傳）。

匈奴善騎射，來去迅速，中國若待匈奴來攻，才召大軍往禦，不但邊境已受其禍，而國軍到著之時匈奴已經輕騎往遁，國軍凱旋之後，匈奴又復捲土重來。我來彼去，我去彼來，軍隊疲於奔命，必為敵寇所乘。但是中國若為預防起見，駐兵邊境，則運糧艱難，費用巨大，國家財政又將因之窮匱。於是就發明了屯田政策，軍隊駐屯邊疆，無事耕田，有事荷戈，用軍隊自己的收穫，以供給軍隊之用，這是古代長期作戰的良好方法。

在長期作戰之中，成功失敗全看那一方財政充足。匈奴之地稍肥饒者盡給中國占領，其所恃者外援而已。匈奴之地東連朝鮮，西接西域，南與南羌交界。劉歆雖說：「孝武皇帝東伐朝鮮，起玄菟樂浪，以斷匈奴之左臂」（漢書卷七十三韋玄成傳）。按朝鮮來降為元封二年之事，在此以前，吾人讀史記及漢書之匈奴傳及朝鮮傳，並未發見朝鮮與匈奴勾結之事，所以匈奴最重要的外援只唯南羌與西域。劉歆云：「孝武皇帝西伐大宛，並三十六國，結烏孫，起敦煌酒泉張掖，以鬲婼羌，裂匈奴之右肩」（漢書卷七十三韋玄成傳），茲試分別述之。

漢為隔絕胡羌，必須奪取河西之地，遂遣驃騎將軍霍去病六出塞，擊匈奴右地，取河西，列置四郡，史記（卷一百十匈奴傳），「西置酒泉郡，以隔絕胡與羌通之路」，即謂此也。所謂四郡乃酒泉武威張掖敦煌。酒泉武威設置於元朔二年（漢書卷六武帝紀），元鼎六年分武威酒泉地，置張掖敦煌郡（漢書卷六武帝紀）。南羌亦係遊牧民族。

> 婼羌（補注，王先謙曰羌種繁多，單言婼羌，知當時為諸羌首帥）……隨畜逐水草，不田作（漢書卷九十六上西域傳）。

財政上不能援助匈奴，而只能與匈奴勾結，擾亂邊境。自漢開河西，置四郡之後，胡羌交通塞絕，彼此不相聞問，匈奴要與南羌交通，須繞道而行。漢書（卷六十九）趙充國傳，「匈奴使人至小月氏，傳告諸羌曰，羌人為漢事苦，張掖酒泉本我地，地肥美，可共擊居之」，即其證也。西域諸國與南羌不同，多土著，有城郭，財政上雖能援助匈奴：

> 西域諸國大率土著，有城郭田畜，與匈奴烏孫異俗，故皆役屬匈奴，匈奴……賦稅諸國，取富給焉（漢書卷九十六上西域傳）。

但國小民寡，軍事上對於匈奴，不能有所協助。

> 西域諸國各有君長，兵眾分弱，無所統一，雖屬匈奴，不能親附。匈奴能得其馬畜旃罽，而不能統率，與之進退（漢書卷九十六下西域傳贊曰）。

漢至西域有南北兩道，南道出陽關，從樓蘭（即鄯善）；北道出玉門，從車師。樓蘭車師均是小國，當漢之孔道，而可以遮止漢之西進。樓蘭「國中有伊循城，其田肥美」，可以「屯田積穀」，車師亦然，「單于大臣皆曰，車師地肥美，近匈奴，使漢得之，多積穀，必害人國，不可不爭也」（漢書卷九十六下西域傳）。所以漢欲經營西域，以折匈奴之右肩，須先征服兩國。武帝元封三年，趙破奴將兵數萬，虜樓蘭王，遂破車師（漢書卷九十六上西域傳，參閱卷五十五趙破奴傳）。兩國既通，遂於西域諸國之中，擇其戶口較多，兵力較強，而又與匈奴有隙者，與其共擊匈奴。最初漢所注意的乃是大月氏。

> 大月氏，戶十萬，口四十萬，勝兵十萬人……大月氏本行國也，隨畜移徙，與匈奴同俗。控弦十餘

萬，故強，輕匈奴，本居敦煌祁連間，至冒頓單于攻破月氏，而老上單于殺月氏，以其頭為飲器，月氏乃遠去，過大宛，西擊大夏而臣之……大夏本無大君長，城邑往往置小長，民弱畏戰，故月氏徙來，皆臣畜之（漢書卷九十六上西域傳）。

大月氏既與匈奴有隙，所以漢欲遠交大月氏共擊匈奴。但大月氏移住於大夏之後，地肥饒，安樂，無報仇之心。

大月氏王既臣大夏而居，地肥饒，少寇志安樂，又自以遠漢，殊無報胡之心（史記卷一百二十三大宛傳）。

於是漢又轉移目標，欲與烏孫結合。

烏孫國……戶十二萬，口六十三萬，勝兵十八萬八千八百人……不田作種樹，隨畜逐水草，與匈奴同俗……最為強國。故服匈奴（師古曰故謂舊時也，服屬於匈奴也），後盛大，取羈屬，不肯作朝會。東與匈奴，西北與康居，西與大宛，南與城廓諸國相接（漢書卷九十六下西域傳）。

烏孫既是大國，又與匈奴接壤，復不肯朝事匈奴，於是武帝就依張騫之言，以翁主嫁給烏孫。

張騫言烏孫本與大月氏共在敦煌間，今烏孫雖強大，可厚賂，招令東居胡地，妻以公主，與為昆弟，以制匈奴……漢元封中，遣江都王建女細君為公主以妻焉（漢書卷九十六下西域傳，參閱卷六十一張騫傳）。

烏孫雖然和親，漢在西域尚未曾充分表示其威力，樓蘭車師不過小國而已。夷狄之性誠如韓安國所說：「可以威服，不可以仁畜」（漢書卷五十二韓安國傳）。漢要屈服西域諸國，使它們脫離匈奴的關係，只有表示自己的威力，而表示威力之機會則為討伐大宛。大宛亦西域之一大國[17]。

大宛在匈奴西南……其俗土著耕田，田稻麥，有城郭屋室，其屬邑大小七十餘城，眾可數十萬（史記卷一百二十三大宛傳）。

大宛有善馬，「馬汗血，言其先天馬子也」（漢書卷九十六上西域傳）。漢胡戰爭，馬隊極其重要。文帝時，晁錯已經提議獎勵養馬，「令民有車騎馬一匹者復卒三人，車騎者天下武備也」（漢書卷二十四上食貨志）。景帝中四年又「禁馬高五尺九寸以上，齒未平，不得出關」（漢書卷五景帝紀）。武帝時，元朔年間，大將軍衛青擊胡，漢軍士馬死者十餘萬（漢書卷二十四下食貨志），「天子為伐胡，故盛養馬，馬之往來食長安者數萬匹」（漢書卷二十四下食貨志）。而元狩年間，大將軍衛青驃騎將軍霍去病擊胡，軍馬死者十餘萬匹（漢書卷二十四下食貨志）。數次討伐匈奴，「漢馬死者十餘萬匹，匈奴雖病，遠去，而漢馬亦少，無以復往」（漢書卷九十四上匈奴傳）。元狩五年「天下馬少，平牡馬匹二十萬」，一馬竟值二十萬，蓋如如淳所云：「欲使人競畜馬」（漢書卷六武帝紀）。元鼎末，「車騎馬乏，令封君以下至三百石吏以上，差出牝馬天下亭」（漢書卷二十四下食貨志）。然而馬之生產不及馬之消費，而良種既戰死於沙場之上，則改良馬種實為要務。漢書（卷五十五）衛青傳，「自青圍匈奴後十四歲而卒（補注，王先謙曰元狩四年至元封五年十四歲），竟不復擊匈奴，以漢馬少」。武帝既知大宛有善馬，遂遣使者往購，而宛王竟然攻殺漢使，取其財物。於是天子遂命貳師將軍李廣利率師伐宛，前後四年，宛人殺其王降。

> 宛王以漢絕遠，大兵不能至……攻殺漢使，取其財物。於是天子遣貳師將軍李廣利將兵，前後十餘萬人伐宛，連四年（補注，徐松曰伐宛始於太初元年秋至四年春乃斬宛王），宛人斬其王毋寡首，獻馬三千匹，漢軍乃還（漢書卷九十六上西域傳，參閱卷六十一李廣利傳）。

⑰ 據漢書卷九十六上西域傳，大宛國，戶六萬，口三十萬，勝兵六萬人。

由是西域震懼，莫不遣使貢獻。

> 自貳師將軍伐大宛之後，西域震懼，多遣使來貢獻（漢書卷九十六上西域傳）。

匈奴軍事上失去外援，財政上失去接濟，元封元年天子親至朔方，勒兵十八萬騎，遣使者告單于曰，「南越王頭已縣於漢北闕下，今單于能，即前與漢戰，天子自將兵待邊；即不能，亟南面而臣於漢，何但遠走亡匿於幕北寒苦無水草之地為」。壯哉斯言！「單于終不肯為寇於漢邊……數使使好辭甘言，求和親」（漢書卷九十四上匈奴傳），武帝遂築受降城（太初元年）以待匈奴來降，並下詔曰（太初四年）：

> 高皇帝遺朕平城之憂，高后時單于書絕悖逆。昔齊襄公復九世之讎，春秋大之（漢書卷九十四上匈奴傳）。

匈奴雖未來降，然已不能為害中國，而中國沿邊各郡又有烽火候望，匈奴寇邊沒有利益，於是戰國以來北方外患遂見減少。

> 漢邊郡烽火候望精明，匈奴為邊寇者少利（漢書卷九十四上匈奴傳）。

武帝不但討伐匈奴，且又四出征伐，開闢領土幾及一倍，茲試略舉如次。

> (一)元鼎六年遣伏波將軍路博德，樓船將軍楊僕攻南粵，以其地為儋耳珠崖南海蒼梧鬱林合浦交阯九真日南九郡（漢書卷九十五南粵傳，參閱卷六武帝紀）。
>
> (二)元鼎六年遣中郎將郭昌衛廣等平西南夷，以為武都牂柯越嶲沈黎文山五郡。元封二年又遣中郎將郭昌衛廣平西南夷未服者，以為益州郡（漢書卷九十五西南夷傳，參閱卷六武帝紀）。
>
> (三)元封元年遣橫海將軍韓說，樓船將軍楊僕擊東粵，東粵人殺其王降，遂徙其民於江淮之間，東越地遂虛（漢書卷九十五閩粵傳，參閱卷六武帝紀）。

(四)元封三年遣樓船將軍楊僕、左將軍荀彘擊朝鮮，朝鮮人殺其王降，以其地為真番臨屯樂浪玄菟四郡（漢書卷九十五朝鮮傳，參閱卷六武帝紀）。

但是匈奴雖然不敢寇邊，而其態度尚甚驕倨。

> 單于知漢軍勞倦……遣使遺漢書云，南有大漢，北有強胡，胡者天之驕子也，不為小禮以自煩，今欲與漢闓大關，取漢女為妻，歲給遺我糱酒萬石，稷米五千斛，雜繒萬匹，它如故約，則邊不相盜矣（漢書卷九十四上匈奴傳）。

然而匈奴的驕倨不過外強中乾而已。中國固然勞倦，匈奴亦甚罷耗，兼以「連雨雪數月，畜產死，人民疫病，穀稼不孰」（漢書卷九十四上匈奴傳），侯應說：「夷狄之情，困則卑順，強則驕逆，天性然也」（漢書卷九十四下匈奴傳），所以到了昭帝時代，匈奴常有和親之意。

> 武帝崩，前此者漢兵深入窮追二十餘年，匈奴孕重墮殰罷極苦之，自單于以下，常有欲和親計……匈奴……兵數困，國益貧……欲和親，而恐漢不聽，故不肯先言，常使左右風漢使者，然其侵盜益希，遇漢使愈厚，欲以漸致和親，漢亦羈維之（漢書卷九十四上匈奴傳）。

一個民族合則強，分則弱，這是必然之理，西羌所以易制，因為種各有豪，自相殺伐，每有仇讎，往來相報。趙充國云：

> 羌人所以易制者，以其種自有豪，數相攻擊，勢不一也（漢書卷六十九趙充國傳）。

到了漢開河西，列置四郡，以隔絕胡羌交通，漢的勢力侵入西羌之時，漢人欺其弱小，往往侵盜他們的畜產妻子。

> 西羌保塞，與漢人交通，吏民貪利，侵盜其畜產妻子，以此怨恨，起而背畔，世世不絕（漢書卷九十四下匈奴傳）。

宣帝時代西羌解仇結盟，欲與匈奴結合，攻擊敦煌，以斷絕漢與西域交通之路。

> 初武帝開河西四郡，隔絕羌與匈奴相通之路，斥逐諸羌，不使居湟中地。及宣帝即位……先零與諸羌種豪二百餘人，解仇交質盟詛……遣使至匈奴藉兵，欲擊鄯善敦煌，以絕漢道（資治通鑑卷二十五漢宣帝元康四年）。

於是匈奴之患又將發生，而討伐西羌便成為解決匈奴問題的先決條件。西羌也是遊牧民族，出入山林之中，派兵往討，羌即遠遁，若隨而入，羌又據前險，守後阨，以絕漢之糧道。

> 趙充國以為……欲輕引萬騎，分為兩道，出張掖，回遠千里，以一馬自佗負三十日食，為米二斛四斗，麥八斛，又有衣裝兵器，難以追逐，勤勞而至，虜必商軍進退，稍引去，逐水草，入山林，隨而深入，虜即據前險，守後阨，以絕糧道，必有傷危之憂（漢書卷六十九趙充國傳）。

所以討伐西羌，只有用兵屯田，坐待其弊，即如趙充國所說：「吏士萬人留屯以為武備，因田致穀」，既可省運輸之費，而「排折羌虜，令不得歸肥饒之地」，又可以「貧破其眾」。「屯田內有亡費之利，外有守禦之備」（漢書卷六十九趙充國傳），這是對付蠻族的最好政策。結果，西羌果然屈服，遂置金城屬國，以處降羌。

> 神爵二年五月羌虜降服……置金城屬國以處降羌（漢書卷八宣帝紀）。

這個時候匈奴也發生了內亂，最初分立為五單于，即：

> 呼韓邪單于，屠耆單于，呼揭單于，車犂單于，烏藉單于凡五單于（漢書卷九十四下匈奴傳）。

五單于互相攻殺，雖然最後均為呼韓邪單于所兼併，但是不久又分為三單于。

> 呼韓邪單于遂復都單于庭，然眾裁數萬……閏振單于在西邊……郅支單于在東邊（漢書卷九十四下匈奴傳）。

郅支擊殺閏振，進攻呼韓邪，呼韓邪款塞入朝，郅支恐漢襲擊，遁往康居，於是匈奴臣服，降為漢之屬國⓲。

甘露二年冬十二月匈奴呼韓邪單于款五原塞，願奉國珍朝，三年春正月匈奴呼韓邪單于來朝，贊謁稱藩臣而不名……郅支單于遠遁，匈奴遂定（漢書卷八宣帝紀）。

西漢政府能夠降服蠻夷，而建設亞洲大帝國，乃有種種原因，並不是徒恃兵強馬壯而已。西漢天子最能運用黃老哲學。在國力疲憊之時，不惜謙辭交歡，妻之以公主，贈之以金繒。吾人觀呂后報書冒頓，文帝賜書趙佗，即可知之。但是謙辭交歡，不過延長危機的暴發而已。在危機尚未暴發以前，倘不知奮發圖強，亦難免亡國之禍，南宋政府即其一例。漢與南宋不同，國力不足以對抗強敵，必不空喊胡禍，使胡人有所警戒，而是一方交歡，一方準備。有交歡而不準備，國必亡；有準備而不交歡，國必危。吾人觀「文帝中世，赫然發憤，遂躬戎服，親御鞍馬，從六郡良家材力之士，馳射上林，講習戰陣」（漢書卷九十四下匈奴傳贊曰），就可知道此中消息。到了國力充足，方才改變前此交歡的態度，而不惜乘機開釁，馬邑誘敵，即其明證。老子云：「將欲奪之，必固與之」（老子第三十六章），高惠文景是「必固與之」的時代，及武帝即位，方是「將欲奪之」的時代。「柔弱勝剛強」（老子第三十六章）只能實行於國力不足以抵抗強敵之時，而不宜永久以為立國的政策。國力不足以抵抗強敵，又應服膺「堅強者死之徒，柔弱者生之徒」（老子第七十六章）的道理。「高皇后嘗忿匈奴，群臣庭議，樊噲請以十萬眾橫行匈奴中，季布曰噲可斬也，妄阿順指，於是大臣權書遺之」，即因中國「瘡痍未瘳」

⓲ 元帝時，陳湯進兵康居，斬郅支。呼韓邪且喜且懼，自言願壻漢氏以自親。元帝以後宮良家子王嬙字昭君賜單于，單于驩喜。見漢書卷九十四下匈奴傳。

（漢書卷九十四下匈奴傳，參閱卷三十七季布傳）。力不足則容忍，力有餘則進攻。三略（中略）云：「能柔能剛，其國彌光；能弱能強，其國彌彰；純柔純弱，其國必削；純剛純強，其國必亡」。漢家天子深知此中道理，而用以對付蠻夷。

一般士大夫又重功名而輕生死，即如主父偃所說：「丈夫生不五鼎食，死則五鼎亨（師古曰謂被鑊亨之誅）耳」（漢書卷六十四上主父偃傳）。晁錯為御史大夫，建削地之議，其父以晁氏有滅族之憂，自往阻之。錯曰「固也，不如此，天子不尊，宗廟不安」（漢書卷四十九晁錯傳）。這種公而忘私，國而忘家的精神，乃是政治上所最需要的。國家用人亦喜激昂奮發之士，而厭謹慎軟弱之徒。「尹賞疾病且死，戒其諸子曰，丈夫為吏正，坐殘賊免，追思其功效，則復進用矣。一坐軟弱不勝任免，終身廢棄，無有赦時。其羞辱甚於貪污坐臧，慎毋然」（漢書卷九十尹賞傳）。李廣免為庶人，受辱於霸陵尉，居無何，匈奴入遼西，「上乃拜廣為右北平太守，廣請霸陵尉與俱，至軍而斬之，上書自陳謝罪。上報曰將軍者國之爪牙也。司馬法曰登車不式，遭喪不服，振旅撫師，以征不服，率三軍之心，同戰士之力，故怒形則千里竦，威振則萬物伏，是以名聲暴於夷貉，威稜憺乎鄰國。夫報忿除害，捐殘去殺，朕之所圖於將軍也，若乃免冠徒跣，稽顙請罪，豈朕之指哉」（漢書卷五十四李廣傳）。胡建不過試署為軍正之丞而已，以監軍御史為奸，令走卒斬之，上奏用法有疑。「制曰，司馬法曰國容不入軍，軍容不入國，何文吏也。三王或誓於軍中，欲民先成其慮也；或誓於軍門之外，欲民先意以待事也，或將交刃而誓，致民志也，建又何疑焉」（漢書卷六十七胡建傳）。在這種士氣與政風之下，當然人人皆有冒險之心，一旦出使外國，遂敢便宜行事。例如：

漢使立功絕域表

時代	姓名	事略
昭帝	傅介子	傅介子出使大宛，因樓蘭龜兹數反覆，不誅，無以懲戒。介子過龜兹，誅匈奴使者，至樓蘭，刺殺樓蘭國王，持其首歸。漢書卷七十傅介子傳。
宣帝	常惠	常惠使烏孫，因龜兹貴人姑翼嗾其王殺校尉賴丹，未伏誅，遂發諸國兵，攻龜兹，龜兹出姑翼送惠斬之。漢書卷七十常惠傳。
	馮奉世	奉世持節送大宛諸國使者，至伊修城，知莎車殺漢所置莎車王萬年，並殺漢使者，以其國屬匈奴，以為不急擊，則莎車國強，其勢難制，必危西域，遂以節發諸國兵萬五千人，拔其城，莎車王自殺，傳首長安。漢書卷七十九馮奉世傳。
元帝	陳湯	郅支單于殺漢使，奪康居之地，陳湯時為西域副校尉，矯制發城郭諸國兵，攻單于城，破之，郅支被創死，斬其首，並斬閼氏太子名王以下千五百餘級。漢書卷七十陳湯傳。

上述四人皆不煩一夫之役，不開府庫之藏，而能立功於萬里之外，其魄力之大固有過人之處。此蓋漢家天子喜梟俊禽敵之臣，對於出使異域之人又許其便宜行事，所謂「春秋之義，大夫出疆，有可以安國家，則顓之可也」（漢書卷七十九馮奉世傳）。但是我們要注意的，昭帝時傅介子，宣帝時常惠固然因功封侯，而馮奉世立功莎車，少府蕭望之謂其「奉使有指，而擅矯制違命，發諸國兵，雖有功效，不可以為後法」，遂不受封爵之賞（漢書卷七十九馮奉世傳）。陳湯誅殺郅支，丞相匡衡謂其「擅興師矯制，幸得不誅，如復加爵土，則後奉使者爭欲乘危徼幸，生事於蠻夷，為國招難，漸不可開」，其後雖因宗正劉向抗議，賜爵關內侯，食邑三百戶。然而成帝即位，匡衡復奏湯顓命蠻夷，不宜處位，湯竟以此免官（漢書卷七十陳湯傳）。蕭匡兩人均由射策甲科出身，望之「名儒」，匡衡「經學絕倫」（均見漢書卷八十一匡衡傳），而竟不明春秋之義。成哀以後，士氣日益銷沉，雖然不是五經之罪，而後儒曲

解五經，未必不是原因之一。

西漢政府對付蠻夷是有一套政策的。吾人依漢書所記，似可歸納為三種：一是未戰前的政策，二是交戰中的政策，三是征服後的政策。茲試分別述之。

一、未戰前的政策

兩個民族鬥爭，若能破壞對方的經濟，枯槁對方的知識，摧毀對方的鬥志，雖然未戰於疆場之上，而吾人之有勝算已操左券。破壞敵人的經濟是貧化政策，枯槁敵人的知識是愚化政策，摧毀敵人的鬥志是腐化政策。漢對這三種政策雖然幼稚，或已實行，或已設計。

㈠**貧化政策**　趙充國討伐西羌之時，請用兵屯田，「貧破其眾」，這就是貧化政策之一。呂后時，「有司請禁粵關市鐵器」，又「出令曰毋予蠻夷外粵金鐵田器馬牛羊，即予，予牡毋與牝」（漢書卷九十五南粵傳）。即欲蠻族不能用鐵深耕，予牡勿予牝，令其牧畜不能蕃息。

㈡**愚化政策**　元帝時，「東平王求史記諸子，漢不與之，以史記多兵謀，諸子雜詭術也。東平王漢之懿戚，尚不予征戰之書」（新唐書卷一百四于休烈傳，參閱漢書卷八十東平思王傳），則其對於蠻族，不欲與以敘述縱橫權譎，謀略奇策，地形阨塞之書，可想而知。這固然只是吾人的推測，然而吾人觀晁錯匈奴有三長技，中國有五長技之言，而匈奴的長技又限於馬能馳險，人能耐勞；中國的長技則為堅甲利刃以及各種戰術（漢書卷四十九晁錯傳）。彼之所長者為天然的物，我之所長者乃知慧的產品。中國不欲匈奴知道甲刃如何製造，用兵如何詭詐，可想而知。

㈢**腐化政策**　文帝時，賈誼請施五餌以係匈奴。何謂五餌？「賜之盛服車乘，以壞其目；賜之盛食珍味，以壞其口；賜之音樂婦人，以壞其耳；賜之高堂邃宇府庫奴隸，以壞其腹；於來降者，上以召幸之相娛樂，親酌而手食之，以壞其心，此五餌也」（漢書卷四十八賈誼傳贊曰注引賈誼書，參閱賈誼新書卷四匈奴）。此種腐化政策雖如班固所言，「其術固以疏矣」（同上）。然而吾人觀單于好漢繒絮食物，中行說警告單于曰「匈奴人眾不能當漢之一郡，然所以強者，以衣食異，無卬於漢。今單于變俗，好漢物，漢物不過什二，則匈奴盡歸於漢矣。其得漢絮繒以馳草棘中，衣袴皆裂弊，以視不如旃裘堅善也，得漢食物皆去之，以視不如重酪之便美也」（漢書卷九十四上匈奴傳）。可知五餌政策未必為書生之見。其實，五餌政策實出於六韜。六韜（第十七篇三疑，第十五篇文伐亦有同一主張）云：「凡攻之道，必先塞其明，而後攻其強，……淫之以色，啗之以利，養之以味，娛之以樂」。越王句踐之能滅吳，何嘗不是應用五餌，以塞夫差之明。

二、交戰中的政策

兩國作戰，計莫良於減少敵人的兵力，而欲減少敵人的兵力，一宜造成敵人孤立之勢，防止敵人與外國同盟，於是有遠交近攻之策。二宜鼓動敵國發生內亂，而使其自相攻擊，於是有分化政策。三宜嗾使一個戎狄攻擊別一個戎狄，於是有以夷伐夷之計。

㈠**遠交近攻**　當武帝討伐匈奴之時，匈奴之俗，「二國之政猶一體也」（漢書卷九十四上匈奴傳），而外又有西域各國供給賦稅。武帝既知大月氏與匈奴積有仇恨，又知烏孫不肯往朝匈奴，遂遣使者往使兩國，蓋欲結合兩國以困匈奴。揚雄云：「往者圖西域，制車師，置城廓都護三十六國，費歲以大萬計者，豈為康居烏孫能踰白龍堆而寇西邊哉，乃以制匈奴也」（漢書卷九十四下匈奴傳）。匈奴失去外援，於是國勢日蹙，終而款塞稱臣。

㈡**分化政策**　賈誼有言：「欲天下之治安，莫若眾建諸侯而少其力。力少則易使以義，國小則無邪心」（漢書卷四十八賈誼傳）。國內如此，國外亦然。武帝時，「兒單于立，漢遣兩使，一人弔單于，一人弔右賢王，欲以乖其國」（漢書卷九十四上匈奴傳）。到了匈奴分立，呼韓邪款塞來朝，漢寵以殊禮，郅支亦遣使奉獻，漢遇之甚厚（漢書卷九十四下匈奴傳），此皆出於分化它們之意。宣帝時，西羌作亂，趙充國以為「羌人所以易制者，以其種自有豪，數相攻擊，勢不一也」，「宜遣使者敕視諸羌，毋令解仇」（漢書卷六十九趙充國傳），亦不欲它們統一。至於分西域三十六國為五十五餘國，蓋如周壽昌所說：「匈奴分為五單于，而匈奴遂衰，西域分為五十五國，而西域遂弱，此亦眾建而小其力之義也」（漢書卷九十六上西域傳補注）。

㈢**以夷制夷**　晁錯云：「以蠻夷攻蠻夷，中國之利也」（漢書卷四十九晁錯傳）。但行之不得其策，則一個蠻夷滅亡，別一個蠻夷將更強大，宋以金滅遼，以元滅金，終則為元所滅，即其一例。漢代最大的敵人乃是匈奴，武帝討伐匈奴，收復河南之地，開河西，列置四郡，皆用本國兵力，未曾假手於人。匈奴既弱，於是才利用蠻夷以攻擊蠻夷，其所利用與所攻擊者又盡是小國。小國本來容易控制，以小國攻小國，只有消耗兩國的國力，不會養成尾大不掉之勢，所以行之有百利而無一害。本來戰爭一旦開始，往往因為安全起見，軍事的發展沒有止境。得了河南之地，不能不取得陰山；得了河西，不能不西出鹽澤，以通西域。既已達到西域，則為保全中國元氣起見，只有中國出錢，蠻夷出力，這便是西漢以夷制夷的根本方針。

三、征服後的政策

武帝討伐四夷，不是單單表示中國的威力而已，戰國以來，匈奴之禍不絕於史，中國若不出師討伐，後人那得安全，既然出師討伐，自有勞民之事，此中道理武帝是深知的。

> 上謂大將軍衛青曰，漢家庶事草創，如四夷侵陵中國，朕不變更制度，後世無法，不出師征伐，天下不安。為此者不得不勞民，若後世又如朕所為，是襲亡秦之跡也（資治通鑑卷二十二漢武帝征和二年）。

揚雄曾云：

> 且夫前世豈樂傾無量之費，役無罪之人，快心於狼望之北哉。以為不壹勞者不久佚，不暫費者不永寧，是以忍百萬之師，以摧餓虎之喙，運府庫之財，填盧山之壑，而不悔也（漢書卷九十四下匈奴傳）。

而既已勞民了，自應利用，使後代子孫能夠世享其利。唐太宗征服四夷，而有天可汗之號，然其對於征服地不過羈縻之而已，並未曾改造為中國的版圖。武帝與太宗不同，他為久遠之計，每征服一地，就將其地改為郡縣。例如取河南地，置朔方郡，取河西置武威酒泉張掖敦煌四郡，定越地，置南海蒼梧等九郡，平西南夷，置武都牂柯等六郡，降朝鮮，置樂浪臨屯等四郡。而改為郡縣之後，或徙蠻族於腹地，使其同化於漢族。

> 元封元年東越殺王餘善降，詔曰東越險阻反覆，為後世患，遷其民於江淮間，遂虛其地（漢書卷六武帝紀，參閱卷九十五閩粵傳）。

或移漢人於蠻疆，而使其同化蠻族，例如⓳：

> 元朔二年收河南地，置朔方五原郡，夏募民徙朔方十萬口（漢書卷六武帝紀）。

> 南越……至武帝元鼎五年滅之，分置九郡，交阯刺史領焉……凡交阯所統，雖置郡縣，而言語各異，重譯乃通，人如禽獸，長幼無別，頂髻徒跣，以布貫頭而著之，後頗徙中國罪人，使雜居其間，乃稍知言語，漸見禮化（後漢書卷一百十六南蠻傳）。

⓳ 元狩四年冬，徙貧民於關以西及充朔方以南新秦中，七十餘萬口，衣食皆仰給於縣官，數歲貸與產業，使者分部護，冠蓋相望，費以億計（漢書卷二十四下食貨志）。

元朔二年戰爭方才開始，元狩四年天下戶口尚未減耗，故能實行兩次大規模的移民。元鼎中，戶口減少，南粵反，西羌侵邊，已經赦天下囚徒從軍，而尚感「邊兵不足」，故齊相卜式有「願父子死南粵」之言（漢書卷二十四下食貨志）。在這情況之下，所以降朝鮮，置四郡，不能實行移民政策。而匈奴西羌又是遊牧民族，居無常處，隨畜移徙。匈奴自戰國以來，乃稱雄於漠北，自視甚高。敗北之時，猶遺漢帝書云：「胡者天之驕子也」（漢書卷九十四上匈奴傳）。呼韓邪與郅支相爭，欲稱臣入朝事漢，諸大臣皆曰不可，以為「戰死，壯士所有也，今兄弟爭國，不在兄則在弟，雖死，猶有威名，子孫常長諸國，奈何亂先古之制，臣事於漢，卑辱先單于，為諸國所笑」（漢書卷九十四下匈奴傳）。其生活與中國不同，其民族意識又甚強烈，故不能徙之腹地。而中國戶口減耗，復不能移漢民於匈奴領域，於是遂置屬國以處降胡。即「分徙」降胡於沿邊各郡，因其故俗，而屬於漢，故言屬國（參閱史記卷一百十一衛青傳）。例如元狩二年，匈奴昆邪王殺休屠王，並將其眾合四萬餘人來降，一方漢以其地為武威酒泉郡，同時又「分置」降胡於安定上郡天水張掖五原各郡之內（漢書卷六武帝紀，參閱補注）。又如宣帝神爵二年置金城屬國以處降羌，五鳳三年置西河北地屬國以處匈奴降者（漢書卷八宣帝紀），均其例也。後漢時段熲曾言：「昔先零作亂，趙充國徙令居內……始服終叛，至今為鯁」（後漢書卷九十五段熲傳）。范曄不察，亦依段熲之言，而謂「先零侵邊，趙充國遷之內地……貪其暫安之勢，信其馴服之情，計日用之權宜，忘經世之遠略，豈夫識微者之為乎」（後漢書卷一百十七西羌傳論曰）。據王應麟研究，「以地理志考之，神爵二年金城置破羌允街二縣，蓋處降羌之地。羌在湟河之南，而漢地在湟河之北……或以充國遷先零內地為非，而不知金城非內地也。不得不為充國辯」（漢書卷六十九趙充國傳補注）。即王應麟以為趙充國擊破先零之後，並不是遷他們於內地，而是將其地改為破羌允街二縣，以處降羌。當時降羌人數多少，史無記載。然而吾人須知武帝對於降胡四萬餘眾，乃「分」徙於五郡之內（見史記卷一百十一衛青傳），分其眾乃以弱其力，其深思遠慮值得讚揚。

最後尚須一言者，漢雖降服四夷，而邊防並不懈怠。漢代人民均有當兵的義務，而每年又須戍邊三日，這稱為繇戍。但各人絕不能往戍三日即還，因之行者可以往戍一歲，而不行者則出錢三百入官，官以給戍者。

> 天下人皆直戍邊三日……律所謂繇戍也……不可人人自行三日戍，又行者當自戍三日，不可往便還，因便住一歲一更。諸不行者出錢三百入官，官以給戍者（漢書卷七昭帝紀元鳳四年注引如淳曰）。

這種三日戍邊的義務是人人都有的，雖丞相之子亦不能免。

> 天下人皆直戍邊三日……律所謂繇戍也，雖丞相子亦在戍邊之調（漢書卷七昭帝紀元鳳四年注引如淳曰）。

宣帝時，蓋寬饒為司隸校尉，「子常步行，自戍北邊」，關此，沈欽韓說⑳：

> 如淳曰雖丞相子亦在戍邊之調，寬饒以貧故，不能雇人（漢書卷七十七蓋寬饒傳補注）。

窮邊之地，千里蕭條，寒風裂膚，豺狼為鄰，比之內郡，百物阜殷，士忲溫飽，不啻天壤。所以漢制，凡在邊郡為吏，三歲一更。例如段會宗由杜陵令遷騎都尉而都護西域，三歲更盡還，拜為沛郡太守。所謂「三歲更盡還」，如淳解釋云：

> 邊吏三歲一更（漢書卷七十段會宗傳）。

由千石之縣令遷為比二千石之騎都尉，以都護西域，三歲，即還為二千石之郡守。由縣令經騎都尉遷

⑳ 司隸校尉秩二千石，穀月百二十斛。寬饒本來家貧，又以奉錢之半以給吏民為耳目言事者，故貧，不能雇人。

郡守，其間所歷不過三年。此固由於段會宗有過人之才，而漢代縣爵祿以厲世摩鈍，確是其根本原因。晁錯云：「人情莫不欲壽……莫不欲富……莫不欲安……莫不欲逸，……情之所惡，不以彊人；情之所欲，不以禁民」（漢書卷四十九晁錯傳）。邊隅之地，日有剽窮之慮，永無休暇之娛，欲使人們去親族，捨園廬，與豺狼為鄰伍，以戰鬥為嬉遊，非有重賞，鮮克有功。武帝能夠辟地建功，為漢世宗，亦此之故。

第五節 民窮財匱與武帝末年及昭宣時代的復興工作

武帝即位之初，「都鄙廩庾盡滿，而府庫餘財，京師之錢累百鉅萬，貫朽而不可校。太倉之粟陳陳相因，充溢露積於外，腐敗不可食」（漢書卷二十四上食貨志）。到了外事四夷，國用增加，我們只看漕運一事，就可知道。高祖時「漕轉山東粟以給中都官，歲不過數十萬石」（漢書卷二十四上食貨志）。武帝元光中，增加為百餘萬石（漢書卷二十九溝洫志），其後又增加為二百萬石（漢書卷二十四下食貨志）。國用增加，財政漸次困窮，「府庫並虛」，「不足以奉戰士」（漢書卷二十四下食貨志），終又「財匱，戰士頗不得祿矣」（漢書卷二十四下食貨志）。然而戰爭既已開始，又不能中途停止，於是怎樣挽救財政危急，就成為當時重要問題。漢代租稅可大別為四種：

一、財產稅

㈠**田租**　古代財產以土地為主，因之田租遂為財產稅的主幹。漢興，經濟崩潰，財政窮困，國家為培養稅源起見，高祖時，「輕田租，什五而稅一」（漢書卷二十四上食貨志），其後似有改變，惠帝即位，「減田租，復十五稅一」（漢書卷二惠帝紀，鄧展曰中間廢，今復之也）。文帝十二年「賜農民今年租稅之半」，即三十稅一。十三年「除田之租稅」（漢書卷四文帝紀），自是而後，人民不納田租有十三年之久。景帝二年才「令人民半出田租，三十而稅一也」（漢書卷二十四上食貨志）。這個三十稅一，通西漢一代，縱在武帝財匱之時，亦未變更。蓋有鑑於晁錯之言：「民貧則姦邪生，貧生於不足，不足生於不農，不農則不地著，不地著則離鄉輕家，民如鳥獸，雖高城深池，嚴法重刑，猶不能禁也」（漢書卷二十四上食貨志）。

㈡**訾算**　田租乃課稅於農耕，倘只徵收田租，則資產階級之不購置土地者，可以逃稅，甚不合於公平原則。所以漢時又有訾算，即「訾萬錢，算百二十七也」（漢書卷五景帝紀後二年注引服虔曰）。換言之，每萬錢，納稅一百二十七。漢時，「歲萬息二千」（漢書卷九十一貨殖傳）。萬錢一年生息二千，二千之中納稅一百二十七，約合十五而稅一。在田租十五稅一之時，訾算與田租大體一致，到了田租三十稅一，訾算比之田租高約一倍。此蓋訾算大率課稅於商賈，而漢代又採輕商重農政策之故。

二、人頭稅

這種租稅最不合於公平原則，蓋有身者就有稅，不問各人之擔稅能力如何。漢代人頭稅有下列三種：

㈠**算賦**　高祖四年，初為算賦（漢書卷一上高帝紀）。所謂算賦乃是「民男女年十五以上至五十六，出賦錢，人百二十為一算，以給車馬」（漢舊儀卷下）。唯賈人與奴隸倍算（漢書卷二惠帝紀六年注引應劭曰），即每人須出錢二百四十。奴隸倍算，乃重課資產階級，賈人倍算，則出於賤商政策之意。惠帝六年令「女子年十五以上至三十不嫁，五算」（漢書卷二惠帝紀），蓋大亂之後，戶口減耗，故用重稅強迫婦女結婚，使民庶繁息。

㈡**口錢**　所謂口錢，漢舊儀（卷下）云：「民年七歲以至十四歲，出口錢，人二十三。二十錢以食天子，其三錢者，武帝加口錢，以補車騎馬」，即人頭稅課於民年十五至五十六者稱為算賦；課於民年七歲至十四歲者稱為口錢，本來是每人二十，武帝時增加三錢，共二十三。但據漢書（卷七十二貢禹傳），禹上言：「口錢起武帝征伐四夷，重賦於民。民產子三歲，則出口錢，故民重困，至於生子輒殺，甚可悲痛，宜令兒七歲去齒，乃出口錢（年二十乃算）……天子下其議，令民產子七歲乃出口錢，自此始」。是則口錢乃開始於武帝時代，並不是武帝只加三錢。民年三歲即出口錢，其改為七歲，乃元帝以後的事。口錢到底始於何時，本書不擬多所考證。但不問三歲也好，七歲也好，十四歲以下，人民無勞動能力，而乃出錢二十（三），這對於貧民是極不利的。

㈢**獻賦**　高祖十一年二月「令諸侯王通侯及郡各以口數率，人歲六十三錢以給獻費」（漢書卷一下高帝紀）。關此，有兩種解釋：沈欽韓曰案此，於一算之外，復歲取六十三錢也（漢書卷一下高帝紀十一年補注），即算賦之外又有獻賦。馬端臨云：「據四年，算賦減其半也」（文獻通考卷十歷代戶口丁中賦役），即一百二十減少為六十三。唯吾人觀十一年二月之詔，中有「欲省賦甚，今獻未有程，吏或多賦以為獻，而諸侯王尤多，民疾之」（漢書卷一下高帝紀）之言。既云「欲省賦甚」，又云「民疾之」，所以沈欽韓之說未必正確。既云「今獻未有程」，又云「吏或多賦以為獻」，則其目的在令郡國所獻有一定金額，可想而知，所以馬端臨之說亦有問題。吾人以為獻賦不是另外一種人頭稅，而是限制郡國每歲所收算賦獻納於中央者，每人以六十三錢為限，不必多獻。即漢代的人頭稅只有算賦與口錢兩種。

三、免役稅

漢時免役稅稱為更賦，欲知更賦之內容，不可不知漢代的兵役法。民年二十三開始服役，一年赴京師為衛士（南北軍之兵），一年在郡國為材官騎士樓船，習射御騎馳戰陣行船。五十六老衰，乃得免為庶人。

民年二十三歲為正，一歲而以為衛士，一歲為材官騎士，習射御騎馳戰陣……水處為樓船，亦習戰射行船……年五十六衰老乃得免為庶人，就田里（漢舊儀卷下）。

即漢民服役凡三十三年，除一年為衛士，一年為材官騎士樓船之外，其餘均在田舍，以待番上調發。但每年須服役一月，自往服役者稱為卒更。不往服役，月出錢二千，自以與代役者稱為踐更。又每年復須戍邊三日，其不往戍，出錢三百入官，官以給戍者，稱為過更。

更有三品，有卒更，有踐更，有過更。古者正卒無常人，皆當迭為之，一月一更，是謂卒更也。貧者欲得顧更錢者，次直者出錢雇之，月二千，是謂踐更也。天下人皆直戍邊三日，亦名為更，律所謂繇戍也。雖丞相子亦在戍邊之調。不可人人自行三日戍，又行者當自戍三日，不可往便還，因便住一歲一更。諸不行者出錢三百入官，官以給戍者，是謂過更也（漢書卷七昭帝紀元鳳四年注引如淳曰）。

由此可知更賦共有兩種：一是踐更，月出錢二千雇人，在內地服役。二是過更，出錢三百入官，由官雇人，在邊疆服役三天。即漢代人民自二十三歲至五十六歲，除一年為衛士，一年為材官騎士樓船之外，尚有三十一年之服役。凡自己不往服役，每年須納免役稅二千三百。但此二千三百，官不自私，乃以給代役之人。

四、戶 稅

漢書（卷九十一）貨殖傳云：「秦漢之制，列侯封君食租稅，歲率戶二百」，即每戶一歲須出錢二百，以與列侯封君。但是土地有以封人者，有不以封人者。馬端臨說：「然則地土之不以封者，縣官掌之。

（天子）別賦之歟，抑無此賦也」（文獻通考卷十歷代戶口丁中賦役），這確實不失為一個問題。倘若土地之以封者有賦，不以封者無賦，實有反於租稅的公平原則。到底如何，當考。

西漢財用之司本有兩所，大司農為官庫，少府為天子之私藏，即如顏師古所言：「大司農供軍國之用，少府以養天子也」（漢書卷十九上百官公卿表少府注）。租稅由大司農掌之，山澤陂池之稅由少府掌之。

少府掌山澤陂池之稅，名曰禁錢，以給私養，自別為藏，少者小也，故稱小府……大用由司農，小用由少府，故曰小藏（漢官儀卷上）。

王者以租稅為公用，山澤陂池之稅以供王之私用（漢官儀卷上）。

當時租稅及山澤陂池之稅共有多少呢？

漢之百姓賦歛，一歲為四十餘萬萬，吏奉用其半，餘二十萬萬藏於都內（大司農屬官有都內令丞），為禁財。少府所領園池作務之八十三萬萬以供常賜（漢書卷十九上百官公卿表治粟內史補注引桓譚新論）。

在平時，每年稅收足供軍國之用。到了討伐四夷，「賦稅既竭，不足以奉戰士」（漢書卷二十四下食貨志），於是天子遂出私藏以充國用。吾人觀孔僅之言，即可知之。他說：

山海天地之臧宜屬少府，陛下弗私，以屬大農，佐賦（漢書卷二十四下食貨志）。

私藏本來只有少府一所，武帝元鼎二年置水衡都尉，本來是掌上林苑（漢書卷十九上百官公卿表），但是其屬有均輸鍾官辨銅三令丞，元鼎四年令水衡鑄三官錢（漢書卷二十四下食貨志），於是水衡遂不專管上林苑，而是同少府一樣為天子之私藏（文獻通考卷二十三歷代國用）。宣帝本始三年春「以水衡錢為平陵徙民起第宅」，注引應劭曰，「水衡與少府皆天子私藏耳。縣官公作當仰給司農，今出水衡錢，言宣帝即位為異政也」（漢書卷八宣帝紀）。哀帝時，毋將隆奏言：「大司農錢自乘輿不以給共養，共養勞賜一出少府，蓋不以本臧給末用，不以民力共浮費，別公私示正路也」（漢書卷七十七毋將隆傳）。西漢時代國家財政與皇室經費有別，私藏可以移為公用，而公庫不宜移為供養。武帝出私藏以供國用，這固然是武帝的善政，然亦足證明當時財政的困難。於是如何解決財政困難，就成為對外戰爭的重要問題。

一、節約運動

外戰與內亂不同，內亂可以破壞生產力，而使整個社會因之貧窮。外戰乃交兵於邊境或敵國領土之上，國內生產力雖然原則上不受影響，唯因國用增加，常令社會發生另一種變動。商賈因乘機射利而愈富，平民因物價騰貴而愈貧。富者奢侈，貧者流亡，這是必然的結果。在生產力幼稚之時，奢侈就個人經濟說，是浪費金錢；就國民經濟說，是浪費物資。浪費物資可以提高物價，而使社會愈益貧窮，百姓愈益流亡，於是朝廷為平抑物價起見，不能不提倡節約。例如：

> 公孫弘以宰相，布被，食不重味，為下先，然而無益於俗，稍務於功利矣（漢書卷二十四下食貨志）。

但是多數人民本來沒有浪費的資格，政府縱不提倡節約，他們自己亦知節約。而富者若不將節約所餘的金錢捐輸國家，則金錢將累積於富人。富人受了節約的限制，只有投資於土地之上，於是節約便「無益於俗」，而且加甚土地集中的弊害。所以武帝又下令「賈人有市籍及家屬皆無得名田，以便農，敢犯令，沒入田貨」，即「一人有市籍，則身及家內皆不得有田也」（漢書卷二十四下食貨志及注引師古曰）。又「遣博士分行郡國，舉兼併之徒，守相為利者」（漢書卷二十四下食貨志）。然而經濟上的變動往往不是政治上的權力所能抑止。平民已窮，只有出賣田宅，而能購買田宅者，唯有商賈。不許商賈購買田宅，平民只有借債以救一時之急。借債須出利息，於是貧者愈貧，而流民也增加了。

二、獻金運動

外戰固然消費不少金錢，而在古代，金錢不是流出外國，而是流到民間。不過流到的地方不是一般平民，而是少數乘機射利的人。他們若肯輸財助國，財政困難可以暫時解決。所以武帝又用獎勵方法，使他們捐出金錢，然而百姓莫肯捐輸。

> 是時，豪富皆爭匿財，唯卜式數求入財以助縣官。天子乃超拜式為中郎，賜爵左庶長，田十頃，布告天下，以風百姓……百姓終莫分財佐縣官（漢書卷二十四下食貨志）。

富豪皆爭匿財，平民無力捐輸，獻金運動又失敗了。何況討伐匈奴乃是長期的戰爭，長期戰爭須有長期的財政計畫。獻金運動縱能成功，亦只能暫時挽救財匱而已。

三、徵收新稅

元光元年馬邑開釁，戰事於茲開始，六年初算商車，元狩四年初算緡錢（漢書卷六武帝紀），即用賦稅的方法強制富豪捐出金錢，以助外戰之用。據歷史所載，算商車之法是㉑：

> 非吏比者，三老北邊騎士軺車一算（師古曰比例也，身非為吏之例，非為三老，非為北邊騎士，而有軺車，皆令出一算）。商賈人軺車二算，船五丈以上一算（漢書卷二十四下食貨志）。

算緡錢之法是㉒：

㉑ 一算若干錢，詳下注。

㉒ 一算若干錢，補注王先謙曰「算百二十錢，解詳高紀」。按漢代之算共有兩種，一是資產稅，即所謂訾算，漢書卷五景帝紀後二年，注引服虔曰「訾萬錢，算百二十七也」。二是人頭稅，即所謂算賦，漢書卷一上高帝紀四年注引如淳曰「漢儀注，民年十五以上至五十六，出賦錢，人百二十為一算」，

諸賈人末作貰貸賣買居邑貯積諸物，及商以取利者，雖無市籍，各以其物自占，率緡錢二千而算一，諸作有租及鑄（如湻曰以手力自作而賣之者），率緡錢四千算一（漢書卷二十四下食貨志）。

是則兩種賦稅皆以課豪富尤其商賈為目的。這在「商賈滋眾，貧者畜積無有，皆仰縣官」，而「豪富皆爭匿財」（漢書卷二十四下食貨志）之時，不失為一種良好的稅法。但是賦稅有轉嫁的作用，課稅於豪富商賈，行之不得其法，往往結果與預期相反，而轉嫁於貧窮的消費者。這是理財者所應注意的。

四、實行專賣

戰爭需要兵器甚多，鐵的價格不免騰貴，而鹽又是人民的生活必需品。武帝時代商人以鹽鐵致富者為數不少，於是武帝為增加稅收並抑制豪富起見，就實行鹽鐵專賣。

元狩中，兵連不解……縣官大空，而富商大賈……冶鑄鬻鹽，財或累萬金，而不佐公家之急，黎民重困……於是以東郭咸陽孔僅為大農丞，領鹽鐵事……敢私鑄鐵器鬻鹽者，釱左趾，沒入其器物（漢書卷二十四下食貨志）。

兼以戰爭之時軍糧是必要的，運輸不便，「率十鍾致一石」（漢書卷二十四下食貨志），而農民又徵發從軍，糧食的生產不免因之減少。武帝為調度軍糧，不能不統制糧食的浪費。漢時浪費糧食最多者當為釀酒。試看文帝後元年之詔。

文帝後元年三月詔曰……，以口量地，其於古猶有餘，而食之甚不足者，其咎安在？無乃百姓之從事於末以害農者蕃，為酒醪以靡穀者多，六畜之食焉者眾與（漢書卷四文帝紀）。

文帝時代已以釀酒為糧食缺乏的原因之一，所以武帝便禁止民間製酒，而將酤釀改為國營。

算商車及算緡錢都是財產稅，王先謙以為算百二十錢，未必適當。

天漢三年春二月初搉酒酤，注引應劭曰縣官自酤搉賣酒，小民不復得酤也（漢書卷六武帝紀）。

搉酒酤之目的不在於增加收入，而在於防止糧食的浪費，這在糧食缺乏之時代，不能不說是一種應急的措施。

五、發行皮幣

在「賦稅既竭，不足以奉戰士」（漢書卷二十四下食貨志）之時，濫發錢幣，固是一時救急之策，然其結果可以引起通貨膨脹，而致物價日益騰貴。武帝一方要解決財政困難，同時又須預防通貨膨脹，於是就發行一種皮幣。皮幣不通行於民間，只通行於朝廷，而強迫列侯宗室購買之。

縣官大空……於是天子與公卿議，更造錢幣以澹用，而摧浮淫並兼之徒。是時禁苑有白鹿，乃以白鹿皮方尺，緣以繢，為皮幣，直四十萬。王侯宗室朝覲聘享必以皮幣薦璧，然後得行（漢書卷二十四下食貨志）。

算商車，算緡錢皆以課豪富尤其商賈為主，而王侯宗室不與焉。故為擔稅公平起見，特發行皮幣，使王侯宗室購買，即皮幣不是貨幣，而只是一種捐輸。

六、鬻爵賣官

秦時已有鬻爵之制，始皇四年，「百姓內粟千石，拜爵一級」（史記卷六秦始皇本紀）。漢承秦制，惠帝元年令「民有罪，得買爵三十級，以免死罪」（漢書卷二惠帝紀）。文帝時晁錯又提議鬻爵，並予以合理的說明，文帝從錯之言，鬻爵遂成為確定的制度。

晁錯復說上曰，方今之務莫如使人務農而已矣。欲民務農，在於貴粟。貴粟之道在於使民以粟為賞罰。今募天下入粟縣官得以拜爵，得以除罪。如此，富人有爵，農民有錢，粟有所渫。夫能入粟以受爵，皆有餘者也，取於有餘，以供上用，則貧民之賦可損。所謂損有餘補不足，令出而民利者也。順於民心，所補者三，一曰主用足，二曰民賦少，三曰勸農功……爵者上之所擅，出於口而無窮，粟者民之所種，生於地而不乏。夫得高爵與免罪，人之所甚欲也。使天下入粟於邊，以受爵免罪，不過三歲，塞上之粟必多矣。於是文帝從錯之言，令民入粟邊六百石，爵上造；稍增至四千石為五大夫；萬二千石為大庶長，各以多少級數為差（漢書卷二十四上食貨志）。

景帝時，「上郡以西旱，復修賣爵令，而裁其賈以招民」（漢書卷二十四上食貨志）。人民買爵不但是名譽而已。凡爵至第九級之五大夫，可免傜役（漢書卷二十四下食貨志注師古曰），而犯罪之時又得以爵贖罪，而減免罪刑，上述惠帝元年之詔即其明證。因此之故，人民無不願意買爵。武帝時又賣武功爵。

> 武功爵（原注，茂陵中書有武功爵），一級曰造士，二級曰閑輿衛，三級曰良士，四級曰元戎士，五級曰官首，六級曰秉鐸，七級曰千夫，八級曰樂卿，九級曰執戎，十級曰政戾庶長（應作左庶長），十一級曰軍衛，級十七萬，凡值三十餘萬金（此數必有誤，見補注）。諸買武功爵官首者試補吏先除（補注，或解云，官首爵第五位，稍高，故得試為吏，先除用），千夫如五大夫（師古曰五大夫舊之第九級也，至此以上始免傜役，千夫者武功十一等爵之第七也，亦得免役）。其有罪，又減二等。爵得至樂卿（師古曰樂卿者武功爵第八等也，言買爵唯得至第八也）（漢書卷二十四下食貨志）。

兵革屢動，爵可以蠲免傜役，所以人民買爵者甚多，而致徵發之士日益減少。

> 兵革屢動，民多買復及五大夫，徵發之士益鮮（漢書卷二十四下食貨志）。

有錢的人能夠買爵的都已買爵了，爵的銷路停止，於是武帝又發售不花本錢的商品，即賣官。

> 令吏得入穀補官，郎至六百石。補注引沈欽韓曰前此鬻爵，高者復除而已，此乃直任職也（漢書卷二十四下食貨志）。

然而黃霸入財為官，不署右職，只補左馮翊二百石卒史（漢書卷八十九黃霸傳），由此可知武帝雖然賣官，而政府亦輕其為人、官位高低固不可以入財多少為標準，所以賣官雖是一種弊政，而在西漢時代，流弊並不甚大。

在上述各種解決財政困難的辦法之中，流弊最大的莫如算緡錢。所謂緡錢「是儲錢也」（漢書卷六武帝紀元狩四年注引臣瓚曰）。當時沒有銀行制度，也沒有經濟調查，何知人民儲錢多少，只有令民自占，然而人民爭匿其緡，元鼎二年十一月「令民告緡者，以其半與之」（漢書卷六武帝紀，參閱卷二十四下食貨志），固然政府「得民財物以億計，奴婢以千萬數，田大縣數百頃，小縣百餘頃，宅亦如之」。然而「商賈中家以上」大抵破產了（漢書卷二十四下食貨志）。而民儲錢有稅，他們何肯勤勞，更何肯儲蓄勤勞所得的金錢，「民媮，甘食好衣，不事畜臧之業」（漢書卷二十四下食貨志），於是財政的破產又促成了國民經濟的衰頹。

同時在元鼎四年令上林三官鑄五銖錢以前，貨幣頗見混亂。秦時銅錢文曰半兩，徑寸二分，重十二銖（漢書卷二十四下食貨志。史記卷三十平準書索隱，顧氏案古今注云，秦錢半兩，徑寸二分，重十二銖。孟武按一兩二十四銖，今重十二銖，故稱半兩）。「漢興，接秦之敝，恐尚用秦錢」（漢書卷二十四上食貨志補注引周壽昌曰）。到了天下既定，遂改革幣制，茲試列表如次。

漢貨幣變遷表

名稱	時代	備考
莢錢	高祖時	漢書食貨志下，漢興，以為秦錢重，難用，更令民鑄莢錢。史記平準書，索隱案古今注云，莢錢重三銖，錢譜云，文為漢興。
八銖	高后二年	漢書高后紀，二年秋八月行八銖錢，應劭曰本秦錢，質如周錢，文曰半兩，重如其

		文，即八銖也。漢以其太重，更鑄莢錢，民患其太輕，至此復行八銖錢。孟武以為秦錢半兩，重十二銖，高后二年所行之錢，重只八銖。漢書律曆志云，二十四銖為兩，秦錢半兩，重如其文，是八銖非秦之半兩也。漢書補注食貨志下，葉德輝云，秦錢或有重八銖者。
五分	高后六年	漢書高后紀，六年六月行五分錢，應劭曰所謂莢錢者。莢錢重三銖，此云五分，應劭之言不知有何根據。
四銖	文帝五年	漢書文帝紀，五年夏四月除盜鑄錢令，更造四銖錢。應劭曰文帝以五分錢太輕小，更作四銖錢，文亦曰半兩。漢書食貨志下，孝文五年為錢益多而輕，乃更鑄四銖錢，其文為半兩，除盜鑄錢令，使民放鑄。錢幣許民鑄造，何能全國一致，所以賈誼諫曰，又民用錢，郡縣不同，或用輕錢，百加若干，或用重錢，平稱不受。法錢不立，吏急而一之乎，則大為煩苛，而力不能勝。縱而弗呵乎，則市肆異用，錢文大亂，苛非其術，何鄉而可哉。
三銖	武帝建元元年	漢書武帝紀，建元元年春二月行三銖錢，師古曰新坯四銖錢，造此錢也。漢書食貨志下，自孝文更造四銖錢，民亦盜鑄，不可勝數，錢益多而輕，物益少而貴，縣官令銷半兩錢（文帝之四銖錢，文曰半兩），更鑄三銖錢，重如其文，盜鑄諸金錢，罪皆死，而吏民之犯者不可勝數。
半兩	武帝建元五年	漢書武帝紀，建元五年春罷三銖錢，行半兩錢，師古曰又新鑄作也。
五銖	武帝元狩五年	漢書武帝紀，元狩五年春三月罷半兩錢，行五銖錢。漢書食貨志下，有司言三銖錢輕，輕錢易作姦詐，乃更請郡國鑄五銖錢，周郭其質，令不可得摩取鋊。孟武案此五銖錢，乃許郡國鑄造者。
赤仄	武帝元鼎二年	漢書食貨志下，郡國鑄錢，民多姦鑄，錢多輕，而公卿請令京師鑄官赤仄，一當五，賦官用，非赤仄，不得行。如淳曰赤仄以赤銅為其郭也。史記平準書作鍾官赤側，赤側即赤仄。漢書補注食貨志下，周壽昌曰，史記索隱，鍾官掌鑄赤仄之錢，當時赤仄甫行，嚴防私鑄，直以官赤仄呼之。
三官	武帝元鼎四年	漢書食貨志下，赤仄錢賤，民巧法用之，不便又廢。於是悉禁郡國毋鑄錢，專令上

林三官鑄。錢既多，而令天下非三官錢不得行，諸郡國前所鑄錢皆廢銷之，輸入其銅三官，而民之鑄錢益少，計其費不能相當，唯真工大姦乃盜為之。漢書補注食貨志下，齊召南曰三官錢即水衡錢也。據百官表，水衡都尉掌上林，其屬有均輸鍾官辨銅三令丞。鹽鐵論曰，廢天下諸錢，而專命水衡三官作，即言此事。孟武案三官亦重五銖。五銖為郡國所鑄，質劣；三官為中央所鑄，質佳，故三官亦稱為五銖錢。食貨志下，自孝武元狩五年三官初鑄五銖錢，至平帝元始中，成錢二百八十億萬餘云，其一證也。但水衡都尉諸官置於元鼎二年，見百官表，則元狩五年鑄五銖者不是三官，而是郡國，是不能不辨。赤仄鑄於張湯自殺之歲。湯死在元鼎二年，其後二歲又廢赤仄，而令三官鑄錢，此食貨志所明言也。故赤仄乃鑄於元鼎二年，三官鑄於元鼎四年。

三官所鑄五銖錢，質好，除真工大姦外，不能盜鑄，這對於穩定物價，頗有功效。元鼎四年以後，錢幣沒有改變，而王莽篡漢之後，人心思漢，猶云：「五銖當復」（後漢書卷四十三公孫述傳），漢民愛護五銖，從而愛護劉漢，貨幣與民心向背有密切關係，觀此可以知道。

「武帝征伐四夷，師出三十餘年，天下戶口減半」（漢書卷二十七中之下五行志），而人心尚不思亂，固然因為「不出師征伐，天下不安」（武帝語，見資治通鑑卷二十二漢武帝征和二年），而拓地過半，國威遠及四裔，人民由於民族的自尊心，亦願意忍受暫時的苦痛。何況戶口減半，生產力稍稍提高，便可與消費力保持均衡，而使社會復歸於安定。武帝末年悔征伐之事，封丞相為富民侯，用趙過代田之法，以增加農業生產力，謀經濟的復興。

> 武帝末年悔征伐之事，乃封丞相為富民侯，下詔曰方今之務，在於力農。以趙過為搜粟都尉，過能為代田，一晦三甽，歲代處，故曰代田，古法也……一歲之收常過縵田晦一斛以上，善者倍之（漢書卷二十四上食貨志）。

既謂古法，當然不是趙過發明。周禮，「不易之地，家百晦；一易之地，家二百晦；再易之地，家三百晦」。鄭玄注引鄭司農云：「不易之地，歲種之，地美，故家百晦。一易之地，休一歲，乃復種，地薄，故家二百晦。再易之地，休二歲，乃復種，故家三百晦」（周禮注疏卷十大司徒）。即上地年年佃之；中地年年休百晦，佃百晦；下地，年年休二百晦，佃百晦。地力既得休息，故每晦生產量常過縵田一斛以上，其善者且過縵田二斛以上。但是此法只能行於地廣人稀之處。武帝末年，「天下戶口減半」，代田能夠實行，職此之故。

而繼統的昭帝又復「委任霍光，光知時務之要，輕繇薄賦，與民休息」（漢書卷七昭帝紀贊曰）。蓋大戰之後黃老的無為主義還是有用處的。吾人觀武帝時代的漕運六百萬石，到了昭帝時代，即減少為三百萬石（漢書卷七昭帝紀元鳳二年），由國用的減少，可知其與民休息之狀。「海內虛耗，戶口減半」（漢書卷七昭帝紀贊曰），即又回歸到文帝時代「以口量地，其於古猶有餘」（漢書卷四文帝紀後元年春三月詔）的現象，代田行之得法，自可增加收穫。此時，戶口蕃息不但不成糧食消耗之累，而戶口銳減，野不加闢，既有害地盡其利，又有害國家稅收，這樣，增加戶口就有必要了。案戶口減少，除人民戰死於沙場之外，尚有兩種原因：一因民畏口錢，「生子輒殺」（漢書卷七十二貢禹傳），所以昭帝元鳳四年令毋收四年五年口賦，元平元年又減口賦錢什三（漢書卷七昭帝紀），宣帝五鳳三年亦減天下口錢（漢書卷八宣帝紀）。二因民畏賦役，逃亡出鄉。所以宣帝地節三年詔流民還鄉者，且勿算事（師古曰不出算賦及給傜役），甘露二年減民算三十（師古曰一算減錢三十也，見漢書卷八宣帝紀）。其結果也，「昭帝時，流民稍還，田野益闢，頗有蓄積」（漢書卷二十四上食貨志）。宣帝時，「用吏多用賢能，百姓安土，歲數豐穰，穀至石五錢」（漢書卷二十四上食貨志）。於是國民經濟又復興了，而國家財政亦甚充足。吾人觀元帝時代，府庫餘財之多，就可知道。

孝元皇帝奉承大業，溫恭少欲，都內錢四十萬萬，水衡錢二十五萬萬，少府錢十八萬萬（漢書卷八十六王嘉傳）。

然而問題並未完全解決，荀子有言：「亡國富筐篋，實府庫。筐篋已富，府庫已實，而百姓貧，夫是之謂上溢而下漏」（荀子第九篇王制）。武帝初年，「府庫餘財」，而民亦「人給家足」（漢書卷二十四上食貨志）。昭宣以後如何呢？於此，我們不能不一述漢代的商業資本。

第六節 農業社會的崩潰與王莽改革的失敗

武帝討伐四夷，海內虛耗，經昭宣二代的復興工作，社會又復安定，然而問題並未完全解決。外戰雖與內亂有殊，然其結果往往相似。內戰可以斷絕商路，而破壞商業。商業一旦破壞，全國便失去經濟上的聯繫。但是農民之剩餘農產物必待商人運販。商路斷絕，農業便自然的由商品生產改變為自給自足的生產。換言之，農產物既不能運販於市場，而貯藏過久，又復敗壞，試問農民何必力耕，當然只求收穫能夠供給一家之用。反之，外戰不會破壞商業，反而商人得以乘機牟利。商人雖然蓄積了資本，但社會的貧窮、消費力的低落，又令商人不願投資於工業，使農業社會進展為商工業社會，而依「以末得之，以本守之」的方法，將資本投於土地之上。於是農村之內發生了兼併的現象，多數農民失去土地，淪為流民，而各種社會問題就發生了。

社會問題的發生常由於物價騰貴，這是吾國歷史上常見之事。而最能操縱市場價格的莫如商業資本，西漢初年已經發生這種現象。

漢興，以為秦錢重，難用，更令民鑄莢錢，黃金一斤。而不軌逐利之民，蓄積餘贏以稽市，物痛騰躍，米至石萬錢，馬至匹百金（漢書卷二十四下食貨志）。

農民不免受了影響，農民賤賣貴買，結果只有破產。漢代租稅以田租算賦為主，農民破產，流落四方，可以減少政府的稅收，所以政府對於商業資本常取敵對的態度。高祖時代，商人不得衣絲乘車。

天下已平，高祖乃令賈人不得衣絲乘車，重稅租以困辱之（漢書卷二十四下食貨志，參閱卷一下高帝紀八年三月令）。

惠帝呂后時代，雖弛商賈之禁，而商人尚不得為官吏。

孝惠高后時，為天下初定，復弛商賈之律，然市井子孫亦不得宦為吏（漢書卷二十四下食貨志）。

只因商業的利益甚大，漢時，諺有「以貧求富，農不如工，工不如商，刺繡文不如倚市門」（漢書卷九十一貨殖傳）之語，所以商人雖然受了壓迫，而商業還是逐年繁榮。而高祖平定海內之後，繼以孝惠呂后的清淨無為，予民休息。農業生產力的發達可以發生剩餘農產物的販賣，而剩餘農產物的販賣又可以促成商業的隆盛。兼以海內統一，沒有關稅的障礙，所以巨商大賈就有活躍的機會。

漢興，海內為一，開關梁，弛山澤之禁，是以富商大賈周流天下，交易之物莫不通得其所欲（史記卷一百二十九貨殖傳）。

文景時代商人愈益富裕，不但破壞不得衣絲乘車的禁令，且又因其富厚，交通王侯。

而商賈大者積貯倍息，小者坐列販賣，操其奇贏，日游都市，乘上之危，所賣必倍。故其男不耕耘，女不蠶織，衣必文采，食必粱肉，亡農夫之苦，有仟伯之得，因其富厚，交通王侯，力過吏勢，以利相傾，千里游敖，冠蓋相望，乘堅策肥，履絲曳縞（漢書卷二十四上食貨志）。

到了武帝之世，商人勢力愈益雄厚，又破壞了不得仕宦為吏的禁令，而出來參加政治。例如東郭咸陽是鹽商，孔僅是鐵商，桑弘羊是賈人之子，而均做過大官巨吏。

於是以東郭咸陽孔僅為大農丞，領鹽鐵事，而桑弘羊貴幸。咸陽齊之大鬻鹽，孔僅南陽大冶，皆致產累千金……弘羊洛陽賈人之子，以心計，年十三侍中，故三人言利，事析秋毫矣（漢書卷二十四下食貨志）。

其後復因鹽鐵專賣，凡以鹽鐵起家的，均舉之為吏。

使僅（孔僅）咸陽（東郭咸陽）乘傳舉行天下鹽鐵，作官府，除故鹽鐵家富者為吏，吏益多賈人矣（漢書卷二十四下食貨志）。

商人踏上政治舞臺之後，商業資本愈益橫行。政府的措施，商人無不先知，武帝問張湯曰「吾所為，賈人輒知，益居其物，是類有以吾謀告之者」（漢書卷五十九張湯傳）。這可以證明商人因其富厚，而與官僚勾結之事。舉明顯之例言之，成哀間，羅裒訾致千餘萬，舉其半數，賂遺曲陽侯王根定陵侯淳于長，依其權力，賒貸郡國，人莫敢負（漢書卷九十一貨殖傳，見程鄭傳）。前已說過農業有靠於商業之運販，但商業發達到一定程度之後，又往往破壞農村的安定。文帝時晁錯曾言：

今農夫五口之家，其服役者不下二人，其能耕者不過百畮，百畮之收不過百石，春耕夏耘秋穫冬臧，伐薪樵，治官府，給繇役。春不得避風塵，夏不得避暑熱，秋不得避陰雨，冬不得避寒凍，四時之間，亡日休息。又私自送往迎來，弔死問疾養孤長幼在其中。勤苦如此，尚復被水旱之災，急政暴虐，賦歛不時，朝令而暮改。當具有者半賈而賣，亡者取倍稱之息，於是有賣田宅鬻子孫以償責者矣。而商賈大者積貯倍息，小者坐列販賣，操其奇贏，日游都市，乘上之急，所賣必倍。故其男不耕耘，女不蠶織，衣必文采，食必粱肉，亡農夫之苦，有仟伯之得，因其富厚，交通王侯，力過吏勢，以利相傾，千里游敖，冠蓋相望，乘堅策肥，履絲曳縞，此商人所以兼並農人，農人所以流亡者也（漢書卷二十四上食貨志）。

元帝時貢禹亦說：

商賈求利，東西南北，各用智巧，好衣美食，歲有十二之利，而不出租稅。農夫父子暴露中野，不避寒暑，捽屮杷土，手足胼胝，已奉穀租，又出槀稅，鄉部私求，不可勝供。故民棄本逐末，耕者不能半，貧民雖賜之田，猶賤賣以賈，窮則起為盜賊，何者，末利深而惑於錢也（漢書卷七十二貢禹傳）。

何以「有者半賈而賣，亡者取倍稱之息」，何以「貧民雖賜之田，猶賤賣以賈」。農民要吃鹽，要以鐵耕，還要繳納租稅，這一切都是要用貨幣的。農民所有的是米穀，不是貨幣。農民要取得貨幣，須將米穀賣給商人，商人則乘農民的窮急，賤價以購米穀；又乘農民的需要，高價以販鹽鐵。農民受了商人的剝削，單單耕田，不能維持一家的生計，結果，健壯的男子均出外做工，土地的耕耘則委於老弱的婦女。農業漸漸離開商品生產的領域，而變為家計的一部。換言之，農業不以販賣為目的，而以生產一家所需要的食糧為使命，於是農業生產力愈降低，而農村也漸次破壞。

在這種情況之下，農民的生活當然困苦，萬一凶年歉收，一家的生計就無法維持，只有向財主借債，等到豐年之時，再把債務還清。但是財主所有的不是貨物，而是貨幣；農民所借的也不是貨物，而是貨幣。即農民將借來的貨幣購買生活必需品，以維持一家的生計。這樣一來，則是農民於貨幣的價值最低廉的時候借了貨幣，而於貨物的價格最昂貴的時候買了貨物；更於貨幣的價值最昂貴的時候還了貨幣，而於貨物的價格最低廉的時候賣了貨物。所以農民愈益貧窮，弄到結果，竟然不能償清債務，而須「賣田宅鬻子孫以償責者矣」。

農民賣田宅以償債，由是商人及地主就兼併了土地。他們怎樣利用土地？租給佃農耕種。例如：

寧成乃貰貣陂田千餘頃，假貧民，役使數千家……致產數千萬（漢書卷九十寧成傳）。

漢代田租是很輕的，只三十取一。這種稅制在小農還保持獨立地位之時，固然是一種德政。但是小農一旦沒落為佃戶，則只有利於地主。因為佃戶要納十分之五佃租於地主，地主只納三十分之一的田租於政府，所以輕稅薄斂不過增加地主的財產，而使地主更可利用餘財，兼併其他土地。且看王莽之令。

漢氏減輕田租，三十而稅一，常有更賦，罷癃咸出，而豪民侵陵，分田劫假，厥名三十，實什稅五也（漢書卷二十四上食貨志）。

農民鬻子孫以償債，由是商人及地主又增加了不少的奴隸，張安世有家童七百人（漢書卷五十九張安世傳），王商的私奴以千數（漢書卷八十二王商傳），史丹的僮奴以百數（漢書卷八十二史丹傳），卓王孫有僮客八百人（漢書卷九十一貨殖傳）。他們如何利用奴隸？除家庭勞動之外，又使其從事生產勞動。例如：

張安世家童七百人，皆有手技作事，內治產業，累積纖微，是以能殖其貨（漢書卷五十九張安世傳）。

奴隸既然從事生產勞動，自由勞動者要想得到職業，更困難了。所以不久自由勞動者也沒落為奴隸。奴隸人數的增加就是自由民人數的減少，自由民人數的減少又使國家感覺勞動力的缺乏。武帝末年已經獎勵人民將奴隸捐給國家。

武帝乃募民能入奴婢，得以終身復，為郎增秩（漢書卷二十四下食貨志）。

到了這個時候，單單政治上的改革已無效果，尚須施行社會政策，以解決大眾的貧窮問題。武帝以前，政府對於鰥寡孤獨及貧不能自存者，均曾予以救濟。而水旱之年，對於災民及流民往往不吝賑恤，一是給予生活資料，二是供給生產工具，三是減免田租逋稅。武帝以後，社會問題日益嚴重，單單賑恤已經沒有用處，所以由武帝而至哀帝，又施行下述各種政策。

第一是賤商政策。商業可以發生土地的兼併，漢代政府是知道的，所以當大眾開始貧窮的時候，政府又開始壓迫商人。武帝元鼎年間不許商人有田。

賈人有市籍及家屬皆無得名田，以便農，敢犯令，沒入田貨（漢書卷二十四下食貨志）。

哀帝時代又禁止商人為吏。

哀帝即位，六月詔曰賈人皆不得名田為吏，犯者以律論（漢書卷十一哀帝紀）。

但是戰國以來，地域的分工已使商人對於貨物的流通，成為必不可缺的人物。政府經濟上沒有對策，只從政治上抑制商人，未必就有效果。晁錯在文帝時代已經說到，「今法律賤商人，商人已富貴矣，尊農夫，農民已貧賤矣」（漢書卷二十四上食貨志），則在商人操縱社會經濟，踏上政治舞臺之後，乃欲加以抑制，其不成功，理之當然。

第二是鹽鐵專賣。農民要吃鹽，鹽是商人運販的，農民要以鐵耕，鐵也是商人運販的。商人操縱鹽鐵的價格，便可大發其財，秦漢時代商人以鹽鐵致富者為數不少（參閱漢書卷九十一貨殖傳），所以武帝就實行鹽鐵專賣。鹽鐵專賣固然因為干戈日滋，府庫並虛，欲收鹽鐵之利，以奉師旅之費。但是此外尚有一個重要原因，即欲抑制商人。

今意總一鹽鐵，非獨為利入也，將以建本抑末，禁淫侈，絕並兼之路也（鹽鐵論第六篇復古）。

但是鹽鐵專賣之後，結果並不良好。因為鹽鐵既歸政府專賣，其價格就成為獨占價格，國家用人不當，若用苦鹽惡鐵，以高價發售，人民亦不得不買。

郡國多不便縣官作鹽鐵器苦惡（師古曰鹽既味苦，器又脆惡），賈貴，或強令民買之（漢書卷二十四下食貨志）。

而惡劣的鐵器更有害於農事。

農天下之大業也，鐵器民之大用也。器用便利，則用力少，而得作多，農夫樂事勸功。用不具，則田疇荒，穀不殖。用力鮮，功自半，器便與不便，其功相什而倍也。縣官鼓鑄鐵器，大抵多為大器，務應員程，不給民用，民用鈍弊，割草不痛，是以農夫作劇，得獲者少，百姓苦之矣（鹽鐵論第三十六篇水旱）。

所以漢代學者多反對鹽鐵專賣，元帝初元五年罷鹽鐵官，永光三年鹽鐵又收歸國家專賣（漢書卷九元帝紀）。鹽鐵所以必由國家專賣者，蓋如御史大夫桑弘羊所說：

匈奴背叛不臣，數為寇暴於邊鄙，備之則勞中國之士，不備則侵盜不止。先帝哀邊人之久患苦為虜所係獲也，故修障塞，飭烽燧，屯戍以備之，邊用度不足，故興鹽鐵、設酒榷、置均輸、蕃貨長財以佐助邊費。今議者欲罷之，內空府庫之藏，外乏執備之用，使備塞乘城之士飢寒於邊，將何以贍之，罷之不便也（鹽鐵論第一篇本議）。

第三是均輸平準。據鹽鐵論（第一篇本議）所載御史大夫桑弘羊之言，其辦法如次：

往者郡國諸侯各以其物貢輸，往來煩雜，物多苦惡，或不償其費。故郡置輸官，以相給運，而便遠方之貢，故曰均輸。開委府於京，以籠貨物，賤即買，貴則賣，是以縣官不失實，商賈無所貿利，故曰平準。

桑弘羊之言不甚明瞭，所謂均輸，據孟康解釋：

> 均輸謂諸當所有輸於官者，皆令輸其地土所饒，平其所在時價，官更於他處賣之。輸者既便，而官有利也（漢書卷十九上百官公卿表治粟內史注引孟康曰）。

所謂平準，據漢書所載：

> 大農諸官盡籠天下之貨物，貴則賣之，賤則買之，如此，富商大賈亡所牟大利，則反本而萬物不得騰躍，故抑天下之物，名曰平準（漢書卷二十四下食貨志）。

即均輸平準都是用以平定物價，使商人不能操縱。用更明顯的話來說，均輸是令各地進貢貨物於政府之時，進貢該地生產過多的貨物，以抬高該項貨物的價格，再由政府運至缺乏這個貨物的地方，盡量拋售，以減低這個貨物的價格。平準是令各地官府於物價低廉的時候，盡量購買進來，使物價不會過低；再於物價昂貴的時候，盡量販賣出去，使物價不會過高。

均輸平準都是武帝時代桑弘羊設計的。元狩中，弘羊為大司農丞，置均輸以通貨物，即各地須輸「其地土所饒」，「官更於他處賣之」，輾轉運販，而輸於京師，這種政策乃以「便遠方之貢」。問題所在似是「輸其地土所饒」，而致發生流弊。蓋地饒沙糖者，農人及女工須納沙糖，如是，他們就不能不賣其所有，而買其所無，眾人爭購沙糖，沙糖之價便隨之提高了。所以鹽鐵論（第一篇本議）中，文學才說：

> 古者之賦稅於民也，因其所工，不求所拙，農人納其獲（穫），女工效其功（織），今釋其所有，責其所無，百姓賤賣貴買貨物，以便上求。間者郡國或令民作布絮，吏（恣）留難，與之為市，吏之所入非獨齊陶之縑、蜀漢之布也，亦民間之所為耳。行姦賣平，農民重苦，女工再稅，未見輸之均也。

元封元年桑弘羊又置平準，由大司農盡籠天下貨物，貴則賣之，賤則買之，使「富商大賈亡所牟大利」，最初成績甚佳，「民不益賦，而天下用饒」（漢書卷二十四下食貨志），但是不久之後，官僚又利用官府的權力，從中漁利，所以鹽鐵論（第一篇本議）中，文學又說：

縣官猥發，闔門擅市，則萬物並收，萬物並收則物騰躍，騰躍則商賈侔利自市，（侔利自市）則吏容姦豪，而富商積貨儲物以待其急，輕賈姦吏收賤以取貴，未見準之平也。

第四是常平倉的設置。李悝曾說：「糴甚貴傷民，甚賤傷農，民傷則離散，農傷則國貧，故甚貴與甚賤，其傷一也」（漢書卷二十四上食貨志），常平倉就是為解決這個問題而設置的。其法是：豐年的時候，政府增價收買米穀，使穀價不至因過賤而傷農；凶年的時候，政府減價出賣米穀，使穀價不至因過貴而傷民。常平倉與平準不同，常平倉單單調節穀價，平準則調節一切貨物的價格，這個方法是宣帝時代耿壽昌建議的。

宣帝即位……歲數豐穰，穀至石五錢，農人少利，時大司農中丞耿壽昌以善為算，能商功利，得幸於上……遂白令邊郡皆築倉，以穀賤時，增其價而糴以利農，穀貴時減賈而糶，名曰常平倉，民便之（漢書卷二十四上食貨志）。

但是這個計畫在土地兼併之後，實行起來，卻有許多流弊。因為貧農雖在豐年，也沒有多餘的穀可以出賣，他們所以必須糶穀，乃欲換取貨弊，以供納稅還債及購買日常用品之用。富農雖有多餘的穀，而他們卻不必急於出售，他們可待價而賈，以取厚利。何況商業資本平時已經控制了農村，大熟之年商人很容易用賤價向農民買穀，屯積起來，不許常平倉糴去儲存。大饑之年常平倉雖用賤價糶穀，而屯積最大分量的商人和富農若袖手旁觀，不肯放糶，坐待倉穀將盡之時，乘機抬價，則常平倉雖然設置，亦復無補於事。所以元帝初元五年，又罷常平倉（漢書卷九元帝紀）。

第五是限田。土地兼併造成了大眾的貧窮，武帝時代董仲舒已經提議限田。他說：

秦用商鞅之法，改帝王之制，除井田，民得賣買。富者田連仟佰，貧者亡立錐之地……小民安得不困……漢興，循而未改。古井田法雖難卒行，宜少近古，限民名田，以澹不足，塞並兼之路……然後可善治也（漢書卷二十四上食貨志）。

但是當時土地乃集中於官僚及商人之手，商人不過用經濟手段，兼併土地；而官僚尤其王公且用政治手段，兼併土地。例如：

衡山王賜數侵奪人田，壞人家以為田，有司請逮治衡山王，上不許（漢書卷四十四衡山王賜傳）。

案武帝所以「不許」，似有不得已的苦衷。衡山王之事是在元光六年（衡山王賜傳），主父偃提議推恩分封之實行則在元朔二年（據資治通鑑）。諸侯王勢力尚大，故武帝只能剝奪其行政權，凡吏二百石以上均由中央任命（衡山王賜傳）。何況天子本身就是最大的地主，雖然常將公田假與貧民（例如宣帝地節元年三年，元帝初元元年永光元年），而到了哀帝時代，還能一舉而賜董賢田二千餘頃（見漢書卷八十六王嘉傳）。漢世田多在官，天子的利害本與地主一致，而王公大臣又多是大地主，何肯贊成董仲舒的建議而實行之。最後武帝只有壓制商人，不許商人名田。

賈人有市籍及家屬皆無得名田，以便農，敢犯令，沒入田貨（漢書卷二十四下食貨志）。

然而無補於事。成帝時，張禹「內殖貨財，及富貴（為丞相），多買田至四百頃，皆涇渭溉灌，極膏腴上賈」（漢書卷八十一張禹傳）。官僚如斯兼併土地，所以哀帝時，師丹又提議限田。

哀帝即位，師丹輔政，建言：古之聖王莫不設井田，然後治乃可平。孝文皇帝承亡周亂秦兵革之後，天下空虛，故務勸農桑，帥以節儉，民始充實，未有並兼之害，故不為民田及奴婢為限。今累世承平，豪富吏民訾數鉅萬，而貧弱俞困……宜略為限（漢書卷二十四上食貨志）。

哀帝聽了師丹之言，詔令群臣討論，丞相孔光大司空何武聯名擬了一個草案。

天子下其議，丞相孔光大司空何武奏請諸侯王列侯皆得名田國中，列侯在長安，公主名田縣道，及關內侯吏民名田皆毋過三十頃……期盡三年，犯者沒入官（漢書卷二十四上食貨志，參閱卷十一哀帝紀）。

這種限田一見之下，就可知道其不公平，然而最初破壞限田法令的卻是哀帝自己。

> 哀帝賜賢（董賢）二千餘頃，均田之制，從此墮壞（漢書卷八十六王嘉傳）。

而一般貴戚寵臣亦極力反對，於是限田制度便無法推行。

> 時田宅（奴婢）賈為減賤，丁傅用事，董賢隆貴，皆不便也。詔書且須後，遂寢不行（漢書卷二十四上食貨志）。

第六是私奴隸人數的限制。漢代奴隸有官私二種：貧而不能自養者多販賣為私奴隸，而罪人的妻子多籍沒為官奴隸。社會愈貧窮，犯罪愈增加，所以因貧而販賣為奴隸者一旦增加，因罪而籍沒為奴隸者亦必增加。官奴隸人數過剩，成為國家之累，這是元帝時貢禹所言的。他說：

> 又諸官奴婢十萬餘人，歲遊亡事，稅良民以給之，歲費五六鉅萬，宜免為庶人，稟食，令代關東戍卒乘北邊亭塞候望（漢書卷七十二貢禹傳）。

私奴隸呢？漢世私奴隸之多，舉外戚為例言之，王商（宣帝母家王氏）私奴以千數（漢書卷八十二王商傳），史丹（宣帝祖母家史氏）僮奴以百數（漢書卷八十二史丹傳），王氏（元帝后家王氏）僮奴以千百數（漢書卷九十八元后傳）。舉平民為例言之，卓王孫僮客八百人（師古曰僮謂奴），程鄭亦數百人（漢書卷五十七上司馬相如傳）。漢書（卷九十一）貨殖傳有「童手指千」之語，注引「孟康曰童奴婢也。古者無空手游口，皆有作務，作務須手指，故曰手指。師古曰指千則人百」。即私奴婢必須負擔許多工作，張安世家童七百人，皆有手技作事（漢書卷五十九張安世傳），刁間使奴人逐魚鹽商賈之利（漢書卷九十一貨殖傳）。豪富不愁奴隸之多，問題所在，乃是奴隸侵占了平民的勞動機會，致令社會發生失業問題。武帝時代董仲舒已經奏請解放奴隸。

> 董仲舒又言，去奴婢，除專殺之威（漢書卷二十四上食貨志）。

但是王公大臣皆有多數奴隸，誰肯同意董仲舒的建議。而奴隸常受虐待，元帝時，侯應謂「邊人奴婢愁苦，欲亡者多，曰『聞匈奴中樂，無奈候望急何！』時有亡出塞者」（漢書卷九十四下匈奴傳）。邊境奴婢如此，內郡奴婢亦必相差不遠。哀帝時代，師丹又提議限制奴隸，哀帝下詔群臣討論（漢書卷二十四上食貨志原文已引在上面），丞相孔光大司空何武擬了一個方案：

> 丞相孔光大司空何武奏請……諸侯王奴婢二百人，列侯公主百人，關內侯吏民三十人，期盡三年，犯者沒入官（漢書卷二十四上食貨志）。

有了這種消息，奴隸的價格跌落了，王公大臣乘機購買，同時又極力反對，「詔書且須後，遂寢不行」。

> 時（田宅）奴隸賈為減賤，丁傅用事，董賢隆貴，皆不便也。詔書且須後，遂寢不行（漢書卷二十四上食貨志）。

一切改革均歸失敗，社會問題日益嚴重，而最嚴重的莫過於戶口蕃庶，而社會生產力不能隨著提高。漢興，民人散亡，殘存的戶口比之戰國，只有十之二三，文景時代勸課農桑，減省租賦，流民既歸，戶口亦息。而武帝討伐四夷，師出三十餘年，天下戶口又復減半。昭帝輕傜薄稅，宣帝選用賢能，元帝溫恭少欲，經三世休養生聚，戶口又見增加，到了平帝時代，戶口總數如次。

> 訖於孝平，民戶千二百二十三萬三千六十二，口五千九百五十九萬四千九百七十八，漢極盛矣（漢書卷二十八下之二地理志）。

人口如斯增加，食糧如何呢？

> 訖於孝平，提封田一萬萬四千五百一十三萬六千四百五頃，其一萬萬二百五十二萬八千八百八十九

> 頃，邑居道路山川林澤，群不可墾。其三千二百二十九萬九百四十七頃可墾（不可墾），定墾田八百二十七萬五百三十六頃（漢書卷二十八下二地理志）。

原文大約是說，提封田共計一萬萬四千五百一十三萬六千四百五頃，其中一萬萬二百五十二萬八千八百八十九頃或充為邑居道路之用，或因係山川林澤，均無法開墾。其得開墾者雖有三千二百二十九萬九百四十七頃，而實際已經開墾為田者，只有八百二十七萬五百三十六頃。如斯解釋固然還說得過去，然而不可墾田與可墾田之和又不等於提封田之總數，到底如何解釋，當考。

當時戶數共一千二百二十六萬三千零六十六，口數共五千九百五十九萬四千九百七十八，定墾田共八百二十七萬零五百三十六頃。倘令全國戶口百分之八十為農民，則農戶共九百八十六萬六千四百五十三，農人共四千七百六十七萬五千九百八十，即每個農戶可得田八十四畝，八十四畝之土地能夠維持一家生計麼?漢時農業生產力很低，漢書曾引戰國時李悝之言。

> 今一夫挾五口，治田百畮，歲收畮一石半，為粟百五十石（漢書卷二十四上食貨志）。

又引晁錯之言：

> 今農夫五口之家……其能耕者不過百畮，百畮之收不過百石（漢書卷二十四上食貨志）。

據姚鼐說：

> 古人大抵計米以石權，此志晁錯云百畮之收不過百石是也。計粟以斛量，此志趙過代田一歲之收，常過縵田畮一斛以上是也。惟李悝法，以石計粟，云百畝歲收畮一石半，為粟百五十石，此即晁錯之百石也。蓋粟百五十石得二百斛，為米百石矣（漢書卷二十四上食貨志補注）。

粟百五十石，量之得二百斛。二百斛之粟得米多少?九章算術云：「粟五十，糲三十，一斛粟得六斗米為糲也」（後漢書伏湛傳注），所以二百斛之粟得米應為一百二十斛。一百二十斛之米，權之重若千石？姚鼐以為重百石，不知有何根據。若據姚鼐自己之言，斛與石之比為二百與一百五十，所以一百二十斛之米應重九十石 $(120 \times \frac{150}{200} = 90)$㉓。

現在試以晁錯所說，一畝收米一石為西漢的生產力，農民實難維持一家生計。何以言之？每戶平均得田八十四畝，一歲收穫為米八十四石，還原為粟，則為一百四十石 $(84 \div \frac{30}{50} = 140)$，每家平均五口，五口之家一歲要吃多少呢？據李悝說：

> 食人月一石半，五人終歲為粟九十石（漢書卷二十四上食貨志）。

吾國度量衡皆古小今大，沈欽韓云：

> 管子國蓄篇，中歲之穀糶石十錢，大男食四石，月有四十之籍。大女食三石，月有三十之籍。吾子食二石，月有二十之籍。以李悝法考之，則戰國公量大已倍半，穀價亦倍於管子時（漢書卷二十四上食貨志補注）。

王鳴盛亦說：

> 古尺小於今尺，是以步數畝數里數皆古小今大，古量亦小於今量。後書南蠻傳，軍行日三十里為程，人日稟五升。李注古升小，故曰五升也，是後漢時量小於今甚遠。魏志管寧傳注，扈累嘉平中年八九十，縣官給廩日五升不足。晉書司馬懿紀，與諸葛亮相拒於五丈原，亮使至，帝問諸葛公食可幾米。對曰三四升。帝曰孔明其能久乎。蜀志亮傳注作食不至數升（漢書卷二十一上律曆志補注）。

㉓ 一百五十石之粟，直接依九章算術，亦應為米九十石，因為 $150 \times \frac{3}{5} = 90$，所以姚鼐的算法似有錯誤。

由此可知以李悝所說的食量為漢人的食量，沒有大錯。一百四十石之粟，一家五口吃去九十石，留下來的只有五十石了。這個五十石之粟還要供為製衣服、納租稅、治疾病、弔死喪種種費用，所以李悝又說：

> 此農民所以常困，有不勸耕之心，而令糴至於甚貴者也（漢書卷二十四上食貨志）。

固然武帝時代趙過為代田之法，「一歲之收常過縵田一斛以上，善者倍之」（漢書卷二十四上食貨志），然而吾人須知代田是將所有的田分為三部，每年耕其一，而休息其二。富農用此方法，可以減少勞動力。貧農之田本來太小，何能休其二而耕其一。代田雖然是「用力少而得穀多」（漢書卷二十四上食貨志），其不能普遍採用，理之至明。元帝時貢禹有田一百三十畝，而妻子糟糠不給，短褐不完（漢書卷七十二貢禹傳），何況貧農所有土地尚不及一百三十畝。

更進一步視之，漢之盛時，全國墾田共八百二十七萬零五百三十六頃，人口共五千九百五十九萬四千九百七十八，一畝之收若係一石半的粟，則一頃為一百五十石，所以社會總生產力為：

$$8270536 \times 150 = 1240580400$$ 石

一人月食一石半之粟，全年為十八石，所以社會總消費量為：

$$59594978 \times 18 = 1072709624$$ 石

社會總消費固然未曾超過社會總生產，然而文帝時代已經因為糧食浪費而感覺糧食不足。

> 文帝後元年三月詔曰，夫度田非益寡，而計民未加益，以口量地，其於古猶有餘，而食之甚不足者，其咎安在？無乃百姓之從事於末以害農者蕃，為酒醪以靡穀者多，六畜之食焉者眾與（漢書卷四文帝紀）。

糧食的浪費引起糧食的恐慌，而表現為穀價騰貴。元帝時代還是國家很富裕的時代，而永光年間，

「京師穀石二百餘，邊郡四百，關東五百，四方飢饉」（漢書卷七十九馮奉世傳）。這比之宣帝元康四年穀石五錢，相差遠了。漢時平均米價大率是每石平均一百。

> 貢禹上書曰，臣拜為諫大夫，秩八百石，奉錢月九千二百……又拜為光祿大夫，秩二千石，奉錢月萬二千（漢書卷七十二貢禹傳）。

關此，周壽昌說：

> 百官表，諫大夫比八百石，此脫比字。考表注及後漢書百官領奉例，無八百石，比八百石兩級。時僅有諫大夫一官及左右庶長爵是八百石。至成帝時，除八百石就六百石，故奉錢無可考，賴此猶存其數。若以十斛抵千錢，則較千石轉多二斛，蓋千石奉月九十斛也（漢書卷七十二貢禹傳補注）。

又云：

> 百官表，光祿大夫秩比二千石，此亦脫比字。二千石奉月百二十斛，若以十斛抵一千，恰如其數（漢書卷七十二貢禹傳補注）。

吾人觀李悝時之穀價，可知學者推測西漢穀價每斛一百之說，頗為合理。李悝說：

> 今一夫……治田百晦，歲收晦一石半，為粟百五十石，餘有四十五石，石三十，為錢三百五十。補注引沈彤云，此錢乃景王大錢，其重半兩（漢書卷二十四上食貨志）。

半兩即十二銖，購買一石之粟，須用十二銖之錢三十，則用五銖之錢，應為七十二$(30 \div \frac{5}{12} = 72)$。然而李悝所說的石是粟不是米，漢人多以石權米，以斛量粟，而粟與米之比，據九章算術則為三十與五十，所以一石之粟若須用錢七十二，則一石米應該用錢一百二十$(72 \div \frac{30}{50} = 120)$，即比一百稍高。

穀價每石平均一百，而元帝永光年間，京師漲至二百，邊郡四百，關東五百。成帝以後，四方饑饉，於是就引起大眾的貧窮和流亡。

一、元帝時代

郎有從東方來者，言民父子相棄，師古曰以遭飢饉，不能相養（漢書卷七十一于定國傳）。

今民大飢而死，死又不葬，為犬豬所食，人至相食（漢書卷七十二貢禹傳）。

二、成帝時代

比歲不登，倉廩空虛，百姓飢饉，流離道路，疾疫死亡者以萬數，人至相食，盜賊並起（漢書卷八十三薛宣傳）。

災異屢降，飢饉仍臻，流散冗食，餧死於道，以百萬數（漢書卷八十五谷永傳）。

三、哀帝時代

民流亡去城郭，盜賊並起……今貧民菜食不厭，衣又穿空，父子夫妻不能相保，誠可為酸鼻（漢書卷七十二鮑宣傳）。

歲比不登，天下空虛，百姓飢饉，父子分散，流散道路以十萬計（漢書卷八十一孔光傳）。

當時人士以為錢幣作祟，元帝時，御史大夫貢禹言，姦邪不可禁，其源皆起於錢。疾其末者絕其本，宜罷鑄錢之官，亡復以為幣。租稅祿賜皆以布帛及穀，使百姓一歸於農。議者以為交易待錢，布帛不可尺寸分裂，禹議亦寢（漢書卷七十二貢禹傳，卷二十四下食貨志）。哀帝時「有上書言古者以龜貝為貨，今以錢易之，民以故貧，宜可改幣。上以問丹（大司空師丹），丹對，言可改。章下有司議，皆以為行錢以來久，難卒變易，丹老人忘其前語，復從公卿議」（漢書卷八十六師丹傳）。案錢幣乃交易的媒介，錢幣本來不會引起物價騰貴，其引起物價騰貴乃因錢幣貶值，即通貨膨脹。「自武帝元狩五年（應為元鼎四年，元狩五年之五銖乃郡國所鑄，元鼎四年專令上林三官鑄五銖錢之後，郡國前所鑄錢，皆廢銷之，輸入其銅三官，見漢書卷二十四下食貨志）三官初鑄五銖錢，至平帝元始中，成錢二百八十億萬餘云」（漢書卷二十四下食貨志）。而當時人口則有五千九百五十九萬四千九百七十八人，即每人平均有錢四十七，通貨並不膨脹，穀價不會因錢幣而騰貴。其騰貴原因在於穀少，不在於幣多。

穀價騰貴既然因為穀少，而穀少的原因，除釀酒外，一為水旱為災，二是墾田太少。在這種局勢之下，政府應本調和陰陽之意，開鑿河渠，使雨不成災，旱不妨耕。武帝曾言：「農天下之本也，泉流灌寖所以育五穀也。細民未知其利，故為通溝瀆，蓄波澤，所以備旱也」（漢書卷二十九溝洫志）。他在討伐四夷之際，不惜花巨萬之費，引河鑿渠，以溉民田，如渭渠白渠等是（漢書卷二十九溝洫志）。然而開鑿河渠，用費甚巨，在國家財政困難之際，往往力不能顧，而致釀成大患。成帝時，清河都尉馮逡請浚屯氏河，當時丞相御史乃謂「用度不足，可且勿浚」。後三歲，河果決，受害者四郡三十二縣，毀壞官亭室廬且四萬所（漢書卷二十九溝洫志）。尤重要者，政府應將荒地闢為墾田。前已說過，西漢之世，土地之可開墾的有三千二百二十九萬零九百四十七頃，而實際已經開墾為田的不過八百二十七萬零五百三十六頃，即尚有不少的地可以利用。當時政治家沒有遠大眼光，而開墾荒地又需要巨大經費，最好還要同晁錯所說移民實邊那樣，「先為室屋，具田器，募民之欲往者皆賜高爵，復其家，予冬夏衣廩食，能自給而止，其亡夫若妻者，縣官買予之」（漢書卷四十九晁錯傳）。然而這樣巨大的經費又非當時政府所能負擔。水利不修，墾田不闢，而人口日多，地力日竭，穀價騰貴，可以說是勢之必然。

而自元成以後，政治又復開始腐化。政治的敗壞常由於政界失掉新陳代謝的作用。武帝時，「上方欲用文武，求之如弗及……群士慕嚮，異人並出……漢之得人，於茲為盛」（漢書卷五十八公孫弘傳贊日）。主父偃「上書闕下，朝奏，暮召入見……是時徐樂嚴安亦俱上書言世務，書奏，上召見三人，謂曰公皆安在，何相見之晚也」（漢書卷六十四上主父偃傳）。又武帝「徵天下舉方正賢良文學材力之士，待以不次之位，四方士多上書言得失，自衒鬻者以千數，東方朔文辭不遜，高自稱譽，上偉之，令待詔公車」（漢書卷六十五東方朔傳）。求才如渴，士多進取，政治上朝氣勃勃，可以說是理之當然。元成以後，情形不同。成帝時，梅福上書曰，「自陽朔以來，天下以言為諱，朝廷尤甚，群臣皆承順上指，莫有執正」（漢書卷六十七梅福傳）。哀帝時，大臣「以苟容曲從為賢，以拱默尸祿為智」（漢書卷七十九鮑宣傳），這種現象所以發生，何焯云：「成帝以後，士皆依附儒術，容身固位，志節日微，卒成王氏之篡」（漢書卷六十七朱雲傳補注）。例如匡衡「經學絕倫」，中書令石顯用事，衡竟「阿諛曲從」，「不敢失其意」（漢書卷八十一匡衡傳）。張禹「經學精習」，而乃「內殖貨財，……買田至四百頃，皆涇渭溉灌，極膏腴上賈，它財物稱是」，又「自見年老，子孫弱」，不欲得罪王氏，謂日蝕地震與王氏專政無關（漢書卷八十一張禹傳）。孔光「經學尤明」，而乃依附王莽，羌「所欲搏擊，輒為草，以太后指，風光令上之」（漢書卷八十一孔光傳）。此三人者「咸以儒宗居宰相位，服儒衣冠，傳先王語，然皆持祿保位，被阿諛之譏」（漢書卷八十一匡衡傳贊曰）。蓋自武帝立五經博士，開弟子員，設科射策之後，經學寖盛，「蓋利祿之路然也」（漢書卷八十八儒林傳贊曰）。學者研究經學，目的不在於「明天道，正人倫，致至治」（漢書卷八十八儒林傳），而在於拾青紫。韋賢「兼通禮詩書，以詩教授，號稱鄒魯大儒」，本始三年為丞相。「少子玄成復以明經，歷位至丞相，故鄒魯諺曰，遺子黃金滿籯，不如一經」（漢書卷七十三韋賢傳）。夏侯勝「每講授，常謂諸生曰，士病不明經術，經術苟明，其取青紫如俛拾地芥耳」（漢書卷七十五夏侯勝傳）。讀經的目的既然如斯，一旦目的達到，當然是持祿保位，而不能以青紫為手段，實行「致至治」的抱負。

西漢初年政治本來是道家思想而參以法家學說。武帝雖然罷黜百家，表章六經，而在元帝以前，還是王霸雜用，即以經術潤飾法治。宣帝曾言：「漢家自有制度，本以霸王道雜之，奈何純任德教，用周政乎」（漢書卷九元帝紀）。道德本來是律己的，法律則以律人。道德是用勸戒之言，勸人為善，戒人為惡。但是勸戒之言只可與上智者語，不可與下愚者言。上智者寡而下愚者多，所以道德觀念常至於窮。只因人類尚有利害觀念，即如管子所言：「夫凡人之情，見利莫能勿就，見害莫能勿避」（管子第五十三篇禁藏），韓非亦說：「輿人成輿，則欲人之富貴。匠人成棺，則欲人之夭死也。非輿人仁而匠人賊也。人不貴，則輿不售，人不死，則棺不買；情非憎人也，利在人之死也」（韓非子第十五篇備內）。人類既有利害觀念，於是宗教方面就濟之以天堂地獄之說，政治方面又濟之以刑賞。刑所以嚇人，賞所以誘人。誘之以名利，賞其為善；嚇之以刑獄，罰其為惡。賞是人人所愛的，刑是人人所畏的，這個愛畏情緒便是政令能夠推行的心理條件。人主蔑視這個心理條件，一切作為必徒勞而無功。反之，人主若能利用人類愛畏之情，誘之以所愛，嚇之以所畏，必能驅使幹部推行政令，又能驅使人民遵守政令。管子說，「明主之治也，懸爵祿以勸其民，民有利於上，故主有以使之，立刑罰以威其下，下有畏於上，故主有以牧之。故無爵祿，則主無以勸民；無刑罰，則主無以威眾。故人臣之行理奉命者，非以愛主也，且以就利而避害也。百官之奉法無姦者，非以愛主也，欲以受爵祿而避罰也」（管子第六十七篇明法解）。韓非亦云：「凡治天下，必因人情，人情者有好惡，故賞罰可用；賞罰可用，則禁令可立，而治道具矣」（韓非子第四十八篇八經）。漢在興盛時代，為政之道均本斯旨。梅福曾言：「爵祿束帛者天下之底石，高祖所以厲世摩鈍也」（漢書卷六十七梅福傳），而最能闡明法家之思想者莫如晁錯。他說：「人情莫不欲壽……人情莫不欲富……人情莫不欲安……人情莫不欲逸……情之所惡，不以彊人；情之所欲，不以禁民……其行賞也，非虛取民財，妄予人也……功多者賞厚，功少者賞薄……其行罰也，非以忿怒妄誅而縱暴心也……罪大者罰重，罪小者罰輕」，其所建議守邊備塞之策完全依此思想。故云「凡民守戰至死而不降北者，以計為之也。故戰勝守固，則有拜爵之賞，攻城屠邑，則得其財鹵，以富家室，故能使其眾蒙矢石，赴湯火，視死如生」。又云：「胡人入驅，而能止其所驅者，以其半予之，縣官為贖其民。如是，則邑里相救助，赴胡不避死，非以德上也，欲全親戚，而利其財也」（漢書卷四十九晁錯傳）。此即韓非所謂「相為則責怨，自為則事行」（韓非子第三十二篇外儲說左上）。亦即愼子所謂「人莫不自為也，化而使之為我，則莫可得而用矣……用人之自為，不用人之為我，則莫不可得而用矣」（愼子因循篇）。元成以後，不知霸者之術。元帝時，杜欽曾說：「功同賞異，則勞臣疑，罪鈞刑殊，則百姓惑」（漢書卷七十馮奉世傳）。刑賞無章，刑賞失去效用，因之政界就發生了持祿保位的現象。大臣拱默於上，胥吏遂舞弊於下，元帝建昭五年三月詔曰：

今不良之吏覆案小罪，徵召證案，與不急之事，以妨百姓，使失一時之作，亡終歲之功，公卿其明察申敕之（漢書卷九元帝紀）。

成帝鴻嘉四年春正月詔曰：

數詔有司務行寬大而禁苛暴，訖今不改，一人有辜，舉宗拘繫。農民失業，怨恨者眾，傷害和氣，水旱為災。關東流冗者眾，青幽冀部尤劇，朕甚痛焉（漢書卷十成帝紀）。

農村崩潰，而政界又復腐化，於是人民開始流亡。管子說：「凡治國之道必先富民，民富則易治也，民貧則難治也。奚以知其然耶？民富則安鄉重家，安鄉重家則敬上畏罪，敬上畏罪則易治也。民貧則危鄉輕家，危鄉輕家則敢陵上犯禁，陵上犯禁則難治也。故治國常富，而亂國常貧。是以善為國者必先富民，然後治之」（管子第四十八篇治國）。賈誼曾謂「民不足而可治者，自古及今未之嘗聞」（漢書卷二十四上食貨志）。晁錯亦說：「民貧則姦邪生，貧生於不足，不足生於不農，不農則不地著，不地著則離鄉輕家，民如鳥獸，雖有高城深池，嚴法重刑，猶不能禁也……夫腹飢不得食，膚寒不得衣，雖慈母不能保其子，君安能以有其民哉」（漢書卷二十四上食貨志）。民如鳥獸流散四方，他們流亡之後，如何生活呢？只有變為盜匪。而盜匪發生之後，其最先劫掠的，往往不是城市中的豪富，而是鄉村中的殷農。殷農既遭劫掠，於是流民又將流民「再生產」出來了。成帝時代已有小股流寇。

成帝時代流寇表㉔

年代	事略
陽朔三年	六月潁川鐵官徒申屠聖等百八十人，殺長吏，盜庫兵，自稱將軍，經歷九郡，遣丞相長史御史中丞逐捕，皆伏辜。
鴻嘉三年	十一月廣漢男子鄭躬等六十餘人，攻官寺，篡囚徒，盜庫兵，自稱山君。四年冬，黨與漸廣，犯歷四縣，眾且萬人。拜河東都尉趙護為廣漢太守，發三萬人擊之，旬月平。
永始三年	十一月尉氏男子樊並等十三人謀反，殺陳留太守，劫略吏民，自稱將軍，徒李譚等五人共格殺並等。十二月山陽鐵官徒蘇令等二百二十八人攻殺長吏，盜庫兵，自稱將軍，經歷郡國十九，遣丞相長史御史中丞持節督趣逐捕，汝南太守嚴訢捕斬令等。

哀帝時代，盜匪愈益橫行。

盜賊並起，或攻官寺，殺長吏（漢書卷八十一孔光傳）。

人心動搖，遂用宗教集團的形式，而思有所動作㉕。

㉔ 本表據漢書卷十成帝紀。

㉕ 漢書卷二十七下之上五行志，哀帝建平四年正月，民驚走，持稾或掫一枚，傳相付與曰行詔籌，道中相過逢，多至千數，或被髮徒踐，或夜折關，或踰牆入，或乘車騎奔馳，以置驛傳，行經歷郡國二十

哀帝建平四年春大旱，關東民傳行西王母籌，經歷郡國，西入關，至京師，民又會聚祠西王母，或夜持火上屋，擊鼓號呼相驚恐（漢書卷十一哀帝紀）。

同時又發生許多圖讖，宣告漢運將終，新朝當起。

哀帝建平二年夏賀良等言赤精子之讖，漢家歷運中衰，當再受命，宜改元易號，詔……以建平二年為太初元將元年，號曰陳聖劉太平皇帝（漢書卷十一哀帝紀）。

革命危機迫在眉睫，這個時候不是民眾暴動，變為流寇，顛覆統治階級的政權，就是統治階級自動改革，以緩和革命民眾的憤怒。但是中國民眾乃以農民為主，農民沒有組織，只能作無計畫的暴動，不能作有秩序的革命。而工業又不發達，所以沒有市民階級出來擔任法國式的革命工作。商人和地主呢？他們常與官僚勾結，剝削農民，他們的利害本來和農民衝突，他們當然不能和農民站在同一戰線。這樣，能夠負起革命工作的只有士大夫了。士大夫是中間階級之一，他們可上升為統治階級，也可以沉淪為被統治階級。他們大率依靠統治階級，以開拓自己的出路。倘令出路斷絕，他們往往設法引起政變，打開一個新局面，甚者且離開統治階級，而投身於民眾之中。但是他們既是中間階級，所以他們的投降又是靠不住的。他們不想根本改造社會組織及政治制度，只想乘機升為統治者，他們常於暴民之中選擇一位真命天子，自居為謀臣策士，從新建立一個新皇朝。所以他們雖向民眾投降，不久又復離開民眾，用新政權以統治民眾，用新政權以壓迫民眾。這就是數千年來朝代時時變更而政治制度卻墨守舊規的原因。社會上一切階級均不能負起革命工作之責任，所以結果只有統治階級自動的改革，

六，至京師。其夏，京師郡國民聚會里巷仟佰，設祭，張博具，歌舞，祠西王母，又傳書曰母告百姓，佩此書者不死，不信我言，視門樞下當有白髮，至秋止。

以緩和民眾的憤怒。乘這個機會出來奪取大權的則為外戚的王莽。

漢自武帝建立中央集權的國家之後，政局已經變成內重外輕之勢，皇帝精明，固然可以萬機獨斷，君主幼弱，則政事一決於冢宰。而自昭帝以後，丞相尸位，政權歸於大司馬大將軍，同時大司馬大將軍之職又以外戚任之。茲試列表如次。

昭帝以後外戚秉政表

時代	姓名	官位	關係	備考
昭帝	霍光	大司馬大將軍受遺詔輔政	武帝衛皇后弟	帝即位時，年八歲，政事一決於光。漢書卷六十八霍光傳。
宣帝	霍光	大司馬大將軍輔政		帝由霍光迎立，光秉持萬機，諸事皆先關白光，然後奏御天子，光薨，帝始親政。漢書卷六十八霍光傳。
	許延壽	大司馬車騎將軍輔政	宣帝許皇后叔	漢書卷九十七上孝宣許皇后傳。
元帝	史高	大司馬車騎將軍輔政	宣帝祖母史良娣之弟	漢書卷八十二史丹傳。
	許嘉	大司馬車騎將軍輔政	許延壽子	漢書卷九十七下孝成許皇后傳。
成帝	王鳳	大司馬大將軍輔政	成帝母王太后弟	大將軍鳳用事，上遂謙讓無所顓。左右常薦光祿大夫劉向少子歆通達有奇異材。上召見，欲以為中常侍，召取衣冠，臨當拜，左右皆曰未曉大將軍。上曰此小事，何須關大將軍。左右叩頭爭之，上於是語鳳，鳳以為不可，乃止。其見憚如此。定陶共王來朝，天子留不遣歸國。鳳心不便共王在京師，會日蝕，因言日蝕陰盛之象，宜遣王之國。上不得已於鳳而許之，共王辭去，上與相對泣而決。漢書卷九十八元后
	王音	大司馬車騎將軍輔政	王鳳從弟	
	王商	大司馬衛將軍輔政	王鳳弟	
	王根	大司馬驃騎將軍輔政	王鳳弟	
	王莽	大司馬輔政	王鳳弟曼之子	

				傳。
哀帝	傅喜	大司馬輔政	哀帝祖母傅太后從弟	漢書卷八十二傅喜傳。
	丁明	大司馬驃騎將軍輔政	哀帝母丁太后兄	哀帝不甚假以權勢，權勢不如王氏在成帝世也。漢書卷九十七下定陶丁姬傳。
平帝	王莽	大司馬輔政		哀帝崩，太皇太后，即宣帝王皇后即以莽為大司馬，與共徵立平帝。漢書卷九十八元后傳。

由此可知漢自昭帝以後，大司馬兼將軍一官永為外戚輔政之職。固然權勢大小不盡相同，而王氏一門前後乃有五大司馬繼續輔政。權力之大可以迫主，「祿去公室，權在外家」（漢書卷三十六劉向傳）。王莽遂乘人心浮動之際，造作符命，篡取漢的天下。

平帝崩，無子，莽徵宣帝玄孫，選最少者廣戚侯子劉嬰，年二歲，託以卜相為最吉，乃風公卿奏請立嬰為孺子，令宰衡安漢公莽踐阼居攝，如周公傅成王故事……於是莽遂為攝皇帝，改元稱制焉……其後莽遂以符命自立為真皇帝（漢書卷九十八元后傳）。

王莽代漢，改國號曰新。其各種改革，「專念稽古之事」（漢書卷九十九中王莽傳）。「朝臣論議，靡不據經」（漢書卷九十九上王莽傳），而為一種復古運動。時代進展，漢之制度不能實行於一千餘年以前，周之制度亦不能實行於一千餘年以後。何況新朝方建，凡事有害於民生者固宜剷除其弊，而與民生無關者，原不必改絃更張。改革太多，法令不免煩瑣，「法令滋章，盜賊多有」，巧猾之徒可依法為奸，而賢者又拘於法令，不能自由行事。何況改制太多，必須利用不少的人力和財力。需要人力太多，則賢不肖雜進，政策容易變質；需要財力太多，則賦稅不免增加，人民未受改制之利，而先蒙改制之禍，社會囂然，必發生許多阻力。兼以實行一種改制而發布一種法令，法令煩碎，難免其中不無矛盾之處。而朝發一令，暮發一令，又可令人眩惑，莫知所從。這個時候若遇外界阻力，法令有所改變，則問題更嚴重了。忠厚者因守法而遭殃，奸猾者因觀望而得利，觀望而可得利，則守法者亦將變為觀望，守法而竟遭殃，試問此後誰人願意守法。長細民弁髦法令之心，其患猶淺，啟奸雄蔑視政府之念，其患實深。古人云：「法簡則易行，事簡則易舉」，王莽改制失敗，即在改制太多。茲將王莽改制，簡單述之如左。

一、布封建

據馬端臨說，「禹塗山之會，號稱萬國。湯受命時凡三千國。周定五等之封，凡千七百七十三國。至春秋之時，見於經傳者僅一百六十五國」（文獻通考自序），陵夷迄於戰國，存者不過八九。秦興，遂舉宇內而盡郡縣之，不以尺土封人，由此可知天下由分而合，乃是必然的趨勢。而且殷周之行封建，實如柳子厚所說，「是不得已也」（封建論）。殷初，諸侯三千，周初，諸侯一千八百，苟非大封親戚，以作屏藩，則中央勢孤，難以控制地方。王莽代漢之際，天下上書頌莽功德者，前後四十八萬七千五百七十二人（漢書卷九十九上王莽傳），而漢諸侯王亦「厥角稽首，奉上璽韍，唯恐在後，或乃稱美頌德，以求容媚」（漢書卷十四諸侯王表）。形勢如斯，封建實無必要，茲將莽之封建制度抄錄如次。

莽至明堂，授諸侯茅土，下書曰昔周二后受命，故有東都西都之居，予之受命蓋亦如之，其以洛陽為新室東都，常安（長安）為新室西都。邦畿連體，各有采任，州從禹貢為九，爵從周氏有五，諸侯之員千有八百，附城之數亦如之，以俟有功。諸公一同，有眾萬戶，土方百里。侯伯一國，眾戶五千，土方七十里。子男一則，眾戶二千有五百，土方五十里。附城大者食邑九成，眾戶九百，土方三十里。自九以下，降殺以兩，至於一成。五差備具，合當一則（漢書卷九十九中王莽傳）。

二、改官制

漢之制度多沿秦舊，「明簡易，隨時宜也」（漢書卷十九上百官公卿表）。王莽欲表示更新之意，即漢之官制亦依經書改易其名。一種制度沿用既久，苟非缺點顯著，實無改絃更張之必要。人類心理常有一種惰性，官名猝然改易，不但毫無意義，而人民既不習慣，往往不知所指，此方伯夷典三禮而為秩宗，遂改太常為秩宗。皋陶作士，明五刑，就改廷尉為作士。此種改制不過表示王莽稽古之學，政治上毫無用處。莽之官制如次。

> 太師太傅國師國將是為四輔，大司馬大司徒大司空是為三公。更始將軍衛將軍立國將軍前將軍是為四將，凡二十一公……置大司馬司允、大司徒司直、大司空司若，位皆孤卿。更名大司農曰羲和，後更名納言，大理曰作士，太常曰秩宗，大鴻臚曰典樂，少府曰共工，水衡都尉曰予虞，與三公司卿凡九卿，分屬三公。每一卿置大夫三人，一大夫置元士三人，凡二十七大夫，八十一元士，分主中都官諸職。更名光祿勳曰司中，太僕曰太御，衛尉曰太衛，執金吾曰奮武，中尉曰軍正。又置大贅官，主乘輿服御物，後又典兵，秩位皆上卿，號曰六監。改郡太守曰大尹，都尉曰太尉，縣令長曰宰，御史曰執法……更名秩百石曰庶士，三百石曰下士，四百石曰中士，五百石曰命士，六百石曰元士，千石曰下大夫，比二千石曰中大夫，二千石曰上大夫，中二千石曰卿，車服黻冕各有差品（漢書卷九十九中王莽傳）。

三、改幣制

自武帝令三官鑄造五銖之後，漢之幣制甚見健全。物價騰貴不是因為錢幣貶值，而是因為物資缺乏。當王莽居攝之時，已經變更幣制。

> 王莽居攝，變漢制，以周錢有子母相權，於是更造大錢，徑寸二分，重十二銖，文曰大錢五十。又

造契刀錯刀，契刀其環如大錢，身形如刀，長二寸，文曰契刀五百。錯刀以黃金錯，其文曰一刀，直五千。與五銖錢，凡四品並行（漢書卷二十四下食貨志）。

即位之後，更作金銀龜貝錢布之品，名曰寶貨，幣制極其複雜㉖。

㈠**錢貨六品**

⑴小錢徑六分，重一銖，文曰小錢直一。

⑵次七分三銖，曰么錢一十。

⑶次八分五銖，曰幼錢二十。

⑷次九分七銖，曰中錢三十。

⑸次一寸九銖，曰壯錢四十。

⑹因前大錢五十，是為錢貨六品，直各如其文。

㈡**黃　金**

黃金重一斤，直錢萬。

㈢**銀貨二品**

⑴朱提銀重八兩為一流，直一千五百八十。

⑵它銀一流，直千，是為銀貨二品。

㈣**龜寶四品**

⑴元龜岠冉，長尺二寸，直二千一百六十，為大貝十朋。

㉖ 見漢書卷二十四下食貨志。

(2)公龜九寸，直五百，為壯貝十朋。
(3)侯龜七寸以上，直三百，為么貝十朋。
(4)子龜五寸以上，直百，為小貝十朋，是為龜寶四品。

(五)**貝貨五品**

(1)大貝四寸八分以上，二枚為一朋，直二百一十六。
(2)壯貝三寸六分以上，二枚為一朋，直五十。
(3)么貝二寸四分以上，二枚為一朋，直三十。
(4)小貝寸二分以上，二枚為一朋，直十。
(5)不盈寸二分漏度，不得為朋，率枚直錢三，是為貝貨五品。

(六)**布貨十品**

大布、次布、弟布、壯布、中布、差布、厚布、幼布、么布、小布。小布長寸五分，重十五銖，文曰小布一百。自小布以上，各相長一分，相重一銖，文各為其布名，直各加一百。上至大布，長一寸四分，重一兩，而直千錢矣，是為布貨十品。

凡寶貨五物，六名，二十八品，鑄作錢布，皆用銅，殽以連錫，文質周郭，放漢五銖錢云。其金銀與它物雜色不純好，龜不盈五寸，貝不盈六分，皆不得為寶貨。元龜為蔡，非四民所得居，有者入大卜，受直。

幣制如斯複雜，那裡能夠通行無阻。漢幣行使最久而最得人民信用者為五銖錢，吾人觀公孫述割據巴蜀之時，蜀中童謠言曰，「黃牛白腹，五銖當復」(後漢書卷四十三公孫述傳)，就可知道。所以王莽發行新幣之後，百姓還是以五銖交易。

> 百姓憒亂，其貨不行，民私以五銖錢市買（漢書卷二十四下食貨志）。

由是王莽讓步了，只行小錢直一與大錢五十。

> 莽知民愁，乃但行小錢直一與大錢五十，二品並行，龜貝布屬且寢（漢書卷二十四下食貨志）。

小錢重一銖，直一，大錢重十二銖，直五十。價值（一與十二之比）與價格（一與五十之比）不能相比，民間還是私以五銖錢市買。

> 百姓便安漢五銖錢，以莽錢大小兩行，難知。又數變改不信，皆私以五銖錢市買，譌言大錢當罷，莫肯挾（漢書卷九十九中王莽傳）。

天鳳元年莽又頒布新的幣制，而罷大小錢。

> 天鳳元年，罷大小錢，改作貨布，長二寸五分，廣一寸……其文，右曰貨，左曰布，重二十五銖，直貨泉二十五。貨泉徑一寸，重五銖，文右曰貨，左曰泉，枚直一，與貨布二品並行（漢書卷二十四下食貨志）。

這個新的幣制又蹈大錢與小錢二品并行的覆轍了。凡錢幣有二品以上并行，又用同一金屬鑄造者，必須每品所含有的價值與其所表示之價格能夠成為比例。王莽不知此中道理，貨布重二十五銖，貨泉重五銖，而一枚貨布能易貨泉二十五，何怪庶民甚至諸侯卿大夫均將五枚貨泉鎔鑄為一枚貨布。

> 民人……坐……鑄錢，自諸侯卿大夫至於庶民抵罪者不可勝數（漢書卷九十九中王莽傳）。

王莽對於民間鑄錢，刑罰極其苛暴。

> 民犯鑄錢，伍人相坐，沒入為官奴婢。其男子檻車，兒女子步，以鐵鎖琅當其頸，傳詣鍾官以十萬數。到者易其夫妻，愁苦死者什六七（漢書卷九十九下王莽傳）。

然而無補於事，而幣制時時變更，又令人民因之破產而陷於刑獄。

每一易錢，民用破業而大陷刑（漢書卷二十四下食貨志）。

於是社會問題更嚴重了。幣制穩定與人民經濟生活有密切的利害關係。漢之五銖行之既久，本來不必改制，而既已改制了，又不合於貨幣學原則。幣制混亂，引起人民破產，便加速了王莽政權的崩潰。

四、井田制度

王莽沒收人民的田，稱為王田，不許買賣，凡一家男子不滿八人，而有田九百畝以上者，須將餘田分給九族鄉鄰，而無田的每夫受田百畝。

> 莽曰古者設廬井八家，一夫一婦，田百畝，什一而稅，則國給民富而頌聲作，此唐虞之道，三代所遵行也……今更天下田曰王田……不得賣買，其男口不盈八，而田過一井者，分餘田與九族鄰里鄉黨，故無田今當受田者，如制度。敢有非井田聖制無法，惑眾者，投諸四裔，以禦魑魅，如皇始祖考虞帝故事（漢書卷九十九中王莽傳）。

但是井田制度實如荀悅所說，須在田廣人寡之時，方得實行。荀悅說：

> 且夫井田之制不宜於人眾之時，田廣人寡，苟為可也。然欲廢之於寡，立之於眾，土地布列在豪強，卒而革之，並有怨心，則生紛亂，制度難行（文獻通考卷一歷代田賦之制）。

而土地過剩，人口稀少，政府為增加稅收，勢亦非強迫人民耕種不可。晉初占田之制、隋唐初年公田之制，目的皆不在於平分土地，而在於增加稅收。王莽代漢之時，戶口之數已經超過於墾田之數，平均每戶只能得田八十四畝，元帝時，貢禹有田一百三十畝，而妻子糠豆不贍，短褐不完（漢書卷七十二貢禹傳），則八十畝之土地何能維持一家生計。王莽未曾注意及此，而乃恢復井田制度，強奪豪富之田，平均給與平民。豪富怨恨，固不必說，而得到土地的貧民既不足補救窮苦，而在急需之際，又不得買賣，以資周轉，他們不感莽德，理之當然。所以結果就受許多打擊，不能實行。

農商失業，食貨俱廢，民人至涕泣於市道；及坐賣買田宅……自諸侯卿大夫至於庶民抵罪者不可勝數……莽知民怨，乃下書曰諸名食王田皆得賣之，勿拘以法（漢書卷九十九中王莽傳）。

五、奴隸國有

王莽禁止人民買賣人口為奴隸，至於因為犯罪而籍沒為官奴隸者不在禁止之列。

莽曰秦為無道……置奴婢之市，與牛馬同蘭，制於民臣，顓斷其命。姦虐之人因緣為利，至略賣人妻子，逆天心，誖人倫，繆於天地之性人為貴之義。書曰予則奴戮女，唯不用命者，然後被此辜矣……今更名……奴婢曰私屬，皆不得賣買（漢書卷九十九中王莽傳）。

即王莽沒有根本廢除奴隸制度之意，不過禁止私人買賣奴隸而已。但是私人乃因賦役繁重，不能不將妻子換為貨幣，以應付納稅還債之用。王莽不謀其本，而務其末，當然無法實行，而須收回成命。

農商失業，食貨俱廢，民人至涕泣於市道；及坐賣買……奴婢……自諸侯卿大夫至於庶民抵罪者不可勝數……莽知民怨，乃下書曰……犯私買賣庶人者，且一切勿治（漢書卷九十九中王莽傳）。

六、各種社會政策的施行

(一)市價的統制

王莽於長安及洛陽邯鄲臨菑宛成都六地置五均司市師。五均之語據漢書（卷二十四下食貨志）所載王莽之言，出於樂語。注引臣瓚曰，「其文云，天子取諸侯之士以立五均，則市無二賈，四民常均，強者不得困弱，富者不能要貧，則公家有餘，恩及小民矣」。補注引沈欽韓曰，「樂語白虎通引之，案周書大聚解，市有五均，早暮如一，送行逆來，振乏救窮，樂語又本於周書也」。是則五均乃所以平定市價。其法如次：

諸司市常以四時中月，實定所掌，為物上中下之賈，各自用為其市平，毋拘它所。眾民賣買五穀布帛絲緜之物，周於民用而不讎者，均官有以考檢厥實，用其本賈取之，毋令折錢。萬物卬貴過平一錢，則以平賈賣與民。其賈氐賤減平者，聽民自相與市，以防貴庾者（漢書卷二十四下食貨志）。

這種方法有似於平準，而又與平準不同。平準是物貴則賣之，賤則買之。五均之制是於每年四季計算一種正常價格。凡物賤在正常價格以下，聽民自由為市，唯於賣不出去之時，依其成本買之，而於物貴在正常價格以上時，以正常價格拋售出去。物過賤不買，物稍貴又賣，這對於生產者非常不利，而可阻礙生產力之發展。

㈡錢幣材料的國有　據漢書所載：

工商能采金銀銅連錫、登龜取貝者，皆自占，司市錢府順時氣而取之（漢書卷二十四下食貨志）。

此數者都可以作為貨幣之用，故收歸國有。

㈢不生產稅及不勞動稅的徵收　漢書云：

又以周官稅民，凡田不耕為不殖，出三夫之稅。城郭中宅不樹藝者為不毛，出三夫之布。民浮游無事，出夫布一匹，其不能出布者，宂作，縣官衣食之（漢書卷二十四下食貨志）。

此乃出於周禮，載師職云：「凡宅不毛者有里布，凡田不耕者出屋粟，凡民無職業者出夫家之征」（周禮卷十三）。閭師職又云：「凡無職者出夫布」（同上）。這固然可以強迫生產，而戒怠惰的人。唯在當時，人口比之食糧已有過剩之感，縣官能盡與宂作的機會，而衣食他們麼？如不可能，則令浮游無事的人出夫布一匹，勢只有強迫他們窮而為盜而已。這又是王莽的失策。

㈣所得稅的徵收　據漢書所載：

諸取眾物鳥獸魚鼈百蟲於山林水澤及畜牧者，嬪婦桑蠶織紝紡織補縫，工匠醫巫卜祝及它方技商販賈人坐肆列里區謁舍，皆各自占所為於其在所之縣官，除其本，計其利，十一分之，而以其一為貢，敢不自占，自占不以實者，盡沒入所采取，而作縣官一歲（漢書卷二十四下食貨志）。

一切作業均須納稅，縱令作業之收入僅足維持生計，亦不蠲免。貧民無以為生，起為群盜，可以說是勢之必然。

(五)賒貸　王莽又舉辦賒貸，目的在於救濟貧民。

> 民欲祭祀喪紀而無用者，錢府以所入工商之貢但賒之。祭祀無過旬日，喪紀毋過三月。民或乏絕，欲貸以治產業者，均授之，除其費，計所得受息，毋過歲什一（漢書卷二十四下食貨志）。

此亦出於周禮，泉府職云：「凡賒者祭祀無過旬日，喪紀無過三月。凡民之貸者，與其有司辨而授之，以國服為之息」（周禮卷十五）。這種貸款制度固然是一種仁政，但是貸款以治產業者，既然計贏所得，納息什一，而依上述第四款所言，又須納稅什一。貸萬錢，一歲須納二千於政府，試問小民何以為生。

(六)專賣及國營　王莽又「設六管之令，謂酤酒、鹽、鐵器、鑄錢、名山、大澤，此為六也」（後漢書卷四十三隗囂傳注）。漢書云：

> 莽下詔曰，夫鹽食肴之將，酒百藥之長，嘉會之好，鐵曰農之本，名山大澤饒衍之臧……鐵（錢）布銅冶通行有無，備民用也。此六者非編戶齊民所能家作，必卬於市，雖貴數倍，不得不買，豪民富商即要貧弱。先聖知其然也，故斡之。每一斡為設科條附禁，犯者辠至死（漢書卷二十四下食貨志）。

鹽鐵專賣，由來已久。貨幣專由國家鑄造亦無問題。武帝天漢三年初榷酒酤（漢書卷六武帝紀），昭帝始元六年罷榷酤官，從賢良文學之議也（漢書卷七昭帝紀，參閱漢書卷二十四下食貨志）。王莽即位，又復官自釀酒賣之，且禁錮山澤，不許人民採取。穀梁傳（魯莊公二十八年）云：「山林藪澤之利所以與民共也，虞之非正也」，王莽以稽古為事，言必稱經書，而事有關於財政之收入者，又復不顧經書。有若說：「百姓足，君孰與不足，百姓不足，君孰與足」（論語顏淵），此中道理至為淺顯，而王莽竟不之知。歷來政治上的失敗無不由於財政處理不得其法，王莽破滅可為殷鑑。

一切改革無不失敗。王莽的失敗可以說是儒家學說的失敗。在歷史上最能奉行儒家學說者莫如王莽，而王莽所最奉行的則為周禮。周禮一書乃是漢代學者依孔孟學說而擬成的憲法草案。吾人視其中所言，人民一切生活均受國家的統制。按儒家與法家不同，法家所統制者為人民的政治生活，至於人民的經濟生活則任其自然，不加干涉。韓非說：「侈而惰者貧，而力而儉者富。今上徵斂於富人，以布施於貧家，是奪力儉而與侈惰也，而欲索民之疾作而節用，不可得也」（韓非子第五十篇顯學）。觀此數言，可知法家對於人民的經濟生活是採取自由放任政策的。反之，儒家所統制者乃是人民的社會生活尤其經濟生活，吾人讀周禮一書就可知道。政治生活受了統制，人民尚可忍受，經濟生活受了干涉，「凡庶民不畜者祭無牲，不耕者祭無盛，不樹者無椁，不蠶者不帛，不績者不衰」（周禮卷十三閭師），人民實不能堪。儒家繁文縟禮，這是儒家學說所以失敗的理由。

如果政治清明，人民尚可忍受，而王莽的政治又極腐化。王莽自己依符命而篡帝位，遂誤認符命可以欺騙天下，而於用人方面，也喜依符命。例如：

京兆王興為衛將軍奉新公……王盛為前將軍崇新公……王興者故城門令史，王盛者賣餅。莽按符命，求得此姓名十餘人，兩人容貌應卜相，徑從布衣登用，以視神焉，餘皆拜為郎（漢書卷九十九中王莽傳）。

而官吏又無祿俸，他們為維持生計，只有貪污舞弊。

吏終不得祿，各因官職為姦，受取賕賂，以自共給（漢書卷九十九中王莽傳）。

天下吏以不得奉祿，並為姦利，郡尹縣宰家累千金（漢書卷九十九下王莽傳）。

革命危機迫在眉睫，而王莽尚欲討伐四夷，表示自己的威武，且謂「四夷不足吞滅」（漢書卷九十九中王莽傳）。然其御戎政策乃至為幼稚，遣使「多持金幣誘塞外羌，使獻地，願內屬」（漢書卷九十九上王莽傳）。「更名高句驪為下句驪，布告天下，令咸知焉」（漢書卷九十九中王莽傳）。「易單于故印。故印文曰匈奴單于璽，莽更曰新匈奴單于章」。單于以為「漢賜單于印，言璽不言章，又無漢字。諸王以下乃有漢言章，今印去璽加新，與臣下無別」（漢書卷九十四下匈奴傳），遂叛。王莽又「更名匈奴單于曰降奴服于」（漢書卷九十九中王莽傳），遣十二將軍討伐匈奴，六道並出（參閱漢書卷九十九中王莽傳），兵連禍結，天下騷動。此時也內郡愁於徵發，民多流亡為盜。

> 內郡愁於徵發，民棄城郭，流亡為盜賊，并州平州尤甚（漢書卷九十九中王莽傳）。

邊兵愁苦衣食，亦起為盜賊。

> 邊兵二十餘萬人仰衣食縣官，愁苦，五原代郡尤被其毒，起為盜賊，數千人為輩，轉入旁郡（漢書卷九十九中王莽傳）。

其實，縱無匈奴為患，而人民受了奸吏侵漁，「富者不能自保，貧者無以自存」（漢書卷二十四下食貨志），而又兼以「常困枯旱，亡有平歲，穀價翔貴」（漢書卷二十四上食貨志），最初一石二千（漢書卷二十四上食貨志），末年黃金一斤易粟一斛（後漢書卷一上光武帝紀），人心浮動，亦必起為群盜。

> 天下愈愁，盜賊起……莽遣使者即赦盜賊。還言盜賊解，輒復合。問其故，皆曰愁法禁煩苛，不得舉手力作，所得不足以給貢稅，閉門自守，又坐鄰伍鑄錢挾銅，姦吏因以愁民，民窮悉起為盜賊（漢書卷九十九下王莽傳）。

群盜蠭起，更促成了人民的流亡。流民入關者數十萬人，而賑恤災民之費又為奸吏中飽。

> 流民入關中數十萬人，乃置養贍官稟食之。使者監領，與小吏共盜其稟。饑死者十七八……莽聞城中饑饉，以問業（中黃門王業），業曰皆流民也，乃市所賣粱飰肉羹，持入視莽，曰居民食咸如此，莽信之（漢書卷九十九下王莽傳）。

於是老弱者死於道路，壯者投入賊中。

青徐民多棄鄉里流亡，老弱死道路，壯者入賊中（漢書卷九十九下王莽傳）。

群盜最初皆為飢寒所迫，鋌而走險，原無大志。

初四方皆以飢寒窮愁，起為盜賊，稍稍群聚，常思歲熟，得歸鄉里。眾雖萬數……不敢略有城邑，轉掠求食日闋而已（漢書卷九十九下王莽傳）。

只因王莽喜粉飾太平，凡言民窮起為盜賊者，莽怒免之。其或順指，言不久即將殲滅者，莽悅，輒遷之（漢書卷九十九下王莽傳）。於是群下「莫敢言賊情者，亦不得擅發兵，賊由是遂不制」（漢書卷九十九下王莽傳）。

盜賊始發，其原甚微……咎在長吏不為意，縣欺其郡，郡欺朝廷，實百言十，實千言百，朝廷忽略，不輒督責，遂至延蔓連州（漢書卷九十九下王莽傳）。

盜賊既盛，王莽不知所為，猶依其稽古之學，附會經書，欲用哭以厭之。

莽愈憂，不知所出。崔發言周禮及春秋左氏，國有大災，則哭以厭之，故易稱先號咷而後笑，宜呼嗟告天以求救。莽自知敗，乃率群臣至南郊，陳其符命本末。仰天曰皇天既命授臣莽，何不殄滅眾賊，即令臣莽非是，願下雷霆誅臣莽。因搏心大哭，氣盡，伏而叩頭（漢書卷九十九下王莽傳）。

此時也，府庫餘財尚多，而王莽竟不肯以賜戰士，於是出征軍人皆無鬥志。

莽拜將軍九人，皆以虎為號，號曰九虎，將北軍精兵數萬人東，內其妻子宮中以為質。時省中黃金萬斤者為一匱，尚有六十匱……莽愈愛之。賜九虎士，人四千錢，眾重怨，無鬪志（漢書卷九十九下王莽傳）。

終則漢之宗室如劉縯劉玄等亦乘機起事，以復興漢室為號召。固然王莽尚謂「天生德於予，漢兵其如予何」（漢書卷九十九下王莽傳），而竟在全國共同反抗之下，為商人杜吳所殺（漢書卷九十九下王莽傳）。

第七節　西漢的政治制度

第一項　中央官制

西漢中央官制多沿秦代之舊。班固說：

> 秦兼天下，建皇帝之號，立百官之職，漢因循而不革，明簡易，隨時宜也，其後頗有所改（漢書卷十九上百官公卿表）。

舉其要者，可列表如次。

西漢中央官制表㉗

種類	名稱	職掌	官秩	印綬	重要的屬官	備考
上公	太師			金印紫綬		平帝元始元年初置，位在太傅上。

㉗ 本表據漢書卷十九上百官公卿表。

	太傅			金印紫綬		高后元年初置，後省，八年復置，後省，哀帝元壽二年復置，位在三公上。
	太保			金印紫綬		平帝元始元年初置，太保次太傅。
三公	丞相	掌丞天子助理萬機	萬石	金印紫綬	武帝元狩五年，初置司直，秩比千石，掌佐丞相舉不法。	高帝即位，置一丞相，十一年更名相國，孝惠高后置左右丞相，文帝二年復置一丞相，哀帝元壽二年更名大司徒。
	太尉	掌武事	萬石	金印紫綬		太尉之官初不常置，武帝建元二年省，元狩四年初置大司馬，以冠將軍之號。宣帝地節三年置大司馬，不冠將軍，亦無印綬官屬。成帝綏和元年初賜大司馬金印紫綬，置官屬，祿比丞相。哀帝建平二年復去大司馬印綬官屬，冠將軍如故。元壽二年復賜大司馬印綬，置官屬，去將軍，位在司徒上。
	御史大夫	掌副丞相	中二千石	銀印青綬	御史中丞外督部刺史，內領侍御史十五人，受公卿奏事，舉劾按章。	成帝綏和元年更名大司空，金印紫綬，祿比丞相，至哀帝建平二年復為御史大夫。元壽二年復為大司

						空。
將軍	大將軍	皆掌兵及四夷				
	驃騎將軍					
	車騎將軍					
	衛將軍					
	前後左右將軍					
九卿	太常	掌宗廟禮儀	中二千石	銀印青綬	博士，掌通古今，秩比六百石。員多至數十人。武帝建元五年初置五經博士，宣帝黃龍元年稍增員十二人。	秦名奉常，景帝中六年更名太常。
	光祿勳	掌宮殿掖門戶	中二千石	銀印青綬	大夫掌論議，有光祿大夫秩比二千石，太中大夫秩比千石，諫大夫秩比八百石，皆無員多至數十人。郎掌守門戶，出充車騎，有議郎中郎侍郎郎中，皆無員多至千人。議郎中郎秩比六百石，侍郎比四百石，郎中比三百石。中郎有	秦名郎中令，武帝太初元年更名光祿勳。

				五官左右三將，秩皆比二千石。郎中有車戶騎三將，秩皆比千石。又有虎賁中郎將，秩比二千石，主虎賁中郎。羽林中郎將秩比二千石，主羽林郎。	
衛尉	掌宮門衛屯兵	中二千石	銀印青綬		景帝初，更名中大夫令，後元年復為衛尉。
太僕	掌輿馬	中二千石	銀印青綬		
廷尉	掌刑辟	中二千石	銀印青綬		景帝中六年更名大理，武帝建元四年復為廷尉，哀帝元壽二年復為大理。
大鴻臚	掌諸歸義蠻夷	中二千石	銀印青綬		秦名典客，景帝中六年更名大行令，武帝太初元年更名大鴻臚。
宗正	掌親屬	中二千石	銀印青綬		平帝元始四年更名宗伯。
大司農	掌穀貨	中二千石	銀印青綬	郡國鹽官鐵官皆屬大司農。	秦名治粟內史，景帝後元年更名大農令，武帝太初元年更名大司農。
少府	掌山海池澤之稅以給共養	中二千石	銀印青綬	秦置尚書令，有尚書四人，漢因之。武帝用宦者，更為中書謁者令，簡稱	

					中書令，成帝用士人，復故。武帝時尚書分四曹辦事，成帝時又增一曹為五曹。	
列卿	執金吾	掌徼循京師	中二千石	銀印青綬		秦名中尉，武帝太初元年更名執金吾。
	將作大匠	掌治宮室	二千石	銀印青綬		秦名將作少府，景帝十六年更名將作大匠。
	典屬國	掌蠻夷降者	二千石	銀印青綬		成帝河平元年并大鴻臚。
	水衡都尉	掌上林苑	二千石	銀印青綬		武帝元鼎二年初置。元鼎四年禁郡國鑄錢，專令上林三官鑄，即所謂三官錢是也。案水衡都尉之屬官有均輸鍾官辨銅三令丞。三官即指此三屬官，故三官錢即水衡錢。
	司隸校尉	持節從中都官徒千二百人，捕巫蠱，督大姦猾，後罷其兵，察三輔三河弘農	二千石	銀印青綬		武帝征和四年初置。元帝初元四年去節。成帝元延四年省，綏和二年哀帝復置，但為司隸，屬大司空。
	城門校尉	掌京師城門屯兵	二千石	銀印青綬		

秦置丞相，總百官，揆百事，漢承秦制，也以丞相為宰相之職。漢書云㉘：

丞相……金印紫綬，掌丞天子，助理萬機（漢書卷十九上百官公卿表）。

論其榮典，丞相可以得到天子的隆重待遇㉙。

丞相進見聖主，御坐為起，在輿為下（漢書卷八十四翟方進傳）。

論其權限：丞相有選用百官的權。例如：

田蚡為丞相，薦人或起家至二千石，權移主上（漢書卷五十二田蚡傳）。

有執行賞罰的權。

田蚡言灌夫家在潁川，橫甚，民苦之，請案之。上曰此丞相事，何請（漢書卷五十二灌夫傳）。

㉘ 高祖十一年丞相更名相國，而以蕭何任之。惠帝二年何死，曹參繼為相國。參死，六年王陵為右丞相，陳平為左丞相，自是而後，不復置相國。高祖時代，相國及丞相常有虛銜，例如漢二年拜曹參為左丞相，補注引周壽昌曰此猶後世之虛銜也，元年蕭相已真拜丞相（漢書卷三十九曹參傳）。又如燕王盧綰反，周勃以相國代樊噲將。補注引周壽昌曰，勃為丞相在孝文初，此是虛稱（漢書卷四十周勃傳）。又，漢置左右丞相開始於惠帝六年，王陵為右丞相，陳平為左丞相。高后元年陳平為右丞相，審食其為左丞相。文帝即位，以周勃為右丞相，陳平為左丞相，二年平薨，勃為丞相。自是而後，漢只置一丞相（見漢書卷十九下百官公卿表）。武帝征和二年以涿郡太守劉屈氂為左丞相。注，師古曰待得賢人，當拜為右丞相（漢書卷六十六劉屈氂傳）。三年屈氂下獄死，四年田千秋為丞相，還是一丞相。

㉙ 通典卷二十一宰相於此數句之下，又云：「丞相有病，皇帝法駕親至問疾，從西門入」。并注云：「丞相有疾，御史大夫三朝問起居，百寮亦然。後漢三公疾，令中黃門問疾。魏晉即黃門郎，尤重者或侍中」。觀此數語，可知歷代相權的消長。文獻通考（卷四十九宰相）亦有同一文句及同一的注。通考關於各種制度多抄自通典。但通考於每項之後，常低數字，引前人意見或加按語。

有決定大政方針的權㉚。

張安世為大司馬車騎將軍，領尚書事……職典樞機，以謹慎周密自著，外內無間。每定大政，已決，輒移病出，聞有詔令，乃驚，使吏之丞相府問焉。自朝廷大臣莫知其與議也（漢書卷五十九張安世傳）。

對於大臣，有先斬後奏的權。

景帝即位，以錯為內史。錯數請間言事，輒聽，幸傾九卿，法令多所更定。丞相申屠嘉心弗便，力未有以傷。內史府居太上廟堧中，門東出不便，錯乃穿門南出，鑿廟堧垣。丞相大怒，欲因此過，為奏請誅錯。錯聞之，即請間為上言之。丞相奏事，因言錯擅鑿廟垣為門，請下廷尉誅。上曰此非廟垣，乃堧中垣，不致於法。丞相謝，罷朝，因怒謂長史曰吾當先斬以聞，乃先請固誤（漢書卷四十九晁錯傳）。

甚者且得專殺。

戾太子為江充所譖，殺充，發兵入丞相府，屈氂挺身逃，亡其印綬。是時上避暑在甘泉宮，丞相長史乘疾置以聞。上問丞相何為，對曰丞相秘之，未敢發兵。上怒曰事籍籍如此，何謂秘也，丞相無周公之風矣，周公不誅管蔡乎……太子軍敗，南奔覆盎城門得出，會夜司直田仁部閉城門，坐令太子得出，丞相欲斬仁，御史大夫暴勝之謂丞相曰，司直吏二千石，當先請，奈何擅斬之。丞相釋仁，上聞而大怒，下吏責問御史大夫曰，司直縱反者，丞相斬之法也，大夫何以擅止之，勝之皇恐自殺（漢書

㉚ 張安世使吏往丞相府探問，固然是不欲世人知其與議，而必赴丞相府探問，可知決定大政方針的權固屬於丞相。

卷六十六劉屈氂傳）。

而天子因故不能視事之時，丞相尚有代折代行的義務。

天子不親政，則丞相當理之（漢書卷四十六衛綰傳注師古曰）。

丞相所請求，天子必須聽從。

漢典舊事，丞相所請，靡有不聽（後漢書卷七十六陳忠傳）。

天子的提議，丞相若不同意，天子只有作罷。

周亞夫遷為丞相……竇太后曰皇后兄王信可侯也……上曰請得與丞相計之。亞夫曰高帝約，非劉氏不得王，非有功不得侯，不如約，天下共擊之。今信雖皇后兄，無功，侯之，非約也。上默然而阻（漢書卷四十周亞夫傳）。

馮野王年十八，上書願試守長安令。宣帝奇其志，問丞相魏相，相以為不可許，後以功次補當陽長（漢書卷七十九馮野王傳）。

其甚者，丞相尚得封還詔書，例如：

會祖母傅太后薨，上（哀帝）因託傅太后遺詔，令成帝母王太后下丞相御史益封董賢二千戶，及賜孔鄉侯汝昌侯陽新侯國，嘉（王嘉，時為丞相）封還詔書（漢書卷八十六王嘉傳，補注王先謙曰胡注後世給舍封駁本此）。

何以丞相有此權力？一是思想上的原因。西漢初年法家思想甚見流行。法家學說出自道家，本來反對人主察察為明，韓非說：「明主不躬小事」（韓非子第三十五篇外儲說右下）。聰明的人主必須高高在上，垂拱而治，而如韓非所說：「人主之道，靜退以為寶，不自操事，而知拙為巧，不自計慮，而知福與咎」（韓非子第五篇主道）。人主「不自操事」，「不自計慮」。如何而能治理國政呢？韓非說：「明君之道，使智者盡其慮，而君因以斷事，故君不窮於智。賢者效其材，君因而任之，故君不窮於能」（韓非子第五篇主道）。人主能夠如此，則又如韓非所說：「有功則君有其賢，有過則臣任其罪」（韓非子第五篇主道），「事成則君收其功，規敗則臣任其罪」（韓非子第四十八篇八經）。人主高拱無為，必須有人焉，輔佐人主統理萬機，其人就是丞相。西漢初年，丞相有決定萬機的權，其觀念上的理由實本於此。二是政治上的原因，前曾說過，武帝以前，丞相必以列侯任之。列侯皆是功臣，高祖之登帝位，由於列侯推戴，諸呂作亂所以失敗，因為列侯不與外戚合作。文帝從外藩入承大統，也是由於列侯迎立。一方天子須於列侯之中選擇丞相，同時列侯之力又可以左右政局，所以西漢初年丞相是代表列侯，統百官，揆百事，藉以牽制天子的專制。到了列侯沒落，丞相一職解放於列侯之外，固然政治脫去了貴族的色彩，然而因此丞相沒有背境，就失掉對抗天子的力量。這個時候不是「丞相所請，靡有不聽」，而是天子所要求的，丞相必須接受。

丞相掌丞天子，助理萬機。天子所居，號為禁中。「漢制，天子所居，門閤有禁，非待御之臣不得妄入，稱禁中」（蔡邕獨斷）。而丞相府之門無闌，表示開放之意[31]。

> 凡丞相府門無闌，不設鈴鼓，言其大開，無節限（通典卷二十一宰相）。

單單由此一點，可知吾國古代雖然專制，而專制亦有其道，天子垂拱無為，門閤有禁。丞相助理萬機，門乃大開，毫無節限。自此制壞後，宰相之位高不可攀，百姓要見宰相，乃難之至難。固然丞相之外，尚有太尉與御史大夫。丞相萬石，太尉亦萬石，丞相金印紫綬，太尉亦金印紫綬。

---

[31] 文獻通考卷四十九宰相，亦有此數語，并注云：「應劭曰丞相府有四出門，隨時聽事，國每有大議，天子車駕親幸」。

太尉……金印紫綬，掌武事（漢書卷十九上百官公卿表）。

太尉之尊固與丞相無殊。

丞相衛綰病免，上議置丞相太尉。藉福說蚡曰上以將軍為相，必讓魏其（魏其侯竇嬰），魏相為相，將軍必為太尉。太尉相尊等耳，有讓賢名（漢書卷五十二田蚡傳）。

但是太尉之職，自高祖以來，並不常置。山齊易氏說：

太尉之職初不常置。按司馬氏將相表，高帝二年太尉盧綰，五年罷。十一年周勃為太尉攻代，後官省。高后四年置太尉官，文帝三年罷，屬丞相。景帝五年復置，七年罷。武帝建元元年復置，後改為大司馬（文獻通考卷一百五十兵制）。

石林葉氏亦言：

漢高祖元年以蕭何為丞相，周苛為御史大夫，五年而後始命盧綰為太尉。綰王燕後，以命周勃，尋省。蓋是時高祖方自征伐，武事不以屬人，亦不必設官也。文帝元年周勃遷右丞相，以薄昭為車騎將軍，宋昌為衛將軍，而不置太尉。蓋自代來，未敢以兵權委漢廷舊臣，故以其腹心分領之耳。自是虛太尉者二十六年。七國反，景帝以周亞夫擊之，始復以亞夫為太尉，兵罷亦省。又十三年，而武帝以命田蚡，一年復省。又二十一年，乃以大將軍衛青驃騎將軍霍去病為大司馬，各冠其將軍，即太尉也。蓋方有四夷之功，故爾。自去病青死，又十九年，而霍光以奉車都尉為大司馬大將軍。以此考之，太尉官自高祖以來，有事則置，無事則省，不以為常也。蓋漢雖設太尉總兵，而左右前後及因事置名以為將軍者不一，豈因不欲以兵權屬一官歟。觀高祖命盧綰，武帝命衛霍，非親即舊，其意可知矣（文獻通考卷四十八太尉）。

即置，也未必就有兵權。漢之軍隊不論中央或地方，非有天子的符節，不得徵調。太尉雖掌武事，而卻沒有領兵與發兵的權。漢制，拱衛京師者有南北軍，南軍衛尉主之，北軍中尉（後改稱執金吾）主之（參閱文獻通考卷一百五十兵制）。呂后病困，以趙王呂祿為上將軍，居北軍，梁王呂產為相國，居南軍。呂后崩，陳平周勃謀誅諸呂，太尉周勃欲入北軍，不得入，乃令符節令紀通持節矯納之，復令酈寄與典客（後改稱為大鴻臚）告祿，「帝欲太尉守北軍」，而後呂祿始解將印，以兵授太尉。周勃既領北軍，尚有南軍未服，故令平陽侯曹窋告衛尉勿納呂產，又使朱虛侯劉章率兵千人入宮，遂殺呂產於郎中府（郎中令之府，後改稱光祿勳）。這是可以證明太尉本來沒有領兵的權，非有天子的符節，也不得發兵。

何況太尉之官既不常置，省時，其職又由丞相兼之。宣帝曾令尚書告丞相黃霸：

> 太尉官罷久矣，丞相兼之，所以偃武興文也（漢書卷八十九黃霸傳）。

所以丞相將兵征討之事，史有其例。

> 文帝三年灌嬰為丞相……匈奴大入北地，上令丞相嬰將騎八萬五千擊匈奴，匈奴去（漢書卷四十一灌嬰傳）。

是則軍事與行政並不完全分立，如近代三權分立者焉。

至於御史大夫不過掌副丞相而已，雖有三公之稱，其實只是上卿。丞相萬石，御史大夫中二千石，丞相金印紫綬，御史大夫銀印青綬，其地位乃在丞相之下。

> 御史大夫……位上卿，銀印青綬，掌副丞相（漢書卷十九上百官公卿表）。
>
> 御史大夫秩中二千石（漢書卷十九上百官公卿表注引茂陵書）。

御史大夫雖然位次丞相，而又不與九卿同列，他是首席之卿而總領百官。

> 御史之官，宰相之副，九卿之右（漢書卷六十七朱雲傳）。

御史大夫位次丞相……總領百官……為百僚率（漢書卷八十三朱博傳）。

凡有朝見奏事，御史大夫常居丞相之後。

故事，朝奏事，會庭中，御史大夫差居丞相後（漢書卷七十八蕭望之傳）。

而丞相有闕之時，又由御史大夫序遷。

故事，選郡國守相高第為中二千石，選中二千石為御史大夫，任職者為丞相（漢書卷八十三朱博傳）。

由此可知御史大夫乃是丞相之副，所以漢人稱之為副相。丞相掌丞天子，助理萬機，御史大夫又佐丞相，統理天下之事。

御史大夫佐丞相統理天下（漢書卷八十三薛宣傳）。

關於此點，歷代職官表（卷十八都察院上秦）曾有說明，足供吾人參考。

謹案，秦漢御史大夫，史稱其掌副丞相，故漢時名為兩府。凡丞相有闕，則御史大夫以次序遷，乃三公之任（武案此「三公」二字是指討論大政的宰相之職），與今都御史（清代御史臺，依明之制，改稱都察院，其長官則為左右都御史）之職不同。自東漢省御史大夫，而以中丞為臺率，始專糾察之任。其後歷代或復置大夫，或但置中丞，規制各殊，要皆中丞之互名，蓋即今都察院堂官之職事矣。然秦漢大夫雖未可當今都御史，而其官實御史之長，故中丞稱御史大夫丞（原註，見漢書張湯傳），御史亦稱御史大夫史（原註，見漢儀注），且所掌在承風化。典法度（原註，見薛宣傳，朱博傳），本兼執憲之司，又不可以擬今之協辦大學士（清代內閣，除大學士滿漢各二人外，尚有協辦大學士，滿漢各一人）。

國有大事，天子每下其議於兩府。

> 丞相固助理萬機，御史大夫即佐之……漢時二府權重，有大事，必下二府治之（漢書卷三十六劉向傳補注引王鳴盛曰）。

吾人只觀蕭望之之言，就可知道。

> 蕭望之遷御史大夫……望之自奏，職在總領天下，聞事不敢不問（漢書卷七十六韓延壽傳）。

御史大夫之權既與丞相相埒，所以常與丞相爭權，有時權力且在丞相之上。

> 鼂錯為御史大夫，權任出丞相右，張湯為御史，每朝奏事國家，用日旰，丞相取充位，天下事皆決湯。蕭望之為御史，意輕丞相（容齋隨筆卷十二鼂錯張湯）。

但是御史大夫尚有一種特別職務，即典正法度。

> 御史大夫……典正法度……總領百官，上下相監臨（漢書卷八十三朱博傳）。

所謂法度就是法制律令，故凡詔命有關於法制之制定者均制詔御史。周壽昌說：

> 漢凡定著令，即制詔御史（漢書卷九十七下孝成趙皇后傳補注）。

縱非制定法制，苟詔令與法制有關，亦必由御史大夫轉丞相，下百官，此際御史大夫似可審查詔令是否合於法制㉜。

> 按三王世家（史記卷六十）請立閎旦等為王疏，則丞相莊青翟居首，而御史大夫張湯次之。既奉詔可，則制書由御史大夫湯下丞相，丞相下中二千石，中二千石下守相（陔餘叢考卷二十六御史）。

至於修改律令，更須制詔御史。律令修改之後，其上奏天子，又是丞相領銜居首，御史大夫次之。

㉜ 此事與前述武帝依竇太后之言，欲封皇后兄王信為侯，必先求丞相周亞夫同意（漢書卷四十周亞夫傳）。哀帝託傅太后遺詔，益封董賢二千戶，並賜孔鄉侯等食邑，丞相王嘉封還詔書（漢書卷八十六王嘉傳）相似。其所不同者，一由丞相御史大夫提議，一由天子提議。

例如：

> 文帝十三年齊太倉令淳于公有罪當刑……其少女……願沒入為官婢，以贖父刑罪……書奏天子，天子憐悲其意，遂下令曰制詔御史……其除肉刑，有以易之……具為令（師古曰使更為條例）。丞相張蒼御史大夫馮敬奏言……臣謹議，請定律曰云云，制曰可（漢書卷二十三刑法志）。

最重要的則為百官行為倘若違反律令，御史大夫得依其屬官御史中丞以監察之。即御史中丞外督部刺史，內領侍御史，監察內外群官。

> 御史大夫有兩丞，秩千石。一曰中丞，在殿中蘭臺，外督部刺史，內領侍御史十五人，受公卿奏事，舉劾案章（漢書卷十九上百官公卿表）。

漢書所述不甚明瞭。通典（卷二十四中丞）云：「漢御史大夫有兩丞，一曰御史丞，一曰中丞，亦謂中丞為御史中執法……中丞居殿中，察舉非法」，亦欠明瞭。歷代職官表（卷十八都察院漢）謂「御史中丞雖掌糾察，而所居在殿中蘭臺，為宮掖近臣……至成帝以後，中丞出居外臺……又百官表稱，漢御史有兩丞，而所載僅止中丞。沈約宋書始以御史丞當其一。然考之漢書，多稱中丞，間有單稱御史丞者，如班書嚴延年傳（漢書卷九十）。事下御史丞按驗……即中丞之省文。咸宣傳（漢書卷九十），上言『稍遷至御史及丞』，下言『為御史及中丞者幾二十年』，此即其證。蓋行文者，詳略互見，並非別為一官」。余同意此種解釋㉝。

㉝ 歷代職官表引冊府元龜云：「孝宣齋居決事，令侍御史二人治書，治書御史起於此」。又引通典云：「漢舊儀曰，漢御史員四十五人，皆六百石。其十五人給事殿中，為侍御史……二人尚璽，四人持書（即治書，唐避高宗諱，故通典改為持書）給事，二人侍前，中丞一人領錄，三十人留寺（漢御史府亦謂之御史大夫寺），理百官事」。並云：「謹案，御史在漢，雖有殿中及留寺之分，然皆歸大夫及中

觀御史府之組織，司監察的乃是中丞及其所領督的侍御史及部刺史。中丞秩止千石，侍御史及部刺史均秩六百石。以小吏監察巨僚，蓋依管子之言：「群臣之道，下得明上，賤得言貴，故姦人不敢欺」（管子第六十七篇明法解）。其所以如此，又因「秩卑則其人激昂，權重則能行志」（日知錄卷九部刺史原注引元城語錄），而無患得患失之心。這就是後世監察官無不秩卑而權重的理由。御史為風霜之任，彈糾不法。韓非說：「能法之士必強毅而勁直，不勁直，不能矯姦」（韓非子第十一篇孤憤），故漢世常擇明法律而性剛毅之士為之。茲舉漢書所載曾做過御史（中丞及侍御史）之人列表如次。

西漢御史中丞及侍御史表

姓名	學識經歷及性格	備註
兒寬	張湯為廷尉，寬為奏讞掾，以古法決疑獄。及湯為御史大夫，以寬為掾，舉為侍御史。	卷五十八本傳
張湯	兒時，鼠盜肉，湯掠治鼠，文辭如老獄吏，父使書獄。湯給事內史為掾，以文無害，調茂陵尉，武安侯田蚡為丞相，徵湯為史，薦補侍御史，與趙禹共定諸律令。	卷五十九本傳
杜周	張湯為廷尉，以周為廷尉史，使案邊失亡，所論殺甚多，奏事中意任用，與減宣更為中丞者十餘歲。	卷六十本傳
陳咸	以父任為郎，有異材，抗直，數言事，刺譏近臣，遷為左曹，元帝擢咸為御史中丞，總領州郡奏事，課第諸刺史，內執法殿中，公卿以下皆敬憚之。	卷六十六本傳

丞統屬。故尹齊傳（漢書卷九十）稱，齊為御史，事張湯（時湯為御史大夫）董賢傳（漢書卷九十三）稱，孔光為御史大夫，時賢父恭為御史，事光。而鮑宣傳（漢書卷七十二）稱，宣摧辱丞相，事下御史中丞，侍御史至司隸官（官，官舍也。時宣為司隸校尉），欲捕從事云云，蓋亦因中丞承詔治宣獄，故使侍御史往捕，則侍御史之得聽中丞差委，亦概可見矣」。

于定國	少學法於父，為獄史郡決曹，補廷尉史，以選為御史中丞從事，治反者獄，以材高，舉侍御史，遷御史中丞（宣帝立，超為廷尉，其決獄平法，務在哀鰥寡，罪疑從輕，加審慎之心，朝廷為之語曰，張釋之為廷尉，天下無冤民，于定國為廷尉，民自以不冤）。	卷七十一本傳
諸葛豐	以明經為郡文學，名特立剛直，貢禹為御史大夫，除豐為屬，舉侍御史（元帝擢為司隸校尉，刺舉無所避，京師為之語曰，間何闊，逢諸葛）。	卷七十七本傳
鄭賓	明法律，為御史。	卷七十七鄭崇傳
薛宣	為大司農斗食屬，察廉補不其丞，復察廉遷樂浪都尉丞，舉茂材為宛句令，大將軍王鳳薦為長安令，治果有名，以明習文法，詔補御史中丞，宣執法殿中，外總部刺史，舉奏部刺史郡國二千石，所貶退稱進，白黑分明。	卷八十三本傳
趙禹	為丞相史，府中皆稱其廉平，武帝時，禹以刀筆吏積勞遷為御史。上以為能，與張湯論定律令。禹為人廉裾，為吏以來，舍無食客，公卿相造請，禹終不行報謝，務在絕知友賓客之請，孤立行一意而已。	卷九十本傳
王溫舒	數為吏，於治獄至廷尉史，事張湯，遷至御史。	卷九十本傳
尹齊	以刀筆吏稍遷至御史，武帝使督盜賊，斬伐不避貴勢。	卷九十本傳
楊僕	為吏，河南守舉為御史，使督盜賊，關東治放尹齊，以敢擊行。	卷九十本傳
咸宣	將軍衛青使買馬河東，見宣無害，言上，稍遷至御史及丞，稱為敢決疑。	卷九十本傳
嚴延年	年少學法律，為郡吏，以選除補御史掾，舉侍御史。是時大將軍霍光廢昌邑王，尊立宣帝，宣帝初即位，延年劾奏光擅廢立，亡人臣禮，不道。奏雖寢，朝廷肅焉敬憚。	卷九十本傳

御史中丞為御史大夫的屬官，而有舉劾案章的權，世人因此遂以御史大夫為監察機關的長官，並以監察機關獨立於行政機關之外。固然御史大夫得令吏按問百官之違法。

> 爰盎素不好晁錯，錯所居坐，盎輒避。盎所居坐，錯亦避，兩人未嘗同堂語。及孝景即位，晁錯為

御史大夫，使吏按盎受吳王財物，抵辜，詔赦而為庶人（漢書卷四十九爰盎傳）。

韓延壽代蕭望之為左馮翊，而望之遷御史大夫，侍謁者福為望之道延壽在東郡時放散官錢千餘萬。望之與丞相丙吉議，吉以為更大赦，不須考。會御史當問事東郡，望之因令並問之（漢書卷七十六韓延壽傳）。

但是吾國古代監察官均得獨立行使職權，御史中丞雖為御史大夫之屬官，而其權力之大乃與御史大夫相埒。

御史大夫副宰相，在九卿之右，而中丞權亦幾與相埒也（漢書卷三十六劉向傳補注引王鳴盛曰）。

中丞之權既與御史大夫相埒，故御史大夫如有違失，中丞亦得察舉。

孫宏前為中丞時，翟方進為御史大夫，舉掾隆（師古曰御史大夫之掾也，名隆）可侍御史。宏奏隆前奉使欺謾，不宜執法近侍，方進以此怨宏（漢書卷六十杜欽傳）。

這樣，中丞之權不會太重，而致引起問題麼？不，丞相之下置司直，掌佐丞相舉不法。這是可以牽制中丞之妄自彈擊的。

司直秩比二千石，掌佐丞相舉不法（漢書卷十九上百官公卿表）。

司直之外，復有司隸校尉，亦以監察百官為職。

司隸校尉以督察公卿以下為職（漢書卷八十四翟方進傳）。

監察機關除了御史之外，丞相府置司直，復有一個獨立的司隸校尉，由此可知監察權並不專屬於御史府，而御史大夫既為丞相之副，則監察權與行政權亦非完全分立，如近代三權分立焉。

監察權既不完全獨立於行政權之外，而西漢時代御史制度卻能發揮作用，其故安在？韓非說：「相為則責怨，自為則事行」（韓非子第三十二篇外儲說左上）。慎子說：「人莫不自為也，化而使之為我，則莫可得而用矣……用人之自為，不用人之為我，則莫不可得而用矣」（慎子因循篇）。御史大夫乃是丞相的候補人，他欲取得丞相之位，固然不免有暗中毀害之事。

凡為御史大夫，而丞相次也，其心冀幸丞相物故，或乃陰私相毀害，欲代之（通典卷二十四御史大夫）。

但另一方面，御史大夫由於「自為」，對於丞相往往察過悉劾，不肯放鬆。在今日民主國，負監督政府之責者乃是議會內反對黨的領袖。反對黨的領袖何以肯負監督政府之責？因為政府黨辭職之後，繼之組織政府者，必是反對黨的領袖。御史大夫之於丞相，其地位無異於民主國議會內反對黨的領袖。西漢御史制度能夠發揮作用，原因實在於此。故自東漢建三公之官、御史臺長官不為宰相之候補人之後，監察權雖然漸次離開行政權而獨立，而彈擊官邪的效用反見減少。

軍事與監察未曾完全獨立於行政之外，而丞相又掌丞天子，助理萬機，所以丞相乃統宰百揆，而為宰相之職。成帝時何武建言：「古者民樸事約……，然猶則天三光，備三公官，各有分職。今末俗文弊，政事煩多，宰相之材不能及古，而丞相獨兼三公之事，所以久廢而不治也」（漢書卷八十三朱博傳）。丞相獨兼三公之事，可知丞相有統宰百揆之權。古者三公「坐而議政，無不總統，故不以一職為官名」（漢書卷十九上百官公卿表），即百事無不揆焉。降至秦漢，遂以統宰百揆的人稱為三公，原不必要有三人。漢世雖稱丞相太尉御史大夫為三公，但是如前所言，太尉之官有事則置，無事則省，並非常設的官。而御史大夫又掌副丞相，而有副相之稱，所以西漢丞相確如何武所說，獨兼三公之事，而總宰百揆。

丞相固然總宰百揆，其職務乃是決定政策，外填撫四夷，內親附百姓，使卿大夫各得任其職。至於分治各種職事者則為群卿。

文帝問右丞相勃（周勃）曰，天下一歲決獄幾何，勃謝不知；問天下錢穀一歲出入幾何，勃又謝不知，汗出洽背，媿不能對。上亦問左丞相平，平曰各有主者。上曰主者為誰乎？平曰陛下即問決獄，責廷尉，問錢穀，責治粟內史。上曰苟各有主者，而君所主何事也。平謝曰主臣，陛下不知其駑下，使待罪宰相。宰相者上佐天子，理陰陽，順四時，下遂萬物之宜，外填撫四夷諸侯，內親附百姓，使卿大夫各得任其職也。上稱善（漢書卷四十王陵傳）。

丙吉為丞相……嘗出逢清道群鬭者，死傷橫道。吉過之不問，掾史獨怪之。吉前行，逢人逐牛，牛喘吐舌，吉止駐，使騎吏問逐牛行幾里矣。掾史獨謂丞相前後失問，或以譏吉。吉曰民鬭相殺傷，長安令京兆尹職所當禁備逐捕，歲竟，丞相課其殿最，奏行賞罰而已。宰相不親小事，非所當於道路問也。方春少陽用事，未可大熱，恐牛近行，用暑故喘。此時氣失節，恐有所傷害也。三公調和陰陽，職所當憂，是以問之。掾史乃服，以吉知大體（漢書卷七十四丙吉傳）。

所以為丞相者不貴察察為明，而察察者雖然才優而行謹，而在丞相府之內，亦常不願委之以重任，例如：

趙禹事太尉周亞夫，亞夫為丞相，禹為丞相史，府中皆稱其廉平，然亞夫弗任，曰極知禹無害，然文深（應劭曰禹持文法深刻），不可以居大府（漢書卷九十趙禹傳）。

周亞夫與陳平不同，陳平「治黃帝老子之術」（漢書卷四十陳平傳）；又與丙吉不同，丙吉「為人深厚」「上寬大，好禮讓」（漢書卷七十四丙吉傳），其不親小事，猶可說也。當亞夫為將軍，軍細柳以備胡之時，不許文帝擅入軍門，既入軍門之後，又只許文帝按轡徐行，文帝到了中營，亞夫又持兵揖，以為「介冑之士不拜，請以軍禮見」，景帝曾批評之曰，「此鞅鞅，非少主臣也」（漢書卷四十周亞夫傳）。而為丞相之時，竟然不欲重用文深的人，可見漢代丞相不欲小察，不欲小智，不獨陳平丙吉為然。

丞相決定政策，而分治天下之事者則為群卿。其中位在御史大夫之次，而秩又與御史大夫相同者為九卿。

漢置九卿，一曰太常，二曰光祿，三曰衛尉，四曰太僕，五曰廷尉，六曰大鴻臚，七曰宗正，八曰大司農，九曰少府，是為九卿也（史記卷十文帝紀元年正義）。

九卿之外，又有執金吾、將作大匠、水衡都尉等官，各有各的職位，各有各的權限，各有各的責任。西漢官制對於「位」、「權」、「責」三者，規定極為明瞭。居其位必有其權；有其權必負其責。不但同列的官彼此不得干涉，便是上級的官也不得越俎代庖。長安路上死傷橫道，丞相不宜過問。丞相所以不宜過問者，乃是因為長安令京兆尹有禁備逐捕的權限，且負禁備逐捕的責任，丞相只能於歲終之時考其功績，奏行賞罰。倘令丞相代替他們設計禁備的方法，或代替他們發布逐捕的命令，則此後長安令京兆尹將事事請示，而把一切責任委於丞相了。鄧析說：「治世位不可越，職不可亂」（鄧析子無厚篇）即如韓非所述韓昭侯之事，「其罪典衣，以其失其事，其罪典冠，以其越其職也」（韓非子第七篇二柄）。但西漢官制也有許多缺點，固然每卿均有職事，然而許多職事又往往由一卿管理，此又有反於韓非所說：「明主之道，一人不兼官，一官不兼職」（韓非子第三十六篇難一）。例如光祿勳掌宿衛，而其屬官乃有大夫掌論議，而各種出身的郎亦為光祿勳的屬官。最複雜的莫如少府。少府的本職是「掌山海池澤之稅，以給供養」（漢書卷十九上百官公卿表），而其屬官乃有尚書通章奏，若盧藏兵器，考工作器械，掖廷主刑獄，都水掌波澤，均官掌市價。除此之外，尚有其他職務不同的屬官（參閱漢書卷十九上百官公卿表少府）。職務如斯複雜，主管長官勢難兼顧。其所以不至發生問題者，乃因九御只總其大綱，至於細務則委任責成於屬官。又者，同一職事往往分散由各卿管理，例如大司農少府水衡都尉都是理財之官，固然「大司農供軍國之用，少府以養天子」（漢書卷十九上百官公卿表少府注師古曰），然而「水衡與少府皆天子私藏」（漢書卷八昭帝紀本始二年注引應劭曰），既有少府，何必再置水衡都尉。於是各卿之下遂有名稱相同、職務相同的屬官。例如太常有都水，大司農少府水衡都尉亦有都水。所以劉攽說：「都水官處處有之」（漢書卷十九上百官公卿表水衡都尉補注）。此蓋當時只知集權，不知分工，一位長官若有管理某種職事的權，則凡與該種職事有直接或間接關係，均舉而歸於該長官管理。太常掌宗廟禮義，陵園由其管理，因之，陵園的陂池灌溉便由太常管理。大司農掌穀貨，以供軍國之用，郡國田賦由其管理，因之郡國的陂池灌溉以及河渠也由大司農管理。少府與水衡都尉均掌天子之私藏，因之有關陂澤灌溉之事又由他們各別管理。一個機關有許多職事，同一性質的職事由許多機關管理，固然行政上有許多方便。唯由吾人觀之，不能不認為這是西漢官制的缺點。

政策雖由丞相決定，而天子為要預防丞相的壅塞，關於重大問題，往往不令丞相一人決定，而召集群臣博議。這種博議或稱為廷議。此蓋依法家學說，申不害有言：「一臣專君，眾臣皆蔽」（申子）。韓非亦云：「觀聽不參（不參謂偏聽一人），則誠不聞（謂誠者莫告），聽有門戶，則臣壅塞」（韓非子第三十篇內儲說上七術）。亦即劉向所謂「兼聽獨斷」（說苑卷十三權謀）。兼聽可以塞臣下之蒙蔽，獨斷可以防臣下之弄權。然此亦只能於明君時代發生作用。至於召集廷議之權則屬於天子，而主持的人或為天子，或為丞相。吾人觀漢書常有「下其議」，「詔有司議」，「詔與列侯中二千石二千石大夫博士議」，議決之後，常由丞相領銜上奏，就可知道。車千秋為丞相時，曾召集中二千石博士集議，霍光以其擅召中二千石以下，甚無狀，而欲加之以罪（漢書卷六十杜延年傳），由此可知丞相固無召集廷議之權㉞。

㉞ 霍光欲廢昌邑王，曾召丞相御史將軍列侯中二千石大夫博士會議未央宮（漢書卷六十六霍光傳），而

參加廷議的人不是固定的，是隨問題的性質而改變其人選，但多數場合常令下列五種官吏參加，一是公卿，二是列侯，三是二千石，四是大夫，五是博士（參閱西漢會要卷四十及卷四十一集議）㉟。公卿是現任大臣，熟悉當前情況。列侯是國家元老，熟悉過去典故。二千石大率是指三輔長官，熟悉地方情況。大夫「掌論議」（漢書卷十九上百官公卿表），得陳政治之得失。博士「掌通古今」（漢書卷十九上百官公卿表），可以貢獻意見。公卿列侯二千石有經驗，大夫博士有學識。有經驗者往往泥於現實，有學識者往往流於空想。合兩種人，令其集議，則現實與理想可以調和，而使任何政策都能合理。由是可知廷議與議會不同，並不是代議各方面的意思或利益，而是使各種人士從各種角度，表示各種意見，而求最後所決定的政策能夠合理。

漢時大夫有太中大夫、中大夫、諫大夫皆無員，多至數十人。武帝元狩五年初置諫大夫，太初元年更名中大夫為光祿大夫（漢書卷十九上百官公卿表）。東漢改諫大夫為諫議大夫，增置中散大夫（後漢書卷三十五百官志）大夫屬光祿勳。後世大夫多為散官或為階官，只唯諫（議）大夫方與御史並置，即所謂臺諫者也。前者批評朝政，後者彈擊官邪。漢時，每開廷議，常令大夫參加，歷來居此職者多擇學博行修之人為之。學博而後知政策之得失，行修而後不致黨同伐異。例如賈誼以能誦詩書屬文，

上表太后，則丞相臣敞為首，大司馬大將軍臣光次之，可知天子缺位或因故不能視事，召集廷議的權，法律上應在丞相。

㉟ 博士之得參加廷議，始於秦代。始皇滅六國，統一天下，曾令丞相御史大夫議帝號。他們討論之後，丞相王綰、御史大夫馮劫、廷尉李斯上奏始皇，必稱「臣等謹與博士議曰云云」（史記卷六秦始皇本紀二十六年）。陳勝起事之時，二世亦召博士諸儒生議其如何對付（史記卷九十九叔孫通傳）。博士屬太常。

稱於郡中，文帝召以為博士，超遷歲中至太中大夫。晁錯學申商刑名，為博士，詔舉賢良文學，錯在選中，對策者百餘人，唯錯為高策，由是遷中大夫。韋賢為人質朴少欲，篤志於學，兼通禮尚書，以詩教授，號稱鄒魯大儒，徵為博士，遷光祿大夫（漢書各本傳）。因為諫大夫對於後世之影響最大，茲將漢書所載曾任諫大夫之人列表如次。

西漢諫大夫表（此表以列傳之次序為標準，使讀者便於翻閱各本傳）

姓名	學識與操行	備註
劉向	以行修飭，擢為諫大夫。	卷三十六本傳
杜延年	明法律，為諫大夫。	卷六十本傳
終軍	少好學，以辯博能屬文，聞於郡中。年十八，選為博士弟子。至長安上書言事，武帝異其文，拜為謁者。軍為謁者，使行郡國，所見便宜以聞，還奏事，上甚悅，擢為諫大夫。	卷六十四下本傳
王褒	益州刺史奏褒有軼材，上乃徵褒，頃之，擢為諫大夫。	卷六十四下本傳
云敞	師事同縣吳章，章治尚書經，為博士。王莽秉政，章坐法要斬，磔尸東市門。初章為當世名儒，教授尤盛，弟子千餘人，莽以為惡人黨，皆當禁錮，不得仕宦，門人盡更名他師。敞時為大司徒掾，自劾吳章弟子，收抱章尸歸棺斂葬之，京師稱焉。車騎將軍王舜高其志，薦為諫大夫。	卷六十七本傳
薛廣德	以魯詩教授，蕭望之為御史大夫，除廣德為屬，數與論議，器之，薦廣德經行宜充本朝，為博士，遷諫大夫。	卷七十一本傳
王吉	少好學，明經，以郡吏舉孝廉為郎，遷雲陽令，舉賢良，為昌邑中尉。王好游獵，吉輒諫爭。昭帝崩，王即位，吉即奏書戒王。王以淫亂廢，群臣皆下獄。吉以忠直數諫正，得減死。起家為刺史，病去官，復徵為博士諫大夫。	卷七十二本傳
貢禹	以明經絜行著聞，徵為博士，涼州刺史。復舉賢良為河南令，歲餘去官。元帝即	卷七十二本傳

	位，徵禹為諫大夫，數虛己，問以政事。	
龔　勝	著名節，少好學明經，為郡吏，三舉孝廉，以王國人不得宿衛，補吏，舉茂材，為重泉令，病去官，哀帝聞其名，徵為諫大夫。	卷七十二本傳
鮑　宣	好學明經，舉孝廉為郎，病去官，大司馬王商薦為議郎，哀帝初，大司空何武薦宣為諫大夫。	卷七十二本傳
韋玄成	少好學，謙遜下士，名譽日廣，以明經擢為諫大夫。	卷七十三本傳
魏　相	為郡卒史，舉賢良，以對策高第，為茂陵令，遷揚州刺史，考案郡國守相，多所貶退，居部二歲，徵為諫大夫。	卷七十四本傳
夏侯勝	少好學，從夏侯始昌受尚書及洪範五行傳說災異，後事簡卿，又從歐陽氏問為學精孰，所問非一師也，徵為博士。昭帝崩，昌邑王嗣立，數出，勝當乘輿前，諫曰云云。宣帝初即位，欲褒先帝，勝獨曰，武帝無德澤於民，不宜為立廟樂。公卿共難勝曰，此詔書也。勝曰詔書不可用也，人臣之誼宜直言正論，非苟阿意順指。四年為諫大夫。	卷七十五本傳
翼　奉	明經術，元帝初即位，諸儒薦之，徵待詔宦者署，數言事，宴見，天子敬焉。奉以中郎為博士諫大夫。	卷七十五本傳
韓延壽	少為郡文學，父義為燕郎中，剌王之謀逆也，義諫而死。是時霍光持政，徵郡國賢良文學，問以得失。時魏相以文學對策，以為燕王為無道，韓義出身強諫，為王所殺，宜顯賞其子。光納其言，因擢延壽為諫大夫。	卷七十六本傳
王　尊	少孤，師郡文學官，治尚書論語，略通大義，為幽州刺史從事，察廉，補遼西鹽官長。初元中，舉直言，遷虢令，以高第擢為安定太守。大將軍王鳳擢尊為司隸校尉，初中書謁者令石顯貴幸專權為姦邪，丞相匡衡御史大夫張譚皆阿附，畏事顯，不敢言。成帝初即位，尊劾奏衡譚無大臣輔政之義，天子以新即位，重傷大臣，左遷尊為高陵令，數月以病免，王鳳薦尊，徵為諫大夫。	卷七十六本傳
王　章	少以文學為官，稍遷至諫大夫，在朝廷名敢直言，為中書令石顯所陷，章免官，成帝立，徵章為諫大夫。	卷七十六本傳

蓋寬饒	明經，為郡文學，以孝廉為郎，舉方正，對策高第，遷諫大夫。	卷七十七本傳
劉　輔	舉孝廉，為襄賁令，上書言得失，召見，上美其材，擢為諫大夫。	卷七十七本傳
孫　寶	以明經為郡吏，御史大夫張忠辟寶為屬，欲令授子經，寶自劾去。忠使所親問寶，寶曰禮有來學，義無遠教。忠聞之甚慙，上書薦寶經明質直，宜備近臣，為議郎遷諫大夫。	卷七十七本傳
毋將隆	大司馬王音奏請隆為從事中郎，遷諫大夫。	卷七十七本傳
蕭望之	好學，治齊詩，事同縣后倉且十年，以令詣太常受業，復事同學博士白奇，又從夏侯勝問論語禮服，京師諸儒稱述焉。望之以射策甲科為郎，後數年，坐弟犯法，不得宿衛，免歸，為郡吏。御史大夫魏相除望之為屬，察廉為大行治禮丞。宣帝自在民間，聞望之名，拜望之為謁者，累遷諫大夫。	卷七十八本傳
馮　參	學通尚書，為人矜嚴，為諫大夫。	卷七十九本傳
何　武	治易，以射策甲科為郎，久之，太僕王音舉武賢良方正，徵對策，拜為諫大夫。	卷八十六本傳

廷議之時，各人意見不同，是免不了的。解決之法如何？今日民主國無不採用多數決之法，而在漢代，固然有時也以多數人的意見為標準。例如：

成帝初即位，丞相衡（匡衡）御史大夫譚（張譚）奏言，甘泉泰畤河東后土之祠宜徙置長安……願與群臣議定，奏可。大司馬車騎將軍許嘉等八人以為……宜如故。右將軍王商博士師丹議郎翟方進等五十人以為……宜徙……於是衡譚奏議曰……今議者五十八人，其五十人言當徙……八人……以為不宜……宜於長安定南北郊……天子從之（漢書卷二十五下郊祀志）。

趙充國上屯田奏……奏每上，輒下公卿議臣（議），初是充國計者什三，中什五，最後什八……上於是報充國曰……今聽將軍，將軍計善（漢書卷六十九趙充國傳）。

永光四年下詔曰蓋聞明主制禮，立親廟，四祖宗之廟，萬世不毀，所以明尊祖敬宗、著親親也。朕獲承祖宗之重，惟大禮未備，戰栗恐懼，不敢自顓，其與將軍列侯中二千石二千石諸大夫博士議。玄成等四十四人奏曰，高帝受命定天下，宜為帝者太祖之廟，世世不毀……太上皇孝惠孝文孝景廟皆親盡宜毀，皇考廟親未盡如故。大司農車騎將軍許嘉等二十九人以為孝文皇帝……宜為帝者太宗之廟。廷尉忠（尹忠）以為孝武皇帝……宜為世宗之廟。諫大夫尹更始等十八人以為皇考廟上序於昭穆，非正禮宜毀。於是上重其事，依違者一年（漢書卷七十三韋玄成傳）。

博士申咸毀宣（薛宣）……宣子況……數聞其語……令明（楊明）遮斫咸宮門外，斷鼻脣，身八創。事下有司，御史中丞眾（人名）等奏……當……棄市。廷尉直（龐直）以為……完為城旦。上以問公卿議臣，丞相孔光大司空師丹以中丞議是，自將軍以下至博士議郎皆是廷尉。況竟減罪一等，徙敦煌（漢書卷八十三薛宣傳）。

但是多數人的意見未必就是賢明的意見。吾國古代本來缺乏多數決 (Decision by majority) 的思想，一個意見提交朝臣討論，雖然多數人表示同意，倘有一人提出反對的意見，而又持之有故，言之成理，則這個意見可以推翻多數人的意見。例如：

中大夫主父偃言，朔方地肥饒，外阻河，蒙恬築城以逐匈奴，內省轉輸戍漕廣，中國滅胡之本也。上覽其說，下公卿議，皆言不便。公孫弘曰秦時嘗發三十萬眾築北河，終不可就，已而棄之。朱買臣難詘弘，遂置朔方，本偃計也（漢書卷六十四上主父偃傳）。

呼韓邪單于上書，願保塞上谷以西至敦煌……請罷邊備塞吏卒，以休天子人民。天子令下有司議，議者皆以為便。郎中侯應習邊事，以為不可許，上問狀，應曰云云，對奏，天子有詔勿議罷邊塞事（漢書卷九十四下匈奴傳）。

意見的採擇不以多數為標準，而以賢明為準繩，蓋如孔子所說：「眾惡之，必察焉，眾好之，必察焉」（論語衛靈公）。這樣，就發生了誰「察」，察了之後誰「決定」的問題。眾人的意見不足為憑，因之決定的權就歸屬於天子，帝權傍落，又歸屬於權臣。數千年來，吾國政治不能由專制進化為民主，這個「賢明」二字實為之累。

這種「丞相總百官，而九卿分治天下之事」的制度，到了七國亂後，漸次變更而可以分為兩個階段，第一階段是列侯沒落，大權歸於天子。最初丞相還是以列侯任之，而多碌碌無能，不過備員。班固說：

> 自嘉（申屠嘉）死後，開封侯陶青、桃侯劉舍，及武帝時，柏至侯許昌、平棘侯薛澤、武強侯莊青翟、商陵侯趙周皆以列侯繼踵，齪齪廉謹，為丞相備員而已（漢書卷四十二申屠嘉傳）。

武帝擢用儒生，以公孫弘為丞相，兒寬為御史大夫。他們兩人又無謇諤之風，公孫弘「希世用事」，董仲舒斥為從諛（史記卷一百二十一董仲舒傳），兒寬只知「和良承意，無有所匡諫」（史記卷一百二十一伏生傳）。公孫弘之後，李蔡、嚴青翟、趙周、石慶、公孫賀、劉屈氂繼踵為丞相，亦盡是拱默尸祿之輩，於是大權遂集中於天子，而表現為皇帝專制。

第二階段是中朝官的宿衛將軍壓倒了外朝官的丞相與御史大夫，而掌握政權。漢時，朝臣分為中朝官及外朝官兩種，中朝官亦稱為內朝官。孟康說：

> 中朝內朝也。大司馬左右前後將軍侍中常侍散騎諸吏為中朝，丞相以下至六百石為外朝也（漢書卷七十七劉輔傳注引孟康曰）。

但是孟康尚遺漏給事中一職，錢大昕說[36]：

> 王嘉傳，事下將軍中朝者，光祿大夫孔光……光祿大夫龔勝。光祿大夫非內朝官，而孔光龔勝得與

議者，加給事中故也……則給事中亦中朝官，孟康所舉不無遺漏矣（漢書卷七十七劉輔傳補注引錢大昕曰）。

凡外朝官若加侍中或給事中之銜，均兼為內朝官。

漢時，博士多加給事中……博士非中朝臣，加給事中，即中朝矣（漢書卷七十二兩龔傳補注引錢大昕曰）。

漢三公九卿皆外朝，今魏相（時為御史大夫）給事中，則得入禁中，預中朝之議（漢書卷七十四魏相傳補注引通鑑胡注）。

武帝時，置大司馬以冠將軍，而為中朝官之領袖。

案自武帝以來，外廷之官統於丞相，中朝之官統於大司馬（漢書卷八十九黃霸傳補注引齊召南曰）。

然在武帝時代，衛青為大將軍，霍去病為驃騎將軍，皆冠大司馬之號，兩人雖然貴幸，亦未干丞相御史職事。武帝崩殂，霍光以大司馬大將軍受遺詔輔少主，政事一決於光，同時助理萬機的丞相楊敞又係謹厚之徒（參閱漢書卷六十六楊敞傳），於是政權遂歸屬於中朝官的大司馬大將軍。霍光以後，不但大司馬大將軍，凡將軍如驃騎將軍（王根）車騎將軍（史高，許延壽，許嘉）衛將軍（王商）而加有大司馬之號者均得輔政。內朝官的將軍既得輔政，遂由掌兵的官一躍而參與國政。其參與國政是以「領尚書事」之形式為之。這個領尚書事是由霍光開始。

宣帝立，大將軍霍光領尚書事（漢書卷七十一于定國傳）。

---

36 漢書卷七十八蕭望之傳補注引錢大昕曰，給事中掌顧問應對，故云與聞政事。孔光罷相後，徵拜光祿大夫給事中，自稱備內朝臣，與聞政事。

其成為慣例者似在宣帝崩殂，元帝襲位之時。

宣帝寢疾，拜樂陵侯史高為大司馬車騎將軍，受遺詔輔政，領尚書事。補注，王先謙曰，漢尚書職典樞機，凡諸曹文書眾事皆由之，自是而後，凡受遺輔政，皆領尚書事（漢書卷七十八蕭望之傳）。

何以領尚書事能夠參與國政，因為：

故事，諸上書者皆為二封，署其一曰副，領尚書者先發副封，所言不善，屏去不奏（漢書卷七十四魏相傳）。

領尚書事既得判斷上書之善惡，而又能屏去不奏，於是領尚書事不但參與國政之決定，而且握有政治上之實權。但是名義上還是丞相助理萬機。所以霍光才對車千秋（時為丞相）說，「今光治內，君侯治外」（漢書卷六十六車千秋傳），而霍光奏廢昌邑王，仍以丞相領銜。

霍光受顧託之重，當伊周之地，廢昌邑王，上表太后，丞相臣敞為首，大司馬大將軍臣光次之（文獻通考卷五十一僕射）。

成帝綏和元年以後，中央官制時時變更。茲試列表於次。

成帝以後中央官制變更表㊲

㊲ 本表依漢書卷十九上百官公卿表，其改制的理由，據漢書卷八十三朱博傳，「成帝時，何武為九卿，建言古者民樸事約，國之輔佐必得賢聖，然猶則天三光（三光日月星也），備三公官，各有分職。今末俗文弊，政事煩多，宰相之材不能及古，而丞相獨兼三公之事，所以久廢而不治也。宜建三公官，定卿大夫之任，分職授政，以考功效。其後上以問張禹，禹以為然。時曲陽侯王根為大司馬票騎將軍，而何武為御史大夫。於是上賜曲陽侯根大司馬印綬，置官屬，罷票騎將軍官。以御史大夫何武為大司空，封列侯，皆增俸，如丞相（此時丞相仍稱為丞相，任其職者似為翟方進），以備三公官焉。

時代	官名			備考
成帝綏和元年	丞相	大司馬	大司空	大司馬金印紫綬，祿比丞相。御史大夫更名大司空，金印紫綬，祿比丞相。
哀帝建平二年	丞相		御史大夫	大司馬無印綬官屬，冠將軍如故。大司空復為御史大夫。
哀帝元壽二年	大司馬	大司徒	大司空	丞相更名大司徒。大司馬有印綬，置官屬，去將軍，位在司徒之上。御史大夫復為大司空。

制度雖然改變，而實權仍歸屬於大司馬，而大司馬一官自宣帝以史高為大司馬車騎將軍輔政之後，又成為外戚秉權之職，而王氏一門且有五大司馬繼續輔政，終則發生了王莽篡漢之事。

後二歲餘，朱博為大司空，奏言高皇帝以聖德受命，建立鴻業，置御史大夫，位次丞相，典正法度，以職相參，總領百官，上下相監臨。歷載二百年，天下安寧。今更為大司空，與丞相同位，未獲嘉祐。故事，選郡國守相高第為中二千石，選中二千石為御史大夫，任職者為丞相。位次有序，所以尊聖德，重國相也。今中二千石未更御史大夫而為丞相，權輕非所以重國政也。臣愚以為大司空官可罷，復置御史大夫，遵奉舊制，臣願盡力，以御史大夫為百僚率，哀帝從之，乃更拜博為御史大夫（此時丞相為孔光）。會大司馬傅喜免，以陽安侯丁明為大司馬衛將軍。大司馬冠號如故事。後四歲，哀帝遂改丞相為大司徒，復置大司空大司馬焉」。歷代職官表（卷二內閣漢）云：「謹案，漢自霍光以大司馬大將軍平尚書事，遂秉國政，則未建三公以前，丞相已屬具官（未必皆然，例如丙吉翟方進朱博王嘉固能行使相權），特其虛名尚存，故霍光傳奏事內，丞相臣敞仍列於大司馬大將軍臣光之前也。至元壽中，正三公官，於是大司馬徑居大司徒之上矣」。

第二項　地方官制

西漢初年，郡縣與藩國並置。藩國分為兩種，一是王國，二是侯國。「文帝採賈生之議，分齊趙；景帝用晁錯之計，削吳楚；武帝施主父之策，下推恩之令，使諸侯王得分戶邑，以封子弟，不行黜陟，而藩國自析」（漢書卷十四諸侯王表）。自此以來，大國不過十餘城，小侯不過數十里，名為王國比郡，侯國比縣，而就幅員言之，戶口言之，王國遠不如郡，侯國亦不如縣。

漢之郡縣均沿秦制。秦郡甚少，漢則稍加開置。

> 秦分天下作三十六郡。漢興，以其郡太大，稍復開置，又立諸侯王國。武帝開廣三邊，故自高祖增二十六，文景各六，武帝二十八，昭帝一，迄於孝平，凡郡國一百三（漢書卷二十八下地理志）。

漢代置郡雖多，而幅員廣狹不同，大者幾及今之兩省，小者不過今日數縣。蓋郡境大小乃以戶口為標準，民稀則幅員大，民多則幅員小。然交通不便，由於行政上之便利，幅員雖大，亦不能大過一定程度以上。而設郡過多，財政上未免浪費，所以除王國外，幅員雖小，也不宜小到一定程度以下。趙翼說：

> 漢初設郡，所重者中原之地，故布置密而輻員較小，自京兆馮翊扶風所統外，如河東太原上黨雲中雁門代郡定襄則今之山西省也。河南河內陳留潁川汝南南陽魏郡則今之河南省也。齊燕之地亦仿此。計今一省之地漢時本有八九郡，兼有王侯國在其間，原不甚稀闊。若會稽郡則幾及今之江浙二省。南郡江夏二郡則即今之湖北一省。桂陵武陵零陵三郡則今之湖南一省。廬江九江豫章三郡則今之江西一省。南海鬱林蒼梧合浦四郡則今之廣東廣西二省。遼東遼西元菟樂浪四郡則今之關東及高麗一國。蓋其時蠻夷之地甫經開闢，人戶稀少，賦稅訟獄亦皆輕減，故疏闊如此（陔餘叢考卷十六漢初分郡之

大）。

西漢初年，「諸侯王掌治其國，有……內史治國民，中尉掌武職，丞相統百官」（漢書卷十九上百官公卿表），國之官制與郡不同。「景帝中五年令諸侯王不得復治國，改丞相曰相，成帝綏和元年，省內史，更令相治國，如郡太守，中尉如郡都尉」（漢書卷十九上百官公卿表）。於是郡國守相名稱雖殊，而職掌則同。相之地位本來在郡守之上。

> 是時（宣帝時）諸侯王相在郡守上（漢書卷八十一孔光傳）。

元帝時代改在郡守下。

> 初元二年春令諸侯相在郡守下，師古曰此諸侯謂諸侯王也（漢書卷九元帝紀）。

郡乃地方制度的骨幹，國之制度除守稱相，都尉稱中尉之外，其他無不相同，所以本書只述郡與三輔。

郡之官制和秦一樣，置守尉，守掌治其郡，秩二千石，尉佐守，典武職甲卒，秩比二千石。

> 郡守掌治其郡，秩二千石……景帝中二年更名太守（漢書卷十九上百官公卿表）。
>
> 郡尉掌佐守，典武職甲卒，秩比二千石……景帝中二年更名都尉（漢書卷十九上百官公卿表）。

郡本來沒有大小遠近之別，元帝建昭二年稍有改制。

> 建昭二年益三河郡太守秩，戶十二萬為大郡。補注引王念孫曰漢紀秩下有中二千石四字，是也。太守秩二千石，益之則為中二千石……若無中二千石四字，則文義不明（漢書卷九元帝紀）。

翌三年又有改制。

> 建昭三年令三輔都尉大郡都尉秩皆二千石（漢書卷九元帝紀）。

大郡都尉增秩為二千石，而元帝紀建昭二年只云增三河郡太守秩，不云增大郡太守秩，其下文又接以

「戶十二萬為大郡」一語，似有闕文。若據衛宏所述：

建始二年（成帝）益三河及大郡太守秩，注云十二萬戶以上為大郡太守，小郡太守遷補大郡（漢舊儀卷下）。

是則元帝或成帝以後，郡固以戶口多寡為標準，分為大小兩種，十二萬戶以上為大郡，十二萬戶以下為小郡。文景時代，賈誼晁錯均以王國為憂，武帝既依主父偃之言，用推恩分封之法，王國的勢力既然沒落，現在又以郡之轄地太大，非宗室之利，換言之，即非政府之福。嚴安說：

今外郡之地或幾千里，列城數十，形束壤制，帶脅諸侯，非宗室之利也……今郡之權非特六卿之重也。地幾千里，非特閭巷之資也。甲兵器械非特棘矜之用也。以逢萬世之變，則不可勝諱也（漢書卷六十四下嚴安傳）。

太守猶如丞相一樣，對其一郡之事無所不統，不但行政，便是司法、軍事亦由太守掌之。其職務之多不遑枚舉。固然太守之外，尚有都尉，然而都尉不過佐守典兵而已。關於都尉，吾人要注意的有三點：⑴都尉不是每郡有之，據漢書地理志，郡國一百三，而置都尉者只有五十七，三河（河東河內河南三郡）沒有都尉，即其例也。⑵郡置都尉者不是均只有一人，乃視軍事上的需要，或置一人，如太原郡有都尉治廣武是也。或置二人，如上谷郡有西部都尉治寧，東部都尉治女祁是也。或置三人，如代郡有西部都尉治高柳，東部都尉治馬城，中部都尉治且如是也（見漢書地理志）。⑶都尉與太守不是治在一所，例如三輔即京兆尹左馮翊右扶風皆治長安城中，而京兆尹有京輔都尉治華陰（漢書卷二十八上地理志華陰項補注），左馮翊有左輔都尉治高陵，右扶風有右輔都尉治郿是也（見漢書地理志）。

都尉「掌佐守，典武職甲卒」，即其典兵不過佐守典兵，軍權並未獨立於行政權之外。漢制，軍權分為領兵與發兵二事，領兵的權屬於都尉，發兵的權屬於天子。天子發兵以虎符為證，而虎符則發給太守，不是發給都尉。

文帝二年九月初與郡守為銅虎符，注引應劭曰銅虎符第一至第五，國家當發兵，遣使者至郡合符，符合，乃聽受之（漢書卷四文帝紀）。

而郡守擅自發兵者亦有之。

公孫戎奴為上黨太守，發兵不以聞，免（漢書卷十七景武昭宣元成功臣表）。

依地理志，上黨沒有都尉，而郡守乃擅自發兵，可知郡不置都尉之時，不是沒有軍隊，而是軍隊由太守領之。馮野王為琅邪郡太守，琅邪郡有都尉治姑幕（漢書卷二十八上地理志），杜欽謂馮野王「以二千石守千里之地，任兵馬之重」，野王因病歸杜陵就醫藥，御史中丞劾其持虎符出界歸家，奉詔不敬（漢書卷七十九馮野王傳），由此更可證明郡之軍權實屬於太守。

郡守不肯發兵，亦有其例。

武帝建元三年閩越舉兵圍東甌，東甌告急於漢。上曰吾新即位，不欲出虎符發兵郡國，乃遣嚴助以節發兵會稽。會稽太守欲距法不為發，助乃斬一司馬喻意指，遂發兵（漢書卷六十四上嚴助傳）。

依地理志，會稽有兩都尉，西部都尉治錢唐，南部都尉治回浦，而因嚴助沒有虎符，不肯發兵的不是都尉，而是太守，此亦可以證明一郡軍權實掌握於太守。

兼以每年八月都試，檢閱地方軍隊，課其殿最，主持之者是郡守㊳。

八月太守都尉令長相丞尉會都試，課殿最（漢舊儀卷下）。

所以郡守稱為郡將。

㊳ 漢書卷八十四翟義傳補注引齊召南曰，案都試日即講武日也。

趙繡見延年新將。注師古曰新為郡將也，謂郡守為郡將者，以其兼領武事也。補注，錢大昭曰延年太守，故稱將。尹翁歸傳，翁歸為東海太守，于定國謂邑子曰此賢將。孫寶傳，顧受將命，分當相直，時寶為京兆尹，故亦稱將（漢書卷九十嚴延年傳）。

都尉只能稱為副將。

都尉為一郡副將（漢官解詁）。

京師之地，本由內史治之，其後稍有變革，武帝太初元年分為京兆尹、左馮翊、右扶風，是為三輔㊴。

內史秦官，漢因之，掌治京師。景帝二年分置左（右）內史。右內史武帝太初元年更名京兆尹……左內史更名左馮翊……主爵中尉秦官，掌列侯……武帝太初元年更名右扶風，治內史右地……與左馮翊京兆尹是為三輔。列侯更屬大鴻臚。元鼎四年更置二（補注，錢大昭曰二當作三）輔都尉（漢書卷十九上百官公卿表）。

即內史所治之京師分為三輔，漢書地理志於京兆尹左馮翊右扶風之下，均云「故秦內史」，所以三輔猶如外郡太大而分置一樣，三分京師之地，而由三位地方長官治之。

三輔與外郡不同。胡三省云：

西都之制，為三輔者列於九卿（漢書卷七十六張敞傳補注）

例如張敞為京兆尹，免為庶人之後，詣公車上書曰「臣前幸得備位列卿，待罪京兆」（漢書卷七十六張

㊴ 漢書地理志只有左輔都尉治高陵，右輔都尉治郿。但宣帝紀本始元年有京輔都尉趙廣漢，師古曰三輔皆有都尉如諸郡，京輔都尉治華陰灌北。而元帝紀建昭三年夏又有「令三輔」都尉秩皆二千石，可知百官表「二輔」實如錢大昭所說「二當作三」。

敞傳）。王尊為京兆尹，御史奏尊不宜備位九卿（漢書卷七十六王尊傳），即其例也。

為三輔者既然列於九卿，其秩多寡頗有問題。漢書（卷十九上）百官公卿表雖云秩二千石，但元帝建昭二年既云「益三河郡太守秩」，補注引王念孫云：「太守秩二千石，益之則為中二千石」，三河郡太守增秩，而不言及三輔，則三輔長官之秩為中二千石，似在建昭二年以前。建昭三年又云：「令三輔都尉大郡都尉秩皆二千石」，補注引周壽昌曰，「初比二千石也」，三輔都尉既增秩為二千石，則三輔長官不應也是二千石。宣帝時，黃霸為潁川太守，治為天下第一，徵守京兆尹，秩二千石（漢書卷八十九黃霸傳），試署而秩二千石，可知三輔長官之秩必為中二千石。

三輔長官因與九卿同列，秩中二千石，故為三輔者出為郡守，於秩為貶。周壽昌說：

> 漢京兆尹雖與外郡太守同職，而尹秩中二千石，太守二千石，其太守加秩，則晉中二千石，其尹外徙太守者為貶，如京兆尹王昌貶為雁門太守，甄遵貶為河內太守是也。左馮翊右扶風與京兆尹同（漢書卷十九上百官公卿表補注）。

凡由郡守入為三輔者，於秩為遷，故須試署一年，滿歲才見真除。例如趙廣漢為潁川太守，壹切治理，威名流聞，入守京兆尹，滿歲為真（漢書卷七十六趙廣漢傳）。尹翁歸為東海太守，東海大治，以高第入守右扶風，滿歲為真（漢書卷七十六尹翁歸傳）。薛宣為陳留太守，盜賊禁止，吏民敬其威信，入守左馮翊，滿歲稱職為真（漢書卷八十三薛宣傳），均其例也。

三輔長官既然列於九卿，所以不但掌治其郡，且得參與中央政策之決定，這在內史時代已經如是。

> 景帝即位，以錯為內史，錯數請間言事，輒聽，幸傾九卿，法令多所更定。丞相申屠嘉心弗便，力未能以傷（漢書卷四十九晁錯傳）。

內史分為三輔之後，還是一樣，例如：

> 始元五年有一男子……自稱衛太子……丞相御史中二千石至者立莫敢發言，京兆尹雋不疑後到，叱從吏收縛。或曰是非未可知，且安之。不疑曰諸君何患於衛太子，昔蒯聵違命出奔，輒（蒯聵子）距而不納，春秋是之。衛太子得罪先帝，亡不即死，今來自詣，此罪人也，遂送詔獄……後趙廣漢為京兆尹，言我禁姦止邪，行於吏民，至於朝廷事，不及不疑遠甚（漢書卷七十一雋不疑傳）。

> 張敞為京兆，朝廷每有大議，引古今，處便宜，公卿皆服，天子數從之（漢書卷七十六張敞傳）。

但是三輔近在天子咫尺，多貴戚公卿，號為難治，而以京兆為甚。

> 公孫弘為丞相，乃言上曰右內史界部中多貴人宗室，難治，非素重臣弗能任（漢書卷五十汲黯傳）。

> 京兆典京師長安中浩穰，於三輔尤為劇，郡國二千石以高第入守，及為真，久者不過二三年，近者數月，一歲輒毀傷失名，以罪過罷（漢書卷七十六張敞傳）。

故為三輔者，苟有表現，就得入為九卿或遷為御史大夫，而至丞相。如晁錯由內史遷為御史大夫（漢書卷四十九晁錯傳）。薛宣為左馮翊，遷為少府，月餘為御史大夫，數月為丞相（漢書卷八十三薛宣傳）。翟方進為京兆尹，居官三歲，遷御史大夫，丞相官缺，遂擢方進為丞相（漢書卷八十四翟方進傳），均其例也。

三輔及郡國之下，均隸之以縣。縣數每郡多寡不同，京兆尹領縣十二，左馮翊二十四，右扶風二十一。其他各郡，多者如琅邪領縣五十一，少者如玄菟郡領縣唯三。至於王國則因漢朝不欲王國地大民眾，故其領縣均少。領縣在十以上者有四，信都國最多，亦不過十七縣。其餘十六國均在十縣以下。而以甾川、泗水二國為最少，只領三縣。趙等六國亦只領四縣（參閱漢書卷二十八下二地理志）。

領縣多寡似同時顧到戶口與土地。就民稠之地言之，縣之戶數固然不宜過多，而縣之幅員亦不宜太小。就民稀之地言之，戶口固然不宜過少，而縣之幅員又不宜太大。戶口與領域同時兼顧，所以每郡領縣多少，每縣戶口多少，乃無一定標準。例如蜀郡，成都縣有戶七萬六千二百五十六，而上黨郡之戶亦不過六萬三千七百九十八，而竟分為十四縣。若以成都縣之戶數為標準，則上黨只能設縣，縣之區域未免太大。若以上黨郡之戶數為標準，則成都應分為十四縣，縣之區域未免太小。茲再以當時人口集中之中原之地及人口稀少之江南之地，作一比較表如次。

今日河南省及江浙兩省在漢時之郡縣及戶口比較表[40]

今地	漢郡	領縣數	戶數	口數
河南省	河內	一八	二四一、二四六	一、〇六七、〇九七
	河南	二二	二七六、四四四	一、七四〇、二七九
	陳留	一七	二九六、二八四	一、五〇九、〇五〇
	潁川	二〇	四三二、四九一	二、二一〇、九七三
	汝南	三七	五六一、五八七	二、五九六、一四八
	南陽	三六	三五九、一一六	一、九四二、〇五一
	魏郡	一八	二一二、八四九	九〇九、六五五
合計	七	一六八	二、三八〇、〇一七	一一、九七五、二五三
江浙二省	會稽	五二	二二三、〇三八	一、〇三二、六〇四
合計	一	五二	二二三、〇三八	一、〇三二、六〇四

漢時，今日河南一省，戶口約合江浙二省（漢時為會稽郡）十倍以上。若以會稽置縣多寡（五十二）為標準，則今日河南應設置五百二十縣，縣數太多，從而縣區未免太小。反之，河內戶口約與會

40 本表據漢書地理志。

稽相同，若以河內置縣多寡（十八）為標準，則會稽只能設置十八縣。縣數太少，從而縣區未免太大。一方顧到戶口，他方顧到幅員，故一縣戶口多少，區域大小，乃無一定標準。

縣分四種，即除普通縣之外，尚有國、邑及道。四者名稱雖殊，而實質則同，所以本書只述縣之制度41。

縣置令長，萬戶以上為令，減萬戶為長，即縣有大縣小縣之別，大縣置令，小縣置長。

> **縣令長……掌治其縣，萬戶以上為令，秩千石至六百石。減萬戶為長，秩五百石至三百石……縣大率方百里，其民稠則減，稀則曠（漢書卷十九上百官公卿表）。**

文中「至」字頗有問題，以今文言之，凡有至字例如委任一級至四級，乃包括二、三兩級在內。漢秩在千石與六百石之間本有八百石一級（比千石，比八百石從略），在五百石與三百石之間有四百石一級（比五百石，比四百石從略）。成帝陽朔二年「夏五月除吏八百石五百石秩」，注引李奇曰「除八百就六百，除五百就四百」（漢書卷十成帝紀），則至少成帝以後，令亦有千石令及六百石令之別，長有四百石長及三百石長之別，故以令長之秩為標準，縣有四種，第一種置千石令，第二種置六百石令，第三種置四百石長，第四種置三百石長42。

這四種區別是否以戶口多寡為標準，亦有問題。漢書列傳之中固曾說及某人為縣令或為縣長，而

41 漢書百官公卿表云：「列侯所食縣曰國，皇太后皇后公主所食曰邑，有蠻夷曰道。凡縣道國邑千五百八十七」。補注引錢大昕曰「地理志，縣邑千三百一十四，道三十二，侯國二百四十一，合之恰符千五百八十七之數。然以每郡國所領縣計之，止千有五百七十八，蓋史文有脫漏也」。

42 漢舊儀（卷下）對此已有明文規定「縣戶口滿萬，置六百石令，多者千石。戶口不滿萬，置四百石三百石長」。

地理志除戶口特多之縣之外，均未載明戶口數目。蕭育為茂陵令（漢書卷七十八蕭育傳），據地理志，茂陵縣戶六萬一千八十七，口二十七萬七千二百七十七。同傳又說到漆令郭舜，漆縣戶口若干，地理志則未之提。若據應劭所述。

三邊始孝武皇帝所開，縣戶數百而或為令，荊揚河南七郡惟有臨湘南昌吳三令爾，及南陽穰中，土沃民稠，四五萬戶而為長（漢官儀卷上）。

是則戶口固不能視為絕對標準，大率三邊接近羌胡，事繁職重，故戶口雖少，而仍置令。江南各郡在漢時，草萊初闢，而又不與胡羌為界，事簡職輕，故戶口雖多，而仍置長。總之，置令置長乃從職事之繁簡，並不是單以戶口為標準。不過戶口太多，職事必定繁重，而長安尤見其然。所以朱博已為櫟陽令（屬左馮翊），又徙雲陽（屬左馮翊）平陵（屬右扶風）了，以高第才入為長安令（漢書卷八十三朱博傳）。長安乃中央政府所在地，戶八萬八百，口二十四萬六千二百（漢書卷二十八上一地理志）。義縱已為上黨之縣令（史失其縣名）了，舉第一，才遷為長陵令（漢書卷九十義縱傳）。長陵屬左馮翊，戶五萬五十七，口十七萬九千四百六十九（漢書卷二十八上一地理志）。

縣之令長均由朝廷任命，令長於縣猶如太守於郡，對其縣內的事無所不統。漢書（卷十九上）百官公卿表只云：「掌治其縣」，蓋職事繁多，不能一一枚舉之故。令長雖為一縣之行政長官，由中央直接任免，有其獨立的權力，例如魏相為茂陵令，「御史大夫桑弘羊客詐稱御史，止傳，丞不以時謁，客怒縛丞，相疑其有姦，收捕案致其罪，論棄客市」（漢書卷七十四魏相傳）。但是同時須受郡守的監督，蓋郡之行政多係縣之行政，縣政廢弛就是郡政廢弛。令長每年須上計於所屬郡守，郡守歲盡又條上郡內諸事，而上計於朝廷，朝廷據此計簿，決定賞罰。郡守既有切身利害，所以常遣其屬吏——督郵循行各縣以督察之㊸。

有司請令縣道，年八十以上，賜米人月一石……二千石遣都吏循行，不稱者督之。注引如淳曰律說，都吏今督郵是也（漢書卷四文帝紀元年）。

何況郡守對於令長又有考課之權。固然郡守考課令長，只能定其殿最，殿者責問，最者慰勉，黜陟之權屬於朝廷。然而朝廷既依郡守之報告，黜陟令長，則郡守自得利用考課，監督令長之行政。

縣以下為鄉亭，百官表云44：

大率十里一亭，亭有長。十亭一鄉，鄉有三老、有秩、嗇夫、游徼。三老掌教化。嗇夫職聽訟，收賦稅。游徼徼循禁賊盜……鄉六千六百二十二，亭二萬九千六百三十五（漢書卷十九上百官公卿表）。

由鄉吏之職掌，可知鄉乃行政區。鄉吏各管其主管的事，而直接隸屬於令長，故無鄉長之設。百官表

---

43 韓延壽為左馮翊，「歲餘不肯出行縣，丞掾數白宜循行郡中，覽觀民俗，考長吏治迹。延壽曰縣皆有賢令長，督郵分明善惡於外，行縣恐無所益，重為煩擾」（漢書卷七十六韓延壽傳）。馮野王為左馮翊，「歲餘，而池陽令並素行貪污，輕野王外戚年少，治行不改。野王部督郵掾趙都案驗，得其主守盜十金罪，收捕，並不首吏，都格殺並」（漢書卷七十九馮野王傳）。由這兩例，可知督郵為郡守之耳目，而察令長之治行。郡之職事繁重者，又分部置督郵，例如尹翁歸河東平陽人也，署河東督郵。河東二十八縣（地理志河東郡統縣二十四，周壽昌曰蓋元始時改除四縣入他郡，此宣帝時猶二十八縣也），分為兩部，閎孺部汾北，翁歸部汾南，所舉應法得其罪辜，屬縣長吏雖中傷，莫有怨者（漢書卷七十六尹翁歸傳）。

44 補注引錢大昭曰「鄉戶不滿五千者不置有秩，但以嗇夫一人總理之，表不言有秩所掌，與嗇夫同」。依錢大昭之言，甚似鄉戶五千以上，有秩與嗇夫並置。但後漢書卷三十八百官志五，「鄉置有秩……本注曰有秩郡所署……其鄉小者，縣置嗇夫一人」，注引漢官曰「鄉戶五千，則置有秩」。即鄉大者只置有秩，小者只置嗇夫，二者的區別為：有秩郡所署，嗇夫縣所署。

未曾說到亭長的職掌，後漢書（卷三十八）百官志五：「亭有亭長，以禁盜賊」，如是，則亭可以視為警察區了，而亭長之職似與游徼相似。

鄉亭之下是否尚有其他組織，百官志未曾提及。唯據列傳所載，例如：

> 韓延壽為東郡太守……又置正五長（師古曰正若今之鄉正里正也，五長同伍之中置一人為長也），相率以孝弟，不得舍姦人，閭里仟佰有非常，吏輒聞知，姦人莫敢入界（漢書卷七十六韓延壽傳）。
>
> 黃霸為潁川太守……為條教，置父老師帥伍長，班行之於民間，勸以為善防姦之意（漢書卷八十九黃霸傳）。
>
> 尹賞守長安令……修治長安獄，穿地方深各數丈……名為虎穴，乃部戶曹掾史與鄉吏亭長里正父老伍人（師古曰五家為伍，伍人者各其同伍之人也），雜居長安中輕薄少年惡子無市藉商販作務，而鮮衣凶服，被鎧扞，持刀兵者，悉籍記之，得數百人……賞親閱見，十置一，其餘盡以次內虎穴中（漢書卷九十尹賞傳）。

由上述三例，似鄉亭之下，尚有里及什伍。里有里正，伍有伍長，什長之名，漢書無考。但漢承秦制，商鞅變法之時，「令民為什伍，而相收司連坐」（史記卷六十八商君傳），所謂什伍，索隱劉氏云，「五家為保，十家相連也」。所謂收司連坐，索隱：「收司謂相糾發也，一家有罪，而九家連舉發，若不糾舉，則什家連坐」。即什伍組織在於防姦。里正之設亦然。後漢書云：

> 里有里魁（即里正），民有什伍，善惡以告，本注曰，里魁掌一里百家，什主十家，伍主五家，以相檢察，民有善事惡事，以告監官（後漢書卷三十八百官志五）。

東漢之制多承西漢之舊，而吾人觀韓延壽置里正伍長以防止姦人入境。黃霸頒布條教，告伍長以防姦之意，尹賞使里正伍人檢舉長安中輕薄少年惡子，可知里與什伍不負行政責任，只唯互相檢察，藉以防姦。此外，什伍之制尚有一種目的，晁錯說：

> 五家為伍……幼則同遊，長則共事，夜戰聲相知，則足以相救。晝戰目相見，則足以相識。驩愛之心足以相死。如此而勸以厚賞，威以重罰，則前死不還踵矣（漢書卷四十九晁錯傳）。

武帝以後，常常討伐胡羌，而漢又採用正卒之制，即徵兵制度。五家為伍，除消極的防姦之外，尚有軍事上的價值，其未曾完全撤銷，自有理由。不過是否普通存在於各郡，吾人觀東郡之里正伍長由韓延壽置之，潁川之伍長由黃霸置之，似一般郡國未必都有里正什伍之制。

西漢天子甚關心地方行政，季布為河東太守，文帝謂布曰，「河東吾股肱郡，故特召君耳」（漢書卷三十七季布傳）。武帝雄才大略，政由己出，公卿人選雖不甚注意，而郡國守相則多妙選賢能。淮南楚地之郊，及拜汲黯為太守，且告之曰「顧淮陽吏民不相得，吾徒得君重，臥而治之」（漢書卷五十汲黯傳）。會稽東接於海，南近諸越，北枕大江，而拜嚴助為太守，賜書曰「久不聞問，具以春秋對，毋以蘇秦縱橫」（漢書卷六十四上嚴助傳）。吾丘壽王為東郡都尉，詔賜璽書曰「子在朕前之時（因助曾為侍中中郎），知略輻湊，以為天下少雙，海內寡二，及至連十餘城之守，任四千石之重（武帝以壽王為都尉，不復置太守，故云四千石），職事並廢，盜賊從橫，甚不稱在前時何也」（漢書卷六十四上吾丘壽王傳）。對這數例，顧炎武曾說：「二千石之行能皆獲簡於帝心，是以吏職修而民情達」（日知錄卷九刺史守相得召見）。宣帝起自民間，尤注意地方行政。

> 孝宣拜刺史守相，輒親見問，觀其所由，退而考察所行，以質其言，有名實不相應，必知其所以然。常稱曰庶民所以安其田舍，而亡歎息愁恨之心者，政平訟理也，與我共此者，其唯良二千石乎。以為太守吏民之本也，數變易，則下不安，民知其將久，不可欺罔，乃服從其教化。故二千石有治理效，輒以璽書勉勵，增秩賜金，或爵至關內侯。公卿缺，則選諸所表，以次用之，是故漢世之良吏於

> 是為盛，稱中興焉（漢書卷八十九循吏傳序）。

不但注意而已，二千石對於一郡之事可以自由處理，縱以丞相之尊，苟其家屬住在某郡之內者，該郡郡守亦得繩之以法。例如趙廣漢為京兆尹之時，有下述一事。

> 地節三年七月中，丞相（魏相）傳婢有過，自絞死。廣漢聞之，疑丞相夫人妒殺……即上書告丞相罪，制曰下京兆尹治……廣漢遂自將吏卒，突入丞相府，召其夫人跪庭下受辭（漢書卷七十六趙廣漢傳）。

這可謂「捕搏敢行」（見漢書卷八十三朱博傳，師古曰追捕擊搏無所避也）之至。廣漢雖以誣告見誅，而「吏民守闕號泣者數萬人，或言臣生無益縣官（縣官謂天子），願代趙京兆死，使得牧養小民」，可見廣漢深得民心。「長老傳以為自漢興以來，治京兆者莫能及」（趙廣漢傳）。茲宜詳言者，關心地方行政，必不可託之空言，故我在說明地方制度之後，尚須再說各種應用之法。

㈠郡守（國相）縣令（長）雖由中央任命，而郡縣掾屬則由守令自辟。但有一種限制，即除三輔之外，須用本籍的人。

> 按兩漢二千石長吏（據漢書卷四文帝紀四年，師古曰長吏縣之令長也）皆可以自辟曹掾（文獻通考卷三十九辟舉）。

> 漢世用人之法……惟守相命於朝廷……而自曹掾以下……辟用之者皆出於守相，而不似後代之官，一命以上皆由於吏部……京房傳，房為魏郡太守，自請得除用他郡人，因此知漢時掾屬無不用本郡人者。房之此請乃是破格。杜氏通典言，漢縣有丞尉及諸曹掾多以本郡人為之，三輔縣則兼用他郡（日知錄卷八掾屬）。

守令自辟掾屬，則守令有用人之權，得依自己辟舉之屬吏，自由發揮自己的才幹。而掾屬既由守令自辟，則守令對其掾屬的行為，不能不負責任，因之所辟「多取管屬賢士之有才能操守者」（文獻通考卷三十九辟舉）。觀漢書所載，士以考行察廉，以次遷補，終登卿相之位者不可勝數。掾屬須為本籍的人，用意亦深。這不但希望有為之士在桑梓服務，而又因為掾屬既係本籍的人，自能知一方之人情，而能興利除害。

> 兩漢二千石長吏皆可以自辟曹掾，而所辟大概多取管屬賢士之有才能操守者，蓋必如是，乃能知閭里之姦邪，黔庶之休戚，故治狀之顯著常必由之（文獻通考卷三十九辟舉）。
>
> 漢世用人之法……惟守令命於朝廷，而自曹掾以下無非本郡之人，故能知一方之人情而為之興利除害（日知錄卷八掾屬）。

(二)掾屬之秩甚低，據文獻通考（卷六十六官品），後漢鄉吏秩百石者只唯有秩三老。有秩之職與嗇夫同，鄉戶五千以上置有秩，不滿五千置嗇夫。有秩不過百石，則嗇夫游徼當在百石以下。今再舉例為證。

> 趙廣漢為京兆尹，奏請令長安游徼獄吏（史）秩百石，師古曰特增其秩，以厲其行（漢書卷七十六趙廣漢傳）。
>
> 張敞為膠東相，自請……吏追捕有功效者，願得壹切比三輔尤異，天子許之。如淳曰趙廣漢奏請令長安游徼獄史秩百石。又循吏傳，左馮翊有二百石卒史，此之謂尤異也（漢書卷七十六張敞傳）。

長安為首善之區，鄉吏之秩如此，外縣更可知矣。但是他們之秩雖低，而在其職權範圍內，卻能夠行使權力。于定國之父于公不過郡之決曹，而郡中乃為之立生祠（漢書卷七十一于定國傳）。黃霸不過郡丞，宣帝竟知其持法平，召以為廷尉正（漢書卷八十九黃霸傳）。朱邑嗇夫而已，所部吏民皆愛敬之（漢書卷八十九朱邑傳）。苟非胥吏有行使權力之自由，何能得此殊榮。西漢用人，喜激昂奮發之士，而厭軟弱不勝任之人。何並不過郡吏，因「能治劇」，而舉為長陵令（漢書卷七十七何並傳）。朱博不過亭長，因「捕搏敢行」，而就知名於世（漢書卷八十三朱博傳）。掾屬既得行使權力，遂能脫穎而出，這也是地方行政能夠進步的一個原因。

㈢掾屬不但能夠行使權力，以見知於世，同時又由見知於世而有拔擢的機會。自蕭曹以刀筆吏佐命為元勳之後，終西漢之世，公卿多出胥吏。蘇軾說：

> 漢法，郡縣秀民推擇為吏，考行察廉，以次遷補，或至二千石，入為公卿……黃霸起於卒史，薛宣奮於書佐，朱邑選於嗇夫，丙吉出於獄吏，其餘名臣循吏由此而進者不可勝數（文獻通考卷三十五吏道）。

所以賢士大夫不但不以屈身於胥吏為辱，且多借徑於吏以發身。公非劉氏說：

> 東西漢之時，賢士長者未嘗不仕郡縣也。自曹掾書史馭吏亭長門幹街卒游徼嗇夫盡儒生學士為之。才試於事，事見於物，則賢不肖較然。故遭事不惑，則知其智。犯難不避，則知其節。臨財不私，則知其廉。應對不疑，則知其辯。如此，則察舉易，而賢公卿大夫自此出矣（文獻通考卷三十五吏道）。

吾人一讀漢書列傳，就可知道西漢丞相出身於胥吏者為數甚多，而胥吏出身之丞相在政治上大率有所表現，而與由儒出身之丞相，例如元帝時代「經學絕倫」之匡衡、成帝時代「經學精習」之張禹及「經學尤明」之孔光（漢書卷八十一各本傳）等輩只知「持祿保位」者絕不相同。漢時胥吏之職本來是用以培養公卿人才，吾人觀上列公非劉氏之言，就可知道㊺。

㊺ 讀漢書列傳，公卿二千石由鄉吏出身者不少。惟由三老出身的卻未之見，蓋為三老者須年在五十以上。三老有鄉三老與縣三老兩種。高帝二年二月令，舉民年五十以上，有修行，能帥眾為善，置以為三老，鄉一人。擇鄉三老一人為縣

胥吏既有拔擢的機會，令長更不必說。趙廣漢為陽翟令，以治行尤異，遷京輔都尉（漢書卷七十六趙廣漢傳）。王尊守槐里，兼行美陽令事，以高第，擢為安定太守（漢書卷七十六王尊傳），即其例也。而郡守之有治績者，又得遷為九卿，次為御史大夫，再遷而為丞相。朱博說：

> 故事，選郡國守相高第為中二千石，選中二千石為御史大夫，任職者為丞相（漢書卷八十三朱博傳）。

倘令該郡需要其人，又得厚加賞賜，而不內召為公卿。例如：

> 黃霸為潁川太守……前後八年，郡中愈治……賜爵關內侯，黃金百斤，秩中二千石（漢書卷八十九黃霸傳）。

三老，與縣令丞尉以事相教，復勿傜戍（漢書卷一上高帝紀）。

三老「掌教化」（百官公卿表），「眾民之師也」（文帝紀十二年），其地位甚見崇高，一方「與縣令丞尉以事相教」，即無異於縣之顧問，同時又得向天子言事。顧炎武說：

漢世之於三老，命之以秩，頒之以祿。當時為三老者多忠信老成之士也。上之人所以禮之者甚優，是以人知自好，而賢才亦往往出於其間。新城三老董公遮說漢王為義帝發喪，而遂以收天下。壺關三老茂上書明戾太子之冤，史冊炳然，為萬世所稱道（日知錄卷八鄉亭之職）。

此猶可以說，高祖時天下未定，而武帝與戾太子又有父子關係。下列兩例尤可以證明漢朝天子尊重三老之意。

焦延壽字贛，為小黃令，舉最，當遷，三老官屬上書願留贛，有詔許增秩留（漢書卷七十五京房傳）。

王尊守京兆尹，後為真……免，吏民多稱惜之。湖三老公興等上書訟尊治京兆，功效日著。書奏，天子復以尊為徐州刺史，遷東郡太守。久之，河水盛溢……吏民嘉壯尊之勇節。白馬三老朱英等奏其狀，於是詔制御史，秩尊中二千石，加賜黃金二十斤（漢書卷七十六王尊傳）。

(四)漢世又有內外官互調之制，郎官多出宰百里：

大抵漢世郎……皆可出補長吏……酷吏傳，義縱以中郎補上黨郡中令。何武傳，武以射策甲科為郎，遷鄠令。王吉傳，吉以郡吏舉孝廉為郎，補若盧右丞，遷雲陽令。儒林傳，費直治易為郎，至單父令。循吏傳，召信臣以明經甲科為郎，補穀陽長。是長吏多出於郎中中郎之證也（漢書卷五十六董仲舒傳補注王先謙曰）。

而郡守又入為公卿，其例之多不勝枚舉。此不但重親民之官，急為政之本，且欲丞相有治民之經驗。韓非云：「宰相必起於州部」（韓非子第五十篇顯學），故凡內官之無治民經驗，而才堪宰輔者，常外放為郡守，試以政事，而後再內召為三公。

王駿遷司隸校尉，奏免丞相匡衡，遷少府。成帝欲大用之，出駿為京兆尹，試以政事……代宣（薛宣）為御史大夫……病卒（漢書卷七十二王駿傳）。

宣帝察望之經明持重，論議有餘，材任宰相，欲詳試其政事，復以為左馮翊。望之從少府出，為左遷，恐有不合意，即移病。上聞之，使侍中成都侯金安上諭意曰，所用皆更治民以考功，君前為平原太守日淺，故復試之於三輔，非有所聞也，望之即視事（漢書卷七十八蕭望之傳）。

翟方進為司直……上以為任公卿，欲試以治民，徙方進為京兆尹，搏擊豪強，京師畏之，居官三歲，永始二年遷御史大夫，數月……為丞相（漢書卷八十四翟方進傳）。

此種郎官出宰百里、太守入為三公的制度，在政治上尚有另一作用。公卿制定法令，守令執行法令，中央一切計畫由守令實施於民眾，民眾一切休戚由守令呈報於中央。倘令中央與地方互相隔閡，則一方中央不知民眾的疾苦，因之不能制定民眾需要的法令，他方地方不知中央的旨意，因之不能奉行中央決定的政策。漢制，內官與外官打成一片，郎官外放為縣令，郡守內召為公卿，居內者知地方之情況，居外者知中央之旨意，兩相扶持，而無隔懸之弊，國家行政當然可以進步。

第三項　刺　史

自秦置郡縣以來，縣之一級變更甚少。縣依山川形勢、社會環境而設置，山川形勢不易變更，社會環境亦難改造，所以縣之一級多沿舊制。變更最多的莫如最高地方團體。其單位或多或少，其區城或大或小。單位少，便於監察，區域小，易於控制，但這兩種目的又不能同時達到。因為單位之多少與區域之大小成為反比例。單位多者區域小，小雖易於控制，而單位既多，又不便於監察。單位少者區域大，少雖便於監察，而區域既大，又不易於控制。凡顧慮監察之便者，只計單位之寡，而忘區域之大；顧慮控制之易者，只計區域之小，而忘單位之多。秦漢以來，地方制度徘徊於監察之便與不便與控制之易與不易之間，即徘徊於單位多少與區域大小之間。秦郡四十，監察易而控制難。漢郡一百三，監察難而控制易。武帝削弱諸侯，兼顧兩者，乃於行政區的郡國之外，另設一種監察區的州，置刺史以察之。

元封五年初置刺史，部十三州（漢書卷六武帝紀）。

武帝元封五年初置部刺史，奉條察州，秩六百石，員十三人（漢書卷十九上百官公卿表）。

因為刺史各部（管轄之意）一州，故稱為部刺史。這個部刺史是由秦代的監（御史）嬗變而成。秦時每郡除置一守一尉外，又置一監。漢興，省監不置。

監御史秦官，掌監郡（補注引王鳴盛曰秦變封建為郡縣，恐其權重，故每郡但置一監一守一尉，此上別無統治之者），漢省（漢書卷十九上百官公卿表）。

惠帝三年又恢復監御史之制㊻。

惠帝三年相國奏遣御史監三輔（漢官解詁）。

文帝十三年因監御史不能盡職，乃遣丞相史出刺，並督監察御史[47]。

文帝十三年以御史不奉法，下失其職，乃遣丞相史出刺，並督監察御史（通典卷三十二州牧刺史）。

監御史之上又置丞相刺史，即監察之上又有監察，法制重複，勢非改革不可，武帝元封元年廢監御史。

武帝元封元年，御史止不復監（通典卷三十二州牧刺史）。

此時是否尚遣丞相史出刺，史闕其文。元封五年遂置部刺史，部刺史與秦時的監不同，監是每郡皆有，而部刺史則分部數郡；又與文帝時代的丞相史不同，丞相史屬於丞相府，而部刺史則屬御史府。因為：

御史大夫……有兩丞，秩千石，一曰中丞……外督部刺史（漢書卷十九上百官公卿表）。

即部刺史受中丞之監督，而中丞又為御史大夫的屬官，所以部刺史乃屬於御史府。

關於部刺史有兩種問題值得討論。漢書武帝紀云：

元封五年初置刺史，部十三州。

---

46 漢舊儀補遺（卷上）亦云：「惠帝三年相國奏遣御史監三輔郡，察辭詔凡九條，監者二歲更，常以中月奏事也」。唐六典（卷十三御史大夫）云：「惠帝三年相國奏遣御史監不法事，有辭訟者，盜賊者，鑄偽錢者，獄不直者，傜賦不平者，吏不廉者，吏苛刻者，踰侈及弩力十石以上者，作非所當服者凡九條。監者每二歲一更，常十一月奏事，三月還監焉」。是當時只唯三輔才有監御史。但通典（卷三十二州牧刺史）則云：「惠帝三年又遣御史監三輔郡，察詞訟，所察之事凡九條，監者二歲更之，常以十月奏事，十二月還監。其後，諸州復置監察御史」，即各郡均有監察御史。

47 漢舊儀（卷上）云：「丞相……東曹九人，出督州，為刺史」。

百官表云：

> 元封五年初置部刺史……員十三人。

十三之數各書所同，然而我們須知朔方不是州，而乃有刺史。

> 平當遷丞相司直，坐法，左遷朔方刺史（漢書卷七十一平當傳）。

而三輔三河弘農雖然成為一州，乃置有司隸校尉。

> 司隸校尉……武帝征和四年初置……察三輔三河弘農（漢書卷十九上百官公卿表）。

朔方改郡在武帝元朔二年，即比元封五年早二十年，司隸校尉置於征和四年，即比元封五年晚十四年。顏師古以為朔方不在十三州之中。

> 平當左遷朔方刺史，師古曰武帝初置朔方郡，別令刺史監之，不在十三州之限（漢書卷七十一平當傳）。

齊召南則謂司隸校尉不在員十三之內。

> 元封五年初置刺史，部十三州。補注，齊召南曰案晉志，冀幽并兗徐青揚荊豫益涼及朔方交趾，所謂十三州也。至征和四年又置司隸校尉，督察三輔三河弘農（漢書卷六武帝紀）。

兩種主張固然相似，但亦有問題。前說為是，則初置刺史之際必有一員察司隸之地，此際察朔方者當係并州刺史[48]。後說為是，則在元封五年至征和四年一十四年之間，誰察三輔三河弘農？我們須知部刺史乃由惠帝三年之監御史嬗變而成。最初又只唯三輔方置監御史。如是，設置部刺史之時，以三輔

---

[48] 朔方乃并州之一郡。漢書卷八十三朱博傳，博曾為并州刺史。而為朔方刺史者，漢書所載，只有平當（卷七十一）蕭育（卷七十九馮野王傳）翟方進（卷八十四）三人，而三人之為朔方刺史又均在成帝時代。所以我們不能由此證明武帝置刺史之時，朔方就有刺史。

三河弘農之大，不會無人監察。我們以為最初大率朔方不置刺史，到了巫蠱之事發生，才有司隸校尉，司隸校尉本來是以捕巫蠱為職的。巫蠱之獄結束，而司隸校尉未曾裁撤，於是遂令司隸校尉察三輔三河弘農。同時又鑑朔方為國防要地，遂改派刺史一員監察朔方。

其次，刺史是否平時有治所，抑或只有臨時理事處。關此，亦有兩種不同的記載。三國時司馬宣王報書夏侯玄云：

漢家雖有刺史……刺史稱傳車，其吏言從事，居無常治，吏不成臣（魏志卷九夏侯玄傳）。

南北朝時劉昭亦說：

孝武之末始置刺史……傳車周流，匪有定鎮（後漢書卷三十八百官志五注引臣昭曰）。

這是主張刺史平時沒有治所的。其謂平時有治所的見於漢舊儀。

武帝元封五年初分十三州刺史，假印綬，有常治所……擇所部二千石卒史與從（事）（漢舊儀卷上）。

而漢書朱博傳，又有：

使者行部還，詣治所（漢書卷八十三朱博傳）。

之言。這裡所謂治所有兩種解釋，顏師古以為這是刺史所止理事處，周壽昌則謂這是刺史平時辦公之地❹❾。

師古曰治所刺史所止理事處。補注，周壽昌曰治所刺史平時所居之地也，故行部時所止，故必俟其

---

❹❾ 師古並不反對刺史有常治所之說。漢書卷六武帝紀，元封五年初置刺史，部十三州。師古曾引漢舊儀，證明刺史有常治所。對此，何焯則謂是時刺史不常厥居，至東漢始有治所，顏注微誤。

> 行部還，始令詣之也……續志，冀州刺史治在高邑，前漢為部[50]（漢書卷八十三朱博傳）。

到底前漢刺史是否傳車周流，匪有定鎮，實難確定，刺史平時若有治所，則在治所之內應有佐僚，何以漢舊儀（卷上）於「刺史有常治所」之下，又續以「擇所部二千石卒史與從事」之語。漢舊儀補遺（卷上）亦云：「刺史得擇二千石卒史與從事」。刺史既無佐僚，但擇郡國屬吏，所以司馬宣王才說：「吏不成臣」。如是，刺史果有治所，難道治所之內，平日只有刺史一人辦理眾務。何況漢舊儀（卷下）曾說到太守，又說到都尉，而均不述其有治所，獨於部刺史之下加以「有常治所」四字，且又特別加一「常」字，則「有」字視為「無」字之誤，邏輯上尤通。沈約宋書（卷四十百官志下）云：「前漢世，刺史乘傳，周行郡國，無適所治」。唐六典（卷三十上州刺史）亦云，「至武帝元光三年（？），初置部刺史十三人，掌奉詔條察諸州，秋冬入奏，居無常所，後漢則皆有定所」。兼以漢書地理志關於太守與都尉之治所，均註明其在何地，而獨缺刺史治所一項，則刺史平時沒有治所之說，不能謂無理由。固然漢官儀（卷上）有：

> 元帝時，丞相于定國條州大小，為設吏員，治中別駕諸部從事，秩皆百石，同諸郡從事。

而漢書（卷八十三）朱博傳亦有：

> 朱博遷冀州刺史……使從事明敕告吏民……其民為吏所冤及言盜賊辭訟事，各使屬其部從事。

則「吏不成臣」之語又有問題。刺史既有佐僚，以當時交通困難，自不能於秋分之時，整批由京師出發，歲盡又整批回到京師。因之，刺史有常治所，又不能謂為無稽之言。我們以為刺史本來是內官，用以代替丞相史之出刺。初置之時，大率沒有治所，也沒有佐僚，其後演變，終而設置治所，並任用

[50] 高邑在前漢為部，光武更名。

佐僚，所以司馬宣王與夏侯玄報書有「其後轉為官司耳」之言。

茲將刺史的特質，說明如次。

㈠刺史為御史中丞的屬官，周壽昌云：

陳萬年傳，子咸為御史中丞，總領州郡奏事，課第諸刺史。薛宣傳，成帝初為中丞，執法殿中，外總部刺史，是其時雖省監御史，而察州之制仍歸御史中丞（漢書卷十九上百官公卿表補注）。

常以秋分出巡郡國，歲盡詣京師奏事。

武帝元封五年初置刺史，部十三州。師古曰漢舊儀云，初分十三州，假刺史印綬……常以秋分行部（漢書卷六武帝紀）。

孝武帝初置刺史十三人……諸州常以八月巡行所部郡國……歲盡詣京都奏事（後漢書卷三十八百官志五）。

對此，曹祖望曾說：

刺史行部必以秋分，則秋分以前，當居何所，豈群萃於京師乎（漢書卷六武帝紀元封五年補注）。

我們以為前漢刺史與後漢不同，他不是地方官，而是中央官，隸屬於御史府的中丞。他們於秋分出巡，歲盡還京奏事。秋分以前、歲盡以後、本來是「群萃於京師」。這種制度有其優點。因為監察之官倘若久居一地，可以發生兩種結果，一是情親而弊生，即刺史與郡國守相發生情感，而不能盡其糾彈之責。二是倚勢而作威，即刺史利用監察之權，欺陵守相，寖假便變成地方行政長官。刺史傳車周行，匪有定鎮，而一年在部又不過數月之久，其用意是很微妙的。到了刺史有一定治所之後，整年在部，權威日重，便如何武翟方進所說：

今部刺史居牧伯之位，秉一州之統，選第大吏，所薦位至九卿，所惡立退，任重職大（漢書卷八十三朱博傳）。

㈡刺史秩裁六百，而其所察者乃二千石的郡守，以中央小吏監察地方長官，乃如顧炎武所說：

> 漢武帝遣刺史周行郡國，省察治狀，黜陟能否，斷治冤獄，以六條問事……又令歲終得乘傳奏事。夫秩卑而命之尊，官小而權之重，此小大相制，內外相維之意也……王制，天子使其大夫為三監，監於方伯之國，國三人。金華應氏曰方伯者天子所任以總乎外者也，又有監以臨之。蓋方伯權重則易專，大夫位卑則不敢肆，此大小相維，內外相統之微意也（日知錄卷九部刺史）。

而且監察之官「直道而行」，又「多仇少與」（漢書卷七十七蓋寬饒傳），所以刺史制度當若苦菜焉，而又誘之以飴蜜。只有苦菜，人民將避之若蠍，只有飴蜜，人們又將有患失之心。善養鷹者不但求其勇猛善搏，且又餓之餌之。不餓，鷹將不肯追逐禽兔；不餌，鷹將不願追逐禽兔。刺史制度亦若是焉。餓之之法則為秩卑，餌之之法則為賞厚。刺史之有良好成績，據朱博說，就是因為「秩卑而賞厚」，故「咸勸功樂進」（漢書卷八十三朱博傳）。

刺史之秩甚卑，故凡得此官者多係職低而年輕之人。王鳴盛說：

> 而刺史則多以卑秩得之者，故京房請以中郎補是職也。孔光傳云，博士選高第為尚書，次乃為刺史。而滿宣由謁者出為冀州刺史（見賈損之傳），張敞由太僕丞，出為豫州刺史（見本傳），皆以朝臣卑者充之……王尊為郿令，遷益州刺史（見本傳），令可以徑遷刺史，亦由秩卑故也（漢書卷十九上百官公卿表）。

刺史之秩雖卑，而其權則大，他可以乘傳奏事。

> 郡守不得面奏事，而刺史得面奏事。京房傳云，臣為刺史，又當奏事，而議者不悅，乃以臣為太守，所以隔絕臣是也（陔餘叢考卷二十六監司官非刺史）。

所以郡國守相無不畏懼刺史。王鳴盛說：

魏相傳，相為揚州刺史，考案郡國守相，多所貶退。何武傳，武為刺史，所舉奏二千石長吏，必先露章，服罪者虧除免之，不服，極法奏之，抵罪或至死。王嘉傳云，司隸部刺史察過悉劾，二千石益輕，或持其微過，言於刺史司隸，眾庶知其易危，小失意，則離畔，以守相威權素奪也。京房傳，房奏考功課吏法，時部刺史奏事京師，以為不可行。房上弟子曉考功課吏事者中郎任良姚平，願以為刺史。元帝以房為魏郡太守，得以考功法治郡。房自請願無屬刺史，可見守相畏刺史如此（漢書卷十九上百官公卿表補注）。

刺史秩卑而權重，蓋「秩卑則其人激昂，權重則能行志」（日知錄卷九部刺史原注引元城語錄），而如趙翼所說：「官輕則愛惜身家之念輕，而權重則整飭吏治之威重」（陔餘叢考卷二十六監司官非刺史）。但是秩卑，即單單餓之，未必有功，餓之之外，尚須餌之。刺史以六百石吏監察二千石之守相，而能激昂奮發者，無他，刺史原則上升為守相。

故事，刺史居部九歲，舉為守相，其有異材功效著者，輒登擢，秩卑而賞厚，咸勸功樂進（漢書卷八十三朱博傳）。

其所欲察之官即其欲代之職，賢者本來「直道而行」，其次者既有欲代之心，又必「察過悉劾」（漢書卷八十六王嘉傳），何肯放棄職守，斷送自己的前途。然則刺史不會倚勢作威，使守相不能安居其位麼？刺史只司糾舉，審判之權屬於中央。

舊制，州牧（刺史）奏二千石長吏不任位者，事皆先下三公，三公遣掾史案驗，然後黜退（後漢書卷三十三朱浮傳）。

所以刺史不會濫用職權，漸次變為地方行政長官。

㈢刺史只能監察守令之枉法失職，不能干涉守令之行政，即不能積極的強制地方官為其不願為的事，只能監視地方官不為其不應為的事。換言之，刺史只能消極的使地方官不作為，不能積極的使地方官作為。但是監視過密，地方官動輒得咎，縱令循吏，亦將不敢積極的有所建樹，只求消極的可以無過。所以刺史所得監察者又以詔書六條為限。

刺史班宣，周行郡國，省察治狀，黜陟能否，斷治寃獄，以六條問事，非條所問即不省。一條、強宗豪右，田宅踰制，以強凌弱，以眾暴寡。二條、二千石不奉詔書，遵承典制，倍公向私，旁詔守利，侵漁百姓，聚歛為姦。三條、二千石不恤疑獄，風厲殺人，怒則任刑，喜則淫賞，煩擾苛暴，剝截黎元，為百姓所疾，山崩石裂，妖祥訛言。四條、二千石選署不平，苟阿所愛，蔽賢寵頑。五條、二千石子弟恃怙榮勢，請託所監。六條、二千石違公下比，阿附豪強，通行貨賂，割損政令也（漢書卷十九上百官公卿表注引漢官典職儀）。

而詔書所舉者除一條外，又盡關於二千石之失職違法。薛宣為御史中丞之時，曾上疏曰：

吏多苛政，政教煩碎，大率咎在部刺史，或不循守條職，舉錯各以其意，多與郡縣事（漢書卷八十三薛宣傳）。

所謂「不循守條職」是任意舉劾，所謂「多與郡縣事」是干涉行政。兩者都是越權，所以御史中丞有糾察的權。據漢書所載，刺史所察限於六條者多有令名。

翟方進遷朔方刺史，居官不煩苛，所察應條輒舉，甚有威名（漢書卷八十四翟方進傳）。

何武為刺史，二千石有罪，應條舉奏，其餘賢與不肖，敬之如一，是以郡國各重其守相，州中清平（漢書卷八十六何武傳）。

所察出詔條之外者，常受嚴厲的處分。

鮑宣為豫州牧，歲餘，丞相司直郭欽奏宣舉錯煩苛，代二千石署吏聽訟，所察過詔條……宣坐免歸家（漢書卷七十二鮑宣傳）。

關此，顧炎武曾綜合上述數例，作一結論。他說：

漢時部刺史之職不過以六條察郡國而已，不當與守令事……自刺史之職下侵，而守令始不可為，天下之事猶治絲而棼之矣（日知錄卷九六條之外不察）。

(四)刺史固以監察地方官為職，但是刺史所察者為二千石長吏，丞尉以下不察。

漢刺史專察二千石長吏，而丞尉以下則二千石所察，刺史不與焉。朱博傳，博為冀州刺史，吏民遮道訴事，博下令曰欲言縣丞尉者，刺史不察黃綬，各自詣郡。欲言二千石墨綬長吏者，刺史還治所，受治之，是漢刺史不察丞尉（陔餘叢考卷二十六監司官非刺史）。

若據六條所舉，實如王鳴盛所說：「惟一條察強宗豪右，其五條皆察二千石」（漢書卷十九上百官公卿表補注），而與朱博之言不同，不及於墨綬長吏。吾人觀漢書所載，刺史所察，盡是郡國守相，并及藩國。王鳴盛說：

凡居此官者率以督察藩國為事。如高五王傳，青州刺史奏淄川王終古罪。文三王傳，冀州刺史林奏代王年罪。武五子傳，青州刺史雋不疑知齊孝王孫劉澤等反謀，收捕澤以聞。又昌邑王賀封海昏侯，揚州刺史柯奏其罪。張敞傳，拜冀州刺史，既到部，而廣川王國群輩不道，賊發不得，敞圍王宮，搜得之，捕格斷頭，縣王宮門外，因劾奏廣川王，削其戶。蓋自賈誼在文帝時已慮諸國難制，吳楚反後，防禁益嚴，部刺史總率一州，故以此為要務（漢書卷十九上百官公卿表補注）。

政治上最重要者為分層負責，刺史不察黃綬，正要加重守相的責任。守相對其屬官有指揮監督的權，屬官失職枉法，不過表示守相指揮監督之不嚴，刺史應該糾彈守相。後世監察之官往往察及胥吏，本欲重其權，反而輕其任。商君曾言：「聖人明君者非能盡其萬物也。知萬物之要也。故其治國也，察要而已矣」（商君書第三篇農戰）。韓非亦說：「搖木者一一攝其葉，則勞而不遍，左右附其本，而葉遍搖矣……善張網者引其綱，若一一攝萬目而後得，則是勞而難；引其綱，而魚已囊矣」（韓非子第三十五篇外儲說右下）。提綱而諸目張，振領而群毛理，西漢制度值得吾人參考。

成帝以後，刺史制度時時改變，忽稱州牧，忽又復稱刺史，最後還是稱州牧❺❶。

成帝綏和元年更名牧，秩二千石，哀帝建平二年復為刺史，元壽二年復為牧（漢書卷十九上百官公卿表）。

刺史固然改牧，而其職權還是奉詔條察州，不得干涉守相的行政，只看下列之例，即可知之。

鮑宣遷豫州牧，歲餘，丞相司直郭欽奏宣舉錯苛煩，代二千石署吏聽訟，所察過詔條……宣坐免（漢書卷七十二鮑宣傳）。

但是如前所言，刺史到了後來，乃有一定治所，整年在部，威權日重。成帝時代刺史已經「不循守條職，多與郡縣事」（漢書卷八十三薛宣傳）。哀帝時代刺史又「居牧伯之位，秉一州之統，選第大吏，所薦位高至九卿，所惡立退，任重職大」（漢書卷八十三朱博傳），所以改制不過承認既成的事實而已。

---

❺❶ 改制的理由，據漢書卷八十三朱博傳。翟方進何武建言：「春秋之義，用貴治賤，不以卑臨尊，刺史位下大夫，而臨二千石，輕重不相準，失位次之序」，這是刺史改牧的理由。朱博奏言，「刺史……秩卑而賞厚，咸勸功樂進。州牧秩真二千石，位次九卿，九卿缺，以高第補，其中材則苟自守而已，恐功效陵夷，姦軌不禁」，這是州牧改刺史的理由。

第四項　文官制度

自秦廢世官之後，官僚政治略具規模，至漢，經數十年之改進，漸臻完成之域。其制可大別為三種：一是任官前的制度，二是在職中的制度，三是退任後的制度。玆試分別述之。

一、任官前的制度

官僚政治的目的在使賢者在位，能者在職。所以怎樣培養賢能，怎樣甄別賢能，不失為重要問題。培養賢能為育才制度，甄別賢能為考選制度。

㈠育才制度　漢代育才之法分為兩種：一是學校制度，二是郎官制度。玆試簡單說明如次。

⑴學校制度　學校所以培養知識，孟子雖有「夏曰校，殷曰序，周曰庠，學則三代共之」（孟子滕文公上）之言，然以夏殷的文化觀之，未必就有學校。「郁郁乎文哉」的周大約有學校之設。左傳襄公三十一年有「鄭人游於鄉校」之語，杜預注云：「鄉之學校」。當時學校所授者大率屬於六藝之科，所謂六藝即禮樂射馭書數（周禮卷十四保氏），這與後世學校之專事文學者不甚相同。春秋之末而至戰國時代，百家雜興，學者各用自己的學說教誨弟子。秦既統一天下，禁百家之語，「敢有挾書者族」（漢書卷二惠帝紀四年注引張晏曰）。漢興，高祖雖「喟然興於學，然尚有干戈，平定四海，亦未皇庠序之事也」（漢書卷八十八儒林傳序）。惠帝四年除挾書律（漢書卷四惠帝紀）。武帝即位，依董仲舒之議，始興太學。

> 董仲舒對策曰，養士……莫大乎太學，太學者賢士之所關也，教化之本原也……臣願陛下興太學，置明師，以養天下之士，數考問以盡其材，則英俊宜可得矣。武帝立學校之官，皆自仲舒發之（漢書卷五十六董仲舒傳）。

太學既已設立，遂置五經博士。五經博士與博士不同，「博士掌通古今」（漢書卷十九上百官公卿表），朝廷每有會議，常令博士參加，文帝時代博士七十餘人（漢舊儀補遺卷上）。五經博士乃以教弟子，設置於武帝建元五年，宣帝黃龍元年稍增員十二人（漢書卷十九百官公卿表）。博士弟子設置於武帝元朔五年，本來只有五十人，昭帝時增滿百人，宣帝末倍增之。元帝好儒，更為設員千人，成帝末，或言孔子布衣，養徒三千人，今天子太學弟子少，於是增弟子員三千人，歲餘復如故（漢書卷八十八儒林傳）。由此可知太學所教的乃是五經，固然目標是在「明天道，正人倫，致至治」（漢書卷八十八儒林傳序），然吾人觀其選擇弟子乃以「好文學」為資格之一（參閱漢書卷八十八儒林傳），可知內容偏重於文學，而與古代之六藝注重實用者不同。

太學設於京師，郡國則有學官，學官就是學舍，創始於蜀郡太守文翁。武帝時令天下郡國，皆立學官，但郡國有否奉行，無法稽考。

> 文翁為蜀郡守……修起學官（師古曰學官學之官舍也）於成都市中，招下縣子弟以為學官弟子，為除更繇，高者以補郡縣吏，次為孝弟力田……縣邑吏民……爭欲為學官弟子，富人至出錢以求之，由是大化……至武帝時，乃令天下郡國皆立學校官，自文翁為之始云（漢書卷八十九文翁傳）。

郡國既置學官，當然必有弟子，吾人讀漢書列傳，就可知道。例如：

> 何武為揚州刺史，行部必先即學官（師古曰學官學舍也），見諸生，試其誦論，問以得失（漢書卷八十六何武傳）。

其教導生徒的，則為文學，文學即文學掾（文獻通考卷四十太學引先公曰，郡有文學掾）。韓延壽少為郡文學（漢書卷七十六韓延壽傳），蓋寬饒以明經為郡文學（漢書卷七十七蓋寬饒傳），均其例也。此外尚有五經百石卒史，據沈欽韓研究，五經百石卒史不置於郡國，而是鄉學的教官。

元帝好儒……郡國置五經百石卒史，補注引沈欽韓曰此鄉學教官之始（漢書卷八十八儒林傳）。

沈欽韓之言如其可信，則漢代地方學校只唯郡國及鄉有之。平帝時，王莽秉政，元始三年奏立學官，似未曾實行，其制度如次：

元始三年夏安漢公奏立學官，郡國曰學，縣道邑侯國（道邑侯國與縣同，見漢書卷十九上百官公卿表）曰校；校、學置經師一人。鄉曰庠，聚曰序；序、庠置孝經師一人（漢書卷十二平帝紀）。

漢制，鄉、郡、京師均有學校，每級學校似無聯繫，即「鄉里學校人不升於太學」（文獻通考卷四十太學引先公曰），而學校所習者又盡是五經，而屬於文學方面，這未始不是美中不足之點。前漢元帝以後，公卿由儒出身者為數不少，如蓋寬饒（以明經為郡文學）諸葛豐（以明經為郡文學）孫寶（以明經為郡吏）蕭望之（治齊詩，詣太常受業，以射策甲科為郎）匡衡（經學精習，以射策甲科，以不應令，除為太常掌故）張禹（經學精習，舉為郡文學）孔光（經學尤明，舉為議郎）谷永（博學經書，為長安小史）何武（治易，以射策甲科為郎）王嘉（以明經，射策甲科為郎）師丹（治詩，舉孝廉為郎）等是。這不是五經可以培養人才，而是朝廷所重，人才多借徑於習經以發身。成帝時，薛宣為丞相，「時天子好儒雅，宣經術又淺，上亦輕焉」（漢書卷八十三薛宣傳）。成哀之際為丞相者有匡衡王商張禹薛宣翟方進孔光朱博平當王嘉數人。王商（此王商與王莽家之王商是兩人，前者於成帝建始四年為丞相，河平四年免，三日發病歐血薨，見漢書卷八十二王商傳。後者於成帝永始二年為大司馬衛將軍，元延元年十二月遷為大司馬大將軍，旋薨，見卷九十八元后傳）出身於外戚、薛宣朱博皆起佐史，他們三人政治上均有表現。翟方進雖然「兼通文法吏事，以儒雅緣飾法律」，然乃「內求人主微指，以固其位」（漢書卷八十五翟方進傳）。在經學出身的宰相之中，王嘉一人頗有氣節（漢書卷八十六王嘉傳），至於匡衡張禹孔光平當馬宮雖以「儒宗居宰相位」，「然皆持祿保位，被阿諛之譏」（漢書卷八十匡衡等傳贊曰），由此可知國家只用經學培養賢能，不但未必得能，且亦未必得賢。

(2)郎官制度　西漢育才尚有郎官之制，郎選之途非一，據王應麟及王鳴盛之研究，郎選共有六途之多。

王鳴盛曰，王應麟玉海論此事云，郎選其途非一，有以父兄任子弟為郎者，如張安世爰盎楊惲霍光是也。有以富訾為郎者，張釋之傳，如淳注引漢儀注，謂訾五百萬，得為常侍郎，如釋之及司馬相如是也。有以獻策上書為郎者，婁敬主父偃是也。有以孝著為郎者，馮唐是也。余謂唐傳但言以孝著，非因孝行得為郎，王說獨此條不確。漢有以舉孝廉為郎者，王吉京房孟喜是也。有以射策甲科為郎者，儒林傳云，歲課甲科為郎中，如馬宮翟方進何武召信臣是也。有以六郡良家子為郎者，如馮奉世是也。大約漢之郎選盡於此六途（漢書卷五十六董仲舒傳補注）。

即王應麟以郎選共有七途，王鳴盛則謂馮唐不是因孝為郎，所以只有六途。六途之中最為時人詬病者則為任子與富訾二途。

任子之制不知始自何時，高后時已成定制。

吏二千石以上視事滿三年，得任同產若子一人為郎（漢舊儀補遺卷上）。

子弟因父兄任為郎，不以才舉，不以德選，這是古代貴族政治的遺跡。武帝時董仲舒對策，已經說到「夫長吏多出於郎中、中郎、吏、二千石子弟……未必賢也」（漢書卷五十六董仲舒傳）。宣帝時，王吉亦言「今使俗吏得任子弟，率多驕驁，不通古今，至於積功治人，亡益於民，宜明選求賢，除任子之令」（漢書卷七十二王吉傳）。然而積重難反，到了哀帝即位，才除任子令（漢書卷十一哀帝紀）。

富訾之制與景帝後二年五月之詔（訾算十以上乃得官，改為訾算四得官）不同。景帝之詔乃是為吏者須有資產，富訾之制則為有資產者可以為郎。前等乃如應劭所說，衣食足，知榮辱，身家殷實，可以減少吏之貪污（參閱漢書卷五景帝紀後二年注）。後者雖然何焯以為郎官宿衛親近，欲其有所顧藉，重於犯法（漢書卷五十七上司馬相如傳補注）。此種解釋固有根據（參閱下行所引董仲舒言），而究其實，不是為郎者必須有資產，而是資產多者，得拜為郎。前曾說過，漢以十金即十萬為中產之家，凡資產在五百萬者即可為郎。

漢（儀）注，貲五百萬，得為常侍郎（漢書卷五十張釋之傳）。

關此，武帝時董仲舒對策，已經反對。他說：「夫長吏多出於郎中中郎……選郎吏又以富訾，未必賢也」（漢書卷五十六董仲舒傳）。然訾郎之見於漢書者唯張釋之司馬相如二人。釋之十年不得調，有久宦減仲產之歎（漢書卷五十張釋之傳）。而相如亦謝病免，久宦不達，竟至家貧無以自業（漢書卷五十七上司馬相如傳）。「蓋其初，非以德選，遂為世所輕，而宦亦不達。故資產之富厚者反因游宦而貧，雖以釋之之才，相如之文，苟非一日有所以見知於人主，自致顯榮，則必為貲郎所累，終身坎壈矣」（文獻通考卷三十五貲選進納）。

郎有議郎中郎侍郎郎中，皆無員，多至千人，分隸於五官左右中郎將，故又稱為三署郎，而統屬於光祿勳（漢書卷十九上百官公卿表）。其所以能夠成為育才之具者，蓋郎皆備宿衛，王嘉以射策甲科為郎，坐戶殿門失闌免（漢書卷八十六王嘉傳），即其證也。「朝夕左右與聞公卿議論，執戟殿陛，中郎將以兵法部屬之」，既有政治常識，又受軍事訓練，「而淳厚有行者，光祿勳歲課第之，時出意上書疏，足以裨缺失」。這樣，「天子固習知其性，而識其才之能否」（文獻通考卷三十四任子），同時他們政治上的見解、勇氣、節操又不斷受到磨礪，比之儒生學子居於鄉里，不過閉門養高，其外則遊學四方，以釣名沽譽，當然不可同日語了。

郎在宮殿之內，接受各種訓練，天子久留意其人，而時課其功。郎無員，多至千人。吾人以光祿動為儲才之所，又以郎官制度為育才之法，理由實在此。

㈡**考選制度**　馬端臨說：「古人之取士蓋將以官之，然則舉士之與舉官非二途也。降及後代，遂以科目為舉士之途，銓選為舉官之途。至唐則以試士屬之禮部，試吏屬之吏部，於是科目之法，銓選之法日新月異，不相為謀。蓋有舉於禮部而不得官者，不舉於禮部而得官者，然三代兩漢之時，二者本是一事」（**文獻通考卷三十六舉官**）。即在漢代，舉士就是舉官，並不是先依舉士之法，使賢能得到任官的資格，而後再行舉官，而授之以適當的官職。其舉官的標準有三，或取其才，如趙廣漢少為郡吏，舉茂才，為平準令（**漢書卷七十六趙廣漢傳**）是也。或取其德，如劉輔舉孝廉，為襄賁令（**漢書卷七十七劉輔傳**）是也。或取其知，如賈誼年少，頗通諸家之書，文帝召以為博士（**漢書卷四十八賈誼傳**）是也。三者或可舉於未仕之前，例如察孝，未仕前事親是否盡孝，即能知之。或必舉於既仕之後，例如舉廉，凡人未曾推擇為吏，何能知其臨財不苟，而識其廉。又如舉能，既仕之後，劇繁治劇，方知其能。或舉於未仕之前，又可舉於既仕之後，例如舉知，見解如何，未仕之前與既仕之後均有方法甄別。而舉之之法亦有三種。

⑴特徵　特徵是皇帝對於高才重名的人，徵而用之，往往躐等而升，不拘資格。武帝之徵枚乘，宣帝之徵疏廣，均其例也。

> 武帝自為太子，聞乘名，及即位，乘年老，乃以安車蒲輪徵乘，道死（漢書卷五十一枚乘傳）。
>
> 疏廣少好學，明春秋，家居教授，學者自遠方至，徵為博士（漢書卷七十一疏廣傳）。

⑵辟舉　辟舉是公府對其掾屬，郡縣對其曹僚，皆自薦舉而自試用之，考行察能，以次遷補，或至二千石，入為公卿。關此本書已有論述，不再贅言。茲宜說明者，辟舉為吏，常繼之以考課，或因其才而遷之，或因其廉而遷之。蓋如前所言，為吏而能劇繁治劇，方知其才；臨財不私，方知其廉。

所以漢代舉官以才或以廉者，必在其人既仕之後，例如趙廣漢少為郡吏，舉茂才為平準令，察廉為陽翟令，以治行尤異，遷京輔都尉，守京兆尹（漢書卷七十六趙廣漢傳）。即廣漢既辟舉為郡吏之後，因才而為平準令，因廉而為陽翟令，又因才而為京輔都尉，守京兆尹。甄別廉不廉與才不才必在為吏之後，這是漢制的優點。

(3)選舉　選舉有三種方式，或使公卿薦舉，例如：

> 文帝二年十一月詔曰二三執政猶吾股肱也……令至，其……舉賢良方正能直言極諫者，以匡朕之不逮（漢書卷四文帝紀）。

或使郡國貢舉，例如：

> 武帝元光元年冬十一月初令郡國舉孝廉各一人（漢書卷六武帝紀）。

或派大臣察舉，例如：

> 宣帝元康四年正月遣大中大夫彊等十二人循行天下……舉茂才異倫之士（漢書卷八宣帝紀）。

但是上述三種方法皆令公卿百官負舉官之責，這樣，誰能保證他們不依阿所好，選頑蔽賢。漢代為了挽救這種流弊，就有一種制度。

> 漢法，選舉而其人不稱者，與同罪（漢書卷七十六王尊傳）。

例如：

> 司隸奏杜業為太常，選舉不實，業坐免官（漢書卷六十杜欽傳）。
>
> 嚴延年為河南太守，察獄吏廉，有藏不入身，延年坐選舉不實貶秩。笑曰後敢復有舉人者矣（漢書卷九十嚴延年傳）。

延年笑曰後敢復有舉人者矣，然而不舉又有制裁。

武帝元朔元年冬，十一月詔曰深詔執事，興廉舉孝……今或至闔郡而不薦一人，是化不下究，而積行之君子雍於上聞也……其與中二千石禮官博士議不舉者罪。有司奏議曰，不舉孝，不奉詔，當以不敬論；不察廉，不勝任也，當免。奏可（漢書卷六武帝紀）。

此蓋依韓非所說：「主道者使人臣有必言之責，又有不言之責。言無端末，辯無所驗者，此言之責也。以不言避責持重位者，此不言之責也」（韓非子第十八篇南面）。同時又有考試制度以濟選舉之窮，漢代不是舉官必試，蓋試乃如蘇軾所說：「皆以文詞進耳」（文獻通考卷三十五吏道）。例如郡國選舉孝廉之制初置於武帝元光元年，其議由董仲舒發之[52]。

董仲舒對策曰，臣愚以為使諸列侯郡守二千石各擇其吏民之賢者，歲貢各二人，以給宿衛，且以觀大臣之能。所貢賢者有賞，所貢不肖者有罰。夫如是，諸侯吏二千石皆盡力於求賢，天下之士可得而官使也……故州郡舉茂材孝廉，皆自仲舒發之（漢書卷五十六董仲舒傳）。

這不是說武帝元光以前沒有孝廉一科，而是說每歲郡國必須選舉孝廉，以貢天子，乃開始於元光元年。「漢制有以孝舉者，有以廉舉者」（漢書卷六武帝紀元光元年補注引俞樾曰），例如嚴詡以孝行為官（漢書卷七十七何並傳），張敞補太守卒史，察廉為甘泉倉長（漢書卷七十六張敞傳）等是。孝廉乃取其人之履行，文墨小技不甚重要，故西漢只從郡國奏舉，未有試文之事。舉了之後，或派至光祿勳為郎，或即任用為吏。但秩六百石者不得復舉為廉吏。

宣帝黃龍元年夏四月詔曰，舉廉吏，誠欲得其真也，吏六百石位大夫……自今以來勿得舉。補注引王啟原曰六百石比大夫……趙廣漢為平準令，察廉為陽翟令。平準令適秩六百石，是先時官秩六百石

[52] 漢書卷六武帝紀，元光元年冬十一月初令郡國舉孝廉各一人。

有舉廉者，自有此明詔，遂絕矣（漢書卷八宣帝紀）。蓋六百石月穀七十斛，祿俸已優，縱令臨財不私，亦不能表示其人果否是廉。

至於舉了之後，再加考試者有下列二科。

(1)博士弟子　博士弟子設置於武帝元朔五年（漢書卷六武帝紀），其議由公孫弘發之。

公孫弘以治春秋為丞相封侯……乃請曰……謹與太常臧博士平等議曰……請……為博士官，置弟子五十人，復其身。太常擇民年十八以上，儀狀端正者，補博士弟子。郡國縣官（史記作郡國縣道邑）有好文學，敬長上，肅政教，順鄉里，出入不悖，所聞令長丞上屬所二千石。二千石謹察可者，常與計偕，詣太常得受業如弟子。一歲皆輒課，能通一藝以上，補文學掌故缺，其高第可以為郎中，太常籍奏，其有秀才異等，輒以名聞。其不事學，若下材及不能通一藝，輒罷之，而請諸能稱者（史記作而請諸不稱者罰，即兼坐舉主也）……請著功令，他如律令，制曰可（漢書卷八十八儒林傳）。

即博士弟子之選共有兩途，一是太常所補，二是郡國所擇。前者「止取其儀狀端正」，蓋「太常天子近臣，常以儒宗為之，任其選擇，不必立法」（文獻通考卷四十太學），後者自好文學已下，條件甚詳。兩途均到太常受業一年，而後加之以試，這種考試稱為射策。所謂射策，據摭言53：

射策者謂列冊於几案，貢人以矢投之，隨所中而對之也（漢書卷八十一匡衡傳補注）。

高第為郎，其次為掌故，不及格者罷歸。如翟方進以射策甲科為郎，匡衡射策甲科，以不應令，除為太常掌故，何武以射策乙科為郎，房鳳以射策乙科，為太常掌故，是其例也。

53 漢書卷七十八蕭望之傳，注師古曰射策者謂為難問疑義，書之於策，量其大小，署為甲乙之科，列而置之，不使彰顯。有欲射者，隨其所取得而釋之，以知優劣。射之言投射也。

(2)賢良文學　賢良文學別為二途。

昭帝始元五年六月令三輔太常舉賢良各二人，郡國文學高第各一人。補注引蘇輿曰，據此及鹽鐵論所列賢良文學判然二途，或但據鼂錯傳，以為一科者非也（漢書卷七昭帝紀）。

文學一科應加考試，固屬當然的事。賢良（方正）一科即取其人之德，在理猶如孝廉一樣，不宜考試。貢禹舉賢良，為河南令（漢書卷七十二貢禹傳），朱邑舉賢良，為大司農丞（漢書卷八十九朱邑傳），均未曾再加考試。但是漢帝下詔舉賢良方正，往往加以「能直言極諫者」之語，即要知道其人能否直言極諫，苟不問以當時大事，即無以盡其才。是制開始於文帝時代，文帝二年十一月詔曰「二三執政……舉賢良方正能直言極諫者，以匡朕之不逮」（漢書卷四文帝紀），而對於其人能否直言極諫，尚無測驗之法。到了十五年，才有考試。

十五年九月詔諸侯王公卿郡守舉賢良能直言極諫者，上親策之。補注引周壽昌曰，此漢廷策士之始，前此即位二年詔舉賢良方正能直言極諫者，未聞舉何人。至是始以三道策士，而鼂錯以高第由太子家令遷中大夫（漢書卷四文帝紀）。

此種考試稱為對策。顏師古以為：

對策者顯問其政事經義，令各對之，而觀其文辭，定高下也（漢書卷七十八蕭望之傳注）。

但是吾人觀文帝之策鼂錯，武帝之策董仲舒，固不是問其經義，觀其文詞，而是取其忠言嘉謨足以佐國，崇論弘議足以康時。昭帝始元六年二月詔有司問郡國所舉賢良文學，民所疾苦，而所問者鹽鐵均輸榷酤，皆當時大事，卒從其說，為之罷榷酤（但民賣酒者，須依所得利而輸其租，見漢書卷七昭帝紀始元六年補注，引劉攽曰）。由這一事，可知賢良文學之對策未必皆是「咸以書對，著之於篇」（漢書卷六武帝紀元光元年）。此蓋「昭帝年幼，未即政，故無親策之事，乃詔有司問以民所疾苦……令建議之臣與之反覆詰難，講究罷行之宜」（文獻通考卷三十三賢良方正）。而郡國所推舉的賢良文學有似於郡國的民意代表，而得暢所欲言。朝廷亦尊重他們的議論，為之改革政治。這與後世科舉之以空言取人者絕不相同。

對策乃以定應考人之優劣，優者待以不次之位，劣者亦不罷歸。蓋唯如是，而後人們才敢暢所欲言。其優異者尚可以再策，而至於三策。例如晁錯以賢良文學對策，一策就以高第，由太子家令（秩八百石）遷為中大夫（秩比二千石）（漢書卷四十九晁錯傳）。董仲舒以賢良對策，三策之後，由博士（秩比六百石）遷為江都相（秩二千石）（漢書卷五十六董仲舒傳），即其例也。

對策固然是問以當世急務，然亦不能脫離文詞，所以宣帝以後，往往只令內郡選舉賢良文學，沿邊各郡則選舉勇猛知兵之士。例如：

本始元年夏四月詔內郡舉文學高第各一人（漢書卷八宣帝紀）。

地節三年令內郡舉賢良方正可親民者（漢書卷八宣帝紀）。

元延元年詔內郡國舉方正能直言極諫者各一人，北邊二十二郡舉勇猛知兵法者各一人（漢書卷十成帝紀）。

北邊各郡尤其北方六郡（隴西天水安定北地上郡西河，見漢書卷六十九趙充國傳注）迫近羌胡，民俗修習戰備，高上勇力，鞍馬騎射，自古而然（漢書卷六十九趙充國傳贊曰），令其與內郡之士競爭於文墨詞章，常處於敗北的地位，至於角逐戰場，搴旂斬將，則內郡之士又不及外郡。蘇軾曾言：

昔者以詩賦取士，今陛下以經術用人，名雖不同，然皆以文詞進耳。考其所得多吳楚閩蜀之人，至京東西，河北，河東，陝西五路，蓋自古豪傑之場，其人沈鷙勇悍，可任以事，然欲其治聲律，讀經義，以與吳楚閩蜀之士爭得失於毫釐之間，則彼有不仕而已，故其得人常少。故臣願陛下特為五路之士別開仕進之門（文獻通考卷三十五吏道）。

漢別內郡與外郡而異其選舉之法。郎選有六途，六郡良家子可補為郎（漢書卷六十九趙充國傳），亦此意也。

由此可知漢代考試與選舉未曾分開，先由公卿百官選舉，而後再對舉出的人施行考試。這是對策與射策所同的，而對策所問者皆當時國家大事，不是單單試以文墨小技，試了之後，就可得官，與隋唐以後，以科目為舉士之途，銓選為選官之途，完全不同。

二、在職中的制度

得到賢能之後，如何任用，也不失為重要問題，一宜試驗職位與材能是否適合，於是有試署。二宜保障他們的生活，於是有祿俸。三宜監視他們之守法，於是有監察。四宜考察他們的功績，於是有考課。

㈠試署

凡人初任某種職官，或由一種職官遷為另一種職官之時，必須試署。漢時官吏試署者稱為守。

> 秦漢時，官吏試署者則曰守。尹翁歸為東海太守，入守右扶風，滿歲為真。張敞以冀州刺史，守太原太守，滿歲為真。王尊以光祿大夫，守京兆尹，後為真。薛宣由陳留太守，入守左馮翊，滿歲稱職為真。朱博由琅邪太守，入守左馮翊，滿歲為真（陔餘叢考卷二十六假守）。

試署以一年為度，不能食全俸，滿歲才除為真。

> 諸官吏初除，皆試守一歲，乃為真，食全俸（漢書卷十二平帝紀元始元年注引如淳曰）。

試署不能稱職，理宜罷免。但是才不才須視材能與職務能否配合，「才」「職」不配合，有為之士往往不能表現其才。漢代絕不肯因一眚而掩大德，務求各種人才均能表現其所長。陳湯為太官獻食丞，父死不奔喪，司隸奏湯無循行，湯下獄，後復以薦為郎。「湯為人沈勇有大慮，多策謀，喜奇功」，「數求使外國，久之，遷西域副校尉，與甘延壽俱出」，卒建奇功於西域，「賜爵關內侯，食邑三百戶，賜黃金百斤」（漢書卷七十陳湯傳）。此猶是前考行而免，後又察能而任也。黃霸之例更可表示漢帝如何愛惜人才。

黃霸為潁川太守，治為天下第一，徵守京兆尹，秩二千石，坐發民治馳道不先以聞，又發騎士詣北軍，馬不適士，劾乏軍興，連貶秩，有詔歸潁川太守，官以八百石居，治如其前。前後八年，郡中愈治……賜爵關內侯，黃金百斤，秩中二千石（漢書卷八十九黃霸傳）。

官吏由守而真，只要他們沒有失職枉法，便不會因人事之變更，而隨便黜罷。黃霸曾言：

數易長吏，送故迎新之費及姦吏緣絕簿書、盜財物，公私費耗甚多，皆當出於民，所易新吏又未必賢，或不如其故，徒相益為亂，凡治道去其泰甚者耳（漢書卷八十九黃霸傳）。

蓋時時變易，人存五月京兆之心，賢者不敢有所建樹，而不肖者又因失職在即，急急為退職後之計，而如王嘉所說：

吏居官數月而退，送故迎新，交錯道路，中材苟全求容，下材懷危內顧，一切營私者多（漢書卷八十六王嘉傳）。

因此之故，漢在興盛時代，皆以久任為原則，試看王嘉之言[54]。

[54] 漢書卷二十四上食貨志亦說：「漢興……至武帝之初七十年間，國家無事……為吏者長子孫，居官者以為姓號」。

孝文時，吏居官者或長子孫，以官為氏，倉氏庫氏則倉庫吏之後也。其二千石長吏亦安官樂業（漢書卷八十六王嘉傳）。

為吏者或長子孫，有似於古代世官之制。其實，長子孫者不過專門職務之官，例如司馬談為太史令，子遷亦為太史令（史記卷一百三十太史公自序）。王嘉所指之倉庫吏也是專門職務之官。至於公卿二千石不過久任，蕭何曹參為丞相十三年，張敞為京兆尹九年，即其例也。

㈡**祿俸**　漢時官階分為十五級。祿俸依級而殊，今試列表如次，而後再加討論。

西漢祿秩表（祿為每月穀若干斛）55

官秩	官祿	官秩	官祿	官秩	官祿
萬石	三五〇	比千石	八〇	三百石	四〇
中二千石	一八〇	六百石	七〇	比三百石	三七
二千石	一二〇	比六百石	六〇	二百石	三〇
比二千石	一〇〇	四百石	五〇	比二百石	二七
千石	九〇	比四百石	四五	百石	一六

55 本表據漢書卷十九上百官公卿表顏師古注。此外尚有斗食佐史，斗食俸月十一斛，佐史俸月八斛。而在中二千石與二千石之間尚有真二千石。外戚傳，婕娥視中二千石，傛華視真二千石，美人視二千石。師古曰真二千石月得百五十斛，朱博傳，前丞相方進奏罷刺史，更置州牧，秩真二千石，則漢制自有真二千石。在比千石與六百石之間尚有八百石與比八百石，在比六百石與四百石之間尚有五百石與比五百石。黃霸傳，宣帝以霸為潁川太守，秩八百石。百官公卿表，諫大夫比八百石，又表，縣減萬戶為長，秩五百石，是不能謂無此四等秩。孝成紀，陽朔二年夏五月，除吏八百石五百石秩，李奇曰除八百就六百，除五百就四百，自此漢制遂除去此四秩。

斛是量穀之器，漢時百官之祿是否用穀，頗有問題。

東方朔對曰，朱儒長三尺餘，奉一囊粟，錢二百四十，臣朔長九尺餘，亦奉一囊粟，錢二百四十（漢書卷六十五東方朔傳）。

貢禹上書曰，臣拜為諫大夫，秩八百石，奉錢月九千二百……又拜為光祿大夫，秩二千石，奉錢月萬二千（漢書卷七十二貢禹傳）。

由東方朔之言觀之，祿似是幾成為粟，幾成為錢。由貢禹之言觀之，又似祿雖用穀，而發給之時，乃隨時價折為金錢。其應如何解釋，本書不擬細加研究。吾人所欲討論者，乃是百官的祿能否維持生計。古人制祿本以代耕，所以最低的祿應和農民的收入相同。文帝時代，鼂錯曾說到農業生產力。

今農夫五口之家……其能耕者不過百晦，百晦之收不過百石（漢書卷二十四上食貨志）。

照姚鼐說，古人計米以石權，計粟以斛量。

古人大抵計米以石權，此志鼂錯云百晦之收不過百石是也。計粟以斛量，此志所謂趙過代田，一晦之收常過縵田畝一斛以上是也。惟李悝法，以石計粟，云百畝歲收晦一石半，為粟百五十石，此即鼂錯之百石也。蓋粟百五十石得二百斛，為米百石矣（漢書卷二十四上食貨志補注引姚鼐曰）。

百官之祿稱若干斛，不稱若干石，當然是粟而不是米，吾人觀東方朔「奉一囊粟」之言，可知姚鼐並非臆測。然則一斛之粟等於若干石的米呢？據九章算術云：

粟五十，糲率三十，一斛粟得六斗米為糲也（後漢書卷五十六伏湛傳注引九章算術）。

一斛的粟等於六斗的米，權之得若干石呢？據姚鼐「粟百五十石得二百斛」之言，斛與石似為二百與一百五十之比，所以一斛之粟即六斗之米，權之當為〇．四五石。今試依此算法，將上列官祿，由粟改換為米，並由斛改換為石。

西漢官祿改換為若干石米表

官秩	月粟若干斛	年粟若干斛	年米若干石
萬石	三五〇	四、二〇〇	4200×0.45＝1890
中二千石	一八〇	二、一六〇	2160×0.45＝972
二千石	一二〇	一、四四〇	1440×0.45＝648
比二千石	一〇〇	一、二〇〇	1200×0.45＝540
千石	九〇	一、〇八〇	1080×0.45＝486
比千石	八〇	九六〇	960×0.45＝432
六百石	七〇	八四〇	840×0.45＝378
比六百石	六〇	七二〇	720×0.45＝324
四百石	五〇	六〇〇	600×0.45＝270
比四百石	四五	五四〇	540×0.45＝243
三百石	四〇	四八〇	480×0.45＝216
比三百石	三七	四四四	444×0.45＝200
二百石	三〇	三六〇	360×0.45＝162
比二百石	二七	三二四	324×0.45＝146
百石	一六	一九二	192×0.45＝87

前漢農業生產力若如晁錯所言：「百晦之收不過百石」，則百石之吏一年的祿比之百畝農民尚少十三石。然而農民有田百畝，未必能夠維持一家生計。貢禹有田一百三十畝，而妻子糠豆不給，短褐不完（**漢書卷七十二貢禹傳**），則百石之吏生計困難，可想而知。固然秦開鄭國渠，一畝可收一鍾，若據

顏師古說，「一畝之收至六斛四斗」（漢書卷二十九溝洫志），化之為米而權之，得三．〇八石。然而東漢末年仲長統尚謂：「今通肥饒之率，計稼穡之入，令畝收三斛，斛取一斗，未為甚多」（後漢書卷四十九仲長統傳損益篇）。後漢每畝不過收粟三斛，即不過收米一．三五石。吾人承認晁錯之言，以畝收米一石為西漢之生產力，似無估計過低之病。百石之吏，收入不及百畝農夫，觀上文所述，可以知道其一斑。

今再將百石之吏每月所得與普通工資作一比較。西漢工資之最優者每月約得錢二千。

> 律說，平賈一月得錢二千（漢書卷二十九溝洫志注引如淳曰）。

一月二千，這個數目在西漢是很優的，所以王先謙有「得直既優」之言（同上補注）。因為漢時「歲萬息二千」（漢書卷九十一貨殖傳），十萬之家則二萬，每月不及二千。而十萬之家即十金之家，漢時稱為中產（參閱漢書卷四文帝紀贊曰）。現在試問百石之吏月得穀十六斛，約合多少錢呢？西漢時，豐年例如宣帝元康四年穀石五錢（漢書卷八宣帝紀），凶年例如元帝永光二年京師穀石二百餘，邊郡四百，關東五百（漢書卷七十九馮奉世傳）。其平均價格，據學者推測，似為每斛一百左右[56]。

> 貢禹上書曰，至拜為諫大夫，秩八百石，奉錢月九千二百。補注引周壽昌曰，百官志，諫大夫比八

---

56 史記卷一百二十汲黯傳，注引如淳曰，「律，真二千石奉月二萬，二千石月萬六千」。真二千石穀月百五十斛，每斛合錢一百三十三。二千石穀月一百二十斛，每斛合錢亦一百三十三。但漢書成帝紀綏和元年，注引如淳曰，「律，丞相大司馬大將軍奉錢月六萬，御史大夫月四萬也」。補注引洪亮吉曰，「注引律當屬武帝時制」。即月俸本來是穀，而依時價換算為金錢。但是丞相萬石，穀月三百五十斛，每斛合錢一百七十一強，御史大夫中二千石，穀月一百八十斛，每斛合錢二百二十二強。兩秩之穀與錢之比率不同。

百石，此脫比字……奉錢無可考，若以十斛抵千錢，則較千石轉多二斛，蓋千石奉月九十斛也。……又拜為光祿大夫，秩二千石，奉錢月萬二千。補注引周壽昌曰，百官志，光祿大夫秩比二千石，此亦脫一比字。二千石奉月百二十斛，若以十斛抵一千，恰如其數（漢書卷七十二貢禹傳）。

貢禹傳補注所引周壽昌之言乃以斛量，不是以石權，故依姚鼐之言，是粟，不是米，因之百石之吏每月得穀十六斛，抵錢一千六百，即比工資少四百。

宣帝時張敞蕭望之曾上疏請增吏俸。

張敞蕭望之言曰，夫倉廩實而知禮節，衣食足而知榮辱，今小吏俸率不足，常有憂父母妻子之心，雖欲潔身為廉，其勢不能，請以什率，增天下吏俸，宣帝乃益天下吏俸什二（漢官儀卷上）。

然其所增者似限於吏百石以下奉。

宣帝神爵三年秋八月詔曰，吏不廉平，則治道衰，今小吏皆勤事而奉祿薄，欲其毋侵漁百姓難矣。其益吏百石以下奉十五。注引韋昭曰若食一斛，則益五斗（漢書卷八宣帝紀）。

所謂「吏百石以下」是否包括百石在內？百石以下有斗食佐史，斗食俸月十一斛，佐史俸月八斛，倘若單單增加斗食佐史之俸，則斗食每月可得十六斛五斗，比之百石反多五斗，這是不合理的事。所以我們以為百石亦包括在內，每月由十六斛增加為二十四斛，比之比二百石尚少三斛。

哀帝即位，又益吏三百石以下奉（漢書卷十一哀帝紀）。吾人將西漢祿俸與工資及十金之家的利息相比，大率四百石之祿已足以養生送死，而六百石以上必尚有贏餘，所以宣帝黃龍元年下詔禁止吏六百石不得復舉為廉吏（漢書卷八宣帝紀）。官秩愈高，祿俸愈多，縱是廉吏也可以因官致富。

貢禹上書曰，臣禹年老貧窮，家訾不滿萬錢，妻子糠豆不贍，短褐不完，有田百三十畝。陛下過意徵臣，臣賣田百畝以供車馬。至拜為諫大夫，秩八百石，奉錢月九千二百，廩食太官……賴陛下神靈，不死而活。又拜為光祿大夫，秩二千石，奉錢月萬二千，祿賜愈多，家日以益富，身日以益尊，誠非草茅愚臣所當蒙也（漢書卷七十二貢禹傳）。

而御史大夫張湯死時，所得俸賜竟有五百金之多。

張湯死，家產直不過五百金，皆所得奉賜，無它贏（漢書卷五十九張湯傳）。

由此可知漢代制祿，對於公卿大夫，不但使他們能夠維持生計，而且除維持地位相等的生計之外，尚有贏餘。因此之故，漢代懲治貪污甚見嚴厲。漢法，凡侵占公家之物，名為主守盜。

法有主守盜，斷官錢自入己也（漢書卷七十二鮑宣傳注引孟康曰）。

贓至十金，即處死刑。

十金法重，師古注曰依當時律條，臧直十金，則至重罪。補注引周壽昌曰，漢律，科吏贓至十金即死罪。馮野王傳，池陽令並素行貪污，野王部督郵掾趙都案驗其主守盜十金罪，收捕並，不首吏，都格殺並。翟義傳，宛令劉立以主守盜十金，賊殺不辜，義部掾夏恢等收縛立，傳送鄧獄，皆可證（漢書卷八十三薛宣傳補注引周壽昌曰）。

而獎勵廉吏亦甚優厚。漢有察廉之制，廉吏而有才幹，常被拔擢，往往由百石之吏，終登公卿之位。管仲說：「人主之所以令則行，禁則止者，必令於民之所好，而禁於民之所惡也。人之情莫不欲生而惡死，莫不欲利而惡害，故上令於生利人，則令行，禁於殺害人，則禁止。令之所以行者，必民樂其政也」（管子第六十四篇形勢解）。貪而處死，當然是人之所惡，廉而拔擢，又是人之所好。禁之以其所惡，令之以其所好，人臣權輕重，計利害之後，當然願忍小害以求大利，不為小利而蒙大害。西漢政治比之任何時代，都見清明，原因實在於此。

㈢監察　百官行為之受監察可分兩種，一是失職，二是枉法。前者為官吏不盡其應盡的義務而懲戒之，用以維持官紀。後者為官吏利用職權，做出不法之事而處罰之，用以維持社會秩序。吾國古代對斯二者沒有截然劃分，所以監察機關不但監察官吏枉法，且亦監察官吏失職。

漢承秦制，本來只置御史府以作監察機關。御史府以御史大夫為首長，其與丞相的關係，本書已有說明。御史大夫之下，置御史中丞「外督部刺史，內領侍御史，受公卿奏事，舉劾案章」（漢書卷十九上百官公卿表）。中丞「蓋居殿中，察舉非法也」（文獻通考卷五十三中丞），即得監察內外群官，例如：

> 陳咸為御史中丞，總領州郡奏事，內執法殿中，公卿以下皆敬憚之（漢書卷六十六陳咸傳）。
>
> 薛宣為御史中丞，執法殿中，外總部刺史……舉奏部刺史郡國二千石，所貶退稱進，白黑分明，由是知名（漢書卷八十三薛宣傳）。

御史中丞雖然外督部刺史，內領侍御史，在規制上，部刺史及侍御史固皆歸大夫及中丞統屬，但他們行使監察權，卻不受大夫或中丞的指揮。此即唐代監察御史蕭至忠所說：「御史人君耳目，比肩事主，得各彈事」（唐會要卷六十一彈劾）之意。換言之，御史中丞只能監察部刺史與侍御史有否失職枉法，而不能指揮他們行使職權。他們行使職權，均站在獨立的地位，雖以大司馬大將軍之尊，侍御史也可以彈劾。

> 嚴延年為侍御史，是時大將軍霍光廢昌邑王，尊立宣帝。宣帝初即位，延年劾奏光擅廢立，亡人臣禮，不道。奏雖寢，然朝廷肅焉敬憚（漢書卷九十嚴延年傳）。

而且御史中丞雖是御史大夫的屬官，亦得監察御史大夫，例如：

> 孫宏前為中丞時，翟方進為御史大夫，舉掾隆可侍御史。宏奏隆前奉使欺謾，不宜執法近侍，方進以此怨宏（漢書卷六十杜欽傳）。

因行政權之不可信，故置御史以監之，而御史又何可深信。商君有言：「夫置丞立監者，且以禁人之為利也，而丞監亦欲為利，則何以相禁」（商君書第二十四篇禁使）。成帝時，大司馬大將軍王鳳諷御史中丞奏馮野王奉詔不敬，野王因此免官（漢書卷七十九馮野王傳），可以視為一例。御史司糾察之任，倘若黨同伐異，則監察權等於虛設。所以武帝時又置司直與司隸校尉。司隸校尉為獨立機關，得監察公卿以下。

> 司隸校尉以督公卿以下為職（漢書卷八十四翟方進傳）。

縱是丞相與御史大夫，司隸校尉亦得彈劾。例如：

> 司隸校尉王尊劾奏衡（丞相匡衡）譚（御史大夫張譚），阿諛曲從，附下罔上，無大臣輔政之義（漢書卷八十一匡衡傳）。

> 司隸校尉涓勳奏言，丞相宣（薛宣）甚詩逆順之理，專權作威（漢書卷八十四翟方進傳）。

最奇怪的，司隸校尉尚可察及皇太后：

> 哀帝即位，孫寶為司隸。初傅太后與中山孝王母馮太后俱事元帝，有郤。傅太后使有司考馮太后，令自殺，眾庶冤之。寶奏請覆治。傅太后大怒曰，帝置司隸，主使察我，馮氏反事明白，故欲擿觖，以揚我惡，我當坐之。上乃順指下寶獄。大司馬傅喜光祿大夫龔勝固爭，上為言太后，出寶復官（漢書卷七十七孫寶傳）。

其權任之大，可令公卿貴戚震懼。

> 王章為司隸校尉，大臣貴戚敬憚之（漢書卷七十六王章傳）。

> 蓋寬饒為司隸校尉，刺舉無所回避……公卿貴戚及郡國吏繇使至長安，皆恐懼，莫敢犯禁，京師為清（漢書卷七十七蓋寬饒傳）。

權任太重，有的難免傲慢起來，例如：

> 故事，司隸校尉初除，謁西府，其有所會，居中二千石前……涓勳初拜為司隸，不肯謁丞相御史大夫，後朝會相見，禮節又倨（漢書卷八十四翟方進傳）。

所以漢制又令司隸位在司直之下，並令司直牽制之[57]。

> 故事，司隸校尉位在司直下……翟方進為司直，旬歲間，免兩司隸，由是朝廷憚之（漢書卷八十四翟方進傳）。

司直是「掌佐丞相舉不法」（漢書卷十九上百官公卿表），其職有似於御史府的中丞，故又得監察內外群官。

> 鮑宣遷豫州牧，歲餘，丞相司直郭欽奏宣舉錯煩苛，代二千石署吏聽訟，所察過詔條……宣坐免歸家（漢書卷七十二鮑宣傳）。

> 龔勝為司直，郡國皆慎選舉。補注引王先謙曰胡注，司直掌佐丞相舉不法，勝守正不阿，郡國懼為所舉奏，故皆慎於選舉（漢書卷七十二鮑宣傳）。

是則司直對於詔書第四條「二千石選署不平」，亦有監察之權，即其職與御史中丞大同小異。

三種機關之關係如何？各書所述均不相同，且與漢書所載者不相符合。此蓋古代常隨時設置機關，而這個機關與別個機關有何關係，往往無遑顧到之故。漢舊儀（卷上）云：

> 武帝時，御史中丞督司隸，司隸督司直，司直督刺史二千石以下至墨綬（通典卷二十四，文獻通考

---

[57] 兩司隸，一為陳慶，一為涓勳，陳慶彈擊翟方進，反為翟方進舉劾免官。涓勳彈劾丞相薛宣，亦為翟方進糾彈，貶為昌陵令，均見翟方進傳。由第一例可知司隸與司直可互相監察，由第二例可知司直可為丞相監察司隸。

卷五十三中丞均採此說）。

又注云：

> 御史中丞督司隸，司隸督丞相，丞相督司直，司直督刺史，刺史督二千石下至墨綬。

唐六典（卷十三中丞）則云[58]：

> 及置司隸校尉，以御史中丞督司隸司直，司隸司直督刺史，刺史督二千石下至墨綬。

但據漢書（卷十九上）百官公卿表。御史中丞外督部刺史，即部刺史乃直接受御史中丞之監督。又據漢書（卷八十四）翟方進傳，「故事，司隸校尉位在司直下，初除謁兩府（師古曰丞相及御史也），其有所會，居中二千石前，與司直並迎丞相御史」。總之，三種監察機關並無隸屬關係，均得獨立行使職權。監察權不由一個機關行使，而由三個機關行使，復令三個機關互相監察，由他們互相監察，進而監察內外群官。如是，當然不會因為監察機關（御史府）的腐化，而致其他機關隨之腐化。

但是三種機關只司糾彈，糾彈之後，尚有審判。糾彈機關與審判機關必須分開。漢時糾彈機關雖為御史（司直、司隸），而涉及枉法問題者，審判機關則為廷尉。「廷尉天下之平也」（漢書卷五十張釋之傳），即為漢時最高司法機關，請看下列之例。

> 蓋寬饒為司隸校尉，刺舉無所回避，所劾奏眾多，廷尉處其法，半用半不用（漢書卷七十七蓋寬饒傳）。

即蓋寬饒所提出的彈劾案固然不少，而經過廷尉審判之後，一半宣告有罪，一半宣告無罪，由此可見審判權與彈劾權原則上是分開的。但案情特別重大者，天子尚可簡派二千石五人，組織特別法庭，訊

---

[58] 據通典卷三十六秩品，司隸校尉秩二千石，丞相司直秩比二千石，御史中丞秩千石。

問之。

大臣獄重，故以秩二千石五人詰責之（漢書卷八十四翟方進傳注引晉灼曰）。

如成帝使五二千石雜問丞相薛宣與御史大夫翟方進（漢書卷八十四翟方進傳），哀帝使將軍以下與五二千石雜治丞相王嘉（漢書卷八十六王嘉傳）是也。倘廷尉疑其有冤，尚得要求覆治，例如：

初廷尉梁相與丞相長史御史中丞及五二千石雜治東平王雲獄。時冬月未盡二旬，而相心疑雲冤獄有飾辭，奏欲傳之長安，更下公卿覆治（漢書卷八十六王嘉傳）。

至於官吏失職而受彈劾，亦必派人按驗，經查驗確實，而後罷免。

舊制，州牧奏二千石長吏不任位者，事皆先下三公，三公遣掾史案驗，然後黜退（後漢書卷三十三朱浮傳）。

這可以減少監察權濫用之弊。不過在君主專制時代，一切權力最後均歸屬於君主。君主賢明，固然服從廷尉之決定。君主無道，往往自作主張，有罪判為無罪，無罪加之以刑，吾人固不能以現代的法治政治與之相比。

(四)考課　陸贄有言：「夫覈才取吏有三術焉，一曰拔擢以旌其異能，二曰黜罷以糾其失職，三曰序進以謹其守常。如此，則高課者驟升，無庸者亟退，其餘績非出類，守不敗官，則循以常資，約以定限，故得殊才不滯，庶品有倫」（論朝官闕員及刺史等改轉倫序狀）。但是誰是異能而拔擢之，誰是失職而黜罷之，誰是守常而序進之？於是就有考課，漢時，不問中央或地方均有考課之法。崔實雖云：

昔唐虞之制，三載考績，三考黜陟，所以表善而簡惡，盡臣力也。漢法亦三年一察治狀，舉孝廉尤異（全後漢文卷四十六崔實政論）。

但漢書丙吉傳既有「歲竟，丞相課其殿最，奏行賞罰」之言，而郡國上計於中央，又是每年一次。嚴助為會稽太守，上書「願奉三年計最」，補注引沈欽韓曰，「此三年計最，蓋遠郡如此」（漢書卷六十四上嚴助傳），則漢代絕不是依唐虞舊制，三載考績，三考黜陟幽明。

關於中央官之考課，其詳已不可考。吾人只能知道主管長官對其屬僚，皆有課考之權。例如郡有農都尉，遙隸於大司農，因之大司農就得考課農都尉。

> 班況舉孝廉為郎，積功勞，至上河農都尉，大司農奏課連最，入為左曹越騎校尉（漢書卷一百上敘傳）。

列卿由誰考課？

> 馮野王為大鴻臚，數年，御史大夫李延壽病卒，上使尚書選第中二千石，而野王行能第一（漢書卷七十九馮野王傳）。

這不是每年定期考課，而是御史大夫出缺，元帝令尚書於中二千石之中選擇一人補之，尚書以野王成績最優，宜補。丙吉曾謂：

> 長安令京兆尹職所當禁備逐捕，歲竟，丞相課其殿最，奏行賞罰而已（漢書卷七十四丙吉傳）。

京兆尹與九卿同列，每歲由丞相課其殿最，則九卿大率亦由丞相考課。陳平曾說：「宰相者：使卿大夫各得任其職也」（漢書卷四十王陵傳），即丞相有監督卿大夫之責，而既有監督卿大夫之責，自應有考課卿大夫之權。不過賞罰之權操於天子，所以「課其殿最」之後，必須奏行賞罰。

關於地方者，漢書（卷七十六）尹翁歸傳有「秋冬課吏」之言，而漢官解詁亦說：

> 秋冬歲盡，各計縣戶口墾田錢穀出入盜賊多少，上其集簿，丞尉以下歲詣郡，課校其功。功多尤為最者，於廷尉勞勉之，以勸其後；負多尤為殿者，於後曹別責，以糾怠慢也。

丙吉傳云「歲竟」，尹翁歸傳云「秋冬」，漢官解詁又云「秋冬歲盡」，到底考課的時期在於何時，是否郡國每年秋冬考課兩次，中央只於歲盡考課一次。我們以為中央與地方每年都是只考課一次，這不但是學者共同的主張，而且秋冬二季相隔太近，絕不會連續考課，而春夏付之缺如。案「秋冬」二字可以發生兩種不同的解釋。其一，當時交通不便，而歲盡郡國必須上計於中央，所以近郡可於冬季考課，遠郡須於秋季考課。其二，漢在武帝太初元年始用夏正，以正月為歲首（見漢書卷六武帝紀太初元年注引應劭曰），在此以前，以冬十月為歲首，秋九月為歲盡。所謂「秋冬」或「秋冬歲盡」乃後人追述往事。即在太初以前，於秋季歲盡之時舉行考課，太初以後，於冬季歲盡之時舉行考課。兩種解釋不知孰是。不過吾人由於上述，亦可知道縣之令長每歲須將治狀報告於郡國守相，守相則於此時考課群吏，縱是令長亦在被考之列。

> 蕭育為茂陵令，會課，育第六，而漆令郭舜殿，見責問。育為之請，扶風怒曰君課第六，裁自脫，何暇欲為左右言（漢書卷七十八蕭育傳）。

但是守令均由中央任命，所以郡守對於令長只能慰勞或譴責，賞罰之權屬於天子。丙吉傳，「長安令職所當禁備逐捕，歲竟，丞相課其殿最，奏行賞罰」，亦其例也。郡守考課群吏之後，歲盡又將郡內眾事，如戶口墾田稅收盜賊囚犯等等，作成計簿，報告於中央，這稱為上計。

> 漢制，歲盡，（郡守）遣上計掾史各一人，條上郡內眾事，謂之計偕簿（通典卷三十三郡太守）。

丞相則根據計簿，考課守令之功績，而奏行賞罰。此種計簿是否沒有虛報？貢禹曾說：「郡國則擇便巧史書，習於計簿，能欺上府者以為右職」（漢書卷七十二貢禹傳），如是，完全根據計簿，奏行賞罰，未必公平。但是西漢時代，刺史歲盡詣京師奏事。刺史為中丞的屬官，中丞為御史大夫的屬官，其奏事可以供給資料，所以丞相考課守令之時，御史大夫可察計簿之虛實，而判其真偽。

> 宣帝黃龍元年二月詔曰，上計簿，具文而已，務為欺謾，以避其課……御史察計簿，疑非實者按

之，使真偽毋相亂（漢書卷八宣帝紀）。

所以丞相御史兩府均保存有百官考績表。試觀谷永薦薛宣為御史大夫之疏，就可知道。疏說：

宣考績功課，簡在兩府（師古曰兩府丞相御史府也），不敢過稱（漢書卷八十三薛宣傳）。

由此可知不論中央或地方，主管長官對其屬僚皆有考課的權，而除公府郡縣所辟除的佐僚之外，總其成者乃是丞相。漢書（卷四十二）張蒼傳，「是時蕭何為相國，而蒼乃自秦時為柱下御史，明習天下圖書計籍，故令蒼以列侯居相府，領主郡國上計者」。又（卷八十一）匡衡傳，「衡位三公，輔國政，領計簿」，此皆可以證明考課之權是由天子委託丞相行使的。不過有時天子亦曾親自受計。

武帝太初元年春，受計於甘泉，師古注曰受郡國所上計簿也（漢書卷六武帝紀）。

這大率是丞相於歲盡考課百官之後，而於翌年之春報告天子，此時又奉上郡國計簿，以供天子參考。

考課之後，必須繼之以賞罰，賞有增秩，遷官，賜爵，罰有貶秩，降職，免官。漢代反對「累日以取貴，積久以致官」之制，所以「小材雖累日，不離於小官，賢才雖未久，不害為輔佐」（漢書卷五十六董仲舒傳）。例如魏相不過郡之卒史而已，一遷而為茂陵令，再遷而為河南太守，三遷而為大司農，四遷而為御史大夫，五遷而為丞相（漢書卷七十四魏相傳），又如翟方進以射策甲科為郎，既而遷議郎，轉為博士，遷朔方刺史，遷丞相司直，遷京兆尹，遷御史大夫，最後亦擢為丞相（漢書卷八十四翟方進傳）。郎官秩雖有十五級，而遷官卻不是級級高升，而得越級而進。朱博說：

故事，刺史居部九歲，舉為守相，其有異材功效著者輒登擢（漢書卷八十三朱博傳）。

刺史秩六百石，郡守秩二千石，在六百石與二千石之間，尚有比千石，千石，比二千石三級。刺史居部九歲，舉為守相，此不過序進而已。其有異材功效著，則不俟九年，即可拔擢。序進是因年勞而升，拔擢則由考課而遷。馬端臨說：

考課是以日月驗其職業之修廢，年勞是以日月驗其資格之深淺。後世之所謂考課者皆年勞之法耳。故賢者當陞，或反以資淺而抑之，不肖者當黜，或反以年深而升之。故考課之法行，則庸愚畏之，年勞之法行，則庸愚便之（文獻通考卷三十九考課）。

唯其遷官容易，所以政界可以發生新陳代謝的作用，人才輩出，西漢每朝均有朝氣勃勃之宰相，此亦原因之一。

考課居殿，固應黜罷。黜罷的目的在使黜退者克勤以求復，登進者整飭以恪居，所以進而有過亦示懲，懲而改修則復進。黃霸為潁川太守，考課天下第一，遷為京兆尹，不能稱職，連貶秩，有詔歸潁川太守，官以八百秩居，郡中愈治，而竟得到賜金（黃金百斤）增秩（中二千石）封侯（關內侯）的榮典，卒遷為御史大夫，最後且為丞相（漢書卷八十九黃霸傳）。可知西漢考課之制，歷史雖無詳細紀錄，而其運用得法，吾人觀漢書列傳，即可知之。

三、退任後的制度

官吏為國服勞，年老退休，理應保障他們的生活，使他們在職之時，不至懷危內顧，營私舞弊。西漢之制，凡致仕者，或賜祿。

> 張歐為御史大夫……老篤請免，天子亦寵以上大夫祿，歸老於家（漢書卷四十六張歐傳）。

或賜金：

> 御史大夫薛廣德與丞相于定國大司馬車騎將軍史高俱乞骸骨，皆賜安車駟馬黃金六十斤罷（漢書卷七十一薛廣德傳）。

但是優老之典須出於特恩，並未著為定令。平帝以後，才成為確定的制度。凡比二千石以上致仕者都可得到三分之一的祿。

元帝元始元年春正月令天下吏比二千石以上年老致仕者，三分故祿，以一與之，終其身（漢書卷十二平帝紀）。

關此，趙翼曾有說明。

致仕官給俸之例起於漢。平帝詔天下吏二千石以上年老致仕者，三分其祿，以一與之終身。蓋其時王莽專政，欲以收眾心，故有此舉也。然漢書石奮以上大夫祿歸老於家，周仁以二千石祿歸老，張歐請免，天子亦寵以上大夫祿歸老，則優老之典本不自莽始。特未著令以前，致仕給祿須出特恩，既著令以後，則凡二千石以上致仕者皆可得耳（陔餘叢考卷二十七致仕官給俸）。

其實，漢代制祿，秩高者已可致富，吾人觀上述貢禹之言，即可知之。其優老之典所以施於大官而不施於小吏者，蓋西漢之制，雖以鄉吏之卑，亦有升為丞相的機會。漢人固視小吏為一種過渡官職。小吏在職既久，而不能表現其材，理宜引退，讓位於有為之士，使有為之士能夠發揮其所長。這種看法與今人不同，西漢對於小吏無優老之典，這也許是原因之一。

西漢建元表

高祖劉邦	十二年
惠帝盈	七年
呂后	八年
文帝恆	十六年　後七年
景帝啟	七年　中六年　後三年
武帝徹	建元六　元光六　元朔六　元狩六　元鼎六　元封六　太初四
	天漢四　太始四　征和四　後元二
昭帝弗陵	始元六　元鳳六　元平一
宣帝詢	本始四　地節四　元康四　神爵四　五鳳四　甘露四　黃龍一
元帝奭	初元五　永光五　建昭五　竟寧一
成帝驁	建始四　河平四　陽朔四　鴻嘉四　永始四　元延四　綏和二
哀帝欣	建平四　太初元將（即建平二年六月，八月除，仍稱建平）
	元壽二
平帝衎	元始五
孺子嬰	居攝二　初始一
右西漢十一帝（呂后及孺子嬰除外）	二百十四年（呂后之八年及孺子嬰之二年在內）
新王莽	始建國五　天鳳六　地皇四

第四章

東漢

第一節

光武的中興

王莽奪取漢的天下，不但不能解決漢的社會問題，而法令滋章，賦役繁重，加之以師旅，因之以饑饉，人民受了現世的苦痛，不能不回憶過去的快樂，甚且誤認過去為黃金時代。於是西漢末年「漢運中衰」之預言（漢書卷十一哀帝紀建平二年），現在又變為「劉氏復起」的圖讖（後漢書卷一上光武帝紀）。當時人心思漢，吾人觀下列諸人之言即可知之。

公孫述召縣中豪傑謂曰，天下同苦新室，念劉氏久矣（後漢書卷四十三公孫述傳）。王常曉說其部將曰，王莽篡位，既有天下，而政令苛酷，積失百姓之心，民之謳吟思漢，非一日也（後漢書卷四十五王常傳）。馮異說光武曰，天下同苦王氏，思漢久矣（後漢書卷四十七馮異傳）。邳彤曰吏民歌吟思漢久矣，故更始舉尊號，而天下響應，三輔清宮除道以迎之（後漢書卷五十一邳彤傳）。馮衍說廉丹曰，今海內潰亂，人懷漢德，甚於詩人思召公也，愛其甘棠，而況子孫乎（後漢書卷五十八上馮衍傳）。鄭興說更始曰，陛下起自荊楚，而山西雄桀爭誅王莽，開關郊迎者，何也。此天下同苦王氏虐政，而思高祖之舊德也（後漢書卷六十六鄭興傳）。

人民受了王莽虐政的壓迫，謳吟思漢，然而最初均以困窮為寇，無攻城徇地之意。

初四方皆以飢寒窮愁，起為盜賊，稍稍群聚，常思歲熟，得歸鄉里，眾雖萬數，不敢略有城邑，轉掠求食，日闋而已（漢書卷九十九下王莽傳）。

到了亂事擴大，王莽力不能制，遂由人心思漢，而欲恢復漢室。綠林奉劉玄為天子，赤眉立劉盆子為帝。王昌自稱為成帝子劉子輿，盧芳亦詐稱武帝曾孫劉文伯。甚至涼州的隗囂、益州的公孫述雖然距離中原甚遠，而起事之初亦以輔漢為名。茲將群雄起事本末列表如次。

莽末群雄割據表

姓名	據地	史略
劉玄（綠林）	初都洛陽，後都長安。	王莽末，南方饑饉，人庶群入野澤，掘鳧茈而食之。新市人王匡王鳳為平理諍訟，遂推為渠帥，眾數百人，於是諸亡命馬武王常成丹等往從之，藏於綠林中，數月間至七八千人。地皇二年攻拔竟陵，至有五萬餘口，州郡不能制。三年大疾疫，死者且半，乃各分散引去。王常成丹西入南郡，號下江兵。王匡王鳳馬武及其支黨朱鮪張卬等北入南陽，號新市兵。平林人陳牧廖湛復聚眾千餘人，號平林兵以應之。是時漢宗室劉縯起兵舂陵，自號柱天都部，劉玄亦往從陳牧號更始將軍。縯光武之長兄，玄光武族兄也。眾雖多而無所統一。四年諸將會議，立劉氏以從人望。豪傑皆歸於劉縯，而新市平林諸將樂放縱，憚縯威明而貪劉玄懦弱，乃共立玄為天子，建元曰更始元年。更始拜縯為大司徒，因忌其威名，遂誅之。更始遣王匡攻洛陽，別將攻武關，三輔震動。是時海內豪傑翕然響應，皆殺其牧守，自稱將軍，用漢年號，以待詔命，旬月之間徧於天下。九月長安中亦起兵斬王莽。是月王匡拔洛陽，更始遂北都洛陽。二年自洛陽西遷長安，居長樂宮。日夜與婦人飲讌後庭，群臣欲言事，輒醉不能見。自是關中離心，四方怨叛。十二月赤眉西入關，三年赤眉立劉盆子為帝，更始使王匡拒之。赤眉至高陵，匡等迎降之。九月赤眉入城，更始降，上璽綬於盆子，封為畏威侯。三輔苦赤眉暴虐，皆憐更始，赤眉恐，因令縊殺之（後漢書卷四十一劉玄傳，參閱卷四十四齊武王縯傳）。

劉盆子（赤眉）	據長安。	王莽末，琅邪人樊崇起兵於莒，眾百餘人，轉入太山。時青徐大饑，寇賊蜂起，群盜以崇勇猛，皆附之，一歲間至萬餘人，遂北入青州，所過虜掠，王莽遣將擊之。崇等恐其眾與莽兵亂，乃皆朱其眉，以相識別，由是號曰赤眉。赤眉大破莽軍，遂寇東海，掠楚沛汝南潁川，還入陳留，攻拔魯城，轉至濮陽。會更始都洛陽，遣使降崇，崇等聞漢室復興，遂降，尋復叛，將兵入潁川，分為二部，一從武關，一從陸渾關，三年正月俱至弘農，連戰剋勝。六月立劉盆子為帝，改元建世元年。劉盆子者城陽景王章之後也，時年十五。九月赤眉入長安城，更始來降，赤眉貪財物，復出大掠。時三輔大飢，人相食，城郭皆空，白骨蔽野，赤眉虜掠無所得，遂出關南向，馮異破之於崤底。光武亦自將幸宜陽，盛兵以邀其走路。赤眉忽遇大軍，驚震不知所為，乃乞降。其夏，樊崇反，誅死。光武憐盆子，使其食稅終身（後漢書卷四十一劉盆子傳）。
王昌	據邯鄲，分遣諸將徇下幽冀，趙國以北，遼東以西皆從風而靡。	王昌一名郎，趙國邯鄲人也，素為卜相，工明星曆，常以河北有天子氣。時趙繆王子林好奇數，任俠於趙魏間，多通豪猾，而郎與之親善。初王莽篡位，長安中或自稱成帝子子輿者，莽殺之。郎緣是詐稱真子輿。會人間傳赤眉將渡河，林等因此宣言赤眉當立劉子輿，以觀眾心，百姓多信之。更始元年十二月林等遂率車騎數百，晨入邯鄲城，立郎為天子，分遣將帥，徇下幽冀，趙國以北，遼東以西，皆從風而靡。明年光武自薊進軍邯鄲，遂拔邯鄲，郎夜亡走，道死（後漢書卷四十二王昌傳）。
劉永	據睢陽，攻入濟陰山陽沛楚淮陽汝南，凡得二十八城。	劉永者梁郡睢陽人，梁孝王八世孫也。更始即位，永先詣洛陽，紹封為梁王，都睢陽。永聞更始政亂，遂據國起兵，攻下濟陰山陽沛楚淮陽汝南，凡得二十八城。及更始敗，永自稱天子。建武二年夏，光武遣蓋延等伐永，圍睢陽，數月拔之。三年永將斬永首降，其黨復立永子紆為梁王，保垂惠。四年馬武等復攻拔之，紆走西防，依佼彊，後復依董憲。憲敗，紆走死（後漢書卷四十二劉永傳）。
張步	據臨淄，攻下齊地各	張步琅邪不其人也。漢兵之起，步亦聚眾數千，轉攻傍縣，下數城，自為

	郡，得十二郡。	五威將軍，遂據本郡，遣將徇太山東萊城陽膠東北海濟南齊諸郡皆下之。建武三年光武拜步為東萊太守，步不受命。劉永遣使立之為齊王。是時光武方北憂漁陽，南事梁楚，故步得專集齊地，據郡十二。五年耿弇拔臨淄，步降，封為安丘侯，居洛陽。八年步將妻子逃奔臨淮，琅邪太守陳俊追擊斬之（後漢書卷四十二張步傳）。
李憲	據盧江，擁九城。	李憲者潁川許昌人也。王莽時為盧江連率。莽敗，憲據郡自守，更始元年自稱淮南王。建武三年遂自立為天子，擁九城，眾十餘萬。四年光武遣馬成擊憲，圍舒，至六年正月拔之。憲亡走，其軍士追斬憲而降（後漢書卷四十二李憲傳）。
秦豐	據黎丘，有邔、宜城等十二縣。	秦豐南郡人，少學長安，受律令，歸為縣吏。更始元年起兵，據黎丘，自稱楚黎王，略有十二縣。建武三年光武令岑彭擊豐，大破之於襄陽，進圍黎丘，斬首九萬餘級。四年光武令朱祐代彭攻之。五年城中窮困，豐降，送至洛陽斬之（東觀漢記卷二十三秦豐載記，後漢書卷一上光武紀，卷四十七岑彭傳，卷五十二朱祐傳）。
彭寵	據漁陽，取得涿郡薊城，復攻陷右北平上谷數縣。	彭寵南陽宛人也。父宏，哀帝時為漁陽太守，有威於邊。寵少為郡吏，更始立，拜寵偏將軍，行漁陽太守事。及光武鎮慰河北，至薊，以書招寵，寵歸光武。建武二年發兵反，拔右北平上谷數縣，又攻拔薊城，乃自立為燕王。五年春，其蒼頭斬寵以降（後漢書卷四十二彭寵傳）。
盧芳	據安定，掠有五原朔方雲中定襄雁門五郡。	盧芳安定三水人也。王莽時天下咸思漢德，芳由是詐自稱武帝曾孫劉文伯，與三水屬國羌胡起兵。更始至長安，芳降，仍使鎮撫安定以西。更始敗，三水豪傑以芳劉氏子孫，宜承宗廟，乃共立芳為上將軍西平王，遣使與匈奴西羌結和親。匈奴乃迎芳入匈奴，立為漢帝。建武五年五原人李興等自稱將軍，迎芳入塞，都九原，掠有五原朔方雲中定襄雁門五郡。十二年知芳羽翼外附，心膂內離，遂亡入匈奴。十六年芳復入居高柳，遣使請降，乃立芳為代王。明年復反，匈奴迎芳出塞，芳留匈奴中十餘年，病死（後漢書卷四十二盧芳傳）。

隗囂	公孫述	竇融
據天水，有天水安定北地隴西四郡。	據成都，北取南鄭，南服越嶲，東下江州，據扞關，盡有益州之地。	據河西，有金城武威
隗囂天水成紀人也。少仕州郡，季父崔素豪傑，能得眾，聞更始立，而莽兵連敗，於是謀起兵應漢，以囂素有名，好經書，遂共推為上將軍，攻安定，安定降。時長安中亦起兵誅王莽，囂遂分遣諸將，徇隴西武都金城武威張掖酒泉敦煌，皆下之。更始二年遣使徵囂，囂至長安，更始以為御史大夫。明年赤眉入關，三輔擾亂，囂亡歸天水，復據故地，自稱西州上將軍。及更始敗，三輔耆老士大夫皆奔歸囂。建武二年光武拜囂為西州大將軍，囂遂降附於漢。其後公孫述數出兵漢中，囂連破述軍，以故蜀兵不復北出。六年關東悉平，詔囂從伐蜀，囂不願天下統一，頗有貳志。帝遂西幸長安，囂懼，遣使稱臣於公孫述，述以囂為朔寧王。八年帝率諸將征之。九年囂恚憤而死，其眾立囂少子純為王。明年來歙耿弇蓋延等攻破之，純降。十八年欲亡入胡，捕誅之（後漢書卷四十三隗囂傳）。	公孫述扶風茂陵人也。哀帝時，以父任為郎，王莽天鳳中，為導江卒正（即蜀郡太守），有能名。及更始立，述使人詐稱漢使者，自東方來，假述輔漢將軍，蜀郡太守兼益州牧印綬。述恃其地險眾附，更始二年自立為蜀王，都成都。蜀地肥饒，兵力精強，遠方士庶多往歸之。建武元年遂自立為天子，號成家，盡有益州之地。自更始敗後，光武方事山東，未遑西伐，關中豪傑多往歸述。五年延岑田戎為漢兵所敗，皆亡入蜀。岑據漢中，戎據扞關。述性苛細，察於小事，敢誅殺而不見大體，又立其二子為王，唯公孫氏得任事，由是大臣皆怨。十二年吳漢臧宮將兵伐蜀，述兵大亂，被刺洞胷墜馬，其夜死。明旦吳漢入成都，盡滅公孫氏（後漢書卷四十三公孫述傳）。 延岑南陽人，始起，據漢中，又擁兵關西，所在破散，走至南陽，略有數縣。田戎汝南人，初起兵夷陵，轉寇郡縣，眾數萬人，岑戎並與秦豐合，豐俱以女妻之。及豐敗，故二人皆降於公孫述。述敗，二人皆為漢將所斬（後漢書卷四十三公孫述傳）。	竇融扶風平陵人也，累世在河西，知其土俗。更始時為張掖屬國都尉，撫

張掖酒泉敦煌五郡。

結雄傑，懷輯羌虜，甚得其歡心，河西翕然歸之。及更始敗，眾推融行河西五郡大將軍事。河西民俗質樸，而融等政亦寬和，上下相親，晏然富殖。光武聞河西完富，地接隴蜀，常欲招之，以逼囂述，因授融為涼州牧。建武八年車駕西征隗囂，融率五郡太守及步騎數萬，與大軍會高平第一。及隴蜀平，詔融與五郡太守奏事京師。融到，拜冀州牧，遷大司空。明帝時，融乞骸骨，詔令歸第養病，永平五年薨（後漢書卷五十三竇融傳）。

人心思漢，當然漢的宗室最有取得天下的希望。在宗室之中，首舉義旗而為人望所懸者乃是劉縯。劉縯的性格有高祖之豪爽，而無高祖之機警，所以不久就為更始所害。

齊武王縯字伯升，光武之長兄也，性剛毅，慷慨有大節。自王莽篡漢，常憤憤，懷復社稷之慮，不事家人居業，傾身破產，交結天下雄俊。莽末，盜賊群起，南方尤甚。伯升召諸豪傑計議曰，王莽暴虐，百姓分崩，今枯旱連年，兵革並起，此亦天亡之時，復高祖之業，定萬世之秋也。眾皆然之，於是分遣親客，使鄧晨起新野，光武與李通李軼起於宛，伯升自發舂陵子弟，合七八千人，部署賓客，自稱柱天都部……進圍宛，自號柱天大將軍……百姓日有降者，眾至十餘萬。諸將會議，立劉氏以從人望，豪傑皆歸於伯升，而新市平林將帥樂放縱，憚伯升威明，而貪聖公懦弱，先共定策立之，然後使騎召伯升示其議……聖公既即位，謀誅伯升……伯升部將宗人劉稷……勇冠三軍……聞更始立，怒曰本起兵圖大事者伯升兄弟也，今更始何為者邪。更始君臣聞而心忌之……乃與諸將陳兵數千人，先收稷，將誅之，伯升固爭，李軼李鮪因勸更始並執伯升，即日害之（後漢書卷四十四齊武王縯傳）。

而更始又為綠林豪傑所制。歷史雖謂更始恇懦昏弱，耽酒色，暱群小，本來不足以君天下。

更始即帝位，南面立，朝群臣，素懦弱，羞愧流汗，舉手不能言……更始……居長樂宮，升前殿，郎吏以次列庭中。更始羞怍俛首刮席不敢視。諸將後至者，更始問虜掠得幾何。左右侍官皆宮省久吏，各驚相視……更始日夜與婦人飲讌後庭，群臣欲言事，輒醉不能見。時不得已，乃令侍中坐帷中與語，諸將識非更始聲，出皆怨曰成敗未可知，遽自放縱若此……其所授官爵者皆群小賈豎，或有膳夫庖人……長安為之語曰，竈下養，中郎將，爛羊胃，騎都尉，爛羊頭，關內侯……自是關中離心，四方怨叛，諸將出征，各自專置牧守，州郡交錯，不知所從（後漢書卷四十一劉玄傳）。

然據劉子元研究：

聖公身在微賤，已能結客報仇，避難綠林，名曰豪傑，安有貴為人主，而反至於斯者乎。將作者曲筆阿時，獨成光武之美，諛言媚主，用雪伯升之怨也。且中興之史出於東觀，或明帝所定，或馬后所刊，而炎祚靈長，簡書莫改，遂使他姓追撰，空傳偽錄者矣（後漢書卷四十一劉玄傳集解引劉子元云）。

其所以失敗者，實因綠林豪傑只知擄掠。前此人心思漢，欲歸慈母，現在反思莽朝，欲去虎口。耿弇說：

今更始失政，君臣淫亂，諸將擅命於畿外，貴戚縱橫於都內，天子之命不出城門，所在牧守輒自遷易，百姓不知所從，士人莫敢自安，虜掠財物，劫掠婦女，懷金玉者至不生歸，元元叩心，更思莽朝（後漢書卷十九耿弇傳）。

其後赤眉轉盛，樊崇攻破長安，殺更始，立劉盆子為帝。盆子年十五，蓋人心思漢，故赤眉立之以作傀儡。赤眉的行動亦和盜賊無異，所以不久也復覆滅。

樊崇立盆子為帝……諸將乃皆稱臣拜。盆子時年十五，被髮徒跣，敝衣赭汗，見眾拜，恐畏欲啼……盆子居長樂宮，諸將日會論功，爭言讙呼，拔劍擊柱，不能相一。三輔群縣營長遣使貢獻，兵

> 士輒剽奪之，又數虜暴吏民，百姓保壁，由是皆復固守……劉恭（盆子兄）見赤眉眾亂，知其必敗，自恐兄弟俱禍，密教盆子歸璽綬，習為辭讓之言。建武二年正月朔，崇等大會……盆子乃下牀解璽綬，叩頭曰今設置縣官，而為賊如故……願乞骸骨避賢聖……崇等及會者數百人莫不哀憐之，乃皆避席頓首曰，臣無狀，負陛下，請自今以後，不敢復放縱，因共抱持盆子，帶以璽綬。盆子號呼，不得已，既罷出，各閉營自守，三輔翕然，稱天子聰明，百姓爭還長安，市里且滿。後二十餘日赤眉貪財物，復出大掠。城中糧食盡，遂收載珍寶，因大縱火燒宮室，引兵而西……轉掠城邑……逢大雪……乃復還，發掘諸陵，取其寶貨……時三輔大飢，人相食，城郭皆空，白骨蔽野，遺人往往聚為營保，各堅守不下。赤眉虜掠無所得……遂出關南向，馮異破之於崤底……樊崇乃將盆子降（後漢書卷四十一劉盆子傳）。

這個時候，劉氏之後能夠獨樹一幟者便是光武。光武為劉縯之弟，其成就帝業有恃於劉縯之發難者甚多。就其身分言，家裡頗有資產，故能賣穀於宛（後漢書卷一上光武帝紀），而母家尤為殷富。

> 樊宏……世祖之舅……為鄉里著姓……乃開廣田三百餘頃，其所起廬舍，皆有重堂高閣陂渠灌注……資至巨萬（後漢書卷六十二樊宏傳）。

就其性格說，勤於稼穡。

> 光武性勤於稼穡，而兄伯升好俠養士，常非笑光武事田業，比之高祖兄仲（後漢書卷一上光武帝紀）。

而重慎畏事，有謹厚之稱。

> 上為人……重慎畏事，故云謹厚者也（後漢書卷一上光武帝紀集解引惠棟曰）。

但是這種家世與性格，在承平日久，一方人心思漢，他方群雄獷殘之時，卻容易得到一般民眾的信賴。

時伯升已會眾起兵，初諸家子弟恐懼，皆亡逃自匿，曰伯升殺我。及見光武絳衣大冠，皆驚曰謹厚者亦復為之（集解引東觀漢記曰，上在家重慎畏事，故云謹厚者也），乃稍自安（後漢書卷一上光武帝紀）。

徵之吾國歷史，遊士階級固然只能攀龍附鳳，因人成事，而草莽英雄又須收容遊士，以作謀臣策士，而後才會成就帝業。兩者分離，遊士將老死於戶牖，而草莽英雄亦必終為流寇。自武帝表章六經，元帝重儒之後，儒生漸次抬頭，英豪之士常借徑於儒術以發身。於是遊士之中，儒生遂有地位，而與劉項戰爭之際大不相同。光武功臣多習儒術。例如：

鄧禹年十三，能誦詩，受業長安，時光武亦游學京師，遂相親附（後漢書卷四十六鄧禹傳）。寇恂素好學，為汝南太守，乃修鄉校，教生徒，聘能為左氏春秋者親受學焉（後漢書卷四十六寇恂傳）。馮異好讀書，通左氏春秋孫子兵法（後漢書卷四十七馮異傳）。賈復少好學，習尚書（後漢書卷四十七賈復傳）。耿弇父況以明經為郎，弇少好學，習父業（後漢書卷十九耿弇傳）。祭遵少好經書，為將軍，取士皆用儒術，對酒設樂，必雅歌投壺（後漢書卷五十祭遵傳）。李忠以父任為郎，獨以好禮修整稱，遷丹陽太守，起學校，習禮容，春秋鄉飲，選用明經，郡中向慕之（後漢書卷五十一李忠傳）。此外如王霸（後漢書卷五十王霸傳）耿純（後漢書卷五十耿純傳）景丹（後漢書卷五十二景丹傳）劉隆（後漢書卷五十二劉隆傳）皆少時遊學長安。

同時西漢中葉以後，因土地之兼併，而發生了豪宗大族。王莽雖然頒布井田聖制，曾無幾時，又因人民愁怨，聽人買賣，不拘以法（漢書卷九十九中王莽傳）。豪族在大亂之時，常築塢堡以自衛，並觀望形勢，以待所歸。例如：

赤眉入長安城，數虜暴吏民，百姓保壁，由是皆復固守（後漢書卷四十一劉盆子傳）。赤眉延岑暴亂三輔，郡縣大姓各擁兵眾（後漢書卷四十七馮異傳）。更始新立，三輔連被兵寇，百姓震駭，強宗右姓各擁眾保營，莫肯先附（後漢書卷六十一郭伋傳）。樊宏為鄉里著姓，資至巨萬。王莽末，義兵起，宏與宗家親屬作營塹，老弱歸之者千餘家（後漢書卷六十二樊宏傳）。馮魴為郡族姓，王莽末，四方潰畔，魴乃聚賓客，招豪傑，作營壘，以待所歸（後漢書卷六十三馮魴傳）。第五倫介然有義行。王莽末，盜賊起，宗族閭里爭往赴之。倫乃依險固，築營壁，有賊輒奮厲其眾，引強持滿以拒之，銅馬赤眉之屬前後數十輩皆不能下（後漢書卷七十一第五倫傳）。

豪族保壁自衛，不與綠林赤眉合作，而綠林赤眉又不能攻下他們。這樣，何能統一天下。這個時候，倘令有人能夠得到豪族協助，自可事半功倍，平定海內。光武乃漢之宗室，吾人觀其舅氏樊宏為鄉里著姓，王莽末，與宗家親屬作營塹自守，就可推知光武亦係南陽豪族。以如斯之家世，一旦起義，自可得到豪族信任。其功臣之中，由豪族出身者為數不少。例如李通世以貨殖著姓，居家富逸，為閭里雄（後漢書卷四十五李通傳）。鄧晨世吏二千石（後漢書卷四十五鄧晨傳）。寇恂世為著姓（後漢書卷四十六寇恂傳）。祭遵家富給（後漢書卷五十祭遵傳）。耿純鉅鹿大姓（後漢書卷五十一耿純傳）。王丹家累千金（後漢書卷五十七王丹傳）。他們或以糧餉資助光武，例如王丹京兆人，鄧禹西征關中，軍糧乏，丹率宗族上麥二千斛（後漢書卷五十七王丹傳）。或以軍隊協助光武，例如劉植率宗族賓客，聚兵數千人，據昌城，聞世祖從薊還，乃開門迎（後漢書卷五十一劉植傳）。耿純率宗族賓客二千餘人奉迎光武於育（後漢書卷五十一耿純傳）。均其例也。

在光武集團之中固然不乏亡命之徒，王常亡命江東，而起兵於綠林（後漢書卷四十五王常傳）。吳漢亡命漁陽，以販馬自業（後漢書卷四十八吳漢傳）。然多數均係通儒之士或為世家子弟，故其軍隊頗有紀律。馮異說：

今諸將皆壯士屈起，多暴橫，獨有劉將軍所到不虜掠（後漢書卷四十七馮異傳）。

所到之處，均能安撫百姓，而受人民歡迎。

光武北渡河，鎮慰州郡，所到部縣，輒見二千石長吏三老官屬，下至佐史，考察黜陟，如州牧行部事，輒平遣囚徒，除王莽苛政，復漢官名，吏人喜悅，爭持牛酒迎勞（後漢書卷一上光武帝紀更始元年）。

其諸將亦師行有紀。例如鄧禹：

是時三輔連覆敗，赤眉所過殘賊，百姓不知所歸，聞禹乘勝獨克，而師行有紀，皆望風相攜負以迎，軍降者日以千數，衆號百萬。禹所止輒停車住節，以勞來之。父老童穉垂髮戴白，滿其車下，莫不感悅，於是名震關西（後漢書卷四十六鄧禹傳）。

又如銚期：

銚期自為將，有所降下，未曾虜掠（後漢書卷五十銚期傳）。

當時天下旱蝗：

自王莽末，天下旱蝗連年，百穀不成，元年之初，耕作者少，民饑饉，黃金一斤易粟一石（東觀漢記卷一光武帝紀建武四年）。

軍中糧食缺乏。

時百姓飢餓，人相食，黃金一斤易豆五升，道路隔斷，委輸不至，軍士悉以果實為糧（後漢書卷四十七馮異傳）。

光武軍隊亦難免有虜掠之事。任光為信都太守，孤城獨守。「世祖曰卿兵少如何？光曰可募發奔命，出攻傍縣，若不降者，恣聽掠之。人貪財物，則兵可招而致也。世祖從之」（後漢書卷五十一任光傳）。此乃權宜之計，情有可原。至於「世祖會諸將，問所得財物，唯李忠獨無所掠」（後漢書卷五十一李忠傳）。則虜掠財物在光武軍隊，也表現為兩種現象，一是普遍的，「唯」忠無之。二是公開的，故以帝王之尊，竟於會議之時，問諸將所掠財物。吾人觀其對馮異之言：「諸將非不強鬬，但好虜掠」（後漢書卷四十七馮異傳）。吳漢軍隊所過多侵暴（後漢書卷四十七岑彭傳），朱祐「禁制士卒不得虜掠百姓，軍人樂放縱，多以此怨之」（後漢書卷五十二朱祐傳），可知光武軍隊不是絕對有紀律的。不過「飢者易為食，渴者易為飲」，光武集團比之其他豪傑尚能安撫百姓而已。

一方豪族降附，同時百姓歸心，而一般遊士又如耿純所說：願意「攀龍鱗，附鳳翼，以成其所志」（後漢書卷一上光武帝紀建武元年），則在人心思漢之際，光武勝算已經在握了。何況當時與光武爭天下者又多係碌碌無能之輩。當光武起兵舂陵，劉玄稱帝，遣其鎮撫河北，北至薊城之時，王昌已入邯鄲稱帝，分遣諸將，徇下幽冀，趙國以北，遼東以西，無不望風而靡（後漢書卷四十二王昌傳）。邯鄲河北心腹，不爭邯鄲，無以取河北，不取河北，無以窺河洛，於是光武乃進擊王昌，拔邯鄲，而定河北。河北富饒，可與關中相比，時人稱之為天府之地（後漢書卷十九耿弇傳）。這個時候更始已由洛陽遷都長安，政事紊亂，四方皆叛。光武遂由邯鄲進取鄴城。鄴乃河北的咽喉，北蔽幽冀，南壓區夏，自古起於河北者，未嘗不爭鄴城。光武既取鄴城，遂南定河內。河內北通上黨，南迫洛陽，而戶口殷實，光武得之，可供繕兵積粟之用。

河內帶河為固，戶口殷實，北通上黨，南迫洛陽……乃拜寇恂河內太守，行大將軍事。光武謂恂曰河內完富，吾將因是而起。昔高祖留蕭何鎮關中，吾今委公河內，堅守轉運，給足軍糧，率厲士馬，防遏它兵，勿令北度而已（後漢書卷四十六寇恂傳）。

於是南取洛陽，以為首都。洛陽為兵家所必爭。但洛陽乃四戰之地，欲守洛陽，必須東滅劉永，南平秦豐，西定關中，北取并州。劉永雄據睢陽，睢陽翼蔽淮徐，屏藩三河。景帝時，七國叛變，梁當其衝，吳楚之兵不能過而西，卒以破滅。光武不得睢陽，不但洛陽危險，而張步李憲亦難夷滅。秦豐據黎丘，黎丘西接益梁，與關隴咫尺，北去河洛，不盈千里，進可以圖中原，退可以略江左。光武不取黎丘，若拱手以讓成家，則公孫述之兵一旦出扞關，南據江陵（郢），北取襄陽（鄢），長沙以南必望風而靡，而宛洛之地亦將受其脅迫。劉永秦豐才非人雄，所以光武興師討伐，無不覆亡。并州據天下之肩背，由晉陽，出井陘，可以窺取冀州，由上黨，下壺關，可以蠶食三河。關中處天下之上游，出潼關，取蒲坂，可以控制河東，出武關，至南陽，可以略取宛洛。當時并州之地尚未屬人，光武得之，既無異於探囊取物。而關中又為赤眉所據，赤眉行同流寇，民庶離心，所以王師一至，就見覆滅。

在赤眉蹂躪關中，而又值光武經營山東，無遑西伐之際，隴西有隗囂，益州有公孫述。隗囂起自天水，割據四郡，兵強士附，三輔父老皆歸依之。

> 赤眉入關，三輔擾亂……及更始敗，三輔耆老士大夫皆奔歸囂，囂素謙恭愛士，傾身引接，為布衣交。由是名震西川，聞於山東（後漢書卷四十三隗囂傳）。

倘能東收三輔，則以高屋建瓴之勢，可以東向而爭天下。萬一圖王不成，亦得據隘自守，畜養士馬，以待四方之變，且看其將王元之言。

> 隗囂將王元說囂曰，今天水完富，士馬最強，北收西河上郡，東收三輔之地，按秦舊迹，表裏河山，元請以一丸泥為大王東封函谷關，此萬世一時也。若計不及此，且畜養士馬，據隘自守，曠日持久，以待四方之變。圖王不成，其弊猶足以霸。要之魚不可脫於淵，神龍失勢，即還與蚯蚓同。囂……負其險阨，欲專方面，於是游士長者稍稍去之（後漢書卷四十三隗囂傳）。

顧乃優柔不斷，「欲退為西伯之事」，「偃武息戈，卑辭事漢，喟然自以為武王復出也」（後漢書卷四十三公孫述傳）。到了關東悉平，方才倔強自雄，區區數郡，欲禦堂堂之師，其每戰輒敗，恚憤而死，可以說是自取其殃。

公孫述起自成都，北守南鄭，東據扞關，盡有益州之地。蜀地肥饒，兵力精強，而自更始敗後，光武方事山東，未遑西伐，關中豪傑莫知所屬，多往歸之。

> 公孫述恃其地險眾附……自立為蜀王，都成都。蜀地肥饒，兵力精強，遠方士庶多往歸之……建武元年四月遂自立為天子，號成家……北守南鄭……東據扞關，於是盡有益州之地。自更始敗後，光武方事山東，未遑西伐，關中豪傑呂鮪等往往擁眾以萬數，莫知所屬，多往歸述（後漢書卷四十三公孫述傳）。

就天時說，就地利說，均足大有為於天下。即如李熊所說：

> 李熊說述曰今山東饑饉，人庶相食，兵所屠滅，城邑丘墟。蜀地沃野千里，土壤膏腴……北據漢中，杜褒斜之險，東守巴郡，拒扞關之口。地方數千里，戰士不下百萬，見利則出兵而略地，無利則堅守而力農。東下漢水，以窺秦地，南順江流，以震荊揚，所謂用天因地，成功之資（後漢書卷四十三公孫述傳）。

若能從荊邯之言，北出漢中，蠶食秦隴，東出江陵，窺伺荊湘，則天下大勢尚不可知。

> 荊邯說述曰臣之愚計以為宜及天下之望未絕，豪傑尚可招誘，急以此時發國內精兵，令田戎據江陵，臨江南之會，倚巫山之固，築壘堅守，傳檄吳楚，長沙以南必隨風而靡。令延岑出漢中，定三輔，天水隴西拱手自服。如此海內震搖，冀有大利（後漢書卷四十三公孫述傳）。

但公孫述察察為明，好修邊幅，天下未定，便立二子為王。

述性苛細，察於小事，敢誅殺而不見大體，好改易郡縣官名。然少為郎，習漢家制度，出入法駕，鑾旗旄騎，陳置陛戟，然後輦出房闥。又立其兩子為王，食犍為廣漢各數縣。群臣多諫，以為成敗未可知，戎士暴露，而遽王皇子，示無大志，傷戰士心。述不聽，唯公孫氏得任事，由此大臣皆怨（後漢書卷四十三公孫述傳）。

劉項相爭之際，張良曾說：「且夫天下游士離親戚，棄墳墓，去故舊，從陛下者，但日夜望咫尺之地」（漢書卷四十張良傳）。公孫述不封諸將，而王皇子，大臣皆怨，將帥離心，其身死國亡，可以說是理之當然。

光武剪除群雄之後，割據局面復歸於統一，遂由長安遷都洛陽。長安四塞之國，洛陽居天下之中，為四方必爭之地，天下無事則已，有事則洛陽必先受兵。東漢所以不都長安而都洛陽，乃是因為三輔荒涼，不能以為國都。

時三輔大飢，人相食，城郭皆空，白骨蔽野（後漢書卷四十一劉盆子傳）。

關中遭王莽變亂，宮室焚燒，民庶塗炭，百不一存（後漢書卷五十四楊彪傳）。

長安遭赤眉之亂，宮室營寺焚滅無餘（後漢書卷一百二董卓傳）。

西漢時三輔乃富庶之區。平帝元始二年，戶六十四萬七千一百八十，口二百四十三萬六千三百六十。至東漢順帝永和五年，雖經數世休養生聚，戶僅十萬七千七百四十一，口僅五十二萬三千八百六十。戶減少六分之五，口減少五分之四。

兩漢三輔戶口比較表❶

地名	西漢		東漢	
	戶數	口數	戶數	口數
京兆尹	一九五、七〇二	六八二、四六八	五三、二九九	二八五、五七四
左馮翊	二三五、一〇一	九一七、八二二	三七、〇九〇	一四五、一九五
右扶風	二一六、三七七	八三六、〇七〇	一七、三五二	九三、〇九一
總計	六四七、一八〇	二、四三六、三六〇	一〇七、七四一	五二三、八六〇

戶口為古代財富的基礎，戶口減少，該地的稅收也隨之減少。在交通不便的時代，中央政府財政上若須仰給於外郡，政治上必將受制於外郡。秦漢政府常將戶口移殖關中，就是要加強關中的富庶，使首都能夠支配全國。三河之地雖然戶口比前漢也減少了許多，而較之三輔尚可稱為稠密。

兩漢三河戶口比較表❷

地名	西漢		東漢	
	戶數	口數	戶數	口數
河南	二七六、四四四	一、七四〇、二七九	二〇八、四八六	一、〇一〇、八二七
河內	二四一、二四二	一、〇六七、〇九七	一五九、七七〇	八〇一、五五八
河東	二三六、八九六	九六二、九一二	九三、五四三	五七〇、八〇三
總計	七五四、五八二	三、七七〇、二八八	四六一、七九九	二、三八三、一八八

❶ 本表據漢書卷二十八上地理志上及後漢書卷二十九郡國志一。

❷ 本表據漢書卷二十八上地理志上及後漢書卷二十九郡國志一。

兼以關中北近匈奴，西接諸羌。漢高祖起自匹夫，有冒險的精神，故敢自臨危險之地，而寓臥薪嘗膽之意。此後武帝置朔方，開河西，卒使關中成為險固之區。然元帝之世尚有人提議徙都洛陽，西遠羌胡之難（漢書卷七十五翼奉傳）。光武「重慎畏事」，當其剪滅群雄之際，三輔荒涼，胡騎南下，而西羌且寇金城隴西（參閱後漢書卷一百十九南匈奴傳及卷一百十七西羌傳）。朔方不守，河西不固，關中之地已不險固。

就經濟說，長安不如洛陽富庶，就國防說，長安不如洛陽安全。光武不都長安而都洛陽，殆此之由。然而因此三輔遂委於胡羌，三輔不守，洛陽亦非久安之地。胡羌休養生聚，經三國而至晉代，遂乘中原多事之際，發生了五胡亂華之事。

光武平定海內，曾實行許多政策。我們知道戶口超過於食糧，乃是吾國古代社會問題發生的原因。東漢初年，戶口比之西漢相差甚巨。

> 元始（平帝）二年，民戶千三百二十三萬三千六百一十二，口五千九百一十九萬四千九百七十八人……漢之極盛也。及王莽簒位，繼以更始赤眉之亂，至光武中興，百姓虛耗，十有二存。中元（光武）二年，民戶四百二十七萬千六百三十四，口二千一百萬七千八百二十人（後漢書卷二十九郡國志一注引帝王世紀）。

以當時生產技術言，食糧的增加往往比不過人口的增加。戶口減少，土地的生產可以供給社會的需要。而在大亂之後，人民希望於政府者不能積極的建設，而是消極的休息。換句話說，西漢初年的黃老主義也是東漢初年百姓所要求的。黃老主義應用於政治之上，則為安靜，光武便是應用安靜以治理天下的。

> 初光武長於民間，頗達情偽，見稼穡艱難，百姓病害。至天下已定，務用安靜，解王莽之繁密，還

> 漢世之輕法（後漢書卷一百六循吏傳序）。

安靜就是予民休息，而其方法則為減政。減政有兩個意義，一是省事，二是省官，而省官則以省事為前提，關於省事，文書調役務從簡寡。

> 時兵革既息，天下少事，文書調役務從簡寡，至乃十存一焉（後漢書卷一下光武帝紀建武十三年）。

關於省官，百官志（後漢書卷三十四百官志一）云：「世祖中興，務從節約，並官省職，費減億計」。其最甚者則為地方官的省並，此蓋戶口減耗之故。

> 世祖中興，海內人民可得而數，裁十二三。邊陲蕭條，靡有孑遺……上笑曰，今邊無人，而設長吏治之，難如春秋素王矣（應劭漢官儀卷上）。

計其所省並者，有四百餘縣之多。百官志（後漢書卷三十八百官志五）云：「世祖並省郡縣四百餘所，後世稍復增之」。建武六年六月辛卯詔云：

> 夫張官置吏所以為人也。今百姓遭難，戶口耗少，而縣官吏職所置尚繁，其令司隸州牧各實所部，省減吏員，縣國不足置長吏可並合者，上大司徒大司空二府（後漢書卷一下光武帝紀）。

於是「條奏並省四百餘縣，吏職減損，十置其一」（後漢書卷一下光武帝紀建武六年）。省事省官乃所以節省國家的經費，而減少人民的負擔。人民既承王莽的虐政，又受綠林赤眉的焚掠，一旦得息仔肩，社會問題已經解決了一半。而光武在這減政之下，又施行下列三種政策，以解決西漢遺留下來的社會問題。

一、對於農民實行減稅

西漢田賦本來是三十稅一，農民貧窮不是受田賦的壓迫，而是受佃租的壓迫。東漢初年，全國戶口變動甚大，這個時候，地主之因兵亂而死亡者必定不少。地主死亡，土地就變為無主的土地，或為豪族兼併，或被細民橫領。細民固然希望減稅，而豪強也因為減稅可以增加自己的收入，表示歡迎。

建武六年十二月癸巳詔曰，頃者師旅未解，用度不足，故行什一之稅。今軍士屯田，糧儲差積，其令郡國收見田租，三十稅一，如舊制（後漢書卷一下光武帝紀）。

二、對於豪強略加抑制

西漢以來，豪族漸有勢力，其狀無異於封建領主。鄧禹不能平定三輔，即因郡縣大姓各擁兵眾（後漢書卷四十七馮異傳）。隗囂所以覆亡，乃因北地豪長叛變而降於馮異（後漢書卷四十七馮異傳）。光武不殺韓歆，而用為鄧禹軍師，亦因歆乃南陽大人（後漢書卷四十七岑彭傳，章懷注云大人謂大家豪右）。鬲縣五姓（章懷注云五姓蓋當土強宗豪右也）共逐守長，據城而反。吳漢不肯進攻，反而使人謝過（後漢書卷四十八吳漢傳），由此可知在光武與群雄角逐之際，豪族有舉足輕重之勢。然而豪族兼併，武斷鄉曲，又和集權政府衝突。光武未得政權以前，固然不能不拉攏豪族，而既得政權之後，又不能不抑制豪族。班固云：

自建武永平，民亦新免兵革之禍，人有樂生之慮，與高惠之間同，而政在抑強扶弱，朝無威福之臣，邑無豪桀之俠（漢書卷二十三刑法志）。

光武如何抑制豪族？豪族能夠武斷鄉曲，因為他們有田地，有廣大的田地，所以要澈底打擊豪族，只有沒收他們的土地，而分配給貧民，王莽的井田聖制就是為達成這個目的而頒布的。但是井田制度唯於土廣人稀之時，即唯於政府有無限量的土地之時，才得實行。否則人口增加，土地不夠分配，井田制度便歸破壞。東漢初年，人口固然虛耗，而豪傑的勢力卻已根深蒂固，不易摧毀。吾人觀皇家子弟至死，尚為豪族李子春遊說，即可知之。

趙熹拜懷令，大姓李子春……豪猾并兼，為人所患，熹下車，聞其二孫殺人事，未發覺，即窮詰其姦，收考子春，二孫自殺，京師為請者數十，終不聽。時趙王良疾病將終，車駕親臨王，問所欲言。王曰素與李子春厚，今犯罪，懷令趙熹欲殺之，願乞其命。帝（光武）曰吏奉法律，不可枉也，更道它所欲，王無復言。即薨，帝追感趙王，乃貰出子春（後漢書卷五十六趙熹傳）。

在這種情勢之下，光武當然不能蹈王莽之覆轍，沒收豪族的土地。而徵之西漢歷史，限田制度亦難成功。無已，只有妥協，謀賦稅的均平，即放棄「耕者有其田」的理想，而實行「有田必有稅」的政策。西漢賦稅以田租及口賦為主，東漢沿而未革。而要謀賦稅的均平，又須檢覈田畝戶口。

建武十五年六月詔下州郡，檢覈墾田頃畝及戶口年紀（後漢書卷一下光武帝紀）。

然而檢覈田畝戶口之時，竟然引起了豪族的叛變。

建武十六年秋九月，河南尹張伋及諸郡守十餘人坐度田不實，皆下獄死。郡國大姓及兵長群盜處處並起，攻劫在所，害殺長吏。郡縣追討，到則解散，去復屯結，青徐幽冀四州尤甚。冬十月遣使者下郡國，聽群盜自相糾擿，五人共斬一人者除其罪。吏雖逗留回避故縱者皆勿問，聽以禽討為效。其牧守令長坐界內盜賊而不收捕者，又以畏愞捐城委守者皆不以為負，但取獲賊多少為殿最，唯蔽匿者乃罪之。於是更相追捕，賊並解散，徙其魁帥於它郡，賦田受稟，使安生業（後漢書卷一下光武帝紀）。

是時天下墾田多不以實，又戶口年紀互有增減。十五年詔下州郡檢覈其事，而刺史太守多不平均，或優饒豪右，侵刻羸弱，百姓嗟怨，遮道號呼。時諸郡各遣使奏事，帝見陳留吏牘上有書，視之云潁川弘農可問，河南南陽不可問。帝詰吏由趣，吏不肯服，抵言於長壽街上得之。帝怒，時顯宗為東海公，年十二，在幄後言曰，吏受郡勅，當欲以墾田相方耳。帝曰即如此，何故言河南南陽不可問。對曰河南帝城多近臣，南陽帝鄉多近親，田宅踰制，不可為準。帝令虎賁將詰問吏，吏乃實首服如顯宗對。如是遣謁者考實，具知姦狀（後漢書卷五十二劉隆傳）。

由這兩事觀之，可知郡國大姓不是單單因為度田不實而生叛變，乃是因為反對度田，而度田之時又有利於顯貴的豪族，不利於土著的大姓，故乃勾結群盜，稱兵作亂。倘令刺史太守只知優饒豪右，侵刻羸弱，則郡國大姓只有歡迎，何必攻擊在所，殺害長吏。但是光武竟然不敢利用兵力鎮壓他們，只能遣使者下郡國，聽其自相糾摘，而糾摘之後，又只能徙其魁帥於它郡，賦田受稟，使安生業。光武對付豪族如何妥協，觀此可以知道。

三、對於奴隸稍予保護

西漢末年奴隸制度發生弊端。成帝時師丹提議限制奴隸人數（漢書卷二十四上食貨志）。王莽篡位，以奴隸「逆天心，悖人倫，繆於天地之性人為貴之義」，乃改奴婢曰私屬，不得買賣（漢書卷九十九中王莽傳），即亦不廢除奴隸制度。莽末天下旱蝗，黃金一斤易粟一斛（後漢書卷一上光武帝紀建武二年），良民之販賣為奴婢者為數必定不少。骨肉離散，怨毒之氣彌漫於社會之上，這不失為一個重大問題。所以光帝即位，就講求解決奴隸制度。其法可分別為兩種，一是解放一部分的奴隸，亘光武一代，解放奴隸的命令共發六次。茲列表如次。

光武解放奴隸表❸

年月	事略
建武二年五月癸未	詔曰民有嫁妻賣子，欲歸父母者，恣聽之，敢拘執，論如律。
建武六年十一月丁卯	詔王莽時吏人沒入為奴婢，不應舊法者，皆免為庶人。
建武七年五月甲寅	詔吏人遭饑亂及為青徐賊所略為奴婢下妻，欲去留者，恣聽之，敢拘制不還，以賣人法從事。

❸ 本表據後漢書卷一光武帝紀。

建武十二年三月癸酉	詔隴蜀民被略為奴婢自訟者，及獄官未報，一切免為庶民。
建武十三年十二月甲寅	詔益州民自八年以來被略為奴婢者，皆一切免為庶民，或依託為人下妻，欲去者，恣聽之。敢拘留者比青徐二州以略人法從事。
建武十四年十二月癸卯	詔益涼二州奴婢自八月以來，自訟在所官，一切免為庶民，賣者無還直。

二是提高奴隸的法律地位。亘光武一代，曾發布命令三次。即：

光武保護奴隸表❹

年月	事略
建武十一年二月己卯	詔曰天地之性，人為貴，其殺奴婢，不得減罪。
建武十一年八月癸亥	詔曰敢炙灼奴婢，論如律，免所炙灼者為庶民。
建武十一年十月壬午	詔除奴婢射傷人，棄市律。

就是光武並不廢除奴隸制度，而只解放一部分的奴隸，並於法律之上保護奴隸的安全。蓋豪族的勢力既然雄大，而社會貧富又不均平，在這種經濟基礎之上，奴隸制度自難消滅，只有用法律承認奴隸制度，並用法律禁止奴主虐待奴隸。

總之，光武統一天下之後，有鑑於王莽的失敗，對於西漢遺留下來的社會問題，不敢過事改革，只有基安靜主義，稍加整頓。當時戶口減少，土地的生產可以供給社會的需要，所以稍稍施行社會政策，社會就可以安平無事，而現出小康的狀態。

❹ 本表據後漢書卷一下光武帝紀。

第二節

漢族與蠻族的衝突

國家強弱乃以戶口多寡為標準，因為民多則田墾而稅增，役眾而兵強，葉水心說：

為國之要在於得民，民多則田墾而稅增，役眾而兵強。田墾稅增，役眾兵強，則所為而必從，所欲而必遂……然則因民之眾寡為國之強弱，自古而然矣（文獻通考卷十一歷代戶口丁中職役）。

光武之時，戶口比之西漢，減耗甚巨，邊方尤見蕭條。

世祖中興，海內人民可得而數，裁十二三，邊陲蕭條，靡有孑遺，鄣塞破壞，亭障絕滅（應劭漢官儀卷上）。

戶口減耗，當然田荒而稅減，役寡而兵弱，而邊方蕭條，就國防說，尤覺危險。蓋「邊俗尚勇力」（後漢書卷四十八蓋延傳），銚期說：

河北之地，界接邊塞，人習兵戰，號為精勇（後漢書卷五十銚期傳）。

界接邊塞者尚習兵戰，邊塞之人更不必說。鄭太云：

關西諸郡頗習兵事，自頃以來，數與羌戰，婦女猶戴戟操矛，挾弓負矢，況其壯勇之士以當妄戰之人乎（後漢書卷一百鄭太傳）。

所以邊民減少就是邊兵減少。其減少情況可列表如次。

兩漢沿邊十二郡戶口比較表

郡名	西漢 戶數	西漢 口數	東漢 戶數	東漢 口數
北地	六四、四六一	二一〇、六八八	三、一二二	一八、六三七
朔方	三四、三三八	一三六、六二八	一、九八七	七、八四三
五原	三九、三二二	二三一、三二八	四、六六七	二二、九五七
雲中	三八、三〇三	一七三、二七〇	五、三五一	二六、四三〇
定襄	三八、五五九	一六三、一四四	三、一五三	一三、五七一
雁門	七三、一三八	二九三、四五四	三一、八六二	二四九、〇〇〇
代郡	五六、七七一	二七八、七五四	二〇、一二三	一二六、一八八
西河	一三六、三九〇	六九八、八三六	五、六九八	二〇、八三八
上谷	三六、〇〇〇	一一七、七六二	一〇、三五二	五一、二〇四
漁陽	六八、八〇二	二六四、一一六	六八、四五六	四三五、七四〇
右北平	六六、六八九	三二〇、七八〇	九、一七〇	五三、四七五
遼西	七二、六五四	三五二、三二五	一四、一五〇	八一、七一四

兩漢河西四郡戶口比較表❺

郡名	西漢		東漢	
	戶數	口數	戶數	口數
敦煌	一一、二〇〇	三八、三二五	七四八	二九、一七〇
酒泉	一八、一三七	七六、七二六	一二、七〇六	
張掖	二四、三五二	八八、七三一	六、五五二	二六、〇四〇
武威	一七、五八〇	七六、四一九	一〇、〇四三	三四、二二六

在這種環境之下，東漢政府對於邊防已經感覺空虛了。而天下疲耗，人民思樂息肩，所以光武不言軍旅之事。

初帝在民間，久厭武事，且知天下疲耗，思樂息肩。自隴蜀平後，非儆急，未嘗復言軍旅（後漢書卷一下光武帝紀中元二年）。

因之，對於外寇，尤其對於匈奴，雖然王莽時代匈奴又復叛亂，而光武只能賂遺金幣，以通舊好。臧宮說：

匈奴貪利，無有禮信，窮則稽首，安則侵盜（後漢書卷四十八臧宮傳）。

匈奴之性如此，所以漢遺金幣，不但不能挽救邊境之急，而匈奴因此反而驕踞起來。

光武初平諸夏，未遑外事……賂遺金帛，以通舊好，而單于驕踞，自比冒頓，對使者辭語悖慢（後漢書卷一百十九南匈奴傳）。

且乘中原多事之際，侵入內郡，而令光武不能不於腹地，築堡壘，起烽燧以成之。

❺ 以上兩表據漢書地理志，後漢書郡國志。

> 馬成拜揚武將軍……屯常山中山以備北邊……繕治障塞，自西河至渭橋，河上至安邑，太原至井陘，中山至鄴，皆築保壁，起烽燧，十里一候（後漢書卷五十二馬成傳）。

對付夷狄實如耿秉所說，只有「以戰去戰」（後漢書卷四十九耿秉傳），而「以戰去戰」之法又如班超所說：「以夷狄攻夷狄，計之善者也」（後漢書卷七十七班超傳）。光武末年，匈奴連年旱蝗，人畜死亡大半。

> 匈奴中連年旱蝗，赤地數千里，草木盡枯，人畜飢疫，死耗太半（後漢書卷一百十九南匈奴傳）。

而又分為南北兩庭。南庭欲得漢助，奉藩稱臣。

> 南匈奴醢落尸逐鞮單于比者，呼韓邪單于之孫，烏珠留若鞮單于之子也。自呼韓邪後，諸子以次立，至比季父單于輿時，以比為右薁鞬日逐王，部領南邊及烏桓……初單于弟右谷蠡王伊屠知牙師，以次當左賢王。左賢王即是單于儲副。單于欲傳其子，遂殺知牙師……比見知牙師被誅，出怨言曰，以兄弟言之，右谷蠡王次當立；以子言之，我前單于長子，我當立，遂內懷猜懼，庭會稀闊，單于疑之，乃遣兩骨都侯監領比所部兵。二十二年單于輿死，子左賢王烏達鞮侯立為單于，復死，弟左賢王蒲奴立為單于。比不得立，既懷憤恨……密遣漢人郭衡奉匈奴地圖，二十三年詣西河太守求內附……二十四年春，八部大人共議立比為呼韓邪單于，以其大父嘗依漢得安，故欲襲其號，於是款五原塞，願永為蕃蔽，扞禦北虜……其冬比自立為呼韓邪單于（章懷注云：東觀記曰十二月癸丑，匈奴始分為南北單于）。二十五年……南單于復遣使詣闕，奉藩稱臣，獻國珍寶（後漢書卷一百十九南匈奴傳）。

光武給以西河美稷之地，令其扞禦北虜。

> 二十六年……詔單于徙居西河美稷……南單于既居西河，亦列置諸部王，助為扞戍，使韓氏骨都侯屯北地，右賢王屯朔方，當于骨都侯屯五原，呼衍骨都侯屯雲中，郎氏骨都侯屯定襄，左南將軍屯鴈

> 門，栗籍骨都侯屯代郡，皆領部眾，為郡縣偵羅耳目（後漢書卷一百十九南匈奴傳）。

北庭恐漢討伐，屢求和親。

> 二十七年北單于遂遣使詣武威求和親，天子召公卿廷議，不決。皇太子言曰，南單于新附，北虜懼於見伐，故傾耳而聽，爭欲歸義耳。今未能出兵，而反交通北虜，臣恐南單于將有二心，北虜降者且不復來矣。帝然之，告武威太守勿受其使（後漢書卷一百十九南匈奴傳）。

遂從班彪之議，既不助南，亦不絕北，使二虜互相猜忌。

> 二十八年北匈奴復遣使詣闕，貢馬及裘，更乞和親……司徒掾班彪奏曰……今北匈奴見南單于來附，懼謀其國，故數乞和親……臣見其獻益重，知其國益虛，歸親愈數，為懼愈多。然今既未獲助南，則亦不宜絕北。羈縻之義，禮無不答，謂可頗加賞賜，略與所獻相當，明加曉告以前世呼韓邪郅支行事……帝悉納從之（後漢書卷一百十九南匈奴傳）。

明帝即位，時天下安平已久，頗有餘力，外事四夷，於是募民戍邊，以固邊防。

> 永平元年七月募士卒戍隴右，賜錢人三萬（後漢書卷二明帝紀）。

次置度遼營，以防二虜交通。

> 永平八年鄭眾上言，宜更置大將，以防二虜交通，由是始置度遼營（後漢書卷一百十九南匈奴傳）。

此時也，歲比登稔，百姓殷富。

> 是歲天下安平，人無徭役，歲比登稔，百姓殷富，粟斛三十，牛羊被野（後漢書卷二明帝紀永平十二年）。

於是明帝遂有北伐之意，謀根本解決匈奴問題。

> 時天下乂安，帝（明帝）欲遵武帝故事，擊匈奴，通西域（後漢書卷五十三竇固傳）。

我們知道匈奴之地以朔方一帶最為肥饒，其次則為河西四郡。兩地經武帝開置，到了東漢，已經成為中國的版圖。匈奴的財政只有仰給西域。建武中，西域已求內屬，光武以天下初定，未遑外事，竟不許之。

> 王莽簒位，貶易侯王，由是西域怨叛，與中國遂絕，並復役屬匈奴。匈奴歛稅重刻，諸國不堪命。建武中，皆遣使求內屬，願請都護。光武以天下初定，未遑外事，竟不許之（後漢書卷一百十八西域傳）。

明帝既有志於解決匈奴，於是如何斷絕匈奴與西域的交通，又成為一個重要問題。伊吾為西域的門戶，欲通西域，必須取得伊吾，而伊吾之地又甚膏腴，可以屯田積穀。

> 自伊吾北通車師……此其西域之門戶也……伊吾地宜五穀桑麻蒲萄，其北又有柳中，皆膏腴之地，故漢常與匈奴爭車師伊吾，以制西域焉（後漢書卷一百十八西域傳）。

所以明帝又命將出師，奪取伊吾，留兵屯田於其地❻。

> 十六年明帝乃命將帥北征匈奴，取伊吾盧地，置宜禾都尉以屯田，遂通西域（後漢書卷一百十八西域傳）。

並命班超經營西域。鄯善、于寘、疏勒悉降。

> 竇固出擊匈奴，以超為假司馬……使西域。超到鄯善，鄯善王廣奉超禮敬甚備，後忽更疏懈。超謂

---

❻ 據後漢書卷五十三竇固傳，是役分四路進兵，討伐北匈奴，一路由竇固耿忠率酒泉敦煌張掖甲卒及盧水羌胡萬二千騎出酒泉塞，一路由耿秉秦彭率武威隴西天水募士及羌胡萬騎出居延塞，一路由祭肜吳棠將河東北地西河羌胡及南單于兵萬一千騎出高闕塞，一路由來苗文穆將太原鴈門代郡上谷漁陽右北平定襄郡兵及烏桓鮮卑萬一千騎出平城塞。

其官屬曰……此必有北虜使來，狐疑未知所從故也……超乃……悉會其吏士三十六人……往奔虜營……斬其使……召鄯善王廣，以虜使首示之；一國震怖，超曉告撫慰，遂納子為質……是時于寘王廣德新攻破莎車，遂雄張南道，而匈奴遣使監護其國。超既西，先至于寘，廣德禮意甚疏。且其俗信巫，巫言神怒，何故欲向漢……超既斬巫首以送廣德，因辭讓之。廣德……大惶恐，即攻殺匈奴使者而降超……時龜茲王建為匈奴所立，倚恃虜威，據有北道，攻破疏勒，殺其王，而立龜茲人兜題為疏勒王……超從間道至疏勒……劫縛兜題……立其故王兄子忠為王，國人大悅（後漢書卷七十七班超傳）。

明帝崩殂，章帝即位，最初曾發生過兩次牛疫。

章帝即位，是歲牛疫。建初元年春正月丙寅詔曰，比年牛多疾疫，墾田減少，穀價頗貴，人以流亡（後漢書卷三章帝紀）。

建初四年冬牛大疫（後漢書卷三章帝紀）。

牛是吾國古代農業的工具。吾人觀廬江百姓不知牛耕之時，食常不足，到了知道用犁，境內便見豐給。牛與農業有密切的關係，由此可以知道。

王景遷廬江太守，先是百姓不知牛耕，致地力有餘，而食常不足……景教用犂耕，由是墾闢倍多，境內豐給（後漢書卷一百六王景傳）。

牛多疾疫，墾田減少，所以章帝不能繼續明帝未竟的功業，且罷伊吾屯田之兵，於是北匈奴又遣兵守伊吾地❼。

❼ 據後漢書卷三章帝紀，罷伊吾屯田為建初二年之事。

> 章帝不欲疲敝中國，以事夷狄，乃……罷屯田伊吾，匈奴因遣兵守伊吾地（後漢書卷一百十八西域傳）。

牛疫之災影響於農業的生產，為時大率甚久，吾人觀元和二年二月甲戌詔尚有「自牛疫以來，穀食連少」之語，即可知之。在這種經濟之下，當然不能外事四夷。按兩漢初年中國所以受到匈奴壓迫，實因戶口減耗，章帝雖然不欲外事，而卻能講求生殖政策。

> 元和二年春正月乙酉詔曰，令云人有產子者，復勿算三歲（集解引惠棟曰，高祖七年令也）。今諸懷孕者，賜胎養穀，人三斛，復其夫勿算一歲，著以為令（後漢書卷三章帝紀）。

所以不久人口比之光武時代乃增加了一倍。

光武明章時代戶口增加表❽

年代	戶數	口數
光武中元二年	四、二七九、六三四	二一、〇〇七、八二〇
明帝永平十八年	五、八六〇、五七三	三四、一二五、〇二一
章帝章和二年	七、四五六、七八四	四三、三五六、三六七

人口增加，當然是田墾而稅增，役眾而兵強。所以和帝即位，就乘北庭大亂，加以飢蝗之際，命將出師，一舉而大破之。

> 時北虜大亂，加以飢蝗，降者前後而至，南單于將並北庭。會肅宗崩，竇太后臨朝。其年七月單于上言……宜及北虜分爭，出兵討伐，破北成南，並為一國，令漢家長無北念……太后以示耿秉。秉上

❽ 本表據後漢書卷三十三郡國志五注引帝王世紀。

言……今幸遭天授，北虜分爭，以夷伐夷，國家之利，宜可聽許……太后從之。永元元年以秉為征西將軍，與車騎將軍竇憲率騎八千，與度遼兵及南單于眾三萬騎出朔方，擊北虜，大破之，北單于奔走，首虜二十餘萬（後漢書卷一百十九南匈奴傳）。

這個時候班超也完全平定了西域❾。

超欲……叵平諸國，乃上疏……曰……以夷狄攻夷狄，計之善者也。臣見莎車疏勒田地肥廣，草木饒衍，不比敦煌鄯善間也。兵可不費中國，而糧食自足……書奏，帝知其功可成……超因發疏勒于寘兵擊莎車。……而龜茲王……合五萬人救之。超……追斬五千餘級……莎車遂降。龜茲等因各退散，自是威震西域。初月氏嘗助漢擊車師有功……因求漢公主，超拒還其使，由是怨恨。永元二年月氏遣其副王謝將兵七萬攻超……超度其糧將盡，必從龜茲求救，乃遣兵數百於東界要之，謝果遣騎齎金銀珠玉以賂龜茲。超伏兵遮擊，盡殺之，持其使首以示謝，謝大驚，即遣使請罪，願得生還，超縱遣之。月氏由是大震，歲奉貢獻。明年龜茲姑墨溫宿皆降……超遂發龜茲鄯善等八國兵合七萬人……討焉耆……焉耆王廣……迎超……不欲令漢軍入國，超更從他道……到焉耆，去城二十里……廣出不意大恐……相率詣超……超……叱吏士收廣……斬之，傳首京師……更立元孟（焉耆左侯，先嘗質京師）為焉耆王……於是西域五十餘國悉皆納質內屬焉（後漢書卷七十七班超傳）。

按匈奴所恃以擾亂中國者，在於支配西域，用西域的財富，以作侵略中國的經費。班超經營西域，西域五十餘國悉皆納質內屬之後，匈奴之禍便見消滅。但是安帝初年西羌作亂，西域之路斷絕，北匈

❾ 合前所引班超傳言之，降鄯善于寘為明帝永平十六年之事，降疏勒為永平十七年之事。同年竇固又進擊車師，遂定車師而還。降莎車為章帝章和元年之事，降月氏為和帝永元二年之事，降龜茲為永元三年之事，降焉耆為永元六年之事。

奴又乘機支配了西域諸國。請看班勇之言。

> 孝明皇帝深惟廟策，乃命虎臣出征西域，故匈奴遠遁，邊境得安。及至永元，莫不內屬。會間者羌亂，西域復絕，北虜遂遣責諸國，備其逋租，高其價直，嚴以期會。鄯善車師皆懷憤怨，思樂事漢，其路無從（後漢書卷七十七班勇傳）。

從而邊疆各地復受北匈奴侵略❿。

> 孝和晏駕……永初元年……詔罷都護，自此遂棄西域。北匈奴即復收屬諸國，共為邊寇十數歲（後漢書卷一百十八西域傳）。

朝廷不堪其擾，乃令班勇再定西域。

> 其後北虜連與車師入寇河西，朝廷不能禁，議者因欲閉玉門陽關，以絕其患……尚書陳忠上疏曰……孝武……開河西四郡，以隔絕南羌，收三十六國，斷匈奴右臂，是以單于孤特，鼠竄遠藏……今北虜已破車師，勢必南攻鄯善，棄而不救，則諸國從矣。若然，則虜財賄益增，膽勢益殖，威臨南羌，與之交連。如此，河西四郡危矣。河西既危，不得不救，則百倍之役興，不貲之費發矣……臣以為敦煌宜置校尉，案舊增四郡屯兵，以西撫諸國，庶足折衝萬里，震怖匈奴。帝納之，乃以班勇為西域長史，將弛刑士五百人西屯柳中，勇遂破平車師……順帝永建二年勇復擊降焉耆，於是龜茲疏勒于寘莎車等十七國皆來服從，而烏孫蔥嶺已西遂絕。六年帝以伊吾舊膏腴之地，傍近西域，匈奴資之，以為鈔暴，復令開設屯田，如永元時事，置伊吾司馬一人（後漢書卷一百十八西域傳）。

西域平定之後，匈奴之禍固然減輕，而烏桓⓫鮮卑⓬西羌之禍又復發生。這對於東漢政權的顛覆

❿ 後漢書卷五安帝紀，永初元年六月壬戌罷西域都護，先零種羌叛，斷隴道，大為寇掠。

⑪ 烏桓自安帝以後，常來寇邊，一直到三國初期，曹操大破其眾於柳城，徙萬餘落於中國之後，其禍才息。據後漢書卷一百二十烏桓傳，烏桓者本東胡也，漢初，匈奴冒頓滅其國，餘類保烏桓山，因以為號焉。俗善騎射……隨水草放牧，居無常處，以穹廬為舍……烏桓自為冒頓所破，眾遂孤弱，常臣伏匈奴，歲輸牛馬羊毛，過時不具，輒沒其妻子。及武帝遣驃騎將軍霍去病破匈奴左地，因徙烏桓於上谷漁陽右北平遼東（遼西）五郡塞外，為漢偵察匈奴動靜……光武初，烏桓與匈奴連兵為寇，代郡以東尤被其害，居止近塞，朝發穹廬，暮至城郭，五郡民庶，家受其辜，至於郡縣損壞，百姓流亡……建武二十二年匈奴國亂，烏桓乘弱擊破之，匈奴轉北徙數千里，漠南地空……二十五年遼西烏桓大人郝旦等九百二十二人率眾向化，詣闕朝貢……烏桓或願留宿衛，於是封其渠帥為侯王君長者八十一人，皆居塞內，布於緣邊諸郡，令招徠種人，給其衣食，遂為漢偵候，助擊匈奴鮮卑……及明章和三世，皆保塞無事。安帝永初三年夏漁陽烏桓……寇代郡上谷，秋鴈門烏桓……寇五原……順帝陽嘉四年冬烏桓寇雲中……永和五年烏桓大人阿堅羌渠等……反畔……桓帝永壽中，朔方烏桓……畔……延熹九年夏烏桓……寇緣邊九郡……靈帝初，烏桓大人……皆自稱王……中平四年……諸郡烏桓……寇掠青徐幽冀四州……建安十二年曹操自征烏桓，大破蹋頓於柳城，斬之，首虜二十餘萬人……其餘眾萬餘落悉徙居中國云（後漢書卷一百二十烏桓傳）。

⑫ 鮮卑自和帝以後，寇鈔不已，當其盛時，盡據匈奴故地，東西萬四千餘里。靈帝末，兄弟爭國，其勢始衰。據後漢書卷一百二十鮮卑傳，鮮卑者亦東胡之支也，別依鮮卑山，故因號焉。其言語習俗與烏桓同……漢初，亦為冒頓所破，遠竄遼東塞外，與烏桓相接，未嘗通中國焉。光武初匈奴強盛，率鮮卑與烏桓寇抄北邊，殺掠吏人，無有寧歲……及南單于附漢，北虜孤弱……鮮卑大人皆來歸附……明章二世保塞無事。和帝永元中，大將軍竇憲……擊破匈奴，北單于逃走，鮮卑因此轉徙據其地。匈奴餘種留者尚有十餘萬落，皆自號鮮卑，鮮卑由此漸盛。九年遼東鮮卑寇右北平，因入漁陽……殤帝延平元年鮮卑復寇漁陽……安帝元初二年秋遼東鮮卑圍無慮縣……復攻扶黎營，殺長吏。四年遼西鮮

頗有關係，胡羌寇邊，國家欲加討伐，必須擴充軍備，於是租稅因之增加，傜役因之繁重。農事方興，已輸穀租，田園未墾，又斂勞力，家家顛覆，骨肉分離，國民經濟開始崩潰，而東漢社會便逐步踏上破滅之路。

其為禍最烈者卻是西羌。即如段熲所說：「中興以來，羌寇最盛，誅之不盡，雖降復叛」（後漢書卷九十五段熲傳）。羌禍直接可以蹂躪中國的邊境，而破壞沿邊各郡的經濟。和帝時，何敞已言：

> 涼州緣邊，家被凶害（章懷注云，時西羌犯邊為害也），男子疲於戰陣，妻女勞於轉運，老幼孤寡，歎息相依（後漢書卷七十三何敞傳）。

安帝時，「羌虜颷起，邊方擾亂，米穀踴貴，自關已西，道殣相望」（後漢書卷九十上馬融傳）。龐參亦

卑……遂燒塞門，寇百姓……五年秋代郡鮮卑萬餘騎遂穿塞入寇，分攻城邑，燒宮寺，殺長吏而去……冬鮮卑入上谷，攻居庸關……六年秋鮮卑入馬城塞，殺長吏……建光元年遼西鮮卑寇居庸……延光元年冬復寇鴈門定襄，遂攻太原，掠殺百姓……三年秋復寇高柳……順帝永建元年秋遼西鮮卑寇代郡……時遼東鮮卑六千餘騎亦寇遼東玄菟……三年四年鮮卑頻寇漁陽朔方……陽嘉二年……秋鮮卑穿塞入馬城……桓帝時，鮮卑檀石槐……兵馬甚盛，東西部大人皆歸焉，因南抄緣邊，北拒丁零，東卻夫餘，西擊烏孫，盡據匈奴故地，東西萬四千餘里……永壽二年秋檀石槐遂將三四千騎寇雲中。延熹元年鮮卑寇北邊……二年復入鴈門，殺數百人，大抄掠而去。六年夏……寇遼東屬國。九年夏……入緣邊九郡，並殺掠吏人……朝廷積患之而不能制，遂遣使持印綬封檀石槐為王，欲與和親。檀石槐不肯受，而寇抄滋甚……靈帝立，幽并涼三州緣邊諸郡無歲不被鮮卑寇抄，殺略不可勝數。熹平三年冬鮮卑入北地……五年鮮卑寇幽州。六年夏鮮卑寇三邊……冬鮮卑寇遼西。光和元年冬又寇酒泉，緣邊莫不被毒……光和中，檀石槐死……子和連代立……和連死，其子騫曼年少，兄子魁頭立，後騫曼長大，與魁頭爭國，眾遂離散。

說：

農功消於轉運，資財竭於徵發，田疇不能墾闢，禾稼不得收入，搏手困窮，無望來秋，百姓力屈，不復堪命（後漢書卷八十一龐參傳）。

間接可以斷絕中國與西域的交通，而增加匈奴寇邊的聲勢，和帝時，隃麋（縣名，屬右扶風）相曹鳳已經建議：

臣愚以為宜及此時，建復西海郡縣，規固二榆，廣設屯田，隔塞羌胡交關之路，遏絕狂狡窺欲之源，又植穀富邊，省委輸之役，國家可以無西方之憂（後漢書卷一百十七西羌傳）。

東漢羌禍乃開始於王莽末年，初僅寇邊，繼則入居塞內。

自王莽末，西羌寇邊，遂入居塞內，金城屬縣多為虜有（後漢書卷五十四馬援傳）。

所以范曄才說：「羌雖外患，實深內疾，若攻之不根，是養疾痾於心腹也」（後漢書卷一百十七西羌傳論曰）。西羌種類甚多，各有酋長，不相統一。

西羌種類繁熾，不立君臣，無相長一，強則分種為酋豪，弱則為人附落，更相抄暴，以力為雄（後漢書卷一百十七西羌傳）。

一個種族統一則強，分立則弱。西漢時，西羌所以易制，因為它們自相攻擊，及至東漢，蠻族已經知道漢家以夷攻夷的政策。

湟中諸胡皆言，漢家常欲鬭我曹（後漢書卷四十六鄧訓傳）。

最初諸羌之內附者與漢人雜居，尚能相安無事，只因他們受了豪右魚肉，積以成怨，遂至反叛。班彪說⓭：

今涼州部皆有降羌，羌胡被髮左袵，而與漢人雜處，習俗既異，言語不通，數為小吏黠人所見侵奪，窮恚無聊，故致反叛（後漢書卷一百十七西羌傳）。

而居其本地者又「相與解仇結婚，交質盟詛」（後漢書卷四十六鄧訓傳），共攻漢室。按西羌乃遊牧種族，其兵長於山谷，而短於平地。

> 西羌所居無常依，隨水草，地少五穀，以產牧為業……其兵長在山谷，短於平地，不能持久，而果於觸突（後漢書卷一百十七西羌傳）。

反之中國因環境關係，還是如晁錯所說：

> 上下山阪，出入溪澗，中國之馬弗與也。險道傾仄，且馳且射，中國之騎弗與也（漢書卷四十九晁錯傳）。

若據虞詡之言，羌人所恃者為馬隊，而東漢乃以步兵與其交戰，這自非敗北不可。虞詡之言如次：

> 兵法，弱不攻強，走不逐飛，自然之勢也。今虜皆馬騎，日行數百，來如風雨，去如絕絃，以步追之，勢不相及，所以曠而無功也（後漢書卷一百十七西羌傳）。

順帝時，梁商比較中國與羌胡的長短。他說：

> 良騎野合，交鋒接矢，決勝當時，戎狄之所長，而中國之所短也。強弩乘城，堅營固守，以待其衰，中國之所長也，而戎狄之所短也（後漢書卷一百十九南匈奴傳）。

即在東漢，中國只能自守，至於野戰則不如戎狄。戰爭由武帝時代的攻勢變為東漢時代的守勢。但要堅營固守，必須運糧，而道路難險，運糧又非易事。

> 運道艱險，舟車不通，驢馬負載，僦五致一（後漢書卷八十八虞詡傳）。

---

⑬ 西羌傳尚有「諸降羌布在郡縣，皆為吏人豪右所徭役，積以愁怨」之語。

所以應依趙充國屯田政策，「貧破其眾」，否則西羌未降，而中國已經疲耗，財政上不能支持了。計東漢討伐西羌所用金錢，前後共用去三百六十餘億。

永初中，諸羌反叛，十有四年，用二百四十億。永和之末，復經七年，用八十餘億……建寧元年……拜熲破羌將軍……處處破之……於是東羌悉平……費用四十四億（後漢書卷九十五段熲傳）。

其實，當諸羌作亂之時，「因其歸附既久，無復器甲，或持竹竿木枝以代戈矛，或負版案以為楯，或執銅鏡以象兵」（後漢書卷一百十七西羌傳）。「然太守令長皆奴怯畏懦不敢擊，故令虜遂乘勝上強，破州滅郡，日長炎炎」（王符潛夫論第二十三篇邊議）。到了亂事擴大，「而將帥皆怯劣軟弱不敢討擊，但坐調文書以欺朝廷，實殺民百則言一，殺虜一則言百，或虜實多而謂之少，或實少而謂之多」（王符潛夫論第二十四篇實邊）。請看當時名將皇甫規之言：

微勝則虛張首級，軍敗則隱匿不言（後漢書卷九十五皇甫規傳）。

於是羌虜之禍日益擴大，而令朝臣有放棄涼州之議。例如安帝永初元年涼州羌虜反叛，龐參上書請將「涼州士民轉居三輔」，四年又謂「宜徙邊郡不能自存者，入居諸陵」（後漢書卷八十一龐參傳）。關此，虞詡已有批評：

涼州既棄，即以三輔為塞；三輔為塞，則園陵單外（單外言無蔽障），此不可之甚者也……今羌胡所以不敢入據三輔，為心腹之害者，以涼州在後故也。其土人所以推鋒執銳，無反顧之心者，為臣屬於漢故也。若棄其境域，徙其人庶，安土重遷，必生異志（後漢書卷八十八虞詡傳）。

王符亦說：

失涼州，則三輔為邊；三輔內入，則弘農為邊；弘農內入，則洛陽為邊（王符潛夫論第二十二篇救邊）。

這個時期「百姓晝夜望朝廷救己」，而「公卿苟以己不被傷，故競割國家之地以與敵，殺主上之民以餧羌」（潛夫論第二十三篇邊議）。「假使公卿子弟有被羌禍，朝夕切急如邊民者，則競言當誅羌矣」（同上第二十二篇救邊）。王符此言可以說是道破公卿的心理。於是羌禍就由涼州蔓延內郡。請看王符之言。

往者羌虜背叛，始自涼并，延及司隸，東禍趙魏，西鈔蜀漢，五州殘破，六郡削迹，周迴千里，野無孑遺，寇鈔禍害，晝夜不止，百姓滅沒，日月焦盡（王符潛夫論第二十二篇救邊）。

此時也，「諸將進戰則兵敗，退守則城亡」（王符潛夫論第二十一篇勸將），而「軍士勞怨，困於猾吏，進不得快戰以徼功，退不得溫飽以全命」，是以「徒見王師之出，不聞振旅之聲」（後漢書卷九十五皇甫規傳）。兼以刑賞不明，有如王符所說：

凡人所以肯赴死亡而不辭者，非以趨利，則因以避害也，無賢鄙愚智皆然。顧其所利害有異爾，不利顯名，則利厚賞也，不避恥辱，則避禍亂也……是以一旦軍鼓雷震，旌旗並發，士皆奮激競於死敵者，豈其情厭久生而樂害死哉，乃義士且以徼其名，貪夫且以求其賞爾。今吏從軍敗沒、死公事者以十萬數，上不聞弔唁嗟歎之榮名，下又無祿賞之厚實，節士無以勸慕，庸夫無所貪利，此其所以人懷沮解，不肯復死者也……言賞則不與，言罰則不行，士進有獨死之禍，退蒙眾生之福，此其所以臨陣亡戰、而競思奔北者也（王符潛夫論第二十一篇勸將）。

武器又鈍，復如崔實之言：

貪饕之吏競約其財用，狡猾之工復竊盜之，至以麻枲被弓弩，米粥雜漆，燒鎧鐵焠醯中，令脆易治，鎧孔又褊小，不足容人。刀牟悉鈍，故邊民敢鬪健士皆自作私兵，不肯用官器。凡漢所以能制胡者，徒擅鎧弩之利也。今鎧則不堅，弩則不勁，永失所恃矣（全後漢文卷四十六崔實政論）。

在這種軍政之下，當然不能靖難禦侮。按兩漢御戎之法，根本有所不同，西漢多用自己的兵力，東漢固然主張「以戰去戰」，而其政策純是「以夷伐夷」。光武中興，平定海內，其所用的兵例如吳漢一軍有烏桓突騎三千人（後漢書卷四十八吳漢傳）。到了天下統一，名義上是偃武修文，事實上是預防地方兵變。郡國軍隊多罷而不練。

> 建武六年省諸郡都尉，並職太守，無都試之役（注引應劭曰每有劇賊，郡臨時置都尉，事訖罷之）……唯邊郡往往置都尉及屬國都尉（後漢書卷三十八百官志五）。

西漢之世，每歲立秋之日檢閱地方軍隊，課其殿最，稱為都試。末年，不軌之徒常乘都試之期，劫勒隊伍，因以起事，光武有鑑於此，故罷都試。

> 光武徙見自西都之季，都試或以為患，韓延壽以試士僭擬不道誅，而翟義之討王莽，李通之勸光武，皆因秋試之日，因勒軍旅，誅守長，號令起軍，遂罷都試之法（文獻通考卷一百五十兵制二引章氏曰內注）。

都試既罷，地方軍隊就不訓練，所以不久又罷輕車騎士材官樓船等各種隊伍。

> 建武七年三月丁酉詔曰今國有眾軍並多精勇，宜且罷輕車騎士材官樓船士及軍假吏，今還復民伍（後漢書卷一下光武帝紀）。

凡有兵警，無不臨時設營置塢。

> 北胡有變，則置度遼營（明帝時），南蠻或叛，則置象林兵（和帝時），羌犯三輔，則置長安雍二營（安帝時），鮮卑寇居庸，則置漁陽營（安帝時），其後盜作，緣邊稍稍增兵（順帝時），而魏郡趙國常山中山六百一十六塢，河內通谷衝要三十三塢，扶風漢陽隴道三百塢（西羌傳），置屯多矣（文獻通考卷一百五十兵制二）。

而征討之事則以京師之兵任之，連年露暴，奔命四方，遂致京師之兵亦疲敝不堪，凡遇寇警，無不臨時取辦，軍事廢弛，所以戰多敗北。

> 自光武罷都試，而外兵不練，雖疆埸之間，廣屯增戍，列營置塢，而國有征伐，終藉京師之兵以出。蓋自建武迄於漢衰，匈奴之寇，鮮卑之寇，歲歲有之，或遣將出擊，或移兵留屯，連年暴露，奔命四方，而禁旅無復鎮衛之職矣。至安帝永初間，募入錢穀，得為虎賁羽林緹騎營士，而營衛之選亦衰矣。桓帝延熹間，詔減羽林虎賁不任事者半俸，則京師之兵亦單弱矣。外之士兵不練，而內之衛士不精，設若盜起一方，則羽檄被於三邊，與發甲卒，取辦臨時，戰非素具，每出輒北（文獻通考卷一百五十兵制二引章氏曰）。

中國軍隊既不可用，於是攻戰守禦之責常委任於戎狄，例如明帝永平十六年竇固討伐北匈奴，多用胡羌軍隊。

> 竇固耿忠率酒泉敦煌張掖甲卒及盧水羌胡萬二千騎出酒泉塞。耿秉秦彭率武威隴西天水募士及羌胡萬騎出居延塞。祭肜吳棠將河東北地西河羌胡及南單于兵萬一千騎出高闕塞。來苗文穆將太原鴈門代郡上谷漁陽右北平定襄郡兵及烏桓鮮卑萬一千騎出平城塞（後漢書卷五十三竇固傳）。

又如和帝永元元年竇憲討伐北匈奴，其所統率的軍隊亦以胡騎居多。

> 永元元年耿秉為征西將軍，與車騎將軍竇憲率騎八千，與度遼兵及南單于眾三千騎，出朔方擊北虜，大破之（後漢書卷一百十九南匈奴傳）。

戎狄均是遊牧民族，平素習於戰爭，令他們擔任兵役，當然是最好的。但是組織戎狄為軍隊，無異供給戎狄以干戈，他們可以反戈相抗。他們既知中國軍備，遂有輕視中國之心，紀律已經不佳。應劭說：

往者匈奴反叛，度遼將軍馬續烏桓校尉王元發鮮卑五千餘騎，又武威太守趙沖亦率鮮卑征討叛羌，斬獲醜虜，既不足言。而鮮卑越溢，多為不法，裁以軍令，則忿戾作亂，制御小緩，則陸掠殘害，劫居人，鈔商旅，噉人牛羊，掠人兵馬，得賞既多，不肯去，復欲以物買鐵，邊將不聽，便取縑帛，聚欲燒之。邊將恐怖，畏其反叛，辭謝撫順，無敢拒違（後漢書卷七十八應劭傳）。

而又久居塞內，熟悉山川險要。鄭眾說：「單于久居漢地，具知形勢」（後漢書卷六十六鄭眾傳），一旦叛變，實難抵禦。同時邊方荒涼，又可以引起戎狄的覬覦。窮邊之地，千里蕭條，寒風裂膚，驚沙慘目，比之內郡，若異天地。內地人民不願遠徙邊境，邊境人民希望遷居內地，理之當然。居於內地者若非罪犯，自難迫其徙居邊境；其徙於邊境者，東漢政府又不能予以優典，而反聽其受人虐待。

舊內郡徙人在邊者率多貧弱，為居人所僕役，不得為吏（後漢書卷四十七賈復傳）。

固然東漢政府禁止邊民內徙。

舊制邊人不得內徙（後漢書卷九十五張奐傳）。

但是政治上不能予以保護，經濟上不能給以利益，法律上的禁止是沒有用處的。邊境荒涼，自可引起戎狄內徙。建武十三年匈奴「寇河東，州郡不能禁，於是漸徙幽并邊人於常山關居庸關已東，匈奴左部遂復轉居塞內」（後漢書卷一百十九南匈奴傳），此即邊人內徙，戎狄乘隙入居塞內之證也。建武二十五年封烏桓「渠帥為侯王君長者八十一人，皆居塞內，布於緣邊諸郡，令招來種人，給其衣食」（後漢書卷一百二十烏桓傳），而馬援又置諸羌於天水隴西扶風三郡（後漢書卷一百十七西羌傳），竇固復徙降羌七千餘口居於三輔（後漢書卷一百十七西羌傳），此皆承平時之事，「貪其暫安之勢，信其馴服之情」（後漢書卷一百十七西羌傳論曰），「始服終叛，至今為鯁」，段熲慨乎言之（後漢書卷九十五段熲傳）。到了後來，戎狄步步進迫，而邊郡守令又畏惡軍事，往往強迫邊民內徙⑭。

二千石令長多內郡人，並無戰守意，皆爭上徙郡縣（上書求內徙），以避寇難。朝廷從之，遂移隴西徙襄武（縣名，屬隴西郡），安定徙美陽（縣名，屬右扶風），北地徙池陽（縣名，屬左馮翊），上郡徙衙（縣名，屬左馮翊）。百姓戀土，不樂去舊，遂乃刈其禾稼，發徹室屋，夷營壁，破積聚。時連旱蝗飢荒，而驅蹙劫略，流離分散，隨道死亡，或棄捐老弱，或為人僕妾，喪其大半（後漢書卷一百十七西羌傳）。

邊地人民既然內徙，塞外蠻族愈來移住，步步內徙，步步進迫，到了桓帝時代，沿邊各郡遂為蠻族所盤踞。

自雲中五原西至漢陽二千餘里，匈奴種羌並擅其地（後漢書卷九十五段熲傳）。

於是外患就轉變為內亂，所以范曄才說：「羌雖外患，實深內疾」（後漢書卷一百十七西羌傳）。其實，豈獨西羌，匈奴鮮卑無不如此。其為禍尤烈者，胡羌入居三輔，關中金城千里，天府之國，隋唐以前，誰能取得關中，誰就能控制中原。東漢政府徙蠻族於關中，聽其蔓延滋息，他們平日受了漢人的侮辱，仇恨之氣深入骨髓，一旦有機可乘，就可出為橫逆。東漢末年蠻族已經蠢動，到了三國鼎立，繼以晉之八王大亂，他們就以高屋建瓴之勢控制了中原。

⑭ 王符且謂「民之畏徙，甚於伏法。伏法不過家一人死爾，諸亡失財貨。奪土遠移，不習風俗，不便水土，類多滅門，少能還者」（潛夫論第二十四篇實邊）。

第三節

政局的紛亂

權力若集中於君主一身，政治的良窳常以君主之明暗為轉移。東漢皇帝除光武壽六十二，明帝壽四十八，章帝以後，多不永年。人主既不永年，則繼統者必為幼主⑮。

東漢……光武年六十二，明帝年四十八，章帝年三十三，和帝年二十七，殤帝二歲，安帝年三十二，順帝年三十，沖帝三歲，質帝九歲，桓帝年三十六，靈帝年三十四，皇子辨即位，年十七，是年即為董卓所弒。惟獻帝禪位後，至魏明帝青龍二年始薨，年五十四，此諸帝之年壽也。人主既不永年，則繼體者必幼主，幼主無子，而母后臨朝，自必援立孩稚以久其權。殤帝即位時，生僅百餘日，沖帝即位才二歲，質帝即位才八歲，桓帝即位年十五，靈帝即位年十二，宏農王即位年十七，獻帝即位才九歲，此諸帝即位之年歲也（廿二史劄記卷四東漢諸帝多不永年）。

幼主即位，母后臨朝，萬機殷遠，大臣無由參斷帷幄，於是政治上就發生了許多問題。西漢之世，母后已有干涉政治之事。

漢母后預政，不必臨朝及少主，雖長君亦然。文帝繫周勃，薄太后曰絳侯綰皇帝璽，將兵於北軍，

⑮ 和帝即位才十歲，安帝即位才十三，順帝即位年十一。

不以此時反，今居一小縣，顧欲反耶？文帝曰吏方驗而出之，遂赦勃。吳楚反，誅，景帝欲續之，竇太后曰吳王老人也，宜為宗室順善，令乃首亂天下，奈何續其後，不許吳楚立後。郅都害臨江王，竇太后怒，會匈奴中都以漢法，帝曰都忠臣，欲釋之，后曰臨江王獨非忠臣乎，於是斬都。武帝用王臧趙綰，太皇竇太后不悅儒術，綰請毋奏事東宮，后大怒，求得二人姦利事以責上，上下綰臧吏，殺之。竇嬰田蚡廷辯，王太后大怒不食，曰我在也，而人皆藉吾弟，且帝寬能為石人耶，帝不直蚡，特為太后故，殺嬰。韓嫣得幸於上，江都王為太后泣，請入宿衛比嫣，后由是銜嫣，嫣以姦聞，后使使賜嫣死，上為謝，終不能得。成帝幸張放，太后以為言，帝常涕泣而遣之（容齋隨筆卷二漢母后）。

但是西漢皇帝大率壯年即位，昭帝年齡雖幼，而武帝早已洞見母后臨朝之禍，所以欲立其子，先去其母。

鉤弋夫人之子弗陵年數歲，形體壯大，多知，上奇愛之，心欲立焉，以其年穉母少，猶豫久之，欲以大臣輔之……後數日帝譴責鉤弋夫人，夫人脫簪珥，叩頭，帝曰引持去，送掖廷獄，夫人還顧，帝曰趣行，汝不得活，卒賜死。頃之，帝閑居，問左右曰外人言云何，左右對曰言且立其子，何去其母乎。帝曰然，是非兒曹愚人之所知也。往古國家所以亂，由主少母壯也。女主獨居驕蹇，淫亂自恣，莫能禁也。汝不聞呂后邪，故不得不先去之也（資治通鑑卷二十二漢武帝後元元年）。

東漢和西漢不同，章帝以後，均是母后臨朝。

范書后妃紀，序謂東京皇統屢絕，權歸女主……臨朝者六后，章懷註……六后竇鄧閻梁竇何也。按章帝時，竇后專寵，有梁貴人生和帝，竇后養為己子，而陷貴人以憂死，章帝崩，和帝即位，竇后為太后稱制。和帝崩，皇后鄧氏為太后，立殤帝嗣位，殤帝殂，太后又立安帝，終身稱制。安帝崩，皇后閻氏為太后，立北鄉侯懿嗣位，身自臨朝；未幾懿殂，宦官孫程等迎立順帝，太后乃歸政。順帝崩，皇后梁氏為太后，立沖帝，身自臨朝；沖帝殂，太后又立質帝，猶秉朝政。質帝為梁冀所酖，太后又立桓帝，數年歸政。桓帝崩，皇后竇氏為太后，立靈帝，仍自臨朝，後其父武為宦官所害，太后亦遷於南宮。靈帝崩，皇后何氏為太后，立子辯嗣位，身自臨朝，尋為董卓廢弒，此六后也（廿二史劄記卷四東漢多母后臨朝外藩入繼）。

此蓋東漢母后有雄才者不少。他們不是入宮之時，名分已定，立為皇后，而是先為貴人，經過數年之後，才正位東宮，貴人之數甚多。

皇后一人，婕妤以至貴人皆至十數，美人比待詔，無數（衛宏漢舊儀卷下）。

其能立為皇后，固然因為色美，抑亦有恃於才優，方能與同列競爭，露出頭角，而為人主所重視。茲將臨朝者六后之略史列表如次。

臨朝六后略史表⑯

皇后	略史
章帝竇皇后	大司徒竇融之曾孫，建初二年入掖庭。肅宗先聞后有才色，及見，雅以為美，馬太后亦異焉。后性敏給，傾心承接，稱譽日聞，三年遂立為皇后。初宋貴人生皇太子慶，梁貴人生和帝，后既無子，並疾忌之，數間於帝，宋貴人自殺，慶廢為清河王，后養和帝為己子，而忌梁氏，乃作飛書以陷之，貴人以憂卒，后愛日隆。及帝崩，和帝即位，尊后為皇太后，皇太后臨朝。
和帝鄧皇后	太傅鄧禹之孫也。永元八年入掖庭為貴人，恭肅小心，動有法度，承事陰后，夙夜戰兢，接撫同列，常克己以下之，雖宮人隸役皆加恩借，帝深嘉焉。十四年陰后以巫蠱事廢，遂立鄧貴人為皇后，鄧皇后無子。和帝崩，迎立殤帝，尊后為皇太后，太后臨朝，殤帝崩，太后定策立安帝，猶臨朝政。

⑯本表據後漢書卷十皇后紀。

安帝閻皇后	后有才色，初元元年入掖庭為貴人，甚見寵愛，二年立為皇后。后專宮妬忌，帝幸宮人李氏生皇子保，后鴆殺李氏，又譖太子保，廢為濟陰王。安帝崩，后為皇太后。太后欲專國政，貪立幼年，乃迎立濟北王子北鄉侯懿為皇帝，臨朝稱制。
順帝梁皇后	大將軍梁商之女，永建三年入掖庭為貴人，陽嘉元年立為皇后。順帝崩，后無子，美人虞氏子炳立，是為沖帝，尊后為皇太后，太后臨朝。沖帝尋崩，復立質帝，猶秉朝政。質帝為后兄梁冀鴆殺，太后迎立蠡吾侯子志，是為桓帝，太后猶臨朝政，和平三年歸政於帝。
桓帝竇皇后	大司徒竇融之後，延熹八年入掖庭為貴人，旋即立為皇后。桓帝崩，無嗣，后為皇太后，太后臨朝定策，立解犢侯宏，是為靈帝，太后臨朝稱政。
靈帝何皇后	家本屠者，以選入掖庭，生皇子辯，拜后為貴人，甚有寵幸，性強忌，後宮莫不震慴。光和三年立為皇后。靈帝崩，皇子辯即位，尊后為皇太后，太后臨朝。

母后臨朝，結果便發生了外戚之禍。蓋幼主即位，權歸女主，女主欲鞏固自己的政權，無不委用父兄，以寄腹心。外戚既有後庭之援，遂張其勢以久其權。

東漢外戚秉權表

帝號	即位年齡	母后臨朝	外戚秉權	備考
和帝	十歲	竇太后	太后兄竇憲為車騎將軍，金印紫綬，遷大將軍，位在太傅下，三公上，威權震朝廷，刺史守令多出其門，父子兄弟權貴顯赫，傾動京師（後漢書卷五十三竇憲傳）。	憲傳，永元四年竇憲潛謀弒逆，和帝與宦官鄭眾定議誅之，太后歸政，永元九年太后崩。
殤帝	誕育方百餘日	鄧太后	太后兄鄧騭為車騎將軍儀同三司。儀同三司自騭始也。	

安帝	年十三	鄧太后	鄧騭為大將軍。騭崇節儉，罷力役，推進天下賢士，故天下復安（後漢書卷四十六鄧騭傳）。	自太后臨朝，水旱十載，四夷外侵，盜賊內起，每聞人飢，或達旦不寐，而躬自減徹，以救災阸，故天下復平，歲還豐穰（後漢書卷十上鄧皇后傳）。建光元年，太后崩，帝乳母王聖及宦者李閏誣告騭兄弟謀廢立，皆免為庶人，騭不食而死（騭傳）。
北鄉侯懿	誕育方百餘日，立二百餘日，不及改元而薨	閻太后	太后兄閻顯為車騎將軍，儀同三司。兄弟權要，威福自由（後漢書卷十下閻皇后傳）。	初后與宦官江京合謀，譖廢太子保為濟陰王，而迎立北鄉侯懿，懿薨，宦官孫程等合謀殺江京，立濟陰王，是為順帝，顯等皆伏誅，遷太后於離宮，明年太后崩（閻皇后傳）。
順帝	年十一		皇后父梁商為大將軍（後漢書卷六十四梁商傳）。	商每存謙柔，虛己進賢，京師翕然，稱為良輔（商傳）。
沖帝	二歲	梁太后	太后兄梁冀為大將軍。	
質帝	八歲	梁太后	太后兄梁冀為大將軍。	
植帝	年十五	梁太后	梁冀為大將軍，官屬倍於三公，專擅威柄，其四方調發，歲時貢獻，皆先輸上第於冀，乘輿乃其次焉。吏人齎貨求官請罪者，道路相望。冀取良人悉為奴婢，至數千人，名曰自賣人。每朝會，與三公絕席，十日一入，平尚書事。機事大小莫不諮決之，百官遷召，皆先到冀門，牋檄謝恩，然後敢詣尚書	太后夙夜勤勞，推心仗賢，拔用忠良，務崇節儉，其貪叨罪慝，多見誅廢，故海內肅然，宗廟以寧。但兄梁冀專橫暴濫，忌害忠良，素以邪說疑誤太后。而太后又溺於宦官，多所封寵，以此天下失望。和平元年歸政於帝，未幾崩（後漢書卷十一梁皇后紀）。延熹二年帝與宦官單超具瑗唐衡左悺徐璜等五人合謀誅冀，自是權歸宦官，朝廷日亂矣（後漢書卷一百八單超

			（後漢書卷六十四梁冀傳）。	傳）。
靈　帝	年十二	竇太后	太后父竇武為大將軍。	在位多辟名士，清身疾惡，禮賂不通，妻子衣食裁充足而已（後漢書卷九十九竇武傳）。竇武謀誅宦官，宦官曹節等矯詔殺武，遷太后於南宮，嘉平元年崩（後漢書卷十下竇皇后紀）。
皇子辯	年十七	何太后	太后兄何進為大將軍。	何進素知中官天下所疾，及秉朝政，陰規誅之，白太后，請盡誅諸常侍以下。宦官張讓等使人潛聽，具聞其語，乃詐以太后詔，召進入，斬進於嘉德殿前。袁紹勒兵捕宦者，無少長皆殺之，或有無鬚而誤死者，至自發露，然後得免者，二千餘人（後漢書卷九十九何進傳）。何進謀誅宦官，而太后不許，乃私呼董卓將兵入朝，以脅太后，卓未至而何進敗。卓引兵急進，脅太后廢少帝為弘農王，而立獻帝，遷太后於永安宮，遂以弑崩，初平元年董卓殺弘農王（後漢書卷一百二董卓傳）。

但是幼主即位，母后臨朝，何以外戚就能因夤得到政權呢？東漢雖置三公，事歸臺閣，一方崇三公之位，而奪其權，他方授尚書以政，而卑其秩。位高者無權，權重者秩卑。長君在位，政權屬於天子，幼主踐祚，政權歸於後庭。於是外戚就得憑藉母后之援，參與朝政。兼以東漢自光武始，皇后父

兄常掌宿衛或為侍中。

東漢皇后父兄掌宿衛或為侍中表

皇帝	皇后	外戚
光武帝	陰皇后	陰識：后兄，顯宗立為皇太子，以識守執金吾，帝每巡郡國，識常留鎮守京師，委以禁兵（後漢書卷六十二陰識傳）。 陰興：后弟，建武九年遷侍中，十九年拜衛尉，二十年帝欲以之為大司馬，興固讓，乃止（後漢書卷六十二陰興傳）。
明帝	馬皇后	馬廖：后兄，馬后既立，廖為羽林左監虎賁中郎將。明帝崩，受遺詔，典掌門禁，遂為衛尉（後漢書卷五十四馬廖傳）。
章帝	竇皇后	竇憲：后兄，竇后既立，憲遷侍中，虎賁中郎將（後漢書卷五十三竇憲傳）。
和帝	鄧皇后	鄧騭：后兄，鄧后既立，騭遷虎賁中郎將，自和帝崩後，騭兄弟常居禁中（後漢書卷四十六鄧騭傳）。
安帝	閻皇后	閻顯：后兄，安帝親政，顯兄弟並為卿校，典禁兵（後漢書卷十下閻皇后紀）。
順帝	梁皇后	梁商：后父，永建三年順帝選商女入掖庭，遷侍中屯騎校尉，陽嘉元年女立為皇后，拜執金吾，三年以商為大將軍（後漢書卷六十四梁商傳）。 梁冀：后兄，梁后既立，轉侍中，虎賁中郎將，越騎步兵校尉，執金吾。永和六年商薨，拜冀為大將軍（後漢書卷六十四梁冀傳）。
桓帝	竇皇后	竇武：后父，竇后既立，武遷越騎校尉，明年拜城門校尉（後漢書卷九十九竇武傳）。
靈帝	何皇后	何進：后兄，女弟選入掖庭為貴人，進遷虎賁中郎將。光和二年貴人立為皇后，拜進為侍中，中平元年黃巾賊張角等起，以進為大將軍（後漢書卷九十九何進傳）。

侍中之職始於秦代，因其「入侍天子，故曰侍中」（漢書卷十九上百官公卿表注引應劭曰），秦屬丞相府，西漢為加官，東漢屬少府。

> 秦為侍中，本丞相史也，使五人往來殿內東廂奏事，故謂之侍中。漢侍中為加官……後漢屬少府（通典卷二十一侍中）。

其職掌為何？據後志說：

> 侍中比二千石，本注曰無員，掌侍左右，贊導眾事，顧問應對（後漢書卷三十六百官志三）。

武帝時，侍中已貴幸用事，錢大昕云：

> 武帝初，嚴助朱買臣皆侍中，貴幸用事，始與聞朝政。厥後衛青霍去病霍光金日磾皆由侍中進，而權勢出丞相右矣（漢書卷十九上百官公卿表補注）。

侍中貴幸用事不是因為官高，而是因為入侍天子，而得與聞機要的事。應劭云：

> 侍中便蕃左右，與帝升降，卒思（切問）近對，拾遺補闕，百寮之中莫密於茲（漢官儀卷上）。

到了東漢，母后臨朝，外戚就利用侍中的地位而操弄國權。例如⑰：

> 和帝即位，太后臨朝，憲以侍中，內幹機密，出宣詔命（後漢書卷五十三竇憲傳）。

掌宿衛者，在政局變動之際，更可利用兵權以取得政權。閻顯就是因典禁兵而干與朝政的⑱。

> 建光元年鄧太后崩，帝（安帝）始親政事，顯及弟景耀晏並為卿校，典禁兵……兄弟頗與朝權（後漢書卷十下閻皇后紀）。

---

⑰ 是時，憲弟篤為衛尉，景執金吾，瓌光祿勳，叔父霸城門校尉，女婿郭舉為射聲校尉。見憲傳。

⑱ 顯弟景為衛尉，耀城門校尉，晏執金吾，見閻皇后紀。

而外戚秉政，除了他們別有野心之外，本不會發生糾紛，而據申屠剛所說：

> 且漢家之制，雖任英賢，猶援姻戚，親疏相錯，杜塞間隙，誠所以安宗廟重社稷也（後漢書卷五十九申屠剛傳）。

其所以發生弊端，實因外戚既有內援，若不自己節制，很容易同梁冀一樣，「專擅威柄，凶恣日積，機事大小，莫不諮決之」，訓致「百寮側目，莫敢違命，天子恭已而不得有所親豫」（後漢書卷六十四梁冀傳）。唯在外戚之中不乏名將與賢相，例如：

> 竇憲率羌胡邊雜之師，一舉而空朔庭，至乃追奔稽落之表，飲馬北鞮之曲，銘石負鼎，薦告清廟，列其功庸，兼茂於前多矣（後漢書卷五十三竇憲傳論）。

> 時遭元二之災，人士荒飢，死者相望，盜賊群起，四夷侵畔。騭等崇節儉，罷力役，推進天下賢士……故天下復安（後漢書卷四十六鄧騭傳）。

> 梁商自以戚屬居大位，每存謙柔，虛己進賢……於是京師翕然，稱為良輔……每有飢饉，輒載租穀於城門，賑與貧餧，不宣己惠。檢御門族，未嘗以權盛干法（後漢書卷六十四梁商傳）。

> 竇武多辟名士，清身疾惡，禮賂不通，妻子衣食裁充足而已……既輔朝政，常有誅翦宦官之意……於是天下雄俊知其風旨，莫不延頸企踵，思奮其智力（後漢書卷九十九竇武傳）。

只因外戚專政，常常引起宦官之禍，此則吾人所宜注意者。宦官本來只是宮內的侍役。竇武說：

> 故事，黃門常侍但當給事省內（省內謂禁中也）、典門戶、主近署財物耳（後漢書卷九十九竇武傳）。

東漢皇統屢絕，外藩入繼，母后與天子既無骨肉之親，外戚與天子亦無甥舅的感情。外戚欲久專國政，天子欲收回大權，兩者鬥爭是不免的。但是外戚羽翼滿布朝廷，天子欲除外戚，只有與閹宦密謀於禁中，一旦大功告成，閹宦當然得志。范曄說：

和帝即位幼弱，而竇憲兄弟專總權威，內外臣僚莫由親接，所與居者惟閹宦而已。故鄭眾得專謀禁中，終除大憝，遂享分土之封，超登宮卿（大長秋）之位，於是中官始盛焉（後漢書卷一百八宦者傳序）。

兼以母后垂簾聽政，不接公卿，朝中大臣既不能面議國政，則參預帷幄者，除外戚外，只有宮中的閹宦，而一切詔令又須由閹宦傳達。這樣，閹宦自得干與國政。朱穆說：

自和熹太后以女主稱制，不接公卿，乃以閹人為常侍，小黃門通命兩宮，自此以來，權傾人主（後漢書卷七十三朱穆傳）。

何進欲誅閹宦，以其計白太后，太后說：

且先帝新棄天下，我奈何楚楚與士人共對事乎（後漢書卷九十九何進傳）。

所以范曄才說：

鄧后以女主臨政，而萬機殷遠，朝臣國議無由參斷帷幄，稱制下令不出房闈之間，不得不委用刑人，寄之國命，手握王爵，口含天憲，非復掖庭永巷之職，閨牖房闥之任也（後漢書卷一百八宦者傳序）。

但是閹宦操弄國權，何以朝臣莫能制止呢？固然閹宦所恃者或為母后，或為天子，而東漢尚有中常侍之官，其職始於秦代，西漢為加官，而以士人任之。

秦置中常侍，漢因之，兼用士人，無員，多以為加官（應劭漢官儀卷上）。

東漢才用閹宦。

中常侍千石，本注曰宦者，無員，後增秩比二千石，掌侍左右，從入內宮，贊導內眾事，顧問應對給事（後漢書卷三十六百官志三）。

錢大昕說：

武帝……時未見中常侍之名，至元成以後始有之，元帝時有中常侍許嘉，成帝時有中常侍晁閎，成帝欲以劉歆為中常侍，大將軍王鳳以為不可，乃止。敘傳，班伯為中常侍，哀帝時有中常侍王閎宋宏等，皆士人也。後漢中常侍並以宦者為之，非西京舊制矣（漢書卷十九上百官公卿表補注）。

李祖楙亦說：

西京初，惟有常侍，元成後始有中常侍之名，然皆士人。中興用宦者又稍異焉。朱穆疏，舊制，侍中中常侍各一人，省尚書事，黃門侍郎一人，傳發書奏，皆用姓族。自和熹太后以女主稱制，不接公卿，乃用閹人，假貂璫之飾，處常伯之任，汎濫驕溢，制愈乖矣。是中興初，尚用士人，後改制，則不復舊也（後漢書卷三十六百官志三集解）。

尚書奏事，侍中中常侍均得披閱。

漢家舊典，置侍中中常侍各一人，省（省閱也）尚書事（後漢書卷七十三朱穆傳）。

而最初兩者又均得出入禁中。

侍中中常侍得入禁中（漢書卷十九上百官公卿表）。

章帝以後，侍中不得止宿宮內，中常侍因是閹宦，仍留禁中。

侍中舊與中官俱止禁中。武帝時侍中莽何羅挾刃謀逆，由是侍中出禁外，有事乃入，畢即出。王莽秉政，侍中復入，與中官共止。章帝元和中，侍中郭舉與後宮通，拔佩刀驚上，舉伏誅。自是侍中復出外（蔡質漢官典職儀式選用）。

所以中常侍比之侍中，尤能接近天子，而關機密的事，更有參與的機會，朝臣若有規劃啟奏，他們就可窺知，先發制人，故能保持權柄。竇武欲誅宦官，使劉瑜內奏，宦官朱瑀盜發武書，乃夜召閹宦十七人，喢血共盟誅武等（後漢書卷九十九竇武傳）。何進「知中官天下所疾，陰規誅之」，袁紹「以為中官親近至尊，出入號令，今不悉廢，後必為患」，乃「說進曰前竇武欲誅內寵，而反為所害者，以其言語漏泄，而五營百官服畏中人故也」（後漢書卷九十九何進傳）。這兩個記事都可以證明宦官入居禁中，能夠窺知大臣的計謀。馬端臨說：

> 漢中葉以後，以中書為政本，而中書令管機密，屬之貂璫，是宦者得以竊相之柄也。故陳蕃竇武何進之徒一有規畫奏啟，即為所窺，先發制人，禍不旋踵，而國祚隨之（文獻通考卷五十七內侍省）。

兼以東漢中世以後，閹宦又取得了兩種權柄，一是兵權，在專制時代，政權需要兵權支持，誰有兵權，誰就有政權。外戚固然典兵，但東漢皇帝多不永年，新主即位，外戚因之易人，其控制軍隊之力頗見薄弱。宦官地位甚為鞏固，新進外戚亦敬憚之。

> 中官在省闥者或數十年，封侯貴寵，膠固內外，進新當重任，素敬憚之（後漢書卷九十九何進傳）。

其控制軍隊之力往往大過外戚。所以外戚與宦官因政爭而引起兵爭之時，禁兵常為宦官所懾服，不敢與其交鋒。

> 竇武馳入步兵營……召會北軍五校士數千人，屯都亭下，命軍士曰黃門常侍反，盡力者封侯重賞……王甫（宦官）將虎賁羽林廄騶都侯劍士合千餘人，出屯朱雀掖門……使其士大呼武軍曰竇武反，汝皆禁兵，當宿衛宮省，何故隨反者乎，先降有賞。營府素畏服中官，於是武軍稍稍歸甫，自旦至食時，兵降略盡，武紹（紹乃武兄之子，時為步兵校尉）走，諸軍追圍之，皆自殺（後漢書卷九十九竇武傳）。

章氏云：

> 中世以後，令出房帷，政歸臺閣，宦戚更領兵權，迭相傾奪，然五營畏服中人，陳蕃竇武欲誅宦官，北軍不助武等，而助宦官，遂又夷滅（文獻通考卷一百五十兵制二）。

此蓋「黃門常侍累世太盛……五營士生長京師，服畏中人」（後漢書卷九十九竇武傳集解引惠棟曰）。以生長京師的五營兵士，不但耳聞，而且目擊宦官勢力之盛大，因畏懾而不敢與其交鋒，自是意中的事。到了靈帝中平五年，又置西園八校尉，而以閹宦蹇碩領之，於是宦官在軍事上更有勢力。

> 是時置西園八校尉，以小黃門蹇碩為上軍校尉，虎賁中郎將袁紹為中軍校尉，屯騎都（校）尉鮑鴻為下軍校尉，議郎曹操為典軍校尉，趙融為助軍校尉，淳于瓊為佐軍校尉，又有左右校尉。帝以蹇碩壯健而有武略，特親任之以為元帥，督司隸校尉已下，雖大將軍亦領屬焉（後漢書卷九十九何進傳）。

二是司法權，古代司法與行政未曾分開，而制定法令的又是天子。不過天子制定法令之後，在其未曾廢止以前，也應受其拘束。廷尉張釋之說：「法者天子所與天下公共也。今法如是，更重之，是法不信於民也……今已下廷尉，廷尉天下之平也。一傾，天下用法皆為之輕重，民安所錯其手足」（漢書卷五十張釋之傳）。這種獨立性的司法一方對於天子，可以預防其濫用法權，草菅人命；他方對於強臣，可以預防其濫用法權，殘害異己。凡攻擊閹宦之人均送黃門北寺獄，由閹宦考問，這種審判安得公平。陳蕃（後漢書卷九十六陳蕃傳）李膺（後漢書卷九十七李膺傳）范滂（後漢書卷九十七范滂傳）等百餘人皆坐繫黃門北寺獄，而死於獄中（後漢書卷九十七黨錮傳序），即其例也。馬端臨說：

> 漢自桓靈以來，有黃門北寺獄，是宦者得以專刑也，故窮捕鉤黨，勦戮名士，皆黃門北寺獄之所為也（文獻通考卷五十七內侍省）。

一方外戚以大將軍秉政，他方閹宦以中常侍執權，祿去公室，政移私門，兩者因為利害衝突，引起鬥爭，是必然的。最初外戚得勢，閹宦欲去外戚，其後閹宦得勢，外戚欲去閹宦，而最後勝利均屬宦官。竇憲失敗於鄭眾，鄧騭失敗於李閏，閻顯失敗於孫程，梁冀失敗於單超，竇武失敗於曹節，何進失敗於張讓。東漢一部歷史盡是宦戚爭權的歷史、也就是外戚失敗於閹宦的歷史，趙翼說：

> 漢承秦制，以閹人為中常侍，然亦參用士人。武帝數宴後庭，故奏請機事，常以宦者主之。至元帝時，則宏恭石顯已竊權干政，蕭望之周堪俱被其害，然猶未大肆也。光武中興，悉用閹人，不復參用士流。和帝踐阼幼弱，竇憲兄弟專權，隔限內外，群臣無由得接，乃獨與宦者鄭眾，定謀收憲，宦者有權自此始。然鄭眾小心奉公，未嘗攬權。和帝崩，鄧后臨朝，不得不用閹寺，其權漸重。鄧后崩，安帝親政，宦官李閏江京樊豐劉安陳達與帝乳母王聖、聖女伯榮、帝舅耿寶、皇后兄閻顯等比黨亂政，此猶宦官與朝臣相倚為姦，未能蠛朝臣而獨肆其惡也。及帝崩，閻顯等專朝爭權，乃與江京合謀，誅徙樊豐王聖等，是顯欲去宦官，已反藉宦官之力。已而北鄉侯入繼，尋薨，顯又欲援立外藩，宦官孫程等不平，迎立順帝，先殺江京劉安陳達，並誅顯兄弟，閻后亦被遷於離宮，是大臣欲誅宦官，必藉宦官之力，宦官欲誅大臣，則不藉朝臣力矣。順帝既立，以梁商女為皇后，商以大將軍輔政，尊親莫二，而宦官張逵蘧政石光譖商與中常侍曹騰孟賁，云欲廢帝，帝不信，逵等即矯詔收縛騰賁，是竟敢違帝旨而肆威於禁近矣。順帝聞之大怒，逵等遂伏誅。及帝崩，梁后與兄冀立沖帝；沖帝崩，又立質帝；質帝為冀所酖，又援立桓帝，並以后妹為桓帝后。冀身為大將軍輔政，兩妹一為皇太后，一為皇后，其權已震主矣。而帝默與宦官單超左悺具瑗徐璜唐衡定謀，遂誅冀，是宦官且誅當國之皇親矣，然此猶曰奉帝命以成事也。桓帝梁后崩，以竇武女為皇后。帝崩，武與后定策，立靈帝，竇后臨朝，武入居禁中輔政，素惡宦官，欲誅之，兼有太傅陳蕃與之同心定謀，乃反為宦官曹節王甫等所殺，然此猶曰靈帝非太后親子，故節等得挾帝以行事也。至靈帝崩，何后臨朝，立子辯為帝，后兄何進以大將軍輔政，已奏誅宦官蹇碩，收其所領八校尉兵，是朝權兵權俱在進手，以此盡誅宦官，

亦復何難，乃又為宦官張讓段珪等所殺。是時軍士大變，袁紹袁術閔貢等，因乘亂誅宦官二千餘人，無少長皆殺之，於是宦官之局始結，而國亦隨之亡矣（廿二史劄記卷五東漢宦官）。

閹宦得到勝利，他們生長於深宮之中，未交士類，一旦當權，遂只知貪惡橫肆，據趙翼說：

> 東漢及唐明三代，宦官之禍最烈，然亦有不同。唐明閹寺先害國而及於民，東漢則先害民而及於國。今就後漢書各傳摘敘之，可見其大概也。劉瑜疏言，中官邪孽，比肩裂土，皆競立胤嗣，繼體傳爵，或乞子疎屬，或買兒市道。又廣娶妻妾，增築第舍。民無罪而輒坐之，民有田而強奪之。貧困之民有賣其首級，父兄相代殘身，妻孥相視分裂（瑜傳）。左雄疏言，宦豎皆虛以形勢，威奪良家婦女閉之，白首而無配偶（雄傳）。黃瓊疏言，宦豎盈朝，重封累爵，明珠南金之寶，充滿其室（瓊傳）。單超左悺具瑗徐璜唐衡五人以誅梁冀功，皆封侯，其後超死，四侯轉盛，民間語曰，左回天，具獨坐，徐臥虎，唐兩墮，皆競起第宅，窮極壯麗，金銀罽毦，施於犬馬，僕從皆乘牛車，從以列騎（超等傳）。侯覽前後奪人宅三百八十一所，田一百一十八頃，起立第宅十六區，皆有高樓池苑，制度宏深，僭類宮省，又預作壽冢，石椁雙闕，高廣百尺，破人居室，發掘墳墓，虜奪良人妻，略婦女，為張儉所奏，覽遮截其章不得上（覽傳）。趙忠葬父，僭為璠璵玉匣偶人（朱穆傳）。董卓弒宏農王，獻帝葬之於忠之成壙中（忠已被誅），及獻帝自長安歸洛陽，宮室已盡焚毀，乃駐於忠故宅（獻帝紀），迨後韓馥以冀州刺史讓袁紹，出居於鄴中之忠故宅（紹傳），其壙可以葬帝王，宅可以居帝王，別宅又可以居牧伯，其壯麗可知也。張讓說靈帝，修宮室，發太原河東狄道諸郡材木文石，每州郡部送至京，輒訶譴不中用，以賤價折之，十不酬一，又不即收，材木遂至腐爛，州郡復增私調，百姓嗟怨（讓傳），此猶第宦官之自為苛虐也。更有倚宦官之勢而漁肉小民者，蓋其時入仕之途惟徵辟察舉二事，宦官既據權要，則徵辟察舉者無不望風迎附，非其子弟，即其親知，並有賂宦官以輾轉干請者。

審忠疏言，宦官勢盛，州郡牧守承順風旨，辟召選舉釋賢取愚（曹節傳）。李固疏云，中常侍在日月之傍，形勢振天下，子弟祿位曾無限極，雖外託謙默，不干州郡，而諂諛之徒望風進舉（固傳）。朱穆疏言，宦官子弟親戚並荷榮任，凶狡無行之徒媚以求官，恃勢怙寵之輩漁肉百姓，窮破天下，空竭小人（穆傳）。河南尹田歆謂王諶曰，今當舉六孝廉，多得貴戚書，命不得違，欲自用一名士，以報國家，乃以种暠應詔（暠傳）。六孝廉只用一真才，已為美談，則入仕者皆閹黨可知也（武按此結論有問題，既云多得貴戚書，何能謂為皆閹黨）。靈帝詔公卿刺舉二千石為民害者，太尉許馘司空張濟，凡內官子弟賓客雖貪污穢濁，皆不敢問，而虛糺邊遠小郡清修有惠政者二十六人（劉陶傳），則閹黨入仕者莫敢黜革可知也。夫是以天下仕宦無一非宦者之兄弟姻戚，窮暴極毒，莫敢誰何，如單超弟安為河東太守，弟子匡為河東太守，徐璜弟盛為河內太守，左悺弟敏為陳留太守，具瑗兄恭為沛相，皆所在蠹害。璜兄子宣為下邳令，暴虐尤甚，求故汝南太守李暠女不得，則劫取以歸，戲射殺之（超等傳）。侯覽兄參為益州刺史，吏民有豐富者輒誣以大逆，皆誅滅之，而沒入其財以億計（覽傳）。曹節弟破石為越騎校尉，營中五百（伍伯）妻美，破石求之，五百不敢拒，妻不肯行，遂自殺（節傳）。此又宦官子弟賓客之肆為民害，可類推也。由是流毒遍天下，黃巾賊張角等遂因民之怨，起兵為逆矣（廿二史劄記卷五宦官之害民）。

其為禍尤烈者則為宦戚之爭引起的黨錮之禍。宦官子弟本來不得為地方官。

舊典，中官子弟不得為牧人職（後漢書卷六十八馮緄傳）。

桓靈以後，竟然破壞了這種制度。閹宦不但專政於內，且又布殖黨羽於州郡，以奪取地方的政權，例如：

五侯兄弟姻戚皆宰州臨郡（後漢書卷一百八單超等傳）。

曹節父兄子弟皆為公卿列校，牧守令長布滿天下（後漢書卷一百八曹節傳）。

張讓父兄子弟布列州郡（後漢書卷一百八張讓傳）。

十常侍多放父兄子弟婚親賓客典據州郡（後漢書卷一百八張讓傳）。

桓帝時朱穆疏言，中常侍「權傾海內，寵貴無極，子弟親戚並荷榮任，愚臣以為悉可罷省，更選海內清淳之士明達國體者，以補其處」（後漢書卷七十三朱穆傳）。唯在梁冀當國之時「專擅威柄，凶恣日積」，「內外百寮側目，莫敢違命」（後漢書卷六十四梁冀傳），此際肯與皇帝密謀禁中，誅戮梁冀及其黨羽者乃是宦官單超等五人（參閱後漢書卷一百八單超等傳）。百寮拱默，只唯宦官尚肯冒險，試問天子何肯罷免他們，且將寄以腹心之任，許其布勢力於內外，藉以鞏固帝權。於是宦官的子弟親戚遂典據州郡，辟召選舉盡是閹黨。士大夫斷絕仕進之路，他們對於朝廷，便發生蔑視的觀念。

天下士大夫皆污穢朝廷（後漢書卷九十七李膺傳）。

漢代取士有選舉之制，所謂選舉是公卿守相察賢舉能，採毀譽於眾多之論。但是普通人民那裡有評判的能力，因之覈論鄉黨人物就有待於名流。李膺「獨持風裁，以聲名自高，士有被其容接者，名為登龍門」（後漢書卷九十七李膺傳）。而許劭兄弟亦喜歡覈論人物，有汝南月旦之稱。

許劭與從兄靖俱有高名，好共覈論鄉黨人物，每月輒更其品題，故汝南俗有月旦評焉（後漢書卷九十八許劭傳）。

凡人能夠得到名流的賞識，無不身價十倍，如登龍門。搢紳之士寧不容於朝廷，不願見棄於名流。刑賞為人主二柄，朝廷只能行使物質上的刑賞，名流則能行使精神上的刑賞。朝廷愈腐化，人民愈感覺名流清高，於是名流在社會上就有了神祕的威力。朝廷失去社會的信仰，社會的信仰集中於名流，名流代替了朝廷的地位，一舉一動可以指導社會。他們已經是無冠的帝王。這批名流在朝者以陳蕃李膺為代表，在野者以郭太范滂為代表，互相標榜，名流的地位日益提高。

當黨禍發生之時，陳蕃年七十餘，聞竇武被害，「將官屬諸生八十餘人，並拔刀突入承明門，攘臂呼曰大將軍忠以衛國，黃門反逆，何云竇氏不道耶」。中常侍王甫率兵圍之，遂執蕃送黃門北寺獄，即日害之（後漢書卷九十六陳蕃傳）。宦官「收捕鉤黨之時，鄉人謂膺曰可以去矣，對曰吾年已六十，死生有命，去將安之，乃詣詔獄考死」（後漢書卷九十七李膺傳）。此可謂寧殺身以成仁，絕不求生以害義。郭太字林宗，為一代名流，其遊洛陽歸鄉里之時，衣冠諸儒送至河上者車數千輛，士大夫屬望之殷，由此可知。

> 郭太字林宗，善談論，美音制，乃游於洛陽……名震京師，後歸鄉里，衣冠諸儒送至河上，車數千兩，林宗唯與李膺（時為河南尹）同舟而濟，眾賓望之，以為神仙焉（後漢書卷九十八郭太傳）。

然考其一生行跡，實如葛洪所說：「才非應期，器不絕倫」，「口稱靜退，心希榮利」，「巷結朱輪之軌，堂列赤紱之客」，「入交將相，出游方國」，「非真隱也。蓋欲立朝，則世已大亂，欲潛伏，則悶而不堪」。其所衒耀之士亦同林宗一樣，既不立功，又不立言，「出不能安上治民，移風易俗，入不能揮毫屬筆，祖述六藝」（抱朴子外篇卷四十六正郭），而如李固所說：「處士純盜虛聲」（後漢書卷九十一黃瓊傳）。王符有言：「今學問之士……多務交游，以結黨助，偷世竊名，以取濟助」（潛夫論第二篇務本）。郭太名列黨人，為八顧之一（後漢書卷九十七黨錮傳序），而「不為危言覈論，故宦官擅政，而不能傷也。及黨事起，知名之士多被其害，惟林宗得免焉」（後漢書卷九十八郭太傳）。范冉鄙其為人（後漢書卷一百十一范冉傳），不能謂無原因。但郭太尚有自知之明，既無奇謨深策，於是遂優遊於公卿之間，不肯仕進，藉此以保全自己的名譽，而與孔融等輩「志在靖難，而才疏意廣，迄無成功」（後漢書卷一百孔融傳），絕不相同。

名流最初不過月旦人物而已，繼又評論政治，既然評論政治，就不能不批評當局。他們「危言深論，不隱豪強，自公卿以下，莫不畏其貶議」（後漢書卷九十七黨錮傳序）。評論的對象一旦由未仕的人物移轉於秉政的當局，何能不痛恨宦官，非訐朝政。

桓靈之間，主荒政謬，國命委於閹寺，士子羞與為伍，故匹夫抗憤，處士橫議，遂乃激揚名聲，互相題拂，品覈公卿，裁量執政，婞直之風於斯行矣（後漢書卷九十七黨錮傳序）。

這個風氣一旦傳到太學，又激動了太學生的情緒，由研究學術進而評論政治。

先是京師游士汝南范滂等非訐朝政，自公卿以下皆折節下之。太學生爭慕其風，以為文學將興，處士復用（後漢書卷八十三申屠蟠傳）。

太學生血氣方剛，而又有一種希望，即「處士復用」的希望。他們由理論進為實踐，由批評進為鬥爭，是勢之必然的，於是又發生了學生運動。學生運動開始於西漢末年。

鮑宣為司隸……摧辱宰相（孔光）……下廷尉獄，博士弟子濟南王咸舉幡太學下曰，欲救鮑司隸者會此下，諸生會者千餘人，朝日遮丞相孔光自言，丞相車不得行，又守闕上書，上遂抵宣罪，減死一等，髡鉗（漢書卷七十二鮑宣傳）。

到了東漢，更見激烈，目的在打倒閹黨，進用賢能。

朱穆為冀州刺史……有宦者趙忠喪父，歸葬安平，僭為璵璠玉匣偶人。穆聞之，下郡案驗，吏畏其嚴明，遂發墓剖棺，陳尸出之，而收其家屬。帝（桓帝）聞大怒，徵穆詣廷尉，輸作左校。太學生劉陶等數千人詣闕上書，訟穆曰……朱穆處公憂國……志清姦惡……臣願黥首繫趾，代穆校作，帝覽其奏，乃赦之（後漢書卷七十三朱穆傳）。

皇甫規為中郎將，持節監關西兵，討零吾等破之……諸種羌……詣規降……規惡絕宦官，不與交通，於是……誣規貨賂群羌，令其文降，天子（桓帝）璽書誚讓相屬……徵還拜議郎，論功當封，而中常侍徐璜左悺欲從求貨，數遣賓客就問功狀，規終不答。璜等忿怒，陷以前事（通鑑胡注，前事即誣毀之事也），下之於吏，官屬欲賦斂請謝，規誓而不聽，遂以餘寇不絕，坐繫廷尉，論輸左校。諸公及太學生張鳳等三百餘人詣闕訟之，會赦歸家（後漢書卷九十五皇甫規傳）。

這個時候朝廷的尊嚴已經掃地無存，不論政界，也不論學界，均分裂為兩個陣壘，一是宦官陣壘，一是名流陣壘。前者危害忠良，侵漁百姓，後者危言深論，不避豪強，奉大將軍竇武太傅陳蕃為領袖。最後由於兩者衝突，爆發為黨錮之禍。茲將黨錮之禍列表如次。

桓靈時代黨錮之禍表⑲

帝號	年代	黨禍	備考
桓帝	延熹九年	冬十二月司隸校尉李膺等二百餘人受誣為黨人，並坐下獄，書名王府。	河內牢修告之。事見黨錮傳序。
	永康元年	六月庚申大赦天下，悉除黨錮。	李膺等頗引宦官子弟，宦官多懼，請帝以天時宜赦，於是大赦天下，膺免歸鄉里。見李膺傳。
靈帝	建寧元年	九月丁亥中常侍曹節矯詔誅太傅陳蕃大將軍竇武及尚書令尹勳侍中劉瑜屯騎校尉馮述，皆夷其族。	
	建寧二年	冬十月丁亥中常侍侯覽諷有司奏前司空虞放太僕杜密長樂少府李膺司隸校尉朱瑀潁川太守巴肅沛相荀翌河內太守魏朗山陽太	

⑲本表依後漢書卷七桓帝紀及卷八靈帝紀。

	守翟超皆為鉤黨下獄，死者百餘人，妻子徙邊，諸附從者錮及五族。制詔州郡大舉鉤黨，於是天下豪傑及儒學行義者一切結為黨人。	
熹中元年	秋七月宦官諷司隸校尉段熲捕繫太學諸生千餘人。	時有人書朱雀闕云，天下大亂，公卿皆尸祿，無有忠言者，故捕之。事見宦官曹節傳。
熹平五年	閏四月詔黨人門生故吏父兄子弟在位者皆免官禁錮。	
光和二年	夏四月丁酉大赦天下，諸黨人禁錮小功以下皆除之。	時上祿長和海上言，黨人錮及五族，有乖典訓，帝從之。事見黨錮傳序。
中平元年	春二月鉅鹿人張角自稱黃天，其部師有三十六萬，皆著黃巾，同日反叛。三月壬子大赦天下黨人還諸徙者。	中常侍呂強言於帝曰，黨錮久積，人情多怨，若與張角合謀，悔之無救。帝懼，乃大赦黨人，誅徙之家皆歸故郡。事見黨錮傳序。

再將趙翼所記，抄錄於次，以明黨禍本末。

漢末黨禁雖起於甘陵南北部及牢修朱並之告訐（桓帝初受學於甘陵周福，及即位，擢福為尚書。時同郡房植有盛名，鄉人為之謠曰，天下規矩房伯武，因師獲印周仲進。二家賓客互相譏議，遂各樹門徒，由是有甘陵南北部黨，黨論自此起。修並事見後）。然其所由來已久，非一朝一夕之故也。范書謂桓靈之間，主荒臣謬，國命委於閹寺，士子羞與為伍，故匹夫抗憤，處士橫議，激揚聲名，互相題拂，品覈公卿，裁量國政（黨錮傳序），自公卿以下，皆折節下之（申屠蟠傳）。蓋東漢風氣本以名行相尚，迨朝政日非，則清議益峻。號為正人者，指斥權奸，力持正論，由是其名益高。海內希風附響，惟恐不及，而為所貶議者，怨恨刺骨，日思所以傾之，此黨禍之所以愈烈也。今按漢末黨禁凡兩次：桓帝延熹九年，有善風角者張成（成以方技交通宦官），推占當有赦令，教其子殺人。河南尹李膺捕之，果遇赦免。膺怒，竟考殺之。成弟子牢修遂誣告膺養太學游士，交結生徒，誹訕朝廷，敗壞風俗。帝怒，下郡國逮捕，並遣使四出，收執膺等二百餘人，誣為黨人，並下獄。次年霍諝竇武上表申理，始赦歸，仍書名王府，終身禁錮，此第一次黨禁也（黨錮傳序）。自是正人放廢，海內共相標榜，以竇武劉淑陳蕃為三君，君者世所宗也。李膺荀昱杜密王暢劉祐魏朗趙典朱寓為八俊，俊者人之英也。郭林宗宗慈巴肅夏馥范滂尹勳蔡衍羊陟為八顧，顧者能以德行引人也。張儉岑晊劉表陳翔孔昱范康檀敷翟超為八及，及者能導人追宗也。度尚張邈王考劉儒胡母班秦周蕃嚮王章為八廚，廚者能以財救人也。至靈帝建寧中，張儉方劾中常侍侯覽，儉鄉人朱並承覽風旨，又告儉與同鄉二十四人為部黨，以儉及檀彬褚鳳張肅薛蘭馮禧魏玄徐乾為八俊，田材張隱劉表薛郁王訪劉祇宣靖公緒恭為八顧，朱楷田槃疏耽薛敦宋布唐龍嬴咨宣褒為八及，而儉為之魁。帝遂詔刊章捕儉等。宦官曹節又諷有司並捕前黨李膺杜密及范滂等百餘人，皆死獄中，妻子徙邊，諸附從者錮及五族，詔天下大舉鉤黨，於是有行義者一切指為黨人。四年大赦而黨人不赦。已而宦官又諷司隸校尉段熲捕太學諸生千餘人，并詔門生故吏父兄子弟在位者，皆免官禁錮。直至黃巾賊起，呂強奏請赦諸黨人，於是還諸徙者，此第二次黨禁也（本紀及黨錮傳序）。其時黨人之禍愈酷，而名愈高，天下皆以名入黨人中為榮。范滂初出獄，歸汝南，南陽士大夫迎之者車千兩（滂傳）。景毅遺子為李膺門徒，而錄牒不及，毅乃慨然曰，本謂膺賢，遣子師之，豈可因漏名而倖免哉，遂自表免歸（李膺傳）。皇甫規不入黨籍，乃上表言臣曾薦張奐，是阿黨也。臣昔坐罪，太學生張鳳等上書救臣，是臣為黨人所附也，臣宜坐之（規傳）。張儉亡命困迫，望門投止，莫不重其名行，破家相容（儉傳），此亦可見當時風氣矣。朝政亂，則清流之禍愈烈，黨人之立名及舉世之慕其名，皆國家之激成之也（廿二史劄記卷五黨禁之起）。

黨人！這是名流的集團，多麼榮譽。天下皆以掛名黨籍為榮，而以倖免黨禍為辱。黨人受了宦官的壓迫，願意成仁的固然不少，而張儉卻困迫遁走，他不是遁入山林，而是望門投止。不問遁到那裡，人民無不欣然容納，而一旦容納之後，宦官就加以滅門的刑辟。

張儉亡命，困迫遁走，望門投止，莫不重其名行，破家相容。復流轉東萊，止李篤家……篤因緣送儉出塞，以故得免。其所經歷，伏重誅者以十數，宗親並殄滅，郡縣為之殘破（後漢書卷九十七張儉傳）。

這是否有意禍及萬家，使人民痛恨宦官，吾人雖不之知。而在當時，縱是黨人似亦不直張儉之行為。

儉等亡命，經歷之處皆被收考，辭所連引，布徧天下。馥乃頓足而歎曰，孽自己作，空汚良善，一人逃死，禍及萬家，何以生為，乃自翦須變形，入林慮山中（後漢書卷九十七夏馥傳）。

打倒宦官本來只是名流的口號，現在這個口號又隨黨人的逃亡，而廣布於全國。宦官成為全國的敵人，政府卻是宦官的工具。政府不能保護人民，人民只有反抗政府，於是知識階級的改革運動，又變成下層階級的暴動，終而發生了黃巾之亂。

第四節

官僚政治的失敗

官僚政治的目的在使「賢者在位，能者在職」。什麼人物可以稱為賢能，兩漢標準未必相同。西漢之世，王霸推用，武帝罷黜百家，表章六經，歷史雖說：「公卿大夫士吏，彬彬多文學之士」（漢書卷八十八儒林傳序），其實，武帝用人不重醇儒。當時四夷未賓，制度多闕，上方欲用文武，求之如弗及，乃徵天下之士，待以不次之位。其所用者百家皆有，儒生不過公孫弘兒寬董仲舒三人，而三人者又皆「通於世務，明習文法，以經術潤飾吏治」（漢書卷八十九循吏傳序）。俗儒不達時宜，所以西漢天子不欲委以政事。唯自武帝立五經博士之後，太學所教者盡是經學，而「元帝崇儒，能通一經者皆復」，師古注云「復者蠲其傜賦也」（漢書卷八十八儒林傳序），通經之士既有許多優典，於是士人之有治平抱負者，無不借徑於經學以發身。光武少時，曾往長安受尚書，略通大義（後漢書卷一上光武帝紀）。及即位，每朝罷，「數引公卿郎將，講論經理，夜分乃寐」（後漢書卷一下光武帝紀中元二年）。故樊準說帝「東西誅戰，不遑啟處，然猶投戈講藝，息馬論道」（後漢書卷六十二樊準傳），而功臣亦多近儒（參閱廿二史劄記卷四東漢功臣多近儒）。自是而後，儒術高於一切，道墨名法從橫雜家之說漸次失傳。學術上及政治上只見儒生橫行。儒家沒有競爭的敵人，固然退化，違離道本，而中國人才也一天一天的減少。

其實東漢儒學已經變質。儒學發生於春秋戰國之際，當時內則列國攻戰，外則蠻夷猾夏，在這種環境之下，儒家於政治上遂提出尊王攘夷的主張。尊王是謀國家的統一，春秋隱公元年有「春王正月」之言，公羊傳云「何言乎王正月，大一統也」（公羊傳隱公元年）。攘夷是謀國家的獨立，公羊傳云：「春秋內諸侯而外夷狄」（公羊傳成公十五年）。這種見解有似於布丹 (J. Bodin) 的主權說。布丹以為君主獨攬主權乃是最理想的制度⑳。儒家的學說如何呢？公羊傳云：「王者欲一乎天下」（公羊傳成公十五年）。春秋繁露說：「一統乎天子」（第十六篇符瑞）。一統乎天子就是集權於天子之意。一切權力集中於天子，在國家需要統一之時，固然不會發生問題。到了集權成功，專制政治達到高峰，如何矯正天子專制之弊，就不能不成為問題。

對這問題，法家主張法治，希望人主「不淫意於法之外，不為惠於法之內」（管子第四十六篇明法）。但是法由人主制定，「利在故法前令，則道之，利在新法後令，則道之」（韓非子第四十三篇定法）。這樣，要束縛人主於法律之內，實非易事。儒家主張人治，希望人主任賢使能，使「賢者在位，能者在職」（孟子公孫丑上）。但是決定誰是賢能的權又屬於人主，「燕子噲賢子之而非孫卿，故身死為僇。夫差智太宰嚭而愚子胥，故滅於越」（韓非子第三十八篇難三）。法不能拘束君主，人不能掣肘君主，君主不受任何限制，於是法治與人治都遇到了障壁。如何衝破這個障壁，在民主思想尚未發生以前，學者只有求助於皇天，於是陰陽家的學說就流行了。

陰陽之語由來已久，唯在古代，陰陽順逆乃視為自然現象，與人事吉凶似無關係。六鷁退飛過宋都，周內史叔興以為「是陰陽之事，非吉凶所生也，吉凶由人」（左傳僖公十六年）。但是周易有「天垂

⑳ 參閱拙著政治學第四版二十二刷五九頁。

象，見吉凶」（周易繫辭上卷七）之言，即由天事以推測人事。固然這種觀念不是吾國才有，唯在吾國，將其組織為一種系統整然的學說者，則為戰國末期的鄒衍。鄒衍之書已經失傳，據史記所載，其要旨為「深觀陰陽消息，而作怪迂之變」，「稱引天地剖判以來，五德轉移，治各有宜，而符應若茲」（史記卷七十四孟子傳）。即其學說，一為陰陽，二為五德，五德就是五行。推陰陽五行以說明人世之治亂，即用天事以恐嚇人主，使人主對於人事，不能不稍加注意。所以司馬遷說：「王公大人初見其術，懼然顧化」（史記卷七十四孟子傳）。太史公論六家之要旨，亦說：「嘗竊觀陰陽之術大祥，而眾忌諱，使人拘而多所畏」（史記卷一百三十太史公自序）。漢興，經高惠呂后文景之治，而至於武帝之世，王國已經摧毀，列侯已經削弱，中央集權的國家已經建設成功，天子獨攬大權。如何限制天子的大權，在民主思想尚未發生，而君權主義又有助於國家的安定之時，只有假手於皇天，於是儒家就借用陰陽家的學說，使人主看到陰陽錯逆，悚然憂懼，以為上天震怒，而謀所以補過之道。首將儒家與陰陽家兩種學說合併起來的，則為武帝時的董仲舒。班固云：「董仲舒治春秋公羊，始推陰陽，為儒者宗」（漢書卷二十七五行志上）。董仲舒說：

> 天地之氣合而為一，分為陰陽，判為四時，列為五行。行者行也，其行不同，故謂之五行（春秋繁露第五十八篇五行相生）。

即其學說以三種觀念為基礎，一是陰陽，二是四時，三是五行。這三者固然屬於天事，但天事往往反映人事，而人事亦往往引起天事。他說：「天人一也」（春秋繁露第四十九篇陰陽義），即「天人之際，合而為一，同而順理，動而相益，順而相受」（同上第三十五篇深察名號）。這種理論，吾人試稱之為天人感應說。陰陽、四時、五行之與人事尤其政治得失，都可以互相感應。

先就陰陽言之，「天有陰陽，人亦有陰陽，天地之陰氣起，而人之陰氣應之而起；人之陰氣起，而天地之陰氣亦宜應之而起，其道一也」（同上第五十七篇同類相動）。三綱之義「皆取諸陰陽之道，君為陽，臣為陰；父為陽，子為陰；夫為陽，妻為陰」（同上第五十三篇基義）。陰陽必須調和，「大旱者陽滅陰也，陽滅陰者，尊壓卑也……大水者陰滅陽也，陰滅陽者，卑勝尊也。口食亦然，皆下犯上，以賤傷貴者，逆節也」（同上第五篇精華）。

次就四時言之，天有春夏秋冬，人有喜怒哀樂，「春喜氣也，故生。秋怒氣也，故殺。夏樂氣也，故養。冬哀氣也，故藏。四者天人同有之」（同上第四十九篇陰陽義），即「喜怒之禍，哀樂之義，不獨在人，亦在於天。而春夏之陽，秋冬之陰，不獨在天，亦在於人。人無春氣，何以博愛而容眾。人無秋氣，何以立嚴而成功。人無夏氣，何以盛養而樂生。人無冬氣，何以哀死而恤喪。天無喜氣，亦何以暖而春生育。天無怒氣，亦何以清而秋就殺。天無樂氣，亦何以疏陽而夏養長。天無哀氣，亦何以激陰而冬閉藏。故曰天乃有喜怒哀樂之行，人亦有春夏秋冬之氣者，合類之謂也」（同上第四十六篇天辨在人）。「聖人副天之所行以為政，欲以慶副暖而當春，以賞副暑而當夏，以罰副清而當秋，以刑副寒而當冬」（同上第五十五篇四時之副）。換言之，「主之好惡喜怒乃天之春夏秋冬也，其居暖清寒暑而以變化成功也。天出此物者，時則歲美，不時則歲惡。人主出此四者，義則世治，不義則世亂。是故治世與美歲同數，亂世與惡歲同數，以此見人理之副天理也」（同上第四十四篇王道通三）。

三就五行言之，「天有五行，木火土金水是也」（同上第三十八篇五行對）。五行有變乃暗示政治措施之有問題。「木有變，春凋秋榮，秋木冰，春多雨，此繇役眾，賦斂重，百姓貧窮叛去，道多餓人。救之者，省繇役，薄賦斂，出倉穀振困窮矣。火有變，冬溫夏寒，此王者不明，善者不賞，惡者不絀，不肖在位，賢者伏匿，則寒暑失序，而民疾疫。救之者，舉賢良，賞有功，封有德。土有變，大風至，五穀傷，此不信仁賢，不敬父兄，淫佚無度，宮室多營。救之者，省宮室，去雕文，舉孝悌，恤黎元。

金有變，畢昂為回，三覆有武，多兵、多盜寇，此棄義貪財，輕民命，重貨賂，百姓趣利，多姦軌。救之者，舉廉潔，立正直，隱武行文，束甲械。水有變，冬溼多霧，春夏雨雹，此法令緩，刑罰不行。救之者，憂囹圄，案姦宄，誅有罪，搜五日」（同上第六十三篇五行變救）。

總之，董仲舒乃採用陰陽家的思想，而提出天人感應之說。其對策云：

> 臣謹案春秋之中，視前世已行之事，以觀天人相與之際，甚可畏也。國家將有失道之敗，而天乃先出災害以譴告之，不知自省，又出怪異以警懼之，尚不知變，而傷敗乃至。以此見天心之仁愛人君，而欲止其亂也。自非大亡道之世者，天盡欲扶持而全安之，事在彊勉而已矣（漢書卷五十六董仲舒傳）。

又說：

> 孔子作春秋……春秋之所譏，災害之所加也，春秋之所惡，怪異之所施也。書邦家之過，兼災異之變，以此見人之所為，其美惡之極，乃與天地流通，而往來相應（漢書卷五十六董仲舒傳）。

董仲舒「少治春秋」（漢書卷五十六董仲舒傳），就其學派言，是屬於儒家，而天人感應之說又接近於陰陽家。蓋古代天子不受任何拘束，其所畏懼的只有皇天。天不言，如何而能推測天意。易曰「天垂象，見吉凶」，政修則天賜祥瑞，政失則天降災異。比方日蝕，漢書云：「凡日所躔而有變，則分野之國失政者受之。人君能修政，共御（恭禦）厥罰，則災消而福至，不能，則災息（息謂蕃滋也）而禍生」（漢書卷二十七五行志下之下）。即在專制時代，固然是君尊臣卑，而又置皇天於上，以監人主。董仲舒說：「春秋之法，以人隨君，以君隨天……故屈民而伸君，屈君而伸天，春秋之大義也」（春秋繁露第二篇玉杯）。我們所應注意的，董仲舒固然主張「屈民而伸君」，但他並未忘記，民為邦本，本固邦寧之義。所以又說：「天之生民非為王也，而天立王以為民也。故其德足以安樂民者，天予之；

其惡足以賊害民者，天奪之」（春秋繁露第二十五篇堯舜不擅移湯武不專殺）。董氏學說影響於後代者甚大，班固云：「漢興，推陰陽，言災異者，孝武時有董仲舒夏侯始昌，昭宣則眭孟夏侯勝，元成則京房翼奉劉向谷永，哀平則李尋田終術，此其納說時君著明者也」（漢書卷七十五眭弘等傳贊曰）。降至東漢，其說更熾，蓋王莽假符命以竊取天下，光武因圖讖而遂即帝位，自是而後，陰陽學說遂支配了整個社會。固然陰陽學說與圖讖都是出於迷信心理，而二者又有不同之處。前者尚有人定勝天之意，後者則謂凡事皆由前定。圖讖由來甚早，「亡秦者胡」（史記卷六秦始皇本紀）就是一種預言，也就是圖讖，但其盛行乃在前漢哀平之際（參閱後漢書卷八十九張衡傳集解）。哀帝建平二年，「待詔夏賀良等言赤精子之讖，漢家歷運中衰，當再受命，宜改元易號」，補注引齊召南曰，「讖字始見於此，張平子（張衡）謂讖起哀平之間，宜哉」（漢書卷十一哀帝紀）。王莽末年，社會又傳播了一種圖讖，「劉秀當為天子」（後漢書卷四十五鄧晨傳）。光武名秀，既即帝位，因其「姓號見於圖書」（後漢書卷五十三竇融傳），遂深信讖而不疑，吾人觀光武用人，喜以讖決之，其用孫咸行大司馬，其擢王梁為大司空，均依讖文（後漢書卷五十二景丹傳，王梁傳）。桓譚因極言讖之非經，而將斬之（後漢書卷五十八上桓譚傳）。鄭興因不為讖，終不任用（後漢書卷六十六鄭興傳）。天下既定，因讖可以惑亂人心，故又歸回到陰陽學說，察其立論宗旨，不外天人感應之說。即「天垂妖象，地見災符，所以譴告人主，責躬修德」（後漢書卷六十郎顗傳）。「瑞由德至，災應事生，天不言語，以災異譴告」（後漢書卷八十四楊秉傳）。「王道得，則陰陽和穆，政化乖，則崩震為災」（後漢書卷九十三李固傳）。總之，在專制時代，君主的權力乃如順帝所說：「朕能生君，能殺君，能貴君，能賤君，能富君，能貧君」（後漢書卷一百十二樊英傳）。君主既有如斯大權，而法治與人治又莫能匡救，故學者借用陰陽家之學說，使君主有所畏懼，不敢過度暴虐。其實，無補於事，人主既有生殺與奪之權，勢必如左雄所說：「夫刑罪人情之所甚惡，貴寵人情之所甚欲，是以時俗為忠者少，而習諛者多。故令人主數聞其美，稀知其過，迷而不悟，至於危亡」（後漢書卷九十一左雄傳）。這樣，雖然天垂妖象，地降災符，人臣亦不敢舉以相告，甚至代為之辯。

儒家學說到了東漢，大見變質，經學乃夾雜以陰陽家的思想，吾人讀後漢書各列傳，即可知之。然既崇尚儒學了，結果又發生三種現象。

㈠東漢崇尚儒家，五經成為人士進身的工具，而要測定人士的經學程度，只有應用考試。考試之法始於西都，西都不過用之以濟選舉之窮，並未曾視為取士的唯一方法。蔡邕說：「孝武之世，郡舉孝廉，又有賢良文學之選，於是名臣輩出，文武並興，漢之得人，數路而已。夫書畫辭賦，才之小者，匡國理政，未有其能」（漢書卷九十下蔡邕傳）。當時制策固然有似於科舉，然所問者皆當世之急務與政事之得失，注重佐國康時之論，而不尚空言浮文，所以西漢時代得才甚多。東漢以後，用人必經考試。比方孝廉一科，西漢只取其人的履行，東漢自順帝已後，因左雄建議，又觀其人的文學，即「諸生試家法，文吏課牋奏」。所謂「家法」，章懷注云：「儒有一家之法，故稱家法」（後漢書卷九十一左雄傳）。胡廣傳（後漢書卷七十四）亦有「儒者試經學，文吏試章奏」之言，可知家法就是經學。孝廉而有考試，徐氏評云：

按孝廉之舉始自西都，嘗考元朔詔書……孝之與廉當是各為一科……至東都則合為一科矣。西都止從郡國奏舉，未有試文之事。至東都，則諸生試家法，文吏課牋奏，無異於後世科舉之法矣……當時雖以孝廉名科，而未嘗責其孝行廉隅之實，是亦失設科之本意也。雖然漢世諸科雖以賢良方正為至重，而得人之盛則莫如孝廉，斯亦後世之所不及。按西漢舉賢良文學，則令其對策，而孝廉則無對策之事。蓋所謂賢良文學者取其忠言嘉謨足以佐國，崇論宏議足以康時，故非試之以對策，則無以盡其材。若孝廉則取其履行，而非資其議論也。今亦從而有試焉，則所謂孝廉者若何而著之於篇乎。又況左雄所言，諸生試家法，文吏課牋奏，則又文之靡者，去賢良所對尚復遠甚，而何以言孝廉乎（文獻通考卷三十四孝廉）。

豈但用人，就是遷官亦多以考試定之，馬端臨說：

按東漢用人，多以試取之，諸科之中，孝廉賢良有道皆有試，遷官則如博士如尚書皆先試，至於辟舉徵召無不試者……然所試率文墨小技，固未足以知其賢否也（文獻通考卷三十九辟舉）。

豪傑之士不長於雕蟲小技，當然不能利用自己的才智，以取得適當的官職。人才埋沒，對於國家固然是一種損失，而其結果且將如蘇軾所說：

夫惟忠孝禮義之士雖不得志，不失為君子。若德不足而才有餘者，困於無門，則無所不至矣（文獻通考卷三十五吏道）。

(二)東漢崇尚儒學，凡非由儒出身之士而仕郡縣為胥吏者，多受世人鄙薄，這種區別在西都是沒有的。即最初世人所鄙薄者不是胥吏，而是非儒出身的胥吏。到了後來，胥吏受人鄙薄，竟令儒生不願屈就其職了。馬端臨說：

今按西都公卿士大夫或出於文學，或出於吏道，亦由上之人並開二途以取人，未嘗自為抑揚，偏有輕重，故下之人亦隨其所遇，以為進身之階，而人品之賢不肖初不係其出身之或為儒或為吏也……後世儒與吏判為二途，儒自許以雅而詆吏為俗，於是以剸繁治劇者為不足以語道。吏自許以通而誚儒為迂，於是以通經博古者為不足以適時。而上之人又不能立兼收並蓄之法，過有抑揚輕重之意。於是拘譾不通者一歸之儒，放蕩無恥者一歸之吏，而二途皆不足以得人矣（文獻通考卷三十五吏道）。

馬端臨所謂後世，是否從東漢開始，吾人不可不察。胡廣曾為郡之散吏（後漢書卷七十四胡廣傳），袁安曾為縣之功曹（後漢書卷七十五袁安傳），而均不以為恥。孝廉丁邯則寧受杖，而不願去補令史應補尚書郎之職㉑。此蓋胡廣袁安之願屈身於郡縣曹掾，乃在未舉孝廉以前。士人舉為孝廉之後，往往自負清流，不願與胥吏為伍。馬端臨說：

秦棄儒崇吏，西都因之，蕭曹以刀筆吏佐命為元勳，故終西都之世，公卿多出胥吏，而儒雅賢良之人亦多借徑於吏以發身。其時儒與吏未甚分別，故以博士弟子之明經者補太守卒史，而不以為恧。元成以來，至東漢之初，流品漸分，儒漸鄙吏，故以孝廉補尚書郎令史，而深以為恥，蓋亦習俗使然。然胡廣袁安之進身者亦由郡吏，而丁邯則決不肯為尚書令史，何也？蓋東都亦未嘗廢試吏入仕之途，故方其未遇而浮沉里巷，無所知名也，則雖郡吏亦屑為之。及其既以孝廉異科薦舉徵召，則未免自負清流，雖尚書機要之地，亦恥其為郎令史矣（文獻通考卷三十五吏道）。

但是東漢郡縣胥吏亦得行使職權，例如爰延「為鄉嗇夫，仁化大行，人但聞嗇夫，不知郡縣」（後漢書卷七十八爰延傳）。王渙為郡功曹，太守陳寵「入為大司農，和帝問曰在郡何以為理。寵頓首謝曰臣任功曹王渙以簡賢選能，主簿鐔顯拾遺補闕，臣奉宣詔書而已」（後漢書卷一百六王渙傳）。而且後來士人入仕並非易事，所以士人亦常借徑於吏，表示其才智，藉以為發身之路，徐天麟說㉒：

㉑ 故事，尚書郎以令史久缺補之，世祖始改用孝廉為郎，以孝廉丁邯補焉，邯稱疾不就。詔問實病，羞為郎乎。對曰臣實不病，恥以孝廉為令史職耳。世祖怒曰虎賁滅頭，杖之數十。詔問欲為郎不？邯曰能殺臣者陛下，不能為郎者臣。中詔遣出，竟不為郎（後漢書卷三十六百官志三令史注引決錄注）。是則丁邯不是不願為尚書郎，而是不願去補令史應補之職。其後，光武改用孝廉為郎，自是而後尚書郎之地位漸次提高，徐防胡廣均以孝廉補尚書郎，即其例也。

㉒ 徐氏所舉之例似有問題，胡廣少孤貧，袁安祖父不過縣令，而且兩人之為胥吏均在未舉孝廉以前。王充受業太學，而未曾舉為孝廉賢良，始終未達。徐穉五舉孝廉賢良皆不就，太守李膺雖以禮請署功

東京入仕之途雖不一，然由儒科而進者，其選亦難。故才智之士多由郡吏而入仕，以胡廣之賢而不免為郡散吏，袁安世傳易學而不免為縣功曹，應奉讀書五行並下，而為郡決曹吏，王充之始進也，刺史辟為從事，徐穉之初筮也，太守請補功曹，蓋當時仕進之路有如此者，初不以為屈也（文獻通考卷三十五吏道）。

儒生先為胥吏，尤其是郡縣曹掾以及鄉官，實如公非劉氏所說：「才試於事，情見於物，則賢不肖較然。故遭事不惑，則知其智。犯難不避，則知其節。臨財不私，則知其廉。應對不疑，則知其辯，如此，則察舉易，而賢公卿大夫自此出矣」。要是他們「居於鄉里，不過閉門養高，其外則游學四方，以崇名譽」，而欲使「郡縣議其行，而察舉之，難矣」（文獻通考卷三十五吏道）。所謂名流固然「朝廷若待神明」（後漢書卷一百十二上方術傳論曰），而「功業皆無所採，是故俗論皆言處士純盜虛聲」（後漢書卷九十一黃瓊傳），推其原因，實由士大夫未曾從政而無磨鍊才智的機會之故。

㈢東漢崇尚儒學，儒家尚德，孔子說：「導之以政，齊之以刑，民免而無恥。導之以德，齊之以禮，有恥且格」（論語為政）。儒家既然尚德，故又要求政治家能正其身，孔子說：「政者正也，子率以正，孰敢不正」（論語顏淵）。又說：「其身正，不令而行，其身不正，雖令不從」（論語子路）。在這種思想之下，東漢舉士遂以賢為主，以能為副，而與西漢時代例如武帝下詔徵求跅弛之士，完全不同。而一般「公卿尤以辟士相高」，其所辟之士以通經行修為主。「卓茂習詩禮，為通儒，而辟丞相府史。蔡邕少博學，好詞章，而辟司徒橋元府。周舉博學洽聞，為儒者宗，而辟司徒李郃府。又有五府俱辟

曹，亦未曾就。只唯應奉家世二千石，而亦未舉孝廉。參閱後漢書卷七十四胡廣傳，七十五袁安傳，七十八應奉傳，七十九王充傳，八十三徐穉傳。還是馬端臨之言比較合理。

如黃瓊者，四府並命如陳紀者。往往名公巨卿以能致賢才為高」（文獻通考卷三十九辟舉引徐氏曰）。但是賢者未必有才，單單尚賢，用者常是循常習故之徒，而令政界發生暮氣沉沉的現象。例如「鄧彪少勵志，修孝行」，「永元初，竇氏專權驕縱，朝廷多有諫諍，而彪在位（時為太傅，錄尚書事）修身而已，不能有所匡正」（後漢書卷七十四鄧彪傳）。商鞅有言：「凡人臣之事君也，多以主所好事君」（商君書第十四篇修地）。韓非亦說：「人主好賢，則群臣飾行以要其君」（韓非子第七篇二柄）。所以東漢士大夫多矯飾其行，而沽名釣譽遂成為一代風俗。茅容避雨樹下，危坐愈恭，孟敏荷甑墜地，不顧而去，竟為郭太所賞識（後漢書卷九十八茅容孟敏傳）。然此二人均不求仕，猶可言也，至於許武李充則不然了。

> 許武舉為孝廉，武以二弟晏普未顯，欲令成名，乃請之曰，禮有分異之義，家有別居之道，於是共割財產，以為三分。武自取肥田廣宅奴婢強者，二弟所得並悉劣少。鄉人皆稱弟克讓，而鄙武貪婪，晏等以此並得選舉。武乃會宗親泣曰，吾為兄不肖，盜聲竊位，二弟年長，未豫榮祿，所以求得分財，自取大譏。今理產所增三倍於前，悉以推二弟，一無所留。於是郡中翕然，遠近稱之，位至長樂少府（後漢書卷一百六許荊傳）。
>
> 李充家貧，兄弟六人同食遞衣。妻竊謂充曰，今貧居如此，難以久安，妾有私財，願思分異。充偽酬之曰，如欲別居，當醞酒具會，請呼鄉里內外共議其事。婦從充，置酒讌客。充於坐中前跪白母曰此婦甚無狀，而教充離閒母兄，罪合遣斥，便呵叱其婦，逐令出門，婦銜涕而去，坐中驚肅……延平中詔公卿中二千石各舉隱士大儒，務取高行，以勸後進，特徵充為博士（後漢書卷一百十一李充傳）。

許武既自污以顯弟，復剖陳以自顯，一舉而兄弟皆貴。李充偽依其婦之言，從而宣布其婦之過，坐中驚肅，卒以高行，特徵為博士。時人好為矯激之行以立名，由此可見一斑。最可笑的則為下列之例：

漢中晉文經，梁國王子艾並恃其才智，炫曜上京，臥託養疾，無所通接。洛中士大夫好事者，承其聲名，坐門問疾，猶不得見。三公所辟召者，輒以詢訪之，隨所臧否，以為與奪。符融察其非真，乃到太學，並見李膺曰……融恐其空譽違實，特宜察焉。膺然之，二人自是名論漸衰……旬日之間慚歎逃去，後果為輕薄子，並以罪廢棄（後漢書卷九十八符融傳）。

又有樊英者毫無才智，而乃飭偽以邀譽，釣奇以驚俗，自州郡，公卿，而至天子，前後禮請，皆不應。一登高位，卻無奇謀深策。

初南陽樊英，少有學行，名著海內，隱於壺山之陽。州郡前後禮請，不應；公卿舉賢良方正有道，皆不行；安帝賜策書徵之，不赴。是歲（順帝永建二年）帝復以策書玄纁備禮徵英，英固辭疾篤，詔切責郡縣駕載上道。英不得已到京，稱疾不肯起，強輿入殿，猶不能屈。帝使出就太醫養疾，月致羊酒。其後，帝乃為英設壇，令公車令導，尚書奉引，賜几杖，待以師傅之禮，延問得失，拜五官中郎將。數月英稱疾篤，詔以為光祿大夫，賜告歸，令在所送穀，以歲時致牛酒，英辭位不受，有詔譬旨勿聽。英初被詔命，眾皆以為必不降志。南郡王逸……勸使就聘。英順逸議而至，及後應對，無奇謀深策，談者以為失望（資治通鑑卷五十一順帝永建二年）。

這固然不是崇尚儒學的結果，而確是公卿好賢的流弊。六韜（第十篇舉賢）云：「君以世俗之所譽者為賢，以世俗之所毀者為不肖，則多黨者進，少黨者退」。然而「上無明天子，下無賢諸侯，君不識是非，臣不辨黑白」，既然是「多助者為賢，寡助者為不肖」，於是在野者「知富貴可以從眾為也，知名譽可以虛譁獲也」，乃「結比周之黨，汲汲皇皇，無日以處，更相歎揚，迭為表裏」。在朝者，「自公卿大夫州牧郡守，王事不恤，賓客是務……下及小司列城墨綬，莫不以得人自矜，以下士為賢……文書委於官曹，繫囚積於囹圄，而不遑省也」（徐幹中論第十二篇譴交）。簡單言之，交朋結黨，互相標榜，就可令公卿牧守「競相辟召，踴躍升騰，超等踰匹」（後漢書卷九十一左雄傳）。這樣，社會又發生了一種現象：人士「多務交游，以結黨助，偷世竊名，以取濟渡」（潛夫論第二篇務本）。那知到了最後，連吹噓標榜都不要了。而如李固所說：「今之仕者唯財與力」（後漢書卷九十三李固傳）。抱朴子說：

> 桓靈之世，柄去帝室，政在姦臣，網漏防潰，風頹教沮，抑清德而揚諂媚，退履道而進多財，力競成俗，苟得無恥，或輸自售之寶，或賣要人之書，或父兄貴顯，望門而辟命，或低頭屈膝，積習而見收（抱朴子外篇卷十五審舉）。

且也，光武依豪強之協助，而能統一天下。其對付豪強乃採取妥協的政策。明章以後，承平已久，豪強漸有勢力。章帝時韋彪已經建言：「士宜以才行為先，不可純以門閥」（後漢書卷五十六韋彪傳）。到了後來，典選舉者又復諂事權貴，望風迎附。漢制，天子近臣之子弟不得舉為孝廉。

> 詔書所以禁侍中尚書中臣（集解，通鑑胡注，此中臣謂中朝臣也）子弟不得為吏，察孝廉者，以其秉威權容請託故也（後漢書卷九十三李固傳）。

這種禁令早已成為具文，中常侍當權，州郡則選舉宦官的家人。李固說：

> 中常侍在日月之側，聲勢振天下，子弟祿任曾無限極，雖外託謙默，不干州郡，而諂偽之徒望風進舉（後漢書卷九十三李固傳）。

大將軍秉政，州郡則選舉貴戚的子弟，例如：

> 河南尹田歆外甥王諶名知人。歆謀之曰當舉六孝廉，多得貴戚書，命不宜相違，欲自用一名士，以報國家，爾助我求之（後漢書卷八十六种暠傳）。

六孝廉之中，州郡能夠自用名士者不過一人，由此可知當時貴戚如何把持地方選舉。固然權貴子弟不乏賢能之士，然貢舉既然唯力是視，則州郡察舉之人自必庸駑居多。因之西漢時代各種選舉科目，如茂才、孝廉、方正之類均只有其名，而無其實。王符說：

群僚舉士者或以頑魯應茂才，以桀逆應至孝，以貪饕應廉吏，以狡猾應方正，以諛諂應直言，以輕薄應敦厚，以空虛應有道，以嚚闇應明經，以殘酷應寬博，以怯弱應武猛，以愚頑應治劇，名實不相副，求貢不相稱（潛夫論第七篇考績）。

葛洪說明靈獻時代選舉的腐化情形如次：

靈獻之世……時人語曰舉秀才，不知書，察孝廉，父別居，寒素清白濁如泥，高第良將怯如雞（抱朴子外篇卷十五審舉）。

何況「富貴則人爭附之，貧賤則人爭去之」（潛夫論第三十篇交際），這是人之常情。而「有利生親，積親生愛，積愛生是，積是生賢，情苟賢之，則不自覺心之親之，口之譽之也。無利生疏，積疏生憎，積憎生非，積非生惡，情苟惡之，則不自覺心之外之，口之毀之也」（潛夫論同上）。「每觀前代專權之徒，率其所舉皆在乎附己者也，所薦者必先乎利己者也」（抱朴子外篇卷二十名實）。人士既見選舉之權操於權貴，於是不肖者無不竭力謀與權貴接近，而賢者又自鳴清高，不願奔走於權貴之門。這樣，權貴更壟斷了國家的官職。弄到結果，便如王符所說：

今觀俗士之論也，以族舉德，以位命賢（潛夫論第四篇論榮）。

凡今之人……論古則知稱夷齊原顏，言今則必官爵職位，虛談則知以德義為賢，貢薦則必閥閱為前（潛夫論第三十篇交際）。

官僚政治由於上述原因，已經發生問題。而考課又復有名無實。光武固「嘗召見諸郡計吏，問其風土及前後守令能否」（後漢書卷三十一張堪傳）。明帝時代，馬嚴乃言：「考績黜陟，以明褒貶。方今刺史守專州典郡，不務奉事，盡心為國。而司察偏阿，取與自己同，則舉為尤異，異則中以刑法」（後漢書卷五十四馬嚴傳）。如是人士也不能以功績擢用了。

且也，光武中興之時，又鑑權臣竊命之禍，「不以功臣任職，至使英姿茂績委而勿用」（後漢書二十八將傳論），有些雖崇以三公之位，亦不過假以名號，而令其率師出征。例如建武元年吳漢為大司馬，鄧禹為大司徒，王梁為大司空，而均出征在外（參閱後漢書各本傳）。按吳漢於建武元年為大司馬，建武二十年五月卒，前後為大司馬二十年，而均從事征討（後漢書卷四十八吳漢傳）。其在內者，例如李通雖然「破家為國」，「助成大業」，而拜為大司空之後，乃「謝病不視事」（後漢書卷四十五李通傳）。蓋光武為人「重慎畏事」（東觀漢記卷一光武帝紀）。重慎畏事往往不易信人，其所信任者只限於同鄉。光武南陽人，郭伋「言選補眾職，當簡天下賢俊，不宜專用南陽人」（後漢書卷六十一郭伋傳）。「帝方以吏事責三公，故功臣並不用。是時列侯唯高密固始膠東三侯與公卿參議國家大事」（後漢書卷四十一賈復傳）。高密侯鄧禹、固始侯李通、膠東侯賈復均係南陽人（參閱後漢書各本傳）。光武曾謂「吾理天下，亦欲以柔道行之」（後漢書卷一下光武帝紀）。然而尚柔之道，目的在於克剛，力足以克剛，絕不用柔，力不足以克剛，才以柔制之。這是一種陰謀。史謂「光武承王莽之餘，頗以嚴猛為政，後代因之，遂成風化」（後漢書卷七十一第五倫傳）。「尚書近臣至乃捶撲牽曳於前，群臣莫敢正言」（後漢書卷五十九申屠剛傳）。明帝察察為慧，「公卿大臣數被詆毀，近臣尚書以下，至見提拽」（後漢書卷七十一鍾離意傳）。在這種政風之下，當然是「大臣難居相位」（後漢書卷五十六侯霸傳），只有明哲保身。中葉以後，選任三公，務取其人「清慤謹慎循常習故者」（後漢書卷七十九仲長統傳法誡篇）。郎顗說：

今三公皆令色足恭，外厲內荏，以虛事上，無佐國之實（後漢書卷六十下郎顗傳）。

三公退守，寖假政界人物便養成了不負責任的習慣。左雄說：

> 方今公卿以下，類多拱默，以樹恩為賢，盡節為愚，至相戒曰白璧不可為，容容多後福（後漢書卷九十一左雄傳）。

縱是掾屬亦「專尚交遊，以不肯視事為高」（後漢書卷七十六陳寵傳）。這種惡習乃開始於明章時代。到了後來，凡遇大事發生，他們欲逃避責任，往往稱病不朝。例如：

> 永康元年帝（桓帝）崩……時新遭大喪，國嗣未立，諸尚書畏懼權官，託病不朝（後漢書卷九十六陳蕃傳）。

最後朝廷不能不下詔禁止諸府掾屬擅自去就。

> 是時西羌反叛，黃巾作難，制諸府掾屬不得妄有去就（後漢書卷一百十一范冉傳）。

此乃就中央官言之，至於地方官，則層層卸責於下，而如虞詡之言：

> 今州日任郡，郡日任縣，更相委遠，百姓怨窮（後漢書卷八十八虞詡傳）。

何況東漢政府又有賣官鬻爵之事。漢制，爵可以視為一種財產，「有罪得贖，貧者得賣與人」（後漢書卷二明帝紀，即位時賜天下男子爵人二級，章懷注）。安桓二帝所賣者不過爵、散官、以及緹騎營士。例如：

> 安帝永初三年夏四月，三公以國用不足，奏令吏人入錢穀，得為關內侯虎賁羽林郎五大夫官府吏緹騎營士各有差（後漢書卷五安帝紀）。

> 桓帝延熹四年秋七月，占賣關內侯虎賁羽林緹騎營士五大夫錢各有差（後漢書卷七桓帝紀）。

一到靈帝，且賣公卿之職。

> 光和元年十二月，是歲初開西邸賣官，自關內侯虎賁羽林入錢各有差，私令左右賣公卿，公千萬，卿五百萬（後漢書卷八靈帝紀）。

關於靈帝販賣公卿，據傳子說㉓：

靈帝時，牓門賣官，於是太尉段熲司徒崔烈太尉樊陵司徒張溫之徒，皆入錢，上千萬，下五百萬，以買三公。熲數征伐有大功，烈有北州重名，溫有傑才，陵能偶時，皆一時顯士，猶以貨取位，而況於劉囂唐珍張顥之黨乎（後漢書卷八靈帝紀光和元年集解引傳子曰）。

案靈帝賣官，目的又和安桓二帝不同，安桓賣官以充國用，靈帝賣官，乃聚為私藏。

帝本侯家宿貧，每歎桓帝不能作家居，故聚為私藏，復藏寄小黃門常侍錢各數千萬（後漢書卷一百八張讓傳）。

最初賣給富豪，繼又賣給貧人，聽其剝削百姓，加倍償還債務。

靈帝時開鴻都門，榜賣官爵，公卿州郡下至黃綬各有差。其富者，則先入錢，貧者到官，而後倍輸（後漢書卷八十二崔寔傳）。

不久，又創立修宮錢東園禮錢等各種名目，凡任命為官吏者須先輸款而後就職，清貧的人無款可輸，只有辭職不就。例如：

靈帝欲以羊續為太尉，時拜三公者皆輸東園禮錢千萬，令中使督之，名為左騶……續……舉縕袍以示之曰，臣之所資唯斯而已。左騶白之，帝不悅，以此故，不登公位（後漢書卷六十一羊續傳）。

劉陶徒為京兆尹，到職，當出修宮錢，直千萬。陶既清貧，而恥以錢買職，稱疾不聽政（後漢書卷八十七劉陶傳）。

㉓ 同書章懷注引山陽公載記曰，「時賣官二千石二千萬，四百石四百萬，其以德次應選者半之，或三分之一，於西園立庫以貯之」。三公不過千萬，而二千石乃二千萬，是否臨民之官容易貪污，故其價格特高。

辭職不就，尚有自由，最後連自由都沒有了。凡人一經任命，必須之官，也就是必須輸錢。其因貧不能之官者皆迫遣之。

> 刺史二千石及茂才孝廉遷除，皆責助軍修宮錢，大郡至二三千萬，餘各有差。當之官者，皆先至西園諧價，然後得去。有錢不畢者或至自殺，其守清者乞不之官，皆迫遣之（後漢書卷一百八張讓傳）。

政界之內，上自公卿，下至曹掾，盡是銅臭，錢多者官貴，錢少者職卑。他們既用金錢購買官職，當然是「豺貪受取聚斂，以補買官之費」（抱朴子外篇卷十五審舉）。官僚政治到了這個時候，已經變成污濁的名詞。抱朴子說：

> 靈獻之世，閹官用事，群姦秉權，危害忠良，臺閣失選用於上，州郡輕貢舉於下……於時懸爵而賣之，猶列肆也。爭津者買之，猶市人也。有直者無分而徑進，空拳者望途而收迹。其貨多者其官貴，其財少者其職卑……清貧之士何理有望哉（抱朴子外篇卷十五審舉）。

按官僚政治是以選任代替世官，要維持這個制度，必須社會上有一批人員預備在政界服勞。這批人員在吾國稱為士大夫，所以士大夫的目的在於出仕，即如袁安所說：「凡學仕者，高則望宰相，下則希牧守」（後漢書卷七十五袁安傳），再看桓榮之例。

> 桓榮為少傅……大會諸生，陳其車馬印綬曰今日所蒙，稽古之力也，可不勉哉……三十年（建武）拜為太常。榮初遭倉卒，與族人桓元卿同飢戹，而榮講誦不息。元卿嗤榮曰但自苦氣力，何時復施用乎？榮笑不應，及為太常，元卿歎曰我農家子，豈意學之為利乃若是哉（後漢書卷六十七桓榮傳）。

這批預備出仕的士大夫可以稱為官僚預備軍。官僚預備軍應和全國職官的數目保持一定的比例。官僚預備軍過少，少到僅能供給政府每年的需要，則政府不能隨意選擇人才，因之任賢與能的目的必難達到。官僚預備軍過多，多到大部分士人無處安插，則失業者人數太多，又將引起政變，而致社會秩序因之紛亂。東漢學校頗見發達，僅僅太學已有學生三萬餘人。

光武中興，愛好經術……於是立五經博士……建武五年乃修起太學……中元元年初建三雍。明帝即位，親行其禮……禮畢，帝正坐自講，諸儒執經問難於前，冠帶縉紳之人圜橋門而觀聽者，蓋億萬計……建初中，大會諸儒於白虎觀，考詳同異，連月乃罷。肅宗親臨稱制如石渠故事，顧命史臣著為通義……孝和亦數幸東觀，覽閱書林……自安帝覽政，薄於藝文，博士倚席不講，朋友相視怠散，學舍頹敝，鞠為園蔬，牧兒蕘豎，至於薪刈其下。順帝……更修黌宇，凡所造構二百四十房，千八百五十室……本初元年梁太后詔曰，大將軍下至六百石悉遣子就學……自是遊學增盛至三萬餘生，然章句漸疏，而多以浮華相尚，儒者之風蓋衰矣（後漢書卷一百九上儒林傳序）。

此外私塾亦甚發達，每一宿儒常收門徒數十人至千餘人。「若迺經生所處，不遠千里之路，精廬暫建，贏糧動有千百，其耆名高義，開門受徒者，編牒不下萬人」（後漢書卷一百九下儒林傳論）。但是吾人須知漢世儒生講學，未必親授。馬融「門徒四百餘人，升堂進者五十餘生」（後漢書卷六十五鄭玄傳），「弟子以次相授，鮮有入其室者」（後漢書卷六十上馬融傳）。例如鄭玄，當其師事馬融之時，「在門下三年不得見，乃使高業弟子傳受於玄」（後漢書卷六十五鄭玄傳）。尚有名為門徒，不但未曾親受其業，而又未曾傳授其業者。「侍御史景毅子顧為李膺門徒，而未有錄牒，故不及於譴」（後漢書卷九十七李膺傳），即未遭黨錮之禍。當時士人多藉門生之名，依附權貴，規圖仕進。丁鴻為少府，「門下由是益盛，遠方至者數千人」（後漢書卷六十七丁鴻傳），此亦可見士人喜為名儒門徒之故㉔。

㉔ 趙翼謂：「漢時……人士之嚮學者必以京師為歸……蓋其時郡國雖已立學……然經義之專門名家，惟太學為盛，故士無有不游太學者。及東漢中葉以後，學成而歸者各教授門徒，每一宿儒門下著錄者至千百人，由是學遍天下矣」（陔餘叢考卷十六兩漢時受學者皆赴京師）。

教育的發達可以增加士大夫的人數。而吾國教育又如宋葉適所說：「化天下之人而為士，盡以入官」（葉水心集卷三法度總論三）。職官之數有限，而士之產生無窮，現在試問東漢全國職官共有多少？

> 內外文武官七千五百六十七人（一千五十五人內，六千五百一十二人外），內外諸司職掌人一十四萬五千四百一十九人（一萬四千二百二十五人內，一十三萬一千一百九十四人外），都計內外官及職掌人十五萬二千九百八十六人（通典卷三十六秩品）。

全國官吏每年要補充多少呢？據唐代劉祥道說：凡人大約均是三十而仕，六十致仕，其為國服勞，平均每人為三十年。

> 壯室而仕，耳順而退，取其中數，不過支三十年（唐會要卷七十四論選事顯慶二年條）。

所以全國官吏十五萬二千九百八十六人只能維持三十年之用，平均每年要補充五千一百人。此五千一百人如何補充呢？順帝時代太學生有三萬餘人，私塾生徒更不可勝數，每歲郡國所舉孝廉，西漢本來是郡國各一人，東漢和帝以後，就以郡國人數為標準。因之孝廉人數自當隨之增加。

> 當時帝（和帝）以所舉孝廉每與郡口率不均，乃從丁鴻議，令郡口二十萬歲舉孝廉一人，四十萬二人，六十萬三人，八十萬四人，百萬五人，百二十萬六人，不滿二十萬二歲一人，不滿十萬三歲一人。唯緣邊郡口十萬則歲舉一人，不滿十萬二歲舉一人，五萬以下，三歲舉一人（後漢書卷三十八百

東漢名儒之多，可閱後漢書（依卷次）魯丕傳、伏湛傳、承宮傳、趙典傳、楊厚傳、郎顗傳、樊儵傳、曹褒傳、鄭玄傳、張楷傳、桓榮傳、桓典傳、丁鴻傳、周磐傳、張酺傳、郭躬傳、姜肱傳、虞詡傳、馬融傳、史弼傳、張奐傳、劉淑傳、李膺傳、檀敷傳、郭太傳、劉昆傳、洼丹傳、楊政傳、張興傳、牟長傳、孔僖傳、楊倫傳、魏應傳、杜撫傳、丁恭傳、周澤傳、樓望傳、程曾傳、張玄傳、穎容傳、謝該傳、蔡玄傳、夏恭傳、邊韶傳、劉茂傳、索盧放傳、唐檀傳、法真傳。此外尚有遺漏者。

官志五集解引李祖楙曰，參閱卷四和帝紀永元十三年，卷六十七丁鴻傳）。

孝廉入都，多拜為郎。

郡國舉孝廉以補三署郎，年五十以上屬五官，其次分在左右署，凡有中郎議郎侍郎郎中四等，無員（應劭漢官儀卷上）。

明帝時，「館陶公主為子求郎，不許，而賜錢千萬，謂群臣曰郎官上應列宿，出宰百里，苟非其人，則民受其殃，是以難之」（後漢書卷二明帝紀永平十八年），由此可知明帝時代郎選甚見嚴格。郎官食祿，而無實職，常以高功久次，升遷他職。

漢中郎將分掌三署郎，有議郎中郎侍郎郎中凡四等……卿校尉牧守待價於此（通典卷二十九三署郎官敘）。

所以郎官過剩可以暗示官途壅塞。順帝時代已經提高孝廉的年齡，凡年不滿四十，不得察舉為孝廉。

左雄上言，孔子曰四十不惑，禮稱強仕，請自今孝廉年不滿四十，不得察舉……若有茂才異行，自可不拘年齒，帝從之，於是班下郡國（後漢書卷九十一左雄傳）。

左雄雖有「四十不惑」之言，而其目的似在限制孝廉人數。桓帝時代，最初孝廉七百餘人。

楊秉上言，三署見郎七百餘人，帑藏空虛，浮食者眾（後漢書卷八十四楊秉傳）。

不久，竟然增加到二千餘人。

三署郎吏二千餘人，集解引汝南先賢傳云，蕃上書曰今陛下以郎比一把菜，臣以為反側（後漢書卷九十六陳蕃傳）。

這固然因為郎選太濫，而郎官沒有出路，由此亦可知道。豈但孝廉，博士亦有限年之制。

楊仁仕郡為功曹，舉孝廉，除郎，太常上仁經中博士。仁自以年未五十，不應舊科，上府讓選。注引漢官儀曰博士限年五十以上（後漢書卷一百九楊仁傳）。

而太學生人數太多，竟有年已六十以上，才加考試，而除為郎中者。

靈帝熹平五年試太學生年六十以上百餘人，除郎中舍人至王家郎郡國文學吏（後漢書卷八靈帝紀）。

由上所述，可知東漢之世，戶口雖然不比西漢為多，只因文化發達，士人多而職官少，遂致多數人失意，少數人得意，得意者依附權貴，失意者非訐朝政，由是黨爭因之開始，政界因之棼亂，官僚政治亦因之發生動搖。

多數士大夫排斥於政界之外，其在政界服務者，生活又復如何？我們知道在官僚政治之下，官吏是依靠祿俸維持生活的。古人制祿，雖下士猶食上農，外足以奉公忘私，內足以養親施惠，而後才勤其事，而不侵漁百姓。西漢之世，大官祿厚，小官祿薄，光武中興，曾矯其弊。

建武二十六年詔有司增百官俸，其千石以上減於西京舊制，六百石以下增於舊秩（後漢書卷一下光武帝紀）。

其如何增減，若據歷史所載，兩漢官祿實在相差無幾。

（一）兩漢官祿比較表（祿以斛為單位）[25]

官階	月祿 西漢	月祿 東漢 (一)	月祿 東漢 (二)
萬石	三五〇	三五〇	
中二千石	一八〇	一八〇	一八〇
二千石	一二〇	一二〇	一二〇
比二千石	一〇〇	一〇〇	一〇〇
千石	九〇	八〇	八〇
比千石	八〇		
六百石	七〇	七〇	七〇
比六百石	六〇	五〇	六〇 五〇
四百石	五〇	四五	五〇 四五
比四百石	四五	四〇	四五 四〇
三百石	四〇	四〇	四〇
比三百石	三七	三七	三七
二百石	三〇	三〇	三〇
比二百石	二七	二七	二七
百石	一六	一六	一六

據上表所示，千石以上只唯千石減於西京舊制。六百石以下，不但不增於舊秩，而由比六百石至比四百石，據通典所載，一說且比舊秩為低。是否漢書（卷十九上百官公卿表）顏師古所注西漢祿秩有誤[26]，抑或後漢書（卷三十八百官志五）所載東漢祿秩不確，當考。

東漢官祿皆半錢半穀。

---

[25] 西漢官祿據漢書百官公卿表上顏師古注，東漢官祿㈠據後漢書百官志五，㈡據通典卷三十六秩品。

[26] 漢書卷十二平帝紀元始元年補注引劉攽曰，顏百官表注……此自建武時所加者，非西漢舊事也。

凡諸受奉皆半錢半穀（後漢書卷三十八百官志五）。

延平（殤帝）年間，錢穀之數如次：

（二）延平年間官祿表（穀為米，不是粟，單位為斛）㉗

官階	月祿	
	月錢	月米
中二千石	九〇〇〇	七二・〇
真二千石	六五〇〇	三六・〇
比二千石	五〇〇〇	三四・〇
千石	四〇〇〇	三〇・〇
六百石	三五〇〇	二一・〇
四百石	二五〇〇	一五・〇
三百石	二〇〇〇	一二・〇
二百石	一〇〇〇	九・〇
百石	八〇〇	四・八

既云半錢半穀，何以各秩所得的米不是半數呢？今試以百石之俸為例言之，百石穀月十六斛，半數為八斛。姚鼐云：「古人大抵計米，以石權，計粟以斛量」（漢書卷二十四上食貨志補注引姚鼐曰）。延平年間所定月祿是米不是粟，九章算術云：「粟五十，糲率三十，一斛粟得六斗米為糲也」（後漢書卷五十六伏湛傳注），所以八斛之粟合米為 $8\times\frac{3}{5}=4.8$，即四斛八斗，剛剛與上表相同。現在試依此法，將上表計算為下列之表。

㉗ 本表據後漢書卷三十八百官志五注引荀綽晉百官表注。真二千石，月得百五十斛，見漢書卷九十七上外戚傳序師古注。余以為真二千石應為二千石，因為如下表所示，二千石半穀折為米，剛剛是三十六斛。

(三) 延平年間的官祿計算表

官秩	月俸	每斛穀價格	半穀折為米	官秩	月俸	每斛穀價格	半穀折為米
中二千石	一八〇	$9000 \div 90 = 100$	$90 \times \frac{3}{5} = 54$	四百石	五〇	$2500 \div 25 = 100$	$25 \times \frac{3}{5} = 15$
二千石	一二〇	$6500 \div 60 = 108$	$60 \times \frac{3}{5} = 36$	三百石	四〇	$2000 \div 20 = 100$	$20 \times \frac{3}{5} = 12$
比二千石	一〇〇	$5000 \div 50 = 100$	$50 \times \frac{3}{5} = 30$	二百石	三〇	$1000 \div 15 = 66$	$15 \times \frac{3}{5} = 9$
千石	八〇	$4000 \div 40 = 100$	$40 \times \frac{3}{5} = 24$	百石	一六	$800 \div 8 = 100$	$8 \times \frac{3}{5} = 4.8$
六百石	七〇	$3500 \div 35 = 100$	$35 \times \frac{3}{5} = 21$				

是則除二千石及二百石外，穀價每斛均為一百，而除中二千石比二千石及千石所得的米與荀綽晉百官表之注不同之外，餘皆相符。崔實說：

> 夫百里長吏荷諸侯之任，而食監門之祿，請舉一隅，以率其餘。一月之祿得粟二十斛，錢二千（全後漢文卷四十六崔實政論）。

此百里長吏當係三百石之縣長（後漢書卷三十八百官志五），三百石奉月四十斛，半穀為粟二十斛，即為米十二斛。其餘二十斛以錢二千代之，即每斛之粟，價格亦為一百。

現在試從兩方面研究東漢官祿能否維持一家生計，一是最低官祿與農民之收入孰多孰少。關此，我在說明西漢官祿之時已經提到了，何況東漢農業生產力乃比西漢為高，即一畝平均收穀三斛。仲長統說：

> 今通肥饒之率，計稼穡之入，令畝收三斛，斛取一斗，未為甚多（後漢書卷四十九仲長統傳損益篇）。

所以農民有田百畝，每歲可收穀三百斛，而百石之吏每年得穀不過一百九十二斛，即比百畝農夫為少。

二是最低官祿與普通工資孰多孰少。東漢工資，據崔實說，每月普通只有一千。

> 長吏雖欲崇約，猶當有從者一人，假令無奴，當復取客，客庸一月千（全後漢文卷四十六崔實政論）。

案東漢穀價，大豐之年粟斛三十。

> 明帝永平十二年，是歲天下安平，人無徭役，歲比登稔，百姓殷富，粟斛三十，牛羊被野（後漢書卷二明帝紀）。

這是東漢穀價之最廉者。西漢宣帝時代，歲數登稔，穀至石五錢（漢書卷二十四上食貨志），由此可知東漢物價似比西漢為高。大凶之年，穀石萬餘。

> 安帝永初四年，連年不登，穀石萬餘（後漢書卷八十一龐參傳）。

而據上列第三表，穀價每斛以一百為常，百石之吏，月俸十六斛，值錢一千六百，雖比客之工資為多，然而我們須知東漢時代，客之地位甚低，所以崔實才有以客代奴之言。何況西漢時代，工資之優者每月二千。

> 如淳曰，律說，平賈一月得錢二千。補注，王先謙曰受平賈者，顧庸於官，得直既優，故不著外繇（漢書卷二十九溝洫志注）。

是則百石之吏的祿俸尚不及優厚的工資。據崔實說：

> 夫百里長吏……一月之祿得粟二十斛，錢二千，長吏雖欲崇約，猶當有從者一人，假令無奴，當復

取客，客庸一月千。芻膏肉五百，薪炭鹽菜又五百，二人食粟六斛。其餘財足給馬，豈能供冬夏衣被，四時祠祀賓客斗酒之費乎。況復迎父母，致妻子哉（全後漢文卷四十六崔實政論）。

此百里長吏，如前所言，當係三百石之縣長。三百石之官所得祿俸不能維持其身分相等的生活，何況三百石以下的吏。兼以安帝已後，常常減俸。

安帝永初四年春正月丙午詔減百官及州郡縣奉各有差。

順帝漢安二年冬十月甲辰減百官俸。

桓帝延熹三年九月丁亥詔無事之官權絕俸，豐年如故。

桓帝延熹四年秋七月減公卿以下奉。

桓帝延熹五年八月庚子詔減虎賁羽林住寺不任事者半奉，勿與冬衣，其公卿以下，給冬衣之半。

（以上見後漢書各本紀，後漢書卷六十八馮緄傳云）

順帝時，天下饑饉，帑藏虛盡，每出征伐，常減公卿奉祿，假王侯租賦。

官俸不足以養生送死，結果貪污便成為普遍的現象。崔實說：

今所使分威權、御民人、理獄訟、幹府庫者，皆群臣之所為，而其奉祿甚薄，仰不足以養父母，俯不足以活妻子。父母者性所愛也，妻子者性所親也，所愛所親方將凍餒，雖冒刃求利，尚猶不避，況可令臨財御眾乎。是所謂渴馬守水，餓犬護肉，欲其不侵，亦不幾矣……於是則有賣官鬻獄盜賊主守之奸生矣（全後漢文卷四十六崔實政論）。

仲長統亦說：

夫選用必取善士，善士富者少，而貧者多，祿不足以供養，安能不少營私門乎（後漢書卷七十九仲長統傳損益篇）。

最初官吏不過因貧而貪污，最後便依貪污以致富，「上承權貴，下積私賂」（後漢書卷六十一賈琮傳），「廉者取足，貪者充家」（後漢書卷九十一左雄傳）。漢法，「臧值十金，則至重刑」（漢書卷八十三薛宣傳師古注），而「臧吏子孫三世禁錮」（後漢書卷七十五袁安傳）。桓帝即位，固然下詔「臧吏子孫不得察舉」（後漢書卷七桓帝紀）。然而政治腐化，詔令成為具文。司法在光武時代，已如桓譚所言：「法令決事，輕重不齊，或一事殊法，同罪異論。姦吏得因緣為市，所欲活則出生議，所欲陷則與死比，是為刑開二門也」（後漢書卷五十八上桓譚傳）。而監察制度自從御史大夫轉為司空之後，中丞為御史臺率，而屬於少府（後漢書卷三十六百官志三）。固然「光武特詔御史中丞與司隸校尉尚書令會同，並專席而坐，故京師號曰三獨坐」（後漢書卷五十七宣秉傳）。但中丞秩僅千石（後漢書卷三十六百官志三），只能出為二千石（蔡質漢官典職儀式選用），此與御史大夫常遷為丞相者絕不相同。御史臺長官地位既低，而又沒有升為三公的希望，中丞不能負起「察過悉劾」的責任，可以說是勢之必然。何況政治腐化，監察官要在腐化的政治之中，獨立行使職權，實非易事。順帝時，龐參為太尉，「三公之中，參名忠直」，「以所舉用忤帝旨，司隸承風案之」（後漢書卷八十一龐參傳）。史弼為河東太守，詔書令舉孝廉，中常侍侯覽遣諸生齎書請託，弼大怒，命左右引出，楚捶數百，付安邑獄，即日考殺之。侯覽大怨，遂下司隸，誣弼誹謗，罪當棄市，減死罪一等，論輸左校（後漢書卷九十四史弼傳）。官僚政治完全腐化，而東漢社會便在政治腐化的過程之中，漸次崩潰。

到了這個時候，東漢初期的陰陽學說就變為命運之說。陰陽學說尚有人定勝天之意，而命運之說則謂：凡事皆由命定，人力莫如之何。此種論調早就發生在東漢初期，王充說：「命，吉凶之主也」（論衡第十篇偶會）。就個人說，「命當夭折，雖稟異行，終不得長。祿當貧賤，雖有善性，終不得遂」（同上第六篇命義）。「凡人遇偶及遭累害，皆由命也……命當貧賤，雖富貴之，猶涉禍患矣。命當富貴，雖貧賤之，猶逢福善矣」（同上第三篇命祿）。就整個社會言，「民治與亂，皆有命焉……夫賢君能治當安之民，不能化當亂之世。……故世治非賢聖之功，衰亂非無道之致。國當衰亂，賢聖不能盛。時當治，惡人不能亂。世之治亂在時，不在政。國之安危在數，不在教」（同上第五十三篇治期）。到了東漢之末，命運之說又一變而為悲觀論調。例如仲長統以為：在國家大亂時，群雄爭長，知能之士固可見用於世，幸而群雄仆滅，社會亦可現出小康的狀態。天下既定，數傳之後，人主又奔其私嗜，騁其邪欲，於是大亂又發生了（參閱後漢書卷七十九仲長統傳理亂篇）。而綜觀古代歷史，乃是「亂世長而化世短」（同上），且世愈下而亂愈烈，仲長統說：

昔春秋之時，周氏之亂世，逮乎戰國則又甚矣。秦政乘并兼之勢，放狼虎之心，屠裂天下，吞食生人，暴虐不已，以招楚漢用兵之苦，甚於戰國之時也。漢二百年而遭王莽之亂，計其殘夷滅亡之數，又復倍乎秦項矣。以及今日，名都空而不居，百里絕而無民者，不可勝數，此則又甚於亡新之時也。悲夫，不及五百年大難三起，中間之亂尚不數焉。變而彌猜，下而加酷，推此以往，可及於盡矣。嗟乎不知來世聖人救此之道，將何用也。又不知天若窮此之數，欲何至耶（後漢書卷七十九仲長統傳理亂篇）。

由這悲觀論調，人士便自暴自棄，逃避現實，耽於享樂，而醞釀了正始之風，列子的虛無主義，楊朱的快樂主義也開始流行。

第五節

東漢社會的崩潰

人類都有生存慾望，人類要滿足生存慾望，必須取得生活資料，生活資料生產於土地之上，而農業國家又以土地為其唯一的生產工具。一定面積的土地只能生產一定數量的食糧，而一定數量的食糧又只能養活一定額數的人口。人口超過於食糧，勢必引起物價的騰貴，使全國陷入饑荒之中，初則盜匪遍地，次則政權顛覆，終則群雄割據。吾國古代社會問題率是由土地問題而發生。關於土地問題，我們不但要注意其生產，且要注意其分配。換句話說：土地的生產雖然能夠供給社會的需要，倘令土地集中於少數人，多數人民亦將因為沒有生產工具，貧不聊生。土地的生產不能供給社會的需要，縱令土地分配能夠平均，而全體人民亦將因為收穫不夠維持生計，鋌而走險。前者可以稱為社會之相對的貧窮，後者可以稱為社會之絕對的貧窮。相對的貧窮可以利用各種社會政策以救濟之，絕對的貧窮除了改良技術以增加生產力，或向外發展以取得新土地之外，很難有挽救的方法。

東漢初年，戶口比之西漢虛耗甚多。

及王莽篡位，續以更始赤眉之亂，至光武中興，百姓虛耗，十有二存（後漢書卷二十九郡國志一注引帝王世紀）。

但光武「安靜」，明帝「明察」，章帝「寬厚」，經三世的休養生聚，戶口漸次繁殖，到了和帝時代，已經接近於西漢極盛之數。

東漢戶口墾田表㉘

年代	戶數	口數	墾田數	每戶所得	每口所得
光武中元二年	四、二七九、六三四	二一、〇〇七、八二〇			
明帝永平十八年	五、八六〇、五七三	三四、一二五、〇二一			
章帝章和二年	七、四五六、七八四	四三、三五六、三六七			
和帝永興元年	九、二三七、一一二	五三、二五六、二二九	七、三二〇、一七〇頃八〇畝一四〇步	七九畝二〇四步	一三畝一七八步
安帝延光四年	九、六四七、八三八	四八、六九〇、七八九	六、九四二、八九二頃一三畝〇八五步	七一畝一三一步	一四畝〇六二步
順帝建康元年	九、九四六、九一九	四九、七三〇、五五〇	六、八九六、二七一頃五六畝一九四步	六九畝〇九九步	一三畝二〇八步
沖帝永嘉元年	九、九三七、六八〇	四九、五二四、一八三	六、九五七、六七六頃二〇畝一〇八步	七〇畝〇〇三步	一四畝〇一一步
質帝本初元年	九、三四八、二二七	四七、五六六、七七二	六、九三〇、一二三頃三八畝	八四畝〇三一步	一四畝一三六步

㉘本表據後漢書卷三十三郡國志五注引帝王世紀，但桓帝永壽二年第一項據後漢書卷二十九郡國志一注引帝王世紀，第二項據晉書卷十四地理志上。晉書所載者比較合理。

桓帝永壽二年	二六、〇七〇、九〇六	五〇、〇六六、八五六			
	一〇、六七七、九六〇	五六、四八六、八五六			

西漢極盛之時，戶口及墾田之數目如次：

西漢平帝時代戶口及墾田表（墾田單位為頃）㉙

種類	數目
戶數	一二、二三三、〇六二
口數	五九、五九四、九七八
墾田數	八、二七〇、五三六

即東漢墾田雖比西漢為少，而戶口之數並不比西漢為多。西漢時代的墾田到了東漢，變為荒地者為數不少。此若稍加勞力，似可成為沃壤。何況東漢農業生產力又比較西漢進步，每畝平均收穀三斛。倘令土地分配能夠平均，則農民尚可以維持一家生計。但是王公大臣常用政治手段兼併田地。外戚竇憲以賤價強買沁水公主園田。

竇憲恃宮掖聲勢，遂以賤直請奪沁水公主（明帝女）園田，主逼畏不敢計……後發覺，帝（章帝）大怒，召憲切責曰……今貴主尚見枉奪，何況小人哉（後漢書卷五十三竇憲傳）。

宦官侯覽奪取平民田宅。

㉙ 本表據漢書卷二十八下二地理志。

侯覽貪侈奢縱，前後請奪人宅三百八十一所，田百一十八頃（後漢書卷一百八侯覽傳）。

此猶可以說政治開始腐化及已經腐化時代的現象。明帝「法令分明，幽枉必達」（後漢書卷二明帝紀論曰），而外戚馬防陰興亦兼併了許多田地。

馬防兄弟貴盛，奴婢各千人已上，資產巨億，皆買京師膏腴美田（後漢書卷五十四馬防傳）。

陰氏侯者凡四人……暴至巨富，田有七百餘頃（後漢書卷六十二陰興傳）。

土地集中，農民失去生產工具，已經貧不聊生，而東漢一代又復天災流行。按中國農業是依靠水利的。水利是巨大艱難的工程，必須政局安定，而後對於全部河流，方能建築堤防，或講求灌溉。但是中葉而後，女主臨朝，有時外戚以大將軍秉政，有時閹宦以中常侍執權。外戚秉政，刺史守令多出其門，閹宦執權，兄弟姻戚宰州臨郡。政局時時變化，政界人物也隨之時時更動。人存五日京兆之心，不問中央，也不問地方，均不能施行強有力的政策。和帝時外戚秉政，又復奢侈無度，賞賜公卿百官往往空竭帑藏。

時竇氏專政，外戚奢侈，賞賜過制，倉帑為虛……臘賜自郎官以上，公卿王侯以下，至於空竭帑藏，損耗國資（後漢書卷七十三何敞傳）。

關於臘賜，章懷注云[30]：

[30] 賞賜公卿百官之事，在章帝時代，已經甚厚。建初七年秋八月甲辰，賜公錢四十萬，卿半之，及百官執事各有差（後漢書卷三章帝紀）。上引章懷之注與漢官儀（卷下）原文略有出入。原文云：「大將軍三公臘賜錢各三十萬，牛肉二百斤，粳米二百斛。特進侯十五萬，卿十萬，校尉五萬，尚書丞郎各萬五，千石六百石各七千，侍御史謁者議郎尚書令（？）各五千。郎官蘭臺令史二千，中黃門羽林虎賁士二人共三千，以為當祠門戶直，各隨多少受也」。

臘賜大將軍三公錢各二十萬，牛肉二百斤，粳米二百斛。特進侯十五萬，卿十萬，校尉五萬，尚書三萬，侍中將大夫各二萬，千石六百石各七千，虎賁羽林郎二人共三千，以為祀門戶直（後漢書卷七十三何敞傳）。

安帝親政，皇后兄弟閻顯等並用威權，當時賞賚似亦不資。翟酺云：

> 自初政已來，日月未久，費用賞賜已不可算，斂天下之財，積無功之家，帑藏單盡，民物彫傷，卒有不虞，復當重賦，百姓怨叛既生，危亂可待也（後漢書卷七十八翟酺傳）。

兼以東漢政府供給夷狄之費不少。

> 漢故事，供給南單于費，直歲一億九十餘萬，西域歲七千四百八十萬，今北庭彌遠，其費過倍（後漢書卷七十五袁安傳）。

而自西羌反叛之後，前後竟用去三百六十四億。

> 永初中諸羌反叛十有四年，用二百四十億，永和之末，復經七年，用八十餘億……建寧元年……拜段熲破羌將軍……處處破之……於是東羌悉平……費用四十四億（後漢書卷九十五段熲傳）。

安帝時代官負人債已有數十億萬。

> 永初四年羌寇轉盛，兵費日廣，且連年不登，穀石萬餘。參奏記於鄧騭曰……官負人責數十億萬……縣官不足，輒貸於民，民已窮矣，將從誰求（後漢書卷八十一龐參傳）。

順桓兩帝亦常向民間貸款。

順桓兩帝向民間貸款表㉛

㉛ 本表據後漢書各本紀。

帝號	貸款
順帝	永和六年春正月丙子，詔貸王侯國租一歲，秋七月甲午，詔假民有貲者戶錢一千。漢安二年冬十月丙午貸王侯國租一歲。
桓帝	永壽元年二月勅……王侯吏民有積穀者，一切貸得十分之三……其百姓吏民者以見錢雇直，王侯須新租乃償。延熹四年秋七月貸王侯半租。延熹五年冬十月辛丑，換王侯租以助軍糧，出濯龍中藏錢還之。

民已窮矣，豪富之家那肯貸款以供政府濫費之用，所以桓帝末年以後，只有增加田賦。

延熹八年八月戊辰，初令郡國有田者，畝斂稅錢（後漢書卷七桓帝紀）。

靈帝奢侈無度，不但增加田租㉜：

中平二年二月己亥，稅天下田，畝十錢，章懷注云，以修宮室（後漢書卷八靈帝紀）。

且又濫鑄錢幣㉝。

中平三年春二月又鑄四出文錢（後漢書卷八靈帝紀）。

通貨膨脹，物價便隨之提高。在這種財政情形之下，那有能力顧到水利。因之水旱之災年年加重，和帝時代不過「黎民流離，困於道路」（見後漢書卷四和帝紀永元十二年三月丙申詔），安帝時代則水旱之災迫到「百姓流亡，盜賊並起」（後漢書卷七十六陳忠傳）。順帝時代更是「連年災潦，流亡不絕」（後漢書卷六順帝紀永建六年冬十一月辛亥詔），「災咎屢臻，盜賊多有」（後漢書卷六順帝紀陽嘉元年閏十二月

㉜ 後漢書卷一百八張讓傳云：「讓等說帝，令斂天下田畝，稅十錢，以修宮室」。

㉝ 後漢書卷一百八張讓傳云：「又鑄四出文錢，錢皆四道」。

辛卯詔）。到了桓帝之世，災情更見嚴重，竟然發生「人相食」（後漢書卷七桓帝紀元嘉元年及永壽元年）及「滅戶」（後漢書卷七桓帝紀延熹九年）的現象。

農民一方受了兼併之禍，他方受了水旱之災，於是商業資本便依吾國古代「以末得之，以本守之」的原則，侵入農村之中。東漢初年富商巨賈已經濫放子錢，剝削農村。桓譚說：

> 今富商大賈多放田（錢）貨，中家子弟為之保役，趨走與臣僕等勤，收稅與封君比入（章懷注云，收稅謂舉錢輸息利也），是以眾人慕效，不耕而食，至乃多通侈靡，以淫耳目（後漢書卷五十八上桓譚傳）。

到了農村彫弊，商人便乘機收買田地，前此權貴以政治手段兼併，現在商人又以經濟手段兼併，而令土地日益集中起來。仲長統說：

> 豪人之室，連棟數百，膏田滿野，奴婢千群，徒附萬計。船車賈販，周於四方。廢居積貯，滿於都城（後漢書卷七十九仲長統傳理亂篇）。

又說：

> 井田之變，豪人貨殖，館舍布於州郡，田畝連於方國，身無半通青綸之命，而竊三辰龍章之服，不為編戶一伍之長，而有千室名邑之役，榮樂過於封君，勢力侔於守令（後漢書卷七十九仲長統傳損益篇）。

土地愈集中，遊民愈增加，洛陽一區，商人十倍於農民，遊民又十倍於商人。生產者寡，消費者多，社會安得不貧窮。王符說：

> 今舉世舍農桑，趨商賈……治本者少，浮食者眾……今察洛陽，浮末者什於農夫，虛偽游手者什於浮末，是則一夫耕，百人食之，一婦桑，百人衣之，以一奉百，孰能供之。天下百郡千縣市邑萬數，

類皆如此，本末何足相供，則民安得不饑寒。饑寒並至，則安能不為非。為非則姦宄，姦宄繁多，則吏安能無嚴酷。嚴酷數加，則下安能無愁怨。愁怨者多，則咎徵並臻，下民無聊，而上天降災，則國危矣（潛夫論第十二篇浮侈）。

社會問題日益嚴重，只因技術進步，一畝收穀三斛，社會的消費力未曾超過於社會的生產力。換言之，社會固然貧窮，但其貧窮只是相對的貧窮，不是絕對的貧窮，所以稍稍施行社會政策，尚可苟安一時。明章時代，凡遇水旱發生，常以公田賜與貧民。

明章時代頒給公田表[34]

帝號	頒給公田
明帝	永平九年夏四月甲辰詔郡國以公田賜貧人各有差。
章帝	元和元年二月甲戌詔曰，自牛疫以來，穀食連少。其令郡國募人無田欲徙他界就肥饒者，恣聽之。到在所，賜給公田，為雇耕傭，賃種餉，貰與田器，勿收租五歲，除算三年，其後欲還本鄉者，勿禁。 元和三年二月壬寅告常山魏郡清河鉅鹿平原東平郡太守相曰，今肥田尚多，未有墾闢，其悉以賦貧民，給與糧種，務盡地力，勿令游手。所過縣邑，聽半入今年田租，以勸農民之勞。

和帝以後固然連年水旱，而只能賑給穀粟或減免租稅（參閱後漢書卷四至卷七和安順桓各帝紀）。而且郡國欲獲豐穰虛飾之譽，往往不肯言災。例如：

> 和帝延平元年秋七月庚寅敕司隸校尉部刺史曰，間者郡國或有水災，妨害秋稼……郡國欲獲豐穰虛飾之譽，遂覆蔽災害，多張墾田，不揣流亡，競增戶口，掩匿盜賊，令姦惡無懲，署用非次，選舉乖

[34] 本表據後漢書各本紀。

宜，貪苛慘毒，延及平民。刺史垂頭塞耳，阿私下比，不畏於天，不愧於人，假貸之恩不可數恃。自今以後，將糾其罰。二千石長吏，其各實覈所傷害，為除田租芻稾（後漢書卷四和帝紀）。

安帝元初二年五月甲戌詔曰，被蝗以來，七年於茲。而州郡隱匿，裁言頃畝。今群飛蔽天，為害廣遠，所言所見寧相副邪。三司之職，內外是監，既不奏聞，又無舉正，天災至重，欺罔皐大。今方盛夏，且復假貸，以觀厥後，其務消救災告，安輯黎元（後漢書卷五安帝紀）。

其實，政治已經腐化，縱有賑卹，亦為姦吏中飽。和帝時，「連年水旱災異，郡國多被飢困」，樊準疏言：

伏見被災之郡，百姓凋殘，恐非賑給所能勝贍，雖有其名，終無其實（後漢書卷六十二樊準傳）。

而減租免稅亦唯有利於豪強。因為土地兼併之後，繳納田租於政府者不是農民，而是地主。農民不論如何，必須繳納什五的佃租於地主，所以減免租稅適足以資豪強而已。荀悅說：

古者什一而稅，以為天下之中正也。今漢氏或百一而稅（似係三十稅一之誤），可謂鮮矣。然豪強人占田逾侈，輸其賦大半，官家之惠優於三代，豪強之暴酷於亡秦，是上惠不通，威福分於豪強也……不正其本，而務除租稅，適足以資豪強也（引自文獻通考卷一歷代田賦之制）。

國內連年災旱，而戎狄又乘中原多事之秋，擾亂邊境。安帝時龐參曾說：

方今西州流民擾動（涼州先零種羌反叛），而徵發不絕。水潦不休，地力不復，重之以大軍，疲之以遠戍。農功消於轉運，資財竭於徵發。田疇不能墾闢，禾稼不得收入，搏手困窮，無望來秋，百姓力屈，不復堪命（後漢書卷八十一龐參傳）。

順帝時，陳龜亦說：

自頃年以來，匈奴數攻營郡，殘殺長吏，侮略良細。戰夫身膏沙漠，居人首係馬鞅，或舉國掩戶，盡種灰滅，孤兒寡婦號泣空城，野無青草，室如懸磬，雖含生氣，實同枯朽（後漢書卷八十一陳龜傳）。

農民徵發從軍，農村勞動力減少，農業生產力降低，因之糧食就發生了缺乏，而使相對的貧窮轉變為絕對的貧窮。

> 元嘉中，涼州諸羌一時俱反，南入蜀漢，東抄三輔，延及并冀，大為民害。命將出師，每戰常負，中國益發甲卒，麥多委棄，但有婦女穫刈之也（後漢書卷二十三五行志一）。

就經濟說，社會已經步步踏上崩潰之途，而政治腐化又促成社會的加速崩潰。當時政界人物乃如王符所說：「官益大者罪益重，位益高者罪益深爾」（潛夫論第九篇本政）。而腐化的情形則如左雄所說：

> 漢初至今三百餘載，俗浸彫敝，巧為滋萌，下飾其詐，上肆其殘……謂殺害不辜為威風，聚歛整辦為賢能，以理己安民為劣弱，以奉法循理為不化……視民如寇讎，稅之如豺虎。監司項背相望，與同疾疢，見非不舉，聞惡不察，觀政於亭傳，責成於期月，言善不稱德，論功不據實，虛誕者獲譽，拘檢者離毀（後漢書卷九十一左雄傳）。

人民受了虐政的壓迫，而官官相護，實難伸冤，且看王符之言㉟：

> 夫理直則恃正而不橈，事曲則諂意以行賕。不橈故無恩於吏，行賕故見私於法。若事有反覆，吏應坐之，吏以應坐之故，不得不枉之於廷，以羸民之少黨，而與豪吏對訟，其勢得無屈乎。縣承吏言，故與之同，若事有反覆，縣亦應坐之。縣以應坐之故，而排之於郡，以一民之輕，而與一縣為訟，其理豈得申乎。事有反覆，郡亦坐之，郡以共坐之故，而排之於州，以一民之輕，與一郡為訟，其事豈

㉟ 潛夫論第十八篇愛日，文字難解，故用後漢書。

獲勝乎。既不肯理，故乃遠詣公府，公府復不能察，而當延以日月，貧弱者無以曠旬，強富者可盈千日，理訟若此，何枉之能理乎（後漢書卷七十九王符傳愛日篇）。

人民詣闕控訴，前後不絕。

頃者州郡輕慢憲防，競逞殘暴，造設科條，陷入無罪……至令守闕訴訟前後不絕（後漢書卷六質帝紀本初元年春正月丙申詔）。

而中央乃不為理，安帝時虞詡為尚書僕射，曾對尚書說：

小人有怨，不遠千里，斷髮刻飢，詣闕告訴，而不為理，豈臣下之義（後漢書卷八十八虞詡傳）。

其實，細民「能詣闕者萬無數人，其得省治，不能百一」（潛夫論第十七篇三式）。這不但因為官官相護，抑亦因為上下官吏都不肯負責之故。即如王符所說：

令長守相不思立功，貪殘專恣，不奉法令，侵冤小民，州司不治，令遠詣闕，上書訟訴。尚書不以責三公，三公不以讓州郡，州郡不以討縣邑，是以凶惡狡猾，易相冤也（潛夫論第七篇考績）。

政治如斯腐化，經濟又將崩潰，在這危急存亡之時，王公貴戚乃窮奢極侈，養生奢侈，嫁娶奢侈，送死也極奢侈。王符說：

今京師貴戚，衣服飲食車輿文飾廬舍，皆過王制，僭上甚矣。從奴僕妾皆服葛子升越、筩中女布，細緻綺縠、冰紈錦繡，犀象珠玉、虎魄瑇瑁、石山隱飾，金銀錯鏤，麞麂履舄，文組綵褋，驕奢僭主，轉相誇詫……富貴嫁娶，車駢各十，騎奴侍僮，夾轂節引，富者競欲相過，貧者恥不逮及，是故一饗之所費，破終身之本業……今京師貴戚、郡縣豪家，生不極養，死乃崇喪，或至刻金鏤玉，檽梓楩柟，良田造塋，黃壤致藏，多埋珍寶偶人車馬，造起大冢，廣種松柏，廬舍祠堂，崇侈上僭（潛夫論第十二篇浮侈）。

在豪富窮奢極侈之際，一般人民的生活如何呢？仲長統說：

> 弱力少智之子，被穿幃敗，寄死不斂（後漢書卷七十九仲長統傳損益篇）。

他們無可奈何，只有自殺其子，以減輕家庭的負擔。

> 少民困貧，多不養子（後漢書卷九十七賈彪傳）。

這是何等悲慘的事。因受生活壓迫，不能不殘殺自己的骨肉，骨肉尚無感情，別人更何足論。太平之世，社會雖是鬥爭的舞臺，而家庭尚是親愛的樂園。現在呢？人們先在家庭之內，養成了殘酷的性情，一旦進入社會，從事鬥爭，當然更有仇恨之意，不惜破壞一切，殘殺一切了。

一切問題最初是由土地兼併而發生。耕者沒有土地，有土地者不耕，勞力與所有已經脫節。耕者貧窮，不耕者富裕，勞力與收入又無關係。這種情況在土地尚未充分集中以前，還不會發生問題。一旦土地集中，少數人富裕，多數人貧窮，當然可以引起人們不滿。於是如何解決土地問題，就成為學者研究的對象。西漢時，關於土地改革問題有兩種意見。其一主張限田，提倡於董仲舒，再建議於師丹，而具體計畫於孔光何武（參閱漢書卷二十四上食貨志）。其二主張井田，實行於王莽（參閱漢書卷九十九中王莽傳）。東漢學者關於土地改革的理論亦不出限田論與井田論兩派。主張井田者有仲長統與崔實等。仲長統說：

> 今欲張太平之紀綱，立至化之基址，齊民財之豐寡，正飛俗之奢儉，非井田實莫由也（後漢書卷七十九仲長統傳損益篇）。

但仲長統以為在井田尚未實行以前，關於荒地的領墾，應加限制，以防兼併。他說：

> 今者土廣民稀，中地未墾，雖然猶當限以大家，勿令過制。其地有草者盡曰官田，力堪農事，乃聽受之，若聽其自取，後必為姦也（後漢書卷七十九仲長統傳損益篇）。

崔實亦謂：

復五等之爵，立井田之制，然後……樂作而鳳皇儀，擊石而百獸舞。若不然，則多為累而已（後漢書卷八十二崔實傳）。

但崔實似知井田制度不易實行，故又主張移民於寬地，使土廣人稀者不至草萊不闢，土狹人稠者不至欲耕無田，他說：

今青徐兗冀人稠土狹，不足相供，而三輔左右及涼幽州內附近郡土曠人稀，厥田宜稼，悉不肯墾發……景帝六年詔郡國令人得去磽狹，就寬肥，至武帝遂徙關東貧人於隴西北地西河上郡會稽凡七十二萬五千口……今宜復遵故事，徙貧人不能自業者於寬地，此亦開草闢土振人之術也（全後漢文卷四十六崔實政論）。

主張限田者可以荀悅為例。他說：

且夫井田之制不宜於人眾之時，田廣人寡苟為可也，然欲廢之於寡，立之於眾，土地布列在強豪，卒而革之，並有怨心，則生紛亂，制度難行……宜以口數占田，為之立限，人得耕種，不得賣買，以贍貧弱，以防兼併，且為制度張本，不亦善乎（引自文獻通考卷一歷代田賦之制）。

井田制度不易實行於人眾之時，固如荀悅所說，而限田制度在兼併開始之後，又不容易實行。何以故呢？經濟上的強者往往就是政治上的強者。他們既有政權，他們何肯自限。西漢之世，孔光何武奏請吏民名田毋過三十頃，三十頃之田已經不小，乃因王公貴戚的反對，「詔書且須後，遂寢不行」（漢書卷二十四上食貨志）。由這一事，可知限田制度亦難實行。

土地問題無法解決，尤不能由現在的政府解決。一般民眾絕望了，他們飢寒交迫，天天感覺生活困難，而又目擊那些豪富享受過分的娛樂。他們不但不能分潤小小利益，並且還成為豪富娛樂的犧牲品。因之，他們對於現有政府，不，現有社會，就發生了仇恨的心理。然而他們沒有組織，不能推翻現有的社會，而只想脫離現有的社會，投身於盜匪之中，走到不法的方面去。盜匪發生於安帝時代。

安帝時，天下飢荒，競為盜賊（後漢書卷一百六王渙傳）。

桓帝時閹宦當權，人民受了虐政的壓迫，更鋌而走險。

五侯（宦官單超等五人）宗族賓客虐徧天下，民不堪命，起為寇賊（後漢書卷一百八單超傳）。

最初不過小股而已，而郡國「皆欲採獲虛名，諱以盜賊為負」，乃「更相飾匿，莫肯糾發」（後漢書卷七十六陳忠傳）。蘇輿說：

漢世課吏牧守令長，界內盜賊不收捕有負。建武十六年詔弛其令，但取獲賊多少為殿最，蓋未幾即復舊制。陳忠傳，長吏防禦不前，皆欲采獲虛名，諱以盜賊為負。度尚傳，尚為荊州刺史，見胡蘭餘黨南走蒼梧，懼為己負是也（後漢書卷七十一第五倫傳補注）。

其結果也，由穿窬變為強盜，由強盜變為攻盜，由攻盜變為大姦。地方官吏既不能肅清盜匪，且又指良為盜，於是盜匪愈集愈多，終至不可收拾。陳忠說：

夫穿窬不禁，則致強盜，強盜不斷，則為攻盜，攻盜成群，必生大姦……而頃者以來，莫以為憂。州郡督錄怠慢，長吏防禦不肅，皆欲採獲虛名，諱以盜賊為負，雖有發覺，不務清澄。至有逞威濫怒，無辜僵仆，或有跼蹐比伍，轉相賦斂，或隨吏追赴，周章道路。是以盜發之家不敢申告，鄰舍比里共相壓迮，或出私財以償所亡，其大章著不可掩者，乃肯發露。陵遲之漸遂且成俗，寇攘誅咎皆由於此（後漢書卷七十六陳忠傳）。

攻盜成群，其聲勢最大者則為黃巾賊張角。他組織宗教團體，先用符咒療疾，使百姓信服，次散布謠言，以擾亂人心，最後才出來暴動。這是吾國古代民變常有的步驟。因為社會貧窮到了最後階段，而皇朝乃視若無覩，人民自己又無能力脫離苦海，他們只希望萬能的神出來拯救，由是宗教團體在民眾之中便取得了勢力。吾國古代暴動常發動於宗教團體，原因實在於此。黃巾賊不過一例而已。

初鉅鹿張角自稱大賢良師，奉事黃老道，畜養弟子，跪拜首過，符水呪說以療病，病者頗愈，百姓信向之。角因遣弟子八人使於四方，以善道教化天下，轉相誑惑，十餘年間眾徒數十萬，連結郡國，自青徐幽冀荊揚兗豫八州之人莫不畢應，遂置三十六方，方猶將軍號也。大方萬餘人，小方六七千，各立渠帥，訛言蒼天已死，黃天當立，歲在甲子，天下大吉，以白土書京城寺門及州郡官府，皆作甲子字。中平元年……角等知事已露，晨夜馳勑諸方，一時俱起，皆著黃巾為標幟，時人謂之黃巾，亦名為蛾賊，殺人以祠天。角稱天公將軍，角弟寶稱地公將軍，寶弟梁稱人公將軍。所在燔燒官府，劫掠聚邑，州郡失據，長吏多逃亡，旬日之間天下響應，京師震動（後漢書卷一百一皇甫嵩傳）。

人心求變，黃巾發難，最初甚得民眾擁護。

黃巾帥張角等執左道，稱大賢，以誑燿百姓，天下繈負歸之（後漢書卷八十四楊賜傳）。

所以「旬日之間，天下響應」。固然一年之內暫告結束。

京師震動……於是發天下精兵，博選將帥，以嵩為左中郎將持節，與右中郎將朱儁……各統一軍，共討潁川黃巾……大破之，斬首數萬級……嵩儁乘勝進討汝南陳國黃巾……並破之，餘賊降散……又進擊東郡黃巾……斬首七千餘級。時北中郎將盧植及東中郎將董卓討張角，並無功而還。乃詔嵩進兵討之，嵩與角弟梁戰於廣宗……大破之，斬梁……角先以病死，乃剖棺戮屍，傳首京師。嵩復……攻角弟寶於下曲陽，又斬之……黃巾既平，故改年為中平（後漢書卷一百一皇甫嵩傳）。

但是天下已經疲敝不堪。

百姓歌曰天下大亂兮，市為墟，母不保子兮，妻失夫（後漢書卷一百一皇甫嵩傳）。

大亂之後，必須與民休息。這個時候黃老主義是有用的。但是內亂不但減少社會的消費力，且又破壞社會的生產力。如果消費力的減少抵不過生產力的破壞，內亂尚須繼續進行，單單黃老主義是沒有用處的，必須講求社會政策，而後社會問題才得解決。武帝討伐四夷，固然一方「百姓流離，赤地數千里」（漢書卷七十五夏侯勝傳），破壞了許多生產力。然而他方「師出三十餘年，天下戶口減半」（漢書卷二十七五行志中下），又減少了許多消費力。但是武帝末年，尚須下罪己之詔，封丞相為富民侯，以為「方今之務，在於力農」，用趙過代田之法，以增加農產物的生產（漢書卷二十四上食貨志），而後才告無事。東漢自黃巾亂後，消極方面不能予民休息，積極方面不能講求經濟政策，而乃信任閹宦，殘害忠良，政府沒有維新的希望，所以黃巾之亂雖然結束，而黑山諸賊又復橫行河北諸郡。

自黃巾賊後，復有黑山、黃龍、白波、左校、郭大賢、于氐根、青牛角、張白騎、劉石、左髭、丈八、平漢、大計、司隸、掾哉、雷公、浮雲、飛燕、白雀、楊鳳、于毒、五鹿、李大目、白繞、眭固、苦唒之徒，並起山谷間，不可勝數。其大聲者稱雷公，騎白馬者為張白騎，輕便者言飛燕，多髭者號于氐根，大眼者為大目，如此稱號各有所因。大者二三萬，小者六七千。賊帥常山人張燕輕勇趫捷，故軍中號曰飛燕，善得士卒心，乃與中山常山趙郡上黨河內諸山谷寇賊更相交通，眾至百萬，號曰黑山賊。河北諸郡縣並被其害，朝廷不能討。燕乃遣使至京師奏書乞降，遂拜燕平難中郎將，使領河北諸山谷事，歲得舉孝廉計吏。燕後漸寇河內，逼近京師，於是出儁為河內太守，將家兵擊卻之。其後諸賊多為袁紹所定（後漢書卷一百一朱儁傳）。

這個時候乘機露出頭角者則為涼州軍隊。自光武罷都試之後，內地人民未受軍事訓練，聆敵則懾駭奪氣，聞戰則辛酸動容，涼州地近胡羌，寒風裂膚，驚沙慘目，與豺狼為鄰伍，以戰鬥為嬉遊，晝則荷戈而耕，夜則倚烽而覘，日有剽害之慮，永無休暇之娛，秦漢以來，其民已經習知戰事。班固說：

秦漢已來，山東出相，山西出將……山西天水隴西安定北地處勢迫近羌胡，民俗修習戰備，高上勇力，鞍馬騎射，故秦詩曰王于興師，修我甲兵，與子皆行，其風聲氣俗自古而然（漢書卷六十九趙充國等傳贊）。

到了東漢，還是一樣。鄭太說：

關西諸郡頗習兵事，自頃以來，數與羌戰，婦女猶戴戟操矛，挾弓負矢，況其壯勇之士，以當妄戰之人乎（後漢書卷一百鄭太傳）。

東漢當承平之時，而羌胡乃構亂於西垂，良將勁卒盡在河隴之間。到了末年，許多名將大率出身於涼州。皇甫規皇甫嵩安定人，張奐敦煌人，段熲武威人，於是涼州軍隊就成為中國的勁旅。恰巧靈帝崩殂，宦官與外戚的鬥爭到了最後階段。固然兩敗俱傷。

靈帝崩……皇子辯乃即位，何太后臨朝。進與太傅袁隗輔政，錄尚書事。進素知中官天下所疾……陰規誅之。袁紹亦素有謀……說進曰……將軍宜一為天下除患，名垂後世……進甚然之……紹等又為畫策，多召四方猛將及諸豪傑，使並引兵向京城，以脅太后，進然之……進入長樂，白太后，請盡誅諸常侍以下……張讓等使人潛聽，具聞其語，乃率常侍……數十人……詐以太后詔，召進入……詰進曰天下憒憒，亦非獨我曹罪也……卿言省內穢濁，公卿以下，忠清者為誰，於是……斬進於嘉德殿前……進部曲將吳匡張璋……在外聞進被害，欲將兵入宮，宮閤閉，袁術與匡共斫攻之……紹遂閉北宮門，勒兵捕宦者，無少長，皆殺之，或有無鬚而誤死者，至自發露而後得免者二千餘人（後漢書卷九十九何進傳）。

而涼州軍閥董卓卻擁兵而入，封豕長蛇，憑陵宮闕，遂成板蕩之禍。

靈帝崩，大將軍何進司隸校尉袁紹謀誅閹宦，而太后不許，乃私呼卓將兵入朝，以脅太后，卓得召，即時就道……卓未至，而何進敗……卓……引兵急進……遂脅太后，策廢少帝……立陳留王，是為獻帝……卓為相國……是時洛中貴戚室第相望，金帛財產家家殷積，卓縱放兵士，突其廬舍，淫略婦女，剽虜資物，謂之搜牢，人情崩恐，不保朝夕……又壞五銖錢，更鑄小錢，悉取洛陽及長安銅人鍾虡飛廉銅馬之屬以充鑄焉，故貨賤物貴，穀石數萬，又錢無輪郭文章，不便人用……初平元年冀州刺史劉馥等與袁紹之徒十餘人各興義兵，同盟討卓……卓……聞東方兵起，懼……遷天子西都。初長安遭赤眉之亂，宮室營寺焚滅無餘……於是盡徙洛陽人數百萬口於長安，步騎驅蹙，更相蹈藉，飢餓寇掠，積尸盈路……悉燒宮廟官府居家，二百里內無復孑遺……卓諷朝廷……拜卓為太師，位在諸侯王上……時王允與呂布……謀誅卓……三年四月帝病新愈，大會未央殿，卓朝服升車……入門……布……持矛刺卓，趣兵斬之……盡滅其族……其校尉李傕郭汜張濟（時將兵掠陳留潁川諸縣）……聞長安中議欲盡誅涼州人……率兵數千，晨夜西行……隨道收兵，比至長安，已十餘萬，與卓故部曲樊稠等合，圍長安城……城潰，放兵虜掠，死者萬餘人……於是大赦天下，李傕郭汜樊稠等皆為將軍……傕又遷車騎將軍……汜後將軍，稠右將軍，張濟為鎮東將軍，並封列侯，傕汜稠共秉朝政，濟出屯弘農……時長安中盜賊不禁，白日虜掠……是時穀一斛五十萬，豆麥二千萬，人相食啖，白骨委積，臭穢滿路……明年（興平二年）春傕因會刺殺樊稠於坐，由是諸將各相疑異，傕汜遂復理兵相攻……相攻連月，死者以萬數……初帝入關，三輔戶口尚數十萬。自傕汜相攻，天子東歸後，長安城空四十餘日，強者四散，羸者相食，二三年間，關中無復人跡。建安元年……帝還至洛陽……董承（獻帝舅）……潛召兗州牧曹操，操乃詣闕貢獻……曹操以洛陽殘荒，遂移帝幸許……明年……張濟飢餓，出至南陽，攻穰，戰死。郭汜為其將伍習所殺。三年……詔關中諸將……討李傕，夷三族……自都許之後，權歸曹氏，天子總已，百官備員而已（後漢書一百二董卓傳）。

東漢的政權完全崩潰，州郡牧守各務兼併，於是統一局面又告結束，代之而出現的則為三國的分立。

第六節 東漢的政治制度

東漢官制雖沿西漢之舊，而其中亦有不同之點，茲分中央與地方兩項說明：

第一項 中央官制

東漢中央官制，舉其要者可列表如次：

東漢中央官制表㊱

種類	官名	職掌	祿秩	重要的官屬	備考
上公	太傅	掌以善導無常職。			世祖以卓茂為太傅，薨因省，其後每帝初即位，輒置太傅，錄尚書事，薨輒省。

㊱ 本表除已註明出處者外，均依後漢書百官志。

三公	太尉	掌四方兵事功課，歲盡則奏其殿最，而行賞罰。凡國有大造大疑，則與司徒司空通而論之，國有過事，則與三公通諫諍之。			世祖即位，為大司馬。建武二十七年改為太尉，故常與太尉迭置，不並列。靈帝末，以劉虞為大司馬，而太尉如故，自此則大司馬與太尉始並置矣。參閱通典卷二十太尉。
	司徒	掌人民事，凡四方民事功課，歲盡則奏其殿最而行賞罰。凡國有大疑大事，與太尉同。			世祖即位，為大司徒，建武二十七年去大，建安中改為丞相。
	司空	掌水土事，凡四方水土功課，歲盡則奏其殿最，而行賞罰。凡國有大造大疑，諫諍與太尉同。			世祖即位，為大司空，建武二十七年去大，建安中改為御史大夫。
將軍	大將軍	掌征伐背叛。			竇憲為大將軍，舊大將軍位在三公下，置官屬依太尉。憲威權震朝廷，公卿希旨，奏憲位次太傅下，三公上。見後漢書卷五十三竇憲傳。
	驃騎將軍				明帝初即位，以弟東平王蒼有賢才，以為驃騎將軍，以王故，位在公上，
	車騎將軍				
	衛將軍				
	前後左右將軍				

	九卿	
	太常卿	光祿勳卿
	掌禮儀祭祀。	掌宿衛宮殿門戶。
	中二千石	中二千石
	博士祭酒一人，六百石，本僕射，中興轉為祭酒。博士十四人，比六百石，掌教弟子。國有疑事，掌承問對。	五官左右中郎將各一人，比二千石，主三署郎。中郎比六百石，侍郎比四百石，郎中比三百石，皆無員。 虎賁中郎將比二千石，主虎賁宿衛。虎賁中郎比六百石，虎賁侍郎比四百石，虎賁郎中比三百石，皆無員。 羽林中郎將比二千石，主羽林郎，羽林郎比三百石，無員。 光祿大夫比二千石，太中大夫千石，中散大夫六百石，諫議大夫六百石，議
數年後罷。 延平元年鄧騭為車騎將軍，儀同三司。儀同三司自騭始也。見後漢書卷四十六鄧騭傳。		

			郎六百石，皆無員。凡大夫議郎皆掌顧問應對，無常事，惟詔命所使。	
衛尉卿	掌宮門衛士宮中徼循事。	中二千石		
太僕卿	掌車馬。	中二千石		
廷尉卿	掌平獄，奏當所應，凡郡國讞疑罪，皆處當以報。	中二千石		
大鴻臚卿	掌諸侯及四方歸義蠻夷，其郊廟行禮，贊導請行事。	中二千石		
宗正卿	掌序錄王國嫡庶之次及諸宗室親屬遠近。	中二千石		
大司農卿	掌諸錢穀金帛諸貨幣。	中二千石		
少府卿	掌中服御諸物衣服寶貨珍膳之類。	中二千石	侍中比二千石，無員，掌侍左右，贊導眾事，顧問應對。本有僕射一人，中興轉為祭酒，或置或否。中常侍千石，宦者，無員，後增秩比二千石，掌侍左右，從入內宮，贊導內眾事，顧問應對給事。尚書令一人，千石，掌凡	

				選署及奏下尚書文書眾事。 御史中丞一人，千石，御史大夫之丞也。及御史大夫轉為司空，因別留中為御史臺率，後又屬少府。 治書侍御史二人，六百石，掌選明法律者為之。凡天下諸讞疑事，掌以法律當其是非。 侍御史十五人，六百石，掌察舉非法，受公卿群吏奏事，有違失舉劾之。
列卿	執金吾	掌宮外戒司非常水火之事。	中二千石	
	將作大匠	掌修作宗廟路寢宮室陵園木土之功，並樹桐梓之類，列於道側。	二千石	
	城門校尉	掌洛陽城門十二所。	比二千石	
	司隸校尉	掌察舉百官以下及京師近郡犯法者，並領一州。	比二千石	

西漢以丞相總百官，而九卿分治天下之事，即丞相地位在百官之上，丞相的職權可以統轄九卿。昭帝以後，雖然是大司馬大將軍秉政，而名義上丞相還是百官的領袖。哀帝時代改丞相為大司徒，改

御史大夫為大司空，合大司馬，而成立三公的官。三公職權相等，大司馬的地位在大司徒之上。光武即位，也沿西漢末年之制，建三公之官，不以丞相一人助理萬機。

王莽時……定三公之號，曰大司馬，大司徒，大司空，世祖即位，因而不改（應劭漢官儀卷上）。

建武二十七年改定官名，大司馬為太尉，大司徒大司空皆去大。

建武二十七年五月丁丑詔曰，昔契作司徒，禹作司空，皆無大字。其令二府去大，又改大司馬為太尉（後漢書卷一下光武帝紀）。

三公都是宰相，杜佑說：

後漢廢丞相及御史大夫，而以三公綜理眾務，則三公復為宰相矣（通典卷二十一宰相）。

而其職權亦復相等，所以：

凡國有大造大疑，太尉則與司徒司空通而論之，國有過事，則與三公通諫爭之（後漢書卷三十四百官志一）。

但其名位則有軒輊，太尉最高，司徒次之，司空又次之，即和西漢末年以大司馬居大司徒之上者相同。三公分部九卿，每公管轄三卿。杜佑說：

太尉公主天（部太常衛尉光祿勳），司徒公主人（部太僕鴻臚廷尉），司空公主地（部宗正少府司農），而分部九卿（通典卷二十三公總敘）。

又云：

太常光祿勳衛尉三卿並太尉所部，太僕廷尉大鴻臚三卿並司徒所部，宗正大司農少府三卿並司空所部（通典卷二十五總論諸卿）。

因此之故，三公對於政策問題固然職權相等，而關於行政方面則各有專司。

太尉掌四方兵事功課，歲盡則奏其殿最，而行賞罰（後漢書卷三十四百官志一）。

司徒掌人民事，凡教民孝悌遜順謙儉養生送死之事，則議其制，建其度。凡四方民事功課，歲盡則奏其殿最，而行賞罰（同上）。

司空掌水土事，凡營城起邑浚溝洫修墳防之事，則議其利，建其功。凡四方水土功課，歲盡則奏其殿最，而行賞罰（同上）。

西漢時代，太尉「掌武事」（漢書卷十九上百官公卿表），東漢太尉固然也「掌四方兵事功課」，但其官屬乃有東西曹等十二曹，東曹「主二千石長吏遷除」，辭曹「主辭訟事」，金曹「主貨幣鹽鐵事」（參閱後漢書卷三十四百官志一）。而司徒府亦有辭曹，「掌天下獄訟」。例如：

陳寵少為州郡吏，辟司徒鮑昱府……數為昱陳當世便宜，昱高其能，轉為辭曹，掌天下獄訟（後漢書卷七十六陳寵傳）。

金曹「主貨幣鹽鐵事」，而貨幣鹽鐵乃大司農所掌（後漢書卷三十六百官志三），大司農為司空所部。兼以司徒乃丞相之改稱，西漢丞相「掌丞天子，助理萬機」（漢書卷十九上百官公卿表），二千石長吏由丞相監督，吾人觀丙吉之言：「民鬪相殺傷，長安令京兆尹職所當禁備逐捕，歲竟，丞相課其殿最，奏行賞罰」（漢書卷七十四丙吉傳），就可知道。而東漢太尉府乃有東曹「主二千石長吏遷除」，是則三公如何分職，並不顯明。吾人所能知道的，丞相總百官，揆百事，單獨決定政治問題，而三公則共同決定政治問題。

馬援上書言，宜如舊鑄五銖錢，事下三府，三府奏以為未可許，事遂寢（後漢書卷五十四馬援傳）。

又共同負政治上的責任。三公燮理陰陽，陰陽不和，三公要負其責，而在後漢，三公同時策免。蓋東漢儒學乃參以陰陽家的思想。楊秉說：「天不言語，以災異譴責」（後漢書卷八十四楊秉傳），即「王道得，則陰陽和穆，政化乖，則崩震為災」（後漢書卷九十三李固傳）。固然西漢之世已有宰相「典調和陰陽」之言（漢書卷七十四丙吉傳）。當時所謂「調和陰陽」不是玄學之辭，而是講求具體的政策。陰甚而久雨，須開闢河渠，使雨不成災；陽極而將旱，須講求水利，使旱不妨耕。丙吉見牛喘吐舌，駐車詢問，蓋「方春少陽用事，未可大熱，恐牛近行，用暑故喘」（漢書卷七十四丙吉傳）。此乃時氣失節，旱災之象，宰相宜未雨綢繆，不宜臨時束手。所以當時雖有災眚變咎，而丞相並不褫職。元帝永光元年，春霜夏寒，日青無光，丞相于定國上書自劾，乞骸骨，上不許，定國固辭，乃罷就第（漢書卷七十一于定國傳），此乃定國自己讓位，不是天子策免。災變策免三公乃開始於成帝以熒惑守心，而令丞相翟方進自殺（漢書卷八十四翟方進傳）之時，然亦不過政治上的一種藉口。東漢以後，似成為確定的制度，而始自安帝永初元年太尉徐防以災異策免。

> 凡三公以災異策免，始自防也（後漢書卷七十四徐防傳）。

按三公分職之制實因光武為人謹慎，恐政在一人，其權太重，故沿西漢末年之舊，不加改革，關此，仲長統曾有批評。他說：

> 夫任一人則政專，任數人則相倚，政專則和諧，相倚則違戾，和諧則太平之所興也，違戾則荒亂之所起也……或曰政在一人，權甚重也。曰人實難得，何重之嫌（後漢書卷七十九仲長統傳法誡篇）。

而究其實，三公也是沒有實權的。當光武稱帝之時，以吳漢為大司馬，鄧禹為大司徒，王梁為大司空，而三人均出征在外，並未曾參決政事。此後為三公者，例如宋弘，「少而溫順」（後漢書卷五十六宋弘傳），伏湛「性孝友」（後漢書卷五十六伏湛傳），侯霸「篤志好學」（後漢書卷五十六侯霸傳），固然個人都立身甚正，而於政治上乃無他庸能。三公在外，而在內者又係謹慎溫良之輩，同時光武又親總吏職，國家有事，每與尚書商談，決定之後，交付三府執行。吾人觀伏湛由尚書，拜為司直，行大司徒事（後漢書卷五十六伏湛傳），侯霸由尚書令拜為大司徒（後漢書卷五十六侯霸傳），可知尚書地位之尊。唐六典云：

> 光武親總吏職，天下書皆上尚書，與人主參決，乃下三府，尚書令為端揆之官（唐六典卷一尚書令）。

而繼統的明帝也是「總攬威柄，權不借下」（後漢書卷二明帝紀論曰集解引華嶠書），此種察察為明，實有失人君之道。申不害說：「君道無知無為，而賢於有知有為」（申子）。慎到說：「君臣之道，臣事事而君無事，君逸樂而臣任勞，臣盡其力以善其事，而君無與焉，仰成而已。故事無不治，治之正道然也」（慎子民雜篇）。光武明帝察察為明，而親細務。與其討論國策者非大臣之三公，而是侍從祕書的尚書令，於是三公雖有其職，而無其權，尚書為樞機之任，成為一代定制。

三公如此，御史如何呢？自御史大夫轉為司空之後，御史中丞遂為御史臺之長。秦漢時御史稱府，東漢以後改稱為臺，而御史臺又屬於少府，由此可知監察權已經削弱。茲將東漢御史臺之組織列表如次。

東漢御史臺組織表[37]

官名	品秩	員數	職掌	備考
御史中丞	千石	一人	為御史臺率。	
治書侍御史	六百石	二人	凡天下諸讞疑事，掌以法律當其是非。	選明法律者為之。注引蔡質漢儀曰選御史高第補之。
侍御史	六百石	十五人	掌察舉非法，受公卿群吏奏事，有違失舉劾之。	

37 本表據後漢書卷三十六職官志三御史中丞。

治書侍御史之職掌有似廷尉，蓋廷尉卿「掌平獄，奏當所應，凡郡國讞疑罪，皆處當以報」（漢書卷三十五廷尉卿）。然則二者如何分職？蔡質漢儀（全名稱為漢官典職儀式選用）云：「治書侍御史二人，治廷尉奏事，罪當輕重」，是則廷尉對於疑獄所定的刑若有問題，治書侍御史有權矯正，輕者重之，重者輕之。余之解釋如此，是否有錯，希讀者指正。至於前漢之部刺史已不屬於御史中丞，但中丞既是司憲之官，故續漢志（後漢書卷三十六御史中丞）補注引蔡質漢儀云：「御史中丞內掌蘭臺（蘭臺為漢時藏書之處，以御史中丞掌之。御史中丞居殿中蘭臺，兼司監察。及東漢成立御史臺，中丞為臺率，故御史臺亦稱蘭臺），督諸州刺史，糾察百寮」。即御史中丞之品秩及職權，兩漢沒有差別。東漢雖改丞相為司徒，但司徒府及其他兩府均無司直之官。司隸校尉（比二千石）仍然存在，領一州。所以東漢雖沿前漢之制，分天下為十三州，而刺史（六百石）只有十二人。蓋一州屬於司隸校尉（後漢書卷三十七司隸校尉，卷三十八州郡）。即司隸校尉之職與州刺史相同。

尚書之官始於秦世，漢承秦置，秦漢兩代均屬少府。

> 秦時少府遣吏四人在殿中，主發書，故謂之尚書，尚猶主也，漢承秦置（通典卷二十二尚書省）。

論其職權不過掌管文書，傳達詔令。

> 尚書掌圖書秘記章奏之事，及封奏宣示而已（通典卷二十二尚書省）。

論其官階，縱是主管長官的尚書令也不過秩千石，銅印墨綬。

> 尚書令秩千石，銅印墨綬（蔡質漢官典職儀式選用）。

武帝時，命宦者典事尚書，稱為中書謁者令，成帝時更以士人任之，而復舊名。後志云：

> 尚書令一人千石，本注曰承秦所置，武帝用宦者，更為中書謁者令，成帝用士人，復故，掌凡選署及奏下尚書文書眾事（後漢書卷三十六百官志三）。

中書謁者令又簡稱為中書令，「司馬遷被腐刑之後，為中書令，即其任也，不言謁者，省文也」（唐六典卷九中書令）。即據後志，尚書令與中書令乃是同職異名，以士人任之，則為尚書令，以宦者任之，則為中書令。漢書（卷九十三）石顯傳，顯「少坐法腐刑」，元帝即位，顯為中書令。初元中，前將軍蕭望之領尚書事，「知顯專權邪僻，建白以為尚書百官之本，國家樞機，宜以通明公正處之。武帝游宴後庭，故用宦者，非古制也，宜罷中書宦官，應古不近刑人，元帝不聽」。由這一文觀之，可知中書令尚書令只是一官。而漢書（卷七十五）京房傳，又謂元帝時，「中書令石顯顓權，顯友人五鹿充宗為尚書令。房曰中書令石顯，尚書令五鹿君相與合同，巧佞之人也」，則中書令與尚書令又似同時並置。

西漢之世，尚書已經分曹辦事，置令一人，僕射一人，尚書四人，成帝時增為五人。此外尚有丞郎等官。

秦漢尚書臺組織表

官名	秦制	西漢制	備考
尚書令	一人	一人	秦置尚書令，漢因之。通典卷二十二尚書令。
尚書僕射	一人	一人	僕射秦官，漢因之，自侍中尚書博士郎皆有之。通典卷二十二僕射。
尚書	四人	四人，後增至五人，分曹辦事	秦尚書四人，不分曹名。通典卷二十二尚書。漢尚書四人為四曹，常侍曹尚書主丞相御史事，二千石曹尚書主刺史二千石事，民曹尚書主庶民上書事，主客曹尚書主外國四夷事，成帝初置尚書員五人，有三公曹主斷獄事。衛宏漢舊儀卷上。
尚書丞	一人	一人，後增為四人	尚書丞二人，秦所置，漢因之，至成帝建始四年更置丞四人。唐六典卷一左右丞注引司馬彪續漢書。

尚書郎		四人	尚書郎，漢初置四人，一人主匈奴單于營部，一人主羌夷吏民，一人主戶口墾田，一人主財帛委輸……然漢言郎者，多非尚書郎，……及諸言以貲為郎，父任為郎，兄任為郎，皆三署郎也。至後漢，二署（光祿勳與少府）猶難分，有尚書及曹名冠首者，即尚書郎也。唐六典卷一左右司郎中。

尚書「在漢時乃御前管文書之所」（文獻通考卷四十九宰相），「孝景時，竇嬰嘗受遺詔曰，事有不便，以便宜論上。及繫灌夫罪至族，事日急，諸公莫敢復明言於上。嬰乃使昆弟子上書言之，幸得召見，書奏，案尚書大行無遺詔」。師古注曰「大行景帝大行也，尚書之中無此大行遺詔也」（漢書卷五十二灌夫傳）。此實可以證明尚書乃御前保管文書之所。因為保管文書，天子倦勤朝事，就寄以筆札之任。章奏由他閱讀，漢書（卷六十八）霍光傳，丞相楊敞大將軍霍光以下，連名奏太后廢昌邑王，就是由尚書讀奏。詔令由他起草，漢書（卷一下）高祖紀，十一年二月詔曰「云云，御史大夫昌下相國」，補注引沈欽韓曰，「是時未有尚書，則凡詔令御史起草，付外施行」。即依沈欽韓之說，詔令本由御史府起草，後來起草詔令之事移於尚書。尚書既得閱讀章奏，又得起草詔令，於是傳達文書之吏遂漸次變成天子的喉舌。武宣以後，尚書之權稍大。

初秦廢周法，天下之事皆決丞相府，置尚書於禁中，有令丞，掌通章奏而已。漢初因之，武宣之後稍以委任（唐六典卷一尚書令）。

宣帝由仄陋而登至尊，即位初年，大司馬大將軍霍光顯國。「帝謁見高廟，光從驂乘，上內嚴憚之，若有芒刺在背」（漢書卷六十八霍光傳）。親政之後，欲政由己出，以防權臣專擅，於是對於近臣的尚書遂視為肺腑。吏追捕有功，守相上名尚書，而調補之為縣令。

> 張敞為膠東相，明設購賞，開群盜令相捕斬除罪。吏追捕有功，上名尚書，調補縣令者數十人（漢書卷七十六張敞傳）。

天子責問公卿，竟由尚書受辭。

> 黃霸為丞相，薦樂陵侯史高可太尉。天子使尚書召問霸，太尉官罷久矣，丞相兼之，所以偃武興文也……將相之官，朕之任焉。侍中樂陵侯高帷幄近臣，朕之所自親，君何越職而舉之。尚書令受丞相對，霸免官謝罪，數日乃決（漢書卷八十九黃霸傳）。

元帝時，因信任中人無外黨，而中人又任中書令（即尚書令）之職，事無大小，均由中書令白決。同時韋玄成匡衡相繼為相，雖然均明經學，而乃持祿保身，在位不敢有所建白，於是尚書之權愈大。

> 石顯為中書令，是時元帝被疾，不親政事，方隆好於音樂，以顯久典事，中人無外黨，精專可信任，遂委以政，事無小大，因顯白決，貴幸傾朝，百僚皆敬憚顯（漢書卷九十三石顯傳）。

縱以御史大夫之尊，而由那一位九卿補之，亦由尚書定其高下。

> 馮野王遷為大鴻臚，數年御史大夫李延壽病卒，……上（元帝）使尚書選第中二千石，而野王行能第一（漢書卷七十九馮野王傳）。

卒至丞相及御史大夫不能不阿附尚書令。

> 中書謁者令石顯貴幸專權為姦邪，丞相匡衡御史大夫張譚皆阿附畏事顯，不敢言（漢書卷七十六王尊傳。卷八十一匡衡傳亦云，元帝時，中書令石顯用事，自前相韋玄成及衡皆畏顯，不敢失其意）。

賈捐之以為「京兆郡國首，尚書百官本」（漢書卷六十四下賈捐之傳），蕭望之亦說：「尚書百官之本，國家樞機」（漢書卷九十三石顯傳），並不是沒有理由的。到了哀帝，丞相有過，尚書可以劾奏。

> 丞相王嘉上書薦故廷尉梁相等，尚書劾奏嘉言事恣意迷國，罔上不道（漢書卷七十二龔勝傳）。

而刺史奏事京師，乃須往見尚書。

陳遵居長安中，列侯近臣貴戚皆貴重之。牧守當之官，及郡國豪傑至京師者，莫不相因到遵門。遵嗜酒，每大飲，賓客滿堂，輒關門取客車轄投井中，雖有急，終不得去。嘗有部刺史奏事過遵，值其方飲，刺史大窮，候遵霑醉時，突入見遵母，叩頭自白，當對尚書，有期會狀，母乃令從後閤出去（漢書卷九十二陳遵傳）。

這樣，尚書更為樞機之任。尚書固然權大任重，而尚書令卻是千石之官，朝位班次不能領袖群僚，所以西漢常以德高望重之人領尚書事。霍光以大將軍，張安世以車騎將軍，王鳳以大司馬，師丹以左將軍，均領尚書事。領尚書事可以折閱章奏，所言不善，屏去不奏。

故事，諸上書者皆為二封，署其一曰副。領尚書者先發副封，所言不善，屏去不奏（漢書卷七十四魏相傳）。

宣帝親政，御史大夫魏相請去副封，以防雍蔽（漢書卷七十四魏相傳）。所謂二封，據馬端臨說：

所謂上書者為二封，意正本則徹中書而人主閱之，副封則徹尚書而大將軍閱之（文獻通考卷四十九宰相）。

馬氏之言甚似中書尚書分別為二，其實，中書令之職創自武帝，建始四年更用士人，而復舊名。在霍光秉政之時，副封由領尚書事閱之，閱了之後，再決定正本是否呈天子。霍光傳云：

霍山（時以奉車都尉侍中領尚書事）曰，嘗有上書言，大將軍時主弱臣強，專制擅權，今其子孫用事，昆弟益驕恣，恐危宗廟……山屏不奏其書。後上書者益黠，盡奏封書，輒使中書令出取之，不關尚書（漢書卷六十八霍光傳）。

所謂「不關尚書」是謂封事不經領尚書事之先閱。蓋自宦者典事尚書，稱為中書令之後，中書令乃是尚書的長官。宣帝親政，章奏均由中書令直呈天子，此時尚書乃直接隸屬於天子，而不屬於領尚書事。成帝即位，王鳳為大司馬大將軍，領尚書事。祿去王室，權柄外移，遂罷中書宦官，而尚書又改隸於領尚書事㊳。

光武中興，慍朝廷之失權，忿強臣之竊命，乃將丞相職權分而為三，三公鼎立，互相制衡，於是外朝失權，政歸後庭，而為其樞機者則為尚書。仲長統說：

光武皇帝慍數世之失權，忿強臣之竊命，矯枉過直，政不任下，雖置三公，事歸臺閣（章懷注，臺

㊳ 馬端臨的見解與吾不盡相同，茲舉其全文於下：「中書尚書之名始於漢。通典言，漢武帝遊宴後庭，始令宦者典事尚書，謂之中書謁者令，則中書尚書只是一所。然考霍光傳，光薨，霍山以奉車都尉領尚書事。故事，諸上書者皆為二封，署其一曰副。領尚書者先發之，所言不善，屏去不奏。魏相請去副封，以防壅蔽。而光夫人顯及禹山雲等言，上書者益黠，盡奏封事。輒下中書令出取之，不關尚書。則其時中書尚書似已分而為二。蓋尚書在漢時乃御前管文書之所，故漢人上書言昧死上言尚書。如丞相大將軍已下，連名奏太后廢昌邑王，亦是尚書令讀奏。武帝雖令宦者典其事，然其末年，以霍光出入禁闥，謹慎可屬大事，輔少主，則以光領之。光薨，而山繼領其事。蓋既以大臣之秉政者領之，則其事始在外庭矣。然則所謂上書者為二封，意正本則徹中書，而人主閱之；副封則徹尚書，而大將軍閱之。自此始判為二，而有內外之分，此顯禹所以有中書令出取之，不關尚書之言歟。霍氏既敗，張安世復以大司馬車騎將軍領尚書事。史言安世職典樞機，謹慎周密，每定大政已決，輒移病出，聞有詔令，乃驚使使之丞相府問焉。蓋霍光領尚書之時，丞相乃蔡義楊敞也。張安世領尚書時，丞相乃魏相丙吉也。是時尚書雖在外庭，以腹心重臣領之，然於宰相並無干預，此安世所以密議大政，及出詔令，而佯為不知，遣使問之丞相府，則丞相府乃宣行尚書所議之政令耳（此句有問題，余意此時領尚書事得與丞相共議大政），而尚書非丞相之司存也」（文獻通考卷四十九宰相）。

閣謂尚書也）。自此以來，三公之職備員而已（後漢書卷七十九仲長統傳法誡篇）。

尚書乃「出納詔令」的機關（胡廣漢官解詁），即宣示詔令與傳送章奏，而為天子的喉舌。虞詡（時為尚書僕射）上疏薦左雄為尚書云：「宜擢在喉舌之官」（後漢書卷九十一左雄傳），即其明證。因為尚書有宣示詔令的權，遂漸次變為發布詔令的機關；因為尚書有傳送章奏的權，遂得審查章奏，漸次干涉大臣的行政。西漢時代，詔令有關於法制者，常由御史大夫轉丞相，下百官。

> 御史大夫廣明下丞相，承書從事下當用者，如詔書，書到言。丞相義下中二千石，二千石，郡太守，諸侯相，如詔書，書到明白布（居延漢簡六五之一八）。

其他則由丞相下百官。

> 二月丁卯，丞相相下車騎將軍、將軍、中二千石、二千石、郡太守，諸侯相，承書從事下當用者，如詔書。少史應，令史宜、王始長（居延漢簡一〇之六三）。

其由尚書下章是極為罕見的事，所以王嘉才說：「故事，尚書希下章」（漢書卷八十六王嘉傳）。而一切章奏亦均由丞相總之。

> 元狩六年六月詔曰，郡國有所以為便者，上丞相御史以聞（漢書卷六武帝紀）。
>
> 御史大夫吉昧死言：丞相相上太常書言，太史丞定言，元康五年五月二日壬子夏至，宜寢兵……臣請布，臣昧死以聞（居延漢簡一〇之二七）。

到了東漢，則上章與下章均由尚書[39]。

---

[39] 歷代職官表（卷二內閣上漢）引永樂大典云：「光武即位，政事不任三公，而盡歸臺閣。三公皆擁虛器，凡天下之事，盡入尚書。嘗見後漢群臣章奏，首云臣某奏疏尚書，猶今言殿下陛下之類。雖是不敢指斥而言，亦足見其居要地而秉重權矣。當時事無巨細，皆是尚書行下三公，或不經由三公，徑下

史晨祠孔廟碑前云，建寧二年三月癸卯朔，七日己酉，魯相臣晨，長史臣謙，頓首死罪上尚書，臣晨頓首頓首死罪死罪。末年臣晨誠惶誠恐，頓首頓首，死罪死罪，上尚書……無極山碑，光和四年某月辛卯朔廿二日壬子，太常臣耽，丞敏頓首上尚書。末云，臣耽愚戇頓首頓首上尚書……光和四年八月辛酉朔十七日丁丑尚書令忠下，又云光和四年八月辛酉朔十七日丁丑大常耽丞敏下常山相（容齋續筆卷四漢代文書式）。

而尚書尚得披閱章奏，決定其可否奏聞。

永平六年夏四月甲子詔曰，間者章奏頗多浮詞，自今若有過稱虛譽，尚書皆宜抑而不省（後漢書卷二明帝紀）。

詔令之宣示，章奏之傳達均須經由尚書，尚書正式成為出納王命的機關，所以李固對順帝說：

今陛下之有尚書，猶天之有北斗也。斗為天喉舌，尚書亦為陛下喉舌……尚書出納王命，賦政四海，權尊勢重，責之所歸……誠宜審擇其人，以毗聖政（後漢書卷九十三李固傳）。

但是最初尚書不過預聞國事而已，尚未盡奪三公的權，所以馬援提議更鑄五銖，必交三府討論，三府以為不必鑄，其事遂寢。不久之後，眾務竟歸尚書，三公受成而已。

尚書成為國家樞機，選舉由尚書典之。章帝時張酺謂「三府辟吏多非其人」（後漢書卷七十五張酺傳）。順帝時郎顗亦言「今選舉皆歸三司……每有選用，輒參之掾屬。公府門巷，賓客填集，送去迎

尚書。故在東漢時，不惟尚書之權重，九卿之權亦重者，此也。原注，案光武不任三公，事歸臺閣者，蓋尚書謂六尚書臺，猶今言尚書者也」。武案東漢尚書有六曹。所謂六尚書臺即指尚書六曹。「九卿之權亦重」，此不過東漢時代現象。魏時，陳壽已說：「八座尚書即古六卿之任」（魏志卷二十二桓階傳評）降至晉代，荀勗又說：「九寺可併於尚書」（晉書卷三十九荀勗傳）。

來，財貨無已……尚書職在機衡，宮禁嚴密……選舉之任不如還在機密」。章懷注云「欲使尚書專掌選也」（後漢書卷六十下郎顗傳）。可知順帝以前，選舉之任尚屬三府。降至靈帝，呂強則謂「舊典，選舉委任三府……今但任尚書，或復勅用」（後漢書卷一百八呂強傳），是則尚書專掌選舉乃始於東漢末葉。何以安帝時代陳忠有「選舉誅賞一由尚書」（後漢書卷七十六陳忠傳）之言？當考。初平年間情形如次：

趙戩初平中為尚書，典選舉，董卓數欲有所私授，戩輒堅拒不聽，言色強厲（後漢書卷九十六王允傳）。

不過宰相出缺，順帝初年尚書就有推薦的權。

龐參永建四年入為大鴻臚，尚書僕射虞詡薦參有宰相器能，順帝時以為太尉，錄尚書事（後漢書卷八十一龐參傳）。

百官失職，和帝時尚書已得糾彈。

樂恢入為尚書僕射，是時河南尹王調洛陽令李阜與竇憲厚善，縱舍自由。恢劾奏調阜，並及司隸校尉，諸所刺舉，無所迴避（後漢書卷七十三樂恢傳）。

降至安帝，三公違法，尚書亦得舉劾。

時征西將軍任尚以姦利被徵抵罪。尚曾副大將軍鄧騭，騭黨護之。而太尉馬英司徒李郃承望騭旨，不復先請，即獨解尚臧錮，愷（司徒劉愷）不肯與議。後尚書案其事，二府並受譴咎（後漢書卷六十九劉愷傳）。

至於朝廷集議，尚書以中朝官而得參加，似開始於順帝之世。

永和元年災異數見……詔召公卿中二千石尚書詣顯親殿問曰……北鄉侯親為天子，而葬以王禮，故數有災異，宜加尊謚，列於昭穆。群臣議者多謂宜如詔旨。舉（周舉，時為司隸校尉）獨對曰，北鄉侯……立不踰歲，年號未改，皇天不祐，大命夭昏……以王禮葬之，於事已崇，不宜稱諡。災異之來，弗由此也。於是司徒黃尚太常桓焉等七十人同舉議，帝從之（後漢書卷九十一周舉傳）。

然而關於國家大事，天子詔尚書通議，而不參加以朝臣，則早在章帝時代已經有了。

是時穀貴，縣官經用不足，朝廷憂之。尚書張林上言，穀所以貴，由錢賤故也。可盡封錢，一取布帛為租，以通天下之用。又鹽食之急者，雖貴，人不得不須，官可自鬻……於是詔諸尚書通議。暉（朱暉，時為尚書僕射）奏，據林言不可施行，事遂寢（後漢書卷七十三朱暉傳）。

觀尚書的職權，可知東漢尚書之官幾乎代替三公。陳忠說：

漢典舊事，丞相所請，靡有不聽。今之三公雖當其名，而無其實，選舉誅賞一由尚書。尚書見任，重於三公，陵遲以來，其漸久矣（後漢書卷七十六陳忠傳）。

尚書乃秉筆之吏，而權竟侔於內閣，茲再舉數例證明尚書見任，重於三公。

光武以侯霸為尚書令，霸明習故事，……條奏前世善政法度有益於時者，皆施行之。每春下寬大之詔，奉四時之令，皆霸所建也（後漢書卷五十六侯霸傳）。鄭弘為尚書令，前後所陳有補益王政者，皆著之南宮，以為故事（後漢書卷六十三鄭弘傳）。陳忠為尚書令，數進忠言，辭采鴻麗，前後所奏，悉上於官閣，以為故事（東觀漢記卷十九陳忠傳）。郭賀字喬卿。為尚書令，百姓歌之曰，厥德仁明郭喬卿，忠政朝廷上下平（引自文獻通考卷五十一尚書令）。左雄字伯豪，為尚書令，牧守畏慄，莫敢輕舉，迄於永熹，察選清平，多得其人。集解引張璠漢記云，時稱左伯豪為尚書，天下皆慎選舉（後漢書卷九十一左雄傳）。

三公雖然無權，而政有不理或有災異，仍復譴責三公，或策免三公。

三公之職備員而已，然政有不理，猶加譴責（後漢書卷七十九仲長統傳法誡篇）。

時三府任輕，機事專委尚書，而災眚變咎，輒切免公臺（後漢書卷七十六陳忠傳）。

尚書既然代替三公辦理國務，於是尚書組織漸次膨大，靈帝時代成為一個獨立機關，稱為尚書臺或中臺，而屬於少府。

漢初尚書雖有曹名，不以為號。靈帝以侍中梁鵠為選部尚書，於是始見曹名，總謂之尚書臺，亦謂之中臺……二漢皆屬少府（通典卷二十二尚書省）。

東漢尚書臺的組織如次：

東漢尚書臺組織表

官名		祿秩	職掌	人數	備考
錄尚書事					每帝初即位，輒置太傅，錄尚書事，薨輒省。後漢書卷三十四百官志一。
尚書令		千石	掌凡選署及奏下尚書文書眾事。後漢書卷三十六百官志三。	一	
尚書僕射		六百石	署尚書事，令不在則奏下眾事。後漢書卷三十六百官志三。	一	獻帝建安四年始置左右僕射，以執金吾榮郃為左僕射，衛臻為右僕射。應劭漢官儀卷上。
列曹尚書	三公曹	六百石	主歲盡考課諸州郡事。	一	各書所載不同，上表據晉書卷二十四職官志。蔡質漢官典職儀式選用說：「靈帝末梁鴻為選部尚書」，所以唐六典卷二吏部尚書云：「漢末又改吏部為選部」。但後漢書卷一百二董卓傳，獻帝時周珌為吏部尚書。到底有無改名，改名在什麼時候，本書不想考證。
	吏部曹	六百石	主選舉祠祀事。	一	
	民曹	六百石	主繕修功作鹽池園苑事。	一	
	客曹	六百石	主護駕羌胡朝賀事。	一	
	二千石曹	六百石	主辭訟事。	一	

中都官曹	六百石	主水火盜賊事。	一	
左右丞	四百石	左丞總領紀綱，事無不統。右丞掌廩假錢穀。應劭漢官儀。		成帝建始四年，置丞四人，至光武減其二，惟置左右丞各一人。唐六典卷一左右丞，注引司馬彪續漢書。
侍郎	四百石	主作文書起草。後漢書卷三十六百官志三。	三六	侍郎三十六人，一曹有六人。後漢書卷三十六百官志三。

尚書屬於少府，尚書令秩僅千石，論其地位固然尊貴[40]。

光武特詔御史中丞與司隸校尉尚書令會同，並專席而坐，故京師號曰三獨坐（後漢書卷五十七宣秉傳）。

論其人選不免輕易。章帝時韋彪曾言：

天下樞要在於尚書，尚書之選豈可不重。而間者多從郎官超升此位，雖曉知文法，長於應對，然察察小慧，類無大能（後漢書卷五十六韋彪傳）。

固然洪邁曾說：

東漢尚書令為千石，然銅印墨綬，雖居機要，而去公卿甚遠，至或出為縣令（容齋隨筆卷十三尚書省長官）。

此言似與事實不符，明帝時，尚書令鄭弘請以尚書郎補縣令，帝從其議。

[40] 後漢書卷四十五王常傳，注引漢官儀曰：御史大夫、尚書令、司隸校尉皆專席，號三獨坐。案應劭撰漢官儀多述後漢官制，後漢改御史大夫為司空，而以御史中丞為御史臺率，所以御史大夫應作御史中丞。通典（卷二十四中丞）及文獻通考（卷五十三中丞）均作中丞。

> 建初（初），鄭弘為尚書令。舊制，尚書郎限滿，補縣長令史丞尉。弘奏以為臺職雖尊，而酬賞甚薄，至於開選多無樂者，請使郎補千石令，（令）史為長。帝從其議（後漢書卷六十三鄭弘傳）。

尚書郎尚可出補縣令，何況尚書令？吾人視後漢書所載，只有縣令擢為尚書令，如周榮自鄾令擢為尚書令（後漢書卷七十五周榮傳）是也，尚書令或出為郡守，如周榮由尚書令出為潁川太守（後漢書卷七十五周榮傳），或遷為九卿，如馮勤由尚書令拜大司農（後漢書卷五十六馮勤傳），或遷為三公，如侯霸由尚書令遷大司徒（後漢書卷五十六侯霸傳）是也。

不過為尚書者最好有兩種學識之一，一是明習故事。後漢書（卷九十一）左雄傳，「案尚書故事」，集解引通鑑胡注，「漢故事皆尚書主之」。尚書既主故事，自應以明習故事者任之。侯霸為尚書令「明習故事，條奏前世善政法度有益於時者，皆施行之」。二是明習法律，陳咸於前漢成哀間「以（明）律令為尚書」，咸孫寵「明習家業」（律令），肅宗初，為尚書。寵子忠「明習法律」，司徒劉愷謂其「宜備機密，於是擢拜尚書」（後漢書卷七十六陳寵陳忠傳），即陳家祖孫數代皆以明法而為尚書。這不是說，東漢為尚書者均是明習故事或法律之人，而是說，明習故事或法律之人拜為尚書，更能有所表現。

三公無權，「政事多歸尚書」（後漢書卷八十六王暢傳）。這種制度對於東漢政治有什麼影響呢？宰相不能主政，尚書雖是天子近臣，而地位甚低，其得參知政事，不是法律上的制度，因之大權誰屬就成為問題。王鳴盛說，「官不論貴賤，唯視其職之閑要，而閑要唯視時主之意向，其制無時不改」（後漢書卷七十九仲長統傳法誡篇集解引王鳴盛曰），所以母后臨朝，則外戚以大將軍顯國，天子親政，則閹宦以中常侍執權。國無法軌，這也是東漢政治紛亂的一個原因。

這個時候，西漢的領尚書事亦改稱為錄尚書事。領錄有兩點不同：其一、西漢任何職官均得領尚書事，如孔光以光祿勳，張禹以光祿大夫，霍山以奉車都尉，領尚書事。唯最重要的乃是將軍，尤其冠以大司馬之號的將軍。至於丞相固然是「掌丞天子，助理萬機」（漢書卷十九上百官公卿表），御史大夫固然是「佐丞相統理天下」（漢書卷八十三薛宣傳），而卻沒有領尚書事者。反之，東漢只唯太傅與太尉司徒才得錄尚書事，如趙熹以太傅，牟融以太尉，胡廣以司徒，錄尚書是也。其二、西漢之世雖云丞相治外，大司馬治內（參閱漢書卷六十六車千秋傳霍光言及卷八十九黃霸傳補注引齊召南曰），其外戚為大司馬而領尚書事者，每有實權，而可以總攬朝政，如霍光以大將軍領尚書事，政事一決於光（漢書卷六十六車千秋傳）。到了東漢，錄尚書事雖云「猶古冢宰總己之義」（胡廣漢官解詁），其實只是優崇之位，而非使命之官。因為太傅本無實權，三公徒擁虛位，國家樞機乃是尚書，不是錄尚書事。和帝即位，鄧彪為太傅，而「竇氏專權驕縱，朝廷多有諫爭，而彪在位修身而已，不能有所匡正」（後漢書卷七十四鄧彪傳）。靈帝時，胡廣為司徒，錄尚書事，「京師諺曰萬事不理問伯始（廣字），天下中庸有胡公」（後漢書卷七十四胡廣傳）。觀鄧胡之事，可知東漢錄尚書的權力如何了。

第二項　地方官制

東漢地方官制也沿西漢之舊，現在先從刺史說起。西漢刺史似為中央官，屬於御史府，而為御史中丞的屬官。成帝時，改刺史為牧，秩二千石。光武中興，復為刺史。蔡質云：「御史中丞督諸州刺史」（漢官典職儀式選用）。而後漢書（卷三十六）百官志三，關於御史中丞的官屬，只云治書侍御史二人，侍御史十五人，未曾提及刺史，刺史似有地方官的性質。東漢有州十三，刺史十二人，各察一州，其一州屬司隸校尉。

> 外十有二州，每州刺史一人，六百石。本注曰武帝初置刺史十三人，秩六百石。成帝更為牧，秩二千石。建武十八年復為刺史，十二人各主一州，其一州屬司隸校尉（後漢書卷三十八百官志五）。

茲將東漢刺史所察郡國列表如次：

東漢刺史所察郡國表

部名	治所	郡國數	縣數	備考
司隸校尉部		七	一〇三	後漢書郡國志未載司隸校尉的治所。但觀後漢書各列傳，例如卷五十六年融傳，融入為司隸校尉，多所舉正，百僚敬憚。卷五十九鮑永傳，永徵為司隸校尉，朝廷肅然，莫不戒備。可知司隸校尉的治所應在洛陽。
豫州刺史部	沛國之譙	六	九九	
冀州刺史部	常山國之高邑	九	一〇〇	
兗州刺史部	山陽郡之昌邑	八	八〇	
徐州刺史部	東海郡之郯	五	六二	
青州刺史部	齊國之臨菑	六	六五	
荊州刺史部	武陵郡之漢壽	七	一一七	
揚州刺史部	九江郡之歷陽	六	九二	
益州刺史部	廣漢郡之雒	一二	一一八	
涼州刺史部	漢陽郡之隴州	一二	九八	
并州刺史部	太原郡之晉陽	九	九八	
幽州刺史部	廣陽郡之薊	一一	九〇	
交州刺史部	蒼梧郡之廣信	七	五六	漢官曰刺史治廣信。見郡國志五原注。
總計		一〇五	一、一七八	

東漢刺史比之西漢，有三點不同。

第一、西漢刺史傳車周行，匪有定鎮。東漢刺史有一定治所。吾人觀上表所載，就可知道。通典云：

漢刺史乘傳周行郡國，無適所治。中興，所治有定處（通典卷三十一州牧刺史）。

我們討論西漢刺史之時，曾經說過，監察之官久居一地，可以發生兩種結果，一是情親而弊生，即刺史與郡國守相發生感情，而不能盡其糾彈之責。二是倚勢而作威，即刺史利用監察之權，欺陵守相，寖假便變成地方行政長官，吾人觀种暠為益州刺史，「在職三年，宣恩遠夷，開曉殊俗，岷山雜落皆懷服漢德，舉種向化」（後漢書卷八十六种暠傳）。再觀李固為荊州刺史，「遣吏勞問境內，赦寇盜前釁，與之更始，於是賊帥自縛歸首，固皆原之，遣還，使自相招集，開示威法，半歲間餘類悉降，州內清平」（後漢書卷九十三李固傳），可知東漢刺史之作為乃超出詔書六條之外，而侵入行政範圍了。

第二、刺史監臨一州，而須巡行所部郡國。西漢之世，刺史常於八月出巡，歲盡，入京奏事。東漢刺史則遣計吏報告情況，不必自詣京師。

諸州常以八月巡行所部郡國，錄囚徒，考殿最。初歲盡，詣京都奏事，中興，但因計史。原注引胡廣（漢官解詁）曰不復自詣京師（後漢書卷三十八百官志五）。

刺史不必入京奏事，據張酺言，最初乃欲減少煩擾，其後遂成為習慣，而既成習慣之後，雖欲改制，亦不可能。

和帝初，酺上言，故州牧刺史入奏事，所以通下問、知外事也。數十年以來，重其道歸煩擾，故時止勿奏事，今因以為故事（東觀漢記卷十九張酺傳）。

刺史無須奏事京師，當然是終歲皆居所部郡國，而非八月出巡，歲盡回京。於是刺史遂由中央官一變而為地方官。改牧之後，權任更重，強者遂專權裂土矣。

第三、西漢刺史察劾守令，由三公派人按驗，然後黜罷。東漢不必經過三公按驗，守令即行罷免。

> 舊制，州牧奏二千石長吏不任位者，事皆先下三公，三公遣掾史案驗，然後黜退。帝（光武）時用明察，不復委任三府，而權歸刺舉之吏（後漢書卷六十三朱浮傳）。

然以一州郡縣之多，刺史很難躬自監察，勢只有寄耳目於胥吏，而如朱浮所說：

> 陛下以使者為腹心，而使者以從事為耳目，是為尚書之平，決於百石之吏（後漢書卷六十三朱浮傳）。

據章懷注，「使者刺史也，每州有從事，秩百石」。天子使刺史察郡國，而刺史又以從事為耳目，既無按驗之制，於是百石之吏遂掌握了黜退二千石之權。所以朱浮又說：

> 故群下苛刻，各自為能，兼以私情容長，憎愛在職，皆競張空虛，以要時利，故有罪者心不厭服，無咎者坐被空文（後漢書卷六十三朱浮傳）。

由於三種改制，東漢刺史已經變成守令的長官。「二千石及長吏迫於舉劾，懼於刺譏，故爭飾詐偽，以希虛譽」（後漢書卷六十三朱浮傳）。固然刺史賢良，還可以整飭吏治。桓帝時朱穆為冀州刺史，「冀部令長聞穆濟河，解印綬去者四十餘人。及到，奏劾諸部，至有自殺者」（後漢書卷七十三朱穆傳），李膺為青州刺史，「守令畏威明，多望風棄官」（後漢書卷九十七李膺傳）。而中材刺史難免不受胥史的蒙蔽，倘若沒有操守，必將利用權力，因緣為姦。交州「前後刺史率多無清行，上承權貴，下積私賂，財計盈給，輒復求見遷代，故吏民怨叛」。靈帝時，「有司舉賈琮為交阯刺史。琮到部，訊其反狀，咸言賦斂過重，百姓莫不空單，京師遙遠，告冤無所，民不聊生自活，故聚為盜賊」（後漢書卷六十一賈琮傳）。由此可知東漢刺史不但「所察過詔條」（參閱漢書卷七十二鮑宣傳），「多與郡縣事」（參閱漢書卷八十三薛宣傳），而且事實上已經成為最高行政長官，而能直接侵漁百姓了。靈帝時黃巾大亂，中央政府欲增加牧伯權力，使其督剿流寇，遂從劉焉之議，而於中平五年置牧。

> 中平五年，是歲改刺史，新置牧（後漢書卷八靈帝紀）。
>
> 劉焉遷太常，時靈帝政化衰缺，四方兵寇。焉以為刺史威輕，既不能禁，且用非其人，輒增暴亂，乃建議改置牧伯，鎮安方夏，清選重臣，以居其任。焉乃陰求為交阯，以避時難，議未即行。會益州刺史郗儉在政煩擾，謠言遠聞，而并州刺史張懿、涼州刺史耿鄙並為寇賊所害，故焉議得用。出焉為監軍使者，領益州牧，太僕黃琬為豫州牧，宗正劉虞為幽州牧，皆以本秩居職，州任之重自此而始（後漢書卷一百五劉焉傳）。

固然此時改牧者不過三州，即太常劉焉為益州牧，太僕黃琬為豫州牧，宗正劉虞為幽州牧。然其影響甚大，西漢成帝之時雖改刺史為牧，但僅增秩而已，仍奉詔條察州。即州牧還是監察官，不是行政官，吾人觀鮑宣為豫州牧，因為「代二千石署吏聽訟，所察過詔條」，而為丞相司直郭欽奏免（漢書卷七十二鮑宣傳），即可知之。靈帝改刺史為牧，又和成帝不同，州牧外領兵馬，內親民事，完全是個行政官。於是秦漢以來郡縣二級制度，由於這種改制，到了董卓作亂，就改變為州郡縣三級制度。州地廣民眾，州牧有所憑藉，起而反抗中央，中央難以應付。外重內輕，幹弱枝強，所以刺史改牧乃是中央集權分解為地方割據的一種過程。劉昭說：

> 孝武之末，始置刺史，監糾非法，不過六條，傳車周流，匪有定鎮，秩裁數百，威望輕寡，得有察舉之勤，未生陵犯之釁。成帝改牧，其萌始大，既非識治之主，故無取焉爾。世祖中興，監乎政本，復約其職，還遵舊制……至孝靈在位，橫流既及，劉焉徼偽，自為身謀，非有憂國之心，專懷狼據之策，抗論昏世，薦議愚主，盛稱宜重牧伯，謂足鎮壓萬里，挾姦樹算，苟罔一時，豈可永為國本，長期勝術哉……故焉牧益土，造帝服於岷峨，袁紹取冀，下制書於燕朔，劉表制南，郊天祀地，魏祖據

究，遂構皇業，漢之殄滅，禍原乎此（後漢書卷三十八百官志五注）。

郡縣鄉亭下至里什伍之制均沿西漢之舊，改制殊少。茲試列表如次，而後再加討論。

東漢郡以下地方制度表㊶

		官名	祿秩	職掌	數目	備考
郡	河南郡	尹	中二千石	凡郡國皆掌治民，進賢勸功，決訟檢姦。常以春行所主縣，勸民農桑，振救乏絕。秋冬遣無害吏，案訊諸囚，平其辠法，論課殿最。歲盡遣吏上計，並舉孝廉，郡口二十萬舉一人。	一〇五	
	普通郡	太守	二千石			
	王國	相	二千石			
縣	縣	令或長	大者置令千石，其次置長四百石，小者置長三百石，侯國之相，秩次亦如之	皆掌治民，顯善勸義，禁姦罰惡，理訟平賊，恤民時務，秋冬集課，上計於所屬郡國。	一、一八〇	凡縣主蠻夷曰道，公主所食湯沐曰國，集解，錢大昕曰國當作邑。
	道					
	邑					
	侯國	相				
鄉		有秩	百石	掌一鄉人，主知民善惡，為役先後，知民貧富，為賦多少，平其差品。	三、六八一	有秩郡所署，其鄉小者，縣置嗇夫一人。百官志云，「又有鄉佐，屬鄉，主收民賦稅」。如是，則有秩嗇夫只依民之貧富而決定每人納稅多少，而負收稅之責者則為鄉
		三老		掌教化，凡有孝子順孫貞女義婦，讓財救患，及學士為民法式者，皆		

㊶ 本表據後漢書卷三十八百官志五。

			扁表其門，以興善行。		佐。
	游徼		掌徼循，禁司姦盜。		
亭	亭長		主求捕盜賊。		亭本係警察區，其後演變，竟然兼理辭訟。王符說「鄉亭部吏亦有任決斷者，而類多枉曲」。見後漢書卷七十九王符傳愛日篇。潛夫論第十八篇愛日，只云「鄉亭部吏，足以斷決，使無怨言，然所以不者，蓋有故焉」。
里	里魁		里魁掌一里百家，什主十家，伍主五家，以相檢察，民有善事惡事，以告監官。		漢書卷七十六韓延壽傳，卷八十九黃霸傳有伍長。卷九十尹賞傳有里正，什長之名漢書無考。里正即里魁。後漢書各列傳均未提到什長伍長。魏志卷八公孫度傳，公孫昭守襄平令，召度子康為伍長。此係靈帝時事，可知後漢亦有伍長。
什伍					

組織雖沿舊制，但其中亦有不同之點。其最重要者則為郡之制度。

第一、西漢時，郡有郡尉，秩比二千石。光武中興，罷都尉，而令太守兼之。

> 建武六年，省諸郡都尉，並職太守，無都試之役（後漢書卷三十八百官志五）。

郡有劇賊，則臨時設置，事訖即罷。

> 每有劇賊，郡臨時置都尉，事訖罷之（後漢書卷三十八百官志五注引應劭曰）。

例如順帝永壽元年秋七月初置太山琅邪都尉官，章懷注云：

> 二郡盜賊不息，故置（後漢書卷七桓帝紀）。

邊郡則常置都尉及屬國都尉。

> 唯邊郡往往置都尉及屬國都尉，稍有分縣治民比郡（後漢書卷三十八百官志五）。

關於邊郡都尉，例如：

> 邊郡各都尉，如會稽東部都尉，見順帝紀。敦煌酒泉張掖都尉，見竇融傳。遼東都尉見馮緄傳。交阯都尉見胡廣傳。安定都尉見傅燮傳。九真都尉見黨錮傳。會稽西部都尉見獨行傳（後漢書卷三十八百官志五集解引李祖楙曰）。

關於屬國都尉，例如：

> 本紀和帝永元元年復置西河上郡屬國都尉。十五年復置遼東西部都尉。安帝永初元年分犍為南郡為屬國都尉。二年分廣漢北部為屬國都尉。延光二年分蜀郡西部為屬國都尉（並見西南夷傳）。順帝陽嘉二年復置隴西南部都尉。西羌西南夷傳復有金城西部都尉官，此皆分縣治民也（後漢書卷三十八百官志五集解引李祖楙曰）。

光武罷都尉，省都試，而外兵不練，蓋西都之季，諸起事者例如翟義之討王莽（漢書卷八十四翟義傳），李通之說光武（後漢書卷四十五李通傳），皆因都試之日，勒軍隊，誅守令。光武重慎畏事，不肯與人以可乘之機。然而地方空虛，猝然盜起一方，只有臨時徵召民人，編為軍隊，而令太守主之。這種軍隊固然是烏合之眾，不能靜難禦侮，而如應劭所說：「一旦驅之以即強敵，猶鳩鵲捕鷹鸇，豚羊弋豺虎，是以每戰常負，王旅不振」（漢官儀卷上）。唯在地方空虛之時，對於腐化的中央，仍不失為一種威脅。太守和刺史一樣，內親民事，外領兵馬，黃巾亂後，袁術以南陽太守（後漢書卷一百五袁術傳），孫堅以長沙太守（後漢書卷一百五袁術傳），張邈以陳留太守（魏志卷七張邈傳），公孫度以遼東太守（魏志卷八公孫度傳），均割地稱雄。東漢之亡由於地方瓦解，推原其故，牧守制度不失為一個原因。

第二、西漢時，地方鹽官鐵官乃遙隸於大司農，由中央直接控制。東漢則置省不常，置時皆屬郡縣。

> 郡國鹽官鐵官本屬司農，中興，皆屬郡縣（後漢書卷三十六百官志三）。

鬻鹽冶鐵為利甚厚。前志云：「富商賈冶鑄鬻鹽，財或累萬金」，「東郭咸陽齊之大鬻鹽，孔僅南陽大冶，皆致產累千金」（漢書卷二十四下食貨志）。武帝討伐匈奴，國用不給，乃於元狩四年置鹽鐵官，禁止人民私鑄鐵器或鬻鹽（漢書卷二十四下食貨志）。據漢書地理志所載，鹽官凡二十八郡，鐵官凡四十郡，例如河東置鹽官於安邑，置鐵官於安邑絳縣皮氏平陽。南郡只有鹽官，置於巫州。潁川只有鐵官，置於陽城。即視其地有否鹽鐵，或置或否，而每郡又不僅一所。元帝初元五年罷鹽鐵官，三年之後，即於永光三年復鹽鐵官（漢書卷九元帝紀）。蓋鹽鐵國有大有助於國用。光武使鹽官鐵官屬於郡縣，中央收入減少，地方收入增加，財政上中央弱而地方強，似非強幹弱枝之策。唯據後漢書所記，光武以後，鹽官鐵官似亦省置無常。試看和帝即位時之詔。

> 夏四月戊寅詔曰，昔孝武皇帝致誅吳（胡）越，故權收鹽鐵之利，以奉師旅之費。自中興以來，匈奴未賓，永平末年復修征伐。先帝即位，務休力役，然猶深思遠慮，安不忘危。探觀舊典，復收鹽鐵，欲以防禦不虞，寧安邊境。而吏多不良，動失其便，以違上意。先帝恨之，故遺戒郡國罷鹽鐵之禁，縱民煮鑄，入稅縣官如故事。其申敕刺史二千石奉順聖旨，勉弘德化，布告天下，使明知朕意（後漢書卷四和帝紀）。

詔中「先帝」是指章帝，是則章帝時代固曾一度「復收鹽鐵」。復因「吏多不良，動失其便」，故又「遺戒郡國罷鹽鐵之禁」。朱暉傳云：

是時（章帝時）穀貴，縣官經用不足，朝廷憂之，尚書張林上言……又鹽食之急者，雖貴，人不得不須，官可自鬻……於是詔諸尚書通議。暉（時為尚書僕射）奏據林言不可施行，事遂寢。後應事者復重述林前議，以為於國誠便，帝然之，有詔施行（後漢書卷七十三朱暉傳）。

和帝永光十五年秋七月復置涿郡故鹽鐵官。據何焯言：

涿郡故安縣有鐵官，無鹽官，此鹽字乃安字之訛（後漢書卷四和帝紀集解引何焯曰）。

這不是普遍的設置鐵官，而是只設置於涿郡故安縣。漢書（卷二十八上一）地理志於河東郡之安邑云：「有鐵官鹽官」，後漢書（卷二十九）郡國志，於河東郡之安邑只云：「有鐵，有鹽池」，此實可以間接證明東漢時代鹽官鐵官固不常置。其設置者是否「皆屬郡縣」，其不設置者是否「縱民煮鑄，入稅縣官」，文獻上無可稽考。但是稅歸縣官（天子），則中央尚可收鹽鐵之利，倘屬郡縣，則地方財政充足。太守既兼都尉之職，鹽鐵之利又歸郡縣，州牧郡守既有其土地，又有其人民，又有其甲兵，又有其財賦，黃巾亂後，牧守割地稱雄，而令中國大亂垂三百年之久，誰實使之，光武似不能辭其責。

東漢建元表

光武劉秀	建武三十一　中元二
明帝莊	永平十八
章帝炟	建初八　元和三　章和二
和帝肇	永元十六　元興一
殤帝隆	延平一
安帝祜	永初七　元初六　永寧一　建光一　延光四
順帝保	永建六　陽嘉四　永和六　漢安二　建康一
沖帝炳	永嘉一
質帝纘	本初一
桓帝志	建和三　和平一　元嘉二　永興二　永壽三　延熹九　永康一
靈帝宏	建寧四　熹平六　光和六　中平六
獻帝協	永漢一　初平四　興平二　建安二十四　延康一
右東漢十二帝	一百九十七年

◎水滸傳與中國社會

薩孟武／著

《水滸傳》中替天行道的梁山泊一〇八條好漢，仗義疏財、劫富濟貧的種種作為，讓讀者莫不拊掌稱快，大呼過癮。但你知道嗎？這些水滸好漢，卻大多是出身低微、在社會底層討生活的「流氓份子」。秀才出身的王倫何以不配作梁山泊領袖？草料場的火為何燒不死林沖？快活酒店的所有權有什麼問題？九天玄女與三卷天書從何而來？……且看薩孟武先生從政治、經濟、文化等多個不同的角度，精采的分析、詮釋《水滸》故事，及由此中所投射、反映出來的古代中國社會。

◎西遊記與中國古代政治

薩孟武／著

本書為《水滸傳與中國社會》之姐妹篇，薩先生利用《西遊記》之材料說明政治的原理及中國古代之政治現象。據薩先生之意，政治不過是「力」而已，要防止「力」之濫用，必須用「法」。如唐僧用緊箍兒控制孫行者一樣，但唐僧能夠控制孫行者，孫行者無法控制唐僧亂念咒語，於是許多問題就由此發生。薩先生依此見解，指出權力制衡的主張，凡研究政治者，本書實為良好參考書。

◎紅樓夢與中國舊家庭

薩孟武／著

賈氏祖先遺留下的基業，令其子孫過著驕侈無忌、帷薄不修的生活；及至家道中落，當年的紙醉金迷，已如過眼雲煙，不堪回首。《紅樓夢》不只敘述賈府的興衰而已，亦細膩地刻劃出大家庭的生活瑣事。曹雪芹用心用力地在此著墨，你知道其中暗喻了什麼樣的真相嗎？

小說是社會意識的表現，家庭是社會現象的縮影，薩孟武先生以研究社會文化的角度來解讀《紅樓夢》，帶領讀者深入賈府的家庭生活，一步步解開隱藏在《紅樓夢》之中的「荒唐癡」與「辛酸味」。

◎秦漢史論稿

邢義田／著

本書收錄論文計十一篇，書評與資料介紹共六篇，都四十五萬言。論文所涉從天下觀到山東、山西之分野，從鄉里聚落到壁畫發展，雖似漫無涯際，實則皆以探究秦漢政治與社會生活之關係為重心。拙稿言天下觀、皇帝制度，意在說明中國中心之天下觀如何形成，皇帝又如何而為「萬物之樞機」（董仲舒語）。

國家圖書館出版品預行編目資料

中國社會政治史(一)／薩孟武著.——七版一刷.——
臺北市：三民，2020
面；　公分

ISBN 978-957-14-6721-4（平裝）
1.中國政治制度 2.中國史

573.1　　108016352

中國社會政治史（一）

作　者	薩孟武
發 行 人	劉振強
出 版 者	三民書局股份有限公司
地　址	臺北市復興北路 386 號（復北門市） 臺北市重慶南路一段 61 號（重南門市）
電　話	(02)25006600
網　址	三民網路書店 https://www.sanmin.com.tw
出版日期	初版一刷 1975 年 5 月 七版一刷 2020 年 5 月
書籍編號	S570120
I S B N	978-957-14-6721-4

三民書局